中华人民共和国法律释义丛书

权威机构专家编写
法律释义标准版本

中华人民共和国
突发事件应对法释义

武　增／主编

法律出版社
LAW PRESS·CHINA
——北京——

图书在版编目（CIP）数据

中华人民共和国突发事件应对法释义／武增主编.
2版. -- 北京：法律出版社, 2024. --（中华人民共和国法律释义丛书）. -- ISBN 978-7-5197-9633-4

Ⅰ. D922.145

中国国家版本馆 CIP 数据核字第 202439PV64 号

中华人民共和国突发事件应对法释义　　　　　　武　增　主编　　责任编辑　翁潇潇　张红蕊
ZHONGHUA RENMIN GONGHEGUO TUFA SHIJIAN　　　　　　　　　　　　　装帧设计　李　瞻
YINGDUIFA SHIYI

出版发行　法律出版社	开本　710 毫米×1000 毫米　1/16
编辑统筹　法规出版分社	印张　20.75　　　　字数　351 千
责任校对　王晓萍	版本　2024 年 12 月第 2 版
责任印制　耿润瑜	印次　2024 年 12 月第 1 次印刷
经　　销　新华书店	印刷　北京盛通印刷股份有限公司

地址：北京市丰台区莲花池西里 7 号（100073）

网址：www.lawpress.com.cn　　　　　　　　　销售电话：010-83938349

投稿邮箱：info@lawpress.com.cn　　　　　　　客服电话：010-83938350

举报盗版邮箱：jbwq@lawpress.com.cn　　　　　咨询电话：010-63939796

版权所有·侵权必究

书号：ISBN 978-7-5197-9633-4　　　　　　　　定价：88.00 元

凡购买本社图书，如有印装错误，我社负责退换。电话：010-83938349

本书编委会

主　　编：武　增

编写人员(以姓氏笔画为序)

马海棋　龙晓杰　曲　頔　刘玉涛
闫　然　宋　垚　侯晓光　高莉娜
陶　慧　黄宇菲　雷建斌

前　言

突发事件应对法是突发事件应对领域的基础性、综合性法律。2024年6月28日,十四届全国人大常委会第十次会议通过修订后的《中华人民共和国突发事件应对法》,国家主席习近平签署第二十五号主席令予以公布,于2024年11月1日开始施行。这是突发事件应对法施行17年来的首次修改,也是一次全面修订,是深入贯彻落实习近平法治思想、总体国家安全观的重要立法实践,有重要的政治意义、法治意义和社会意义。

为深入学习、广泛宣传、切实实施好新修订的突发事件应对法,我们组织全国人大常委会法制工作委员会宪法室参与这次突发事件应对法修改工作的同志编写了这本《中华人民共和国突发事件应对法释义》。本书由全国人大常委会法制工作委员会副主任武增同志担任主编。雷建斌、侯晓光同志统阅全书,武增同志审定。

由于水平有限,书中难免有不足之处,恳请读者批评指正。

编　者
2024年11月

贯彻实施修订后的突发事件应对法
提高突发事件应对工作法治化、规范化水平

突发事件应对法是突发事件应对领域的基础性、综合性法律。2024年6月28日，十四届全国人大常委会第十次会议高票通过修订后的突发事件应对法，国家主席习近平签署第二十五号主席令予以公布。这是突发事件应对法施行17年来的首次修改，也是一次全面修订，是深入贯彻落实习近平法治思想、总体国家安全观的重要立法实践，有重要的政治意义、法治意义和社会意义。

一、深刻认识突发事件应对法修订的重要意义

突发事件应对法自2007年公布施行以来，为科学应对各类突发事件、防范化解重大风险提供了充分的法律依据和有效的制度支撑，发挥了重要保障作用。近些年来，我国突发事件应对工作出现一些新情况新问题，突发事件应对理念发生深刻变革，机构改革体制机制作出重要调整，人民群众对突发事件应对水平和质量的期待不断提高，党中央对突发事件应对工作作出更高标准的部署要求。为了适应新形势新任务，有必要与时俱进全面修订突发事件应对法，为新时代高质量开展突发事件应对工作提供更加有力的法治保障。

（一）突发事件应对法修订，是深入贯彻习近平总书记关于防范风险挑战、应对突发事件重要论述精神的重要立法举措

党的十八大以来，面对纷繁复杂的国际形势和艰巨繁重的改革发展稳定任务，以习近平同志为核心的党中央站在统筹发展与安全、推进国家治理体系和治理能力现代化的战略高度，创造性提出总体国家安全观，就防范风险挑战、应对突发事件作出一系列重要论述，体现出对国家长治久安的深远考量和深厚的人民情怀，为我们切实做好防范化解重大安全风险挑战各项工

作、战胜前进道路上各种艰难险阻提供了根本遵循和行动指南。突发事件应对法修订,始终坚持以习近平新时代中国特色社会主义思想为指导,贯彻落实党的二十大精神和习近平总书记关于应对突发事件的重要论述精神,贯彻落实深化党和国家机构改革成果以及党中央关于应急管理体制改革决策部署,把坚持中国共产党对突发事件应对工作的领导,坚持总体国家安全观,统筹发展与安全等重要论述和具体要求体现在法律制度中,贯彻到突发事件应对工作的全过程各方面。

(二)突发事件应对法修订,是实施宪法有关制度规定的坚实法治保障

党的十八大以来,党中央高度重视依宪治国、依宪执政。习近平总书记指出,要全面发挥宪法在立法中的核心地位功能,每一个立法环节都把好宪法关,努力使每一项立法都符合宪法精神、体现宪法权威、保证宪法实施。突发事件应对关系国家安全和治理秩序的维护,关系人民群众生命财产安全的保护,关系公民基本权利限制与义务设定,是一部与宪法关系密切的法律。突发事件应对法的制定与宪法关于紧急状态的规定紧密相连。2004年宪法修正案将"戒严"修改为"紧急状态",突发事件应对法的名称最初在立项、起草环节都是"紧急状态法",后来根据国务院常务会议精神,将法律名称改为突发事件应对法。"附则"中对发生特别重大突发事件"需要进入紧急状态"的情形作出原则性、衔接性规定。这可以理解为是实施宪法相关规定的一种制度安排。此次突发事件应对法修订,在"总则"中增加了"根据宪法",体现了宪法规定的"中国共产党领导"这一中国特色社会主义最本质的特征,完善了体现尊重和保障人权宪法原则的有关规定,延续了"附则"中关于需要进入紧急状态的衔接性规定,是以立法实施宪法有关制度规定的坚实法治保障。

(三)突发事件应对法修订,是推进国家治理体系和治理能力现代化的宝贵制度成果

法律体系是国家治理体系的重要组成部分,为国家治理体系提供了有力的法律制度支撑。习近平总书记强调,要坚持依法管理,运用法治思维和法治方式提高应急管理的法治化、规范化水平,系统梳理和修订应急管理相关法律法规。从适用的场景来看,法律可以分为平常状态的法律、应急状态的法律。突发事件应对法制定于2007年,早在2010年中国特色社会主义法律体系形成时,突发事件应对法就在法律体系中发挥了重要的支架作用,是突

发事件应对领域的基础性、综合性法律。此外还有一些法律对突发事件应对工作作出规范,如防震减灾法、消防法、防洪法、安全生产法、矿山安全法、反恐怖主义法,已经提请审议的传染病防治法修订草案、突发公共卫生事件应对法草案,以及列入十四届全国人大常委会立法规划的危险化学品安全法、自然灾害防治法、国家消防救援人员法等。突发事件应对法的修订,是国家治理体系和治理能力现代化的宝贵制度成果,与上述突发事件应对领域的其他立法,共同为应急状态下采取有效应对处置措施提供有力法律支撑。

我们要深刻认识突发事件应对法修订蕴含的重要意义,认真学习把握突发事件应对法的修改内容,充分体现到突发事件应对的实际工作中。

二、突发事件应对法的修订程序和工作过程

2007年突发事件应对法在2003年由原国务院法制办组织起草,2006年由国务院提请全国人大常委会审议;2007年8月30日,十届全国人大常委会第二十九次会议审议通过,自2007年11月1日起施行。2007年突发事件应对法明确自然灾害、事故灾难、公共卫生事件、社会安全事件等四类突发事件为其调整范围,坚持既授予政府充分的应急权力,又对其权力行使进行规范,坚持对公民权利的限制和保护相统一,重在预防、关口前移、防患于未然,初步确立了突发事件的管理体制、工作机制和基本制度,覆盖突发事件的事前预防、事中应对、事后恢复全过程,在突发事件应对和应急管理这一领域起到了基础性、综合性法律的作用。在十一届全国人大一次会议上,2008年国务院政府工作报告明确提出,全国应急管理体系基本建立。

施行17年后,突发事件应对法迎来第一次修改。2020年,全国人大常委会将修改突发事件应对法列入年度立法工作计划。全国人大常委会2020年度立法工作计划提出,要学习领会和贯彻落实习近平总书记关于依法防控疫情、强化公共卫生法治保障重要讲话精神和党中央决策部署,按照十三届全国人大常委会强化公共卫生法治保障立法修法工作计划安排,完善公共卫生领域相关法律,修改动物防疫法、野生动物保护法、国境卫生检疫法、传染病防治法、突发事件应对法等。部分全国人大代表提出了关于加强应急管理、修改突发事件应对法等方面的意见建议。全国人大常委会2021年度立法工作计划将突发事件应对法(修改)列为初次审议项目。全国人大常委会组织成立了由常委会有关领导同志为组长,全国人大社会建设委员会、全国人大常委会法制工作委员会、司法部、应急管理部有关领导为副组长的修法工作专班,充分发挥专班组织优势,高效率高质量开展修法工作。2021年11月,国务院提出《关于提请审议修订〈中华人民共和国突发事件应对法〉的议案》;12月,十三届全国人大常委会第三十二次会议对突发事件应对管理法草案进行了初次审议。

十四届全国人大及其常委会依法履职以来,高度重视突发事件应对法修改工作,继续将突发事件应对法修改列入十四届全国人大常委会立法规划。2023年12月,十四届全国人大常委会第七次会议对突发事件应对管理法草案进行了二次审议。践行全过程人民民主重大理念,按照立法程序的要求,全国人大常委会法制工作委员会将草案印发部分省(自治区、直辖市)人大、中央有关部门、基层立法联系点、部分高等院校和研究机构征求意见;两次在中国人大网公布草案全文,征求社会公众意见。全国人大宪法和法律委员会、社会建设委员会,全国人大常委会法制工作委员会共同召开座谈会,听取中央有关部门、专家学者、全国人大代表的意见。全国人大宪法和法律委员会、全国人大常委会法制工作委员会先后赴河南、广东、湖北、黑龙江、内蒙古、山东、上海、江苏等地及中国气象局、中国疾病预防控制中心等有关部门、单位开展调研。

习近平总书记强调,要全面发挥宪法在立法中的核心地位功能,每一个立法环节都把好宪法关,努力使每一项立法都符合宪法精神、体现宪法权威、保证宪法实施。针对审议过程中有关方面提出的宪法关于紧急状态的规定与突发事件应对法的关系,突发事件应对中加强对行政权力的监督制约、强化对人权的尊重和保障等意见,全国人大常委会法制工作委员会提出了合宪性审查研究意见,积极回应社会关切,进一步凝聚立法共识。这一研究意见向全国人大宪法和法律委员会作出报告,并作为参阅资料印发全国人大常委会。

习近平总书记强调,要借鉴国外应急管理有益做法,积极推进我国应急管理体系和能力现代化。全国人大常委会法制工作委员会组成调研组,赴有关国家就突发事件应对制度进行考察交流,召开中日突发事件应对法律制度线上研讨会,与日本政府部门、研究机构等进行交流研讨;组织专家学者对国外应急法律制度进行专题研究,形成系列材料。

2024年6月17日,全国人大常委会法制工作委员会召开突发事件应对法修订草案通过前评估会议,邀请有关部门、协会、专家学者、企业、基层立法联系点就草案中主要制度规范的可行性、法律的出台时机、法律的实施效果和可能出现的问题等进行评估。6月28日,十四届全国人大常委会第十次会议对突发事件应对法修订草案进行三次审议,高票通过了修订后的突发事件应对法。

三、突发事件应对法的重要理念和主要内容

此次突发事件应对法修改,是对2007年突发事件应对法的全面修订,条文由原来的70条增加到106条,原有的70条中有61条作了不同程度的改动,较大幅度地对突发事件应对法律规范进行了完善。法律的修改集中体现出以下六个方面的重要理念。

(一)坚持党对突发事件应对工作的全面领导

办好中国的事情,关键在党。习近平总书记指出,"正是因为始终坚持党的集中统一领导,我们才能实现伟大历史转折、开启改革开放新时期和中华民族伟大复兴新征程,才能成功应对一系列重大风险挑战、克服无数艰难险阻,才能有力应变局、平风波、战洪水、防非典、抗地震、化危机,才能既不走封闭僵化的老路也不走改旗易帜的邪路,而是坚定不移走中国特色社会主义道路"。在突发事件应对工作中,中国共产党发挥总揽全局、协调各方的领导核心作用,坚持"全国一盘棋",号令四面、组织八方,统筹各种力量和资源,形成集中力量办大事、办难事、办急事的强大合力,充分体现出在党的领导下我国社会主义制度抵御风险挑战、战胜艰难险阻的制度优越性。实践证明,党的集中统一领导是战胜一切风险和突发事件的"定海神针",党的领导核心作用是我们成功应对重大突发事件的关键所在。

《中共中央关于加强党的政治建设的意见》明确提出,贯彻落实宪法规定,制定和修改有关法律法规要明确规定党领导相关工作的法律地位。这次修订突发事件应对法,在"总则"增加规定,突发事件应对工作坚持中国共产党的领导,坚持以习近平新时代中国特色社会主义思想为指导,完善党委领导、政府负责、部门联动、军地联合、社会协同、公众参与、科技支撑、法治保障的治理体系。这一规定提纲挈领、纲举目张,把坚持党的领导这一最高政治原则贯彻到突发事件应对工作全过程各方面,其意义和作用统摄全篇。

(二)坚持突发事件应对管理体制机制

为适应新形势新要求、进一步提高防灾减灾救灾能力,2018年在深化党

和国家机构改革中,党中央统筹应急救灾和安全生产的综合管理职能,整合相关国家机构涉及应急管理的职责职能,决定组建应急管理部并明确其主要职责。同时,组建国家综合性消防救援队伍,同安全生产等应急救援队伍一并作为综合性常备应急骨干力量,由应急管理部管理。此外,还明确了国家卫生健康委员会、国家粮食和物资储备局等部门在应急方面的职责。这是对我国应急管理体制进行的系统性、整体性重构,有力推动我国应急管理事业取得历史性成就、发生历史性变革。

此次修订突发事件应对法,及时把深化党和国家机构改革、加强我国应急管理体系和能力建设的新成果新经验上升为法律制度,围绕建立健全中国特色突发事件应对工作领导体制,完善应急管理体制机制作了系统性规定。一是规定建立健全集中统一、高效权威的中国特色突发事件应对工作领导体制,明确突发事件应对工作坚持中国共产党领导,以及国务院和县级以上人民政府作为突发事件应对管理工作行政领导机关的职责,从党的全面领导和县级以上人民政府行政领导两个方面对突发事件应对工作领导体制作出安排。二是根据党的十九届四中全会决定部署要求,增加规定"构建统一指挥、专常兼备、反应灵敏、上下联动的应急管理体制",继续保留2007年突发事件应对法中关于"综合协调、分类管理、分级负责、属地管理为主"的规定作为突发事件应对工作的工作体系,与应急管理体制相衔接、相协调。三是完善跨行政区域突发事件应对职责及协同应对机制,增加共同负责的人民政府建立信息共享和协调配合机制的规定,为相关政府之间加强协同配合提供法律支撑。吸收实践经验,增加规定地方人民政府之间可以建立协同应对机制。四是健全突发事件应急指挥机构相关规定,赋予突发事件应急指挥机构在突发事件应对过程中依法发布有关决定、命令、措施的权力,并对其效力、法律责任及备案监督作出规定,从法律上保证了行政行为的连续性,在充分发挥其集中统一领导指挥作用的同时,体现了信赖保护的法治原则,维护党和政府在人民群众心中的公信力。五是明确县级以上人民政府应急管理部门和卫生健康、公安等有关部门的职责,以及乡镇街道、村(居)委会、武装力量在突发事件应对工作中的职责义务,并规定了公民、法人和其他组织的义务,进一步形成突发事件应对工作合力,提升全社会突发事件应对的整体水平。

(三)坚持总体国家安全观,统筹发展与安全

习近平总书记指出,增强忧患意识,做到居安思危,是我们党治国理政的

一个重大原则。党的十八大以来,以习近平同志为核心的党中央就突发事件应对、应急管理作出一系列决策部署,提出明确目标任务。习近平总书记站在统筹发展与安全、推进国家治理体系和治理能力现代化的战略高度,创造性提出总体国家安全观,就防范风险挑战、应对突发事件作出一系列重要论述。党的二十大提出:"坚持安全第一、预防为主,建立大安全大应急框架,完善公共安全体系,推动公共安全治理模式向事前预防转型。""提高防灾减灾救灾和重大突发公共事件处置保障能力,加强国家区域应急力量建设。"

在突发事件应对法修改过程中,落实前述工作要求,重点增加和完善了以下规定。一是加强应急物资保障。规定按照集中管理、统一调拨、平时服务、灾时应急、采储结合、节约高效的原则,建立健全应急物资储备保障制度,并规定了国家储备物资品种目录、总体发展规划等的制定实施。规定县级以上地方人民政府根据需要,依法与有条件的企业签订协议,企业根据协议进行应急救援物资等的生产、供给,有效发挥市场作用,调动企业在应急物资供给中的积极性。二是加强运输、能源、医疗等保障。建立健全应急运输保障、能源应急保障、卫生应急等体系,为应对各类突发事件提供坚实支撑。加强应急避难场所等的规划、建设和管理工作。三是完善应急救援力量规定。明确国家综合性消防救援队伍是应急救援的综合性常备骨干力量,按照国家有关规定执行综合应急救援任务。增加关于基层应急救援队伍、社会力量建立的应急救援队伍的规定,并明确县级以上人民政府应当推动专业应急救援队伍与非专业应急救援队伍联合培训、联合演练,提高合成应急、协同应急的能力。明确社会力量建立的应急救援队伍参与突发事件应对工作应当服从人民政府、突发事件应急指挥机构的统一指挥。

(四)坚持人民至上、生命至上

习近平总书记多次强调,坚持以人民为中心的发展思想,坚持人民至上、生命至上,切实把保障人民群众生命财产安全放到第一位,体现出深厚的人民情怀。习近平总书记特别对消防救援队伍提出要求,"永远竭诚为民,自觉把人民放在心中最高位置,把人民褒奖作为最高荣誉,在人民群众最需要的时候冲锋在前,救民于水火,助民于危难,给人民以力量,在服务人民中传递党和政府温暖,为维护人民群众生命财产安全而英勇奋斗"。

在突发事件应对法修改过程中,我们始终坚持立法工作为了人民、依靠人民、造福人民、保护人民,把体现人民利益、反映人民意愿、维护人民权益、增进人民福祉体现到本法原则理念、制度设计、具体措施等各层次各方面。

一是充分保障社会各主体合法权益。明确对未成年人、老年人、残疾人、孕产期和哺乳期的妇女、需要及时就医的伤病人员等群体给予特殊、优先保护,政府及其有关部门为受突发事件影响无人照料的无民事行为能力人和限制民事行为能力人提供及时有效帮助。应急救援人员赴汤蹈火、冲锋在前,为了解除应急救援人员的后顾之忧,法律还规定,建立健全联系帮扶应急救援人员家庭制度,帮助解决实际困难,为应急救援人员带来法律的温度。

二是保护突发事件应对中的公民个人信息。2024年突发事件应对法第八十三至八十五条中增加了关于个人信息保护的有关内容,严格规范个人信息处理活动,并在第九十九条中增加了相应法律责任。公民个人信息保护的问题在突发事件应对法修订过程中也是一个备受关注的问题。审议过程中,有些常委委员、地方和社会公众提出,为了加强突发事件应对中公民个人信息保护,草案对公民个人信息的收集、使用和销毁等作了规定,其内容是必要和妥当的,建议进一步明确,对实践中此前已经收集的公民个人信息也照此办理。全国人大宪法和法律委员会经同司法部、应急管理部研究认为,这一规定是根据民法典、个人信息保护法、数据安全法、网络安全法等现有法律的相关规定,针对突发事件应对工作的特点和实际需要作出的专门规定。对于此前收集的个人信息的使用、销毁等处理,也应该按照上述法律的相关规定进行。这一内容也写进了《全国人民代表大会宪法和法律委员会关于〈中华人民共和国突发事件应对法(修订草案)〉修改意见的报告》。

三是鼓励公民开展自救与互救。增加规定,突发事件发生地的居民委员会、村民委员会和其他组织应当按照当地人民政府的决定、命令,进行宣传动员,组织群众开展自救与互救,协助维护社会秩序;情况紧急的,应当立即组织群众开展自救与互救等先期处置工作。同时,在法律责任中增加关于紧急避险的衔接性规定。紧急避险是对公民在紧急状态下采取避险措施减轻或免除法律责任的制度,在刑法、民法典中都有所规定。突发事件应对过程中,往往会有公民为了避免人身、财产损害而采取避险行为的情况,为了鼓励公民在突发事件应急处置中开展自救互救、减少损失,有些常委委员、社会公众提出,建议在突发事件应对法中对公民采取紧急避险措施的相关法律责任承担作出规定,为公民在突发事件应急处置中开展自救互救提供法律依据。经研究认为,在突发事件应对法中对紧急避险作出规定是必要的,符合其立法目的。由于紧急避险制度在民法典、刑法中都有较为系统的规定,2024年突发事件应对法与其作了衔接性规定,即为了使本人或者他人的人身、财产免受正在发生的危险而采取避险措施的,依照民法典、刑法等法律关于紧急避险的规定处理。

四是增加侵犯公民生命健康权益的法律责任。在第九十五条关于地方各级人民政府和县级以上人民政府有关部门承担法律责任的违法情形中增加一项作为第五项,即"违反法律规定采取应对措施,侵犯公民生命健康权益的"。这一规定主要考虑是,突发事件应对处置中,要坚持人民至上、生命至上,依照法律规定采取措施,不能违法蛮干,造成侵犯公民生命健康权益的后果。人的生命是不能克减的法治底线。这一修改体现出"最小程度损害"的比例原则和法治的精神。

(五)坚持依法、科学应对,尊重和保障人权

习近平总书记指出,"要坚持依法管理,运用法治思维和法治方式提高应急管理的法治化、规范化水平","依靠科技提高应急管理的科学化、专业化、智能化、精细化水平"。遵守法律、尊重科学,始终是突发事件应对工作的两条重要底线。在此次修法过程中,将依法科学应对写入突发事件应对工作原则,作为指导突发事件应对的重要理念,体现在具体条文中主要有:

一是完善体现比例原则的规定。比例原则是行政法领域的一项重要原则,要求对所采取的行政措施与行政目的之间的关系进行衡量,保障行政行为是恰当的、合乎比例的。2007年突发事件应对法就对比例原则作了规定,本次修改作了进一步完善,要求"有多种措施可供选择的,应当选择有利于最大程度地保护公民、法人和其他组织权益,且对他人权益损害和生态环境影响较小的措施",在2007年突发事件应对法"最大程度地保护"的基础上,增加规定了"最小程度损害"。这样规定主要考虑是,突发事件应对的根本目的是保障国家安全、公共安全、公共秩序,保护人民群众生命财产安全,"最大程度地保护"是突发事件应对的应有之义,而"最小程度损害"则是更加精准的"技术活",更能清楚地传递出应对措施要符合比例原则这一立法主旨。同时,还增加规定,应对处置措施"根据情况变化及时调整,做到科学、精准、有效",这是比例原则在应对处置过程中的动态体现。

二是完善突发事件信息报送和发布制度。及时、客观、准确的信息是科学应对突发事件的宝贵资源,此次突发事件应对法修订对突发事件信息报送

和发布制度等规定作了完善。在突发事件逐级报告基础上,增加具备条件的应当进行网络直报或者自动速报的规定。明确国家建立健全突发事件信息发布制度和新闻采访报道制度。有关人民政府和部门应当及时向社会公布突发事件相关信息和有关突发事件应对的决定、命令、措施等信息;发现影响或者可能影响社会稳定、扰乱社会和经济管理秩序的虚假或者不完整信息的,应当及时发布准确的信息予以澄清;做好新闻媒体服务引导工作,支持新闻媒体开展采访报道和舆论监督。并要求新闻媒体采访报道应当及时、准确、客观、公正,新闻媒体应当开展突发事件应对法律法规、预防与应急、自救与互救知识等的公益宣传。

三是就发挥现代科学技术、专业人员等在突发事件应对中的作用作出进一步规定。顺应新时代新科技的发展趋势,完善第五十六条、第五十七条的规定,国家加强应急管理基础科学、重点行业领域关键核心技术的研究,加强互联网、云计算、大数据、人工智能等现代技术手段在突发事件应对工作中的应用,鼓励、扶持有条件的教学科研机构、企业培养应急管理人才和科技人才,研发、推广新技术、新材料、新设备和新工具,提高突发事件应对能力。建立健全突发事件专家咨询论证制度,发挥专业人员在突发事件应对工作中的作用。

四是对法律责任追究中的尽职免责作出规定。2016年1月,习近平总书记在省部级主要领导干部学习贯彻党的十八届五中全会精神专题研讨班上首次提出"三个区分开来"重要论述。2019年修订的《中国共产党问责条例》明确提出"严管和厚爱结合、激励和约束并重"的原则,对尽职免责作出体系化规定。2021年3月发布的《中国共产党组织处理规定(试行)》专门规定了不予或免予组织处理的情形。2024年7月党的二十届三中全会通过的《中共中央关于进一步全面深化改革 推进中国式现代化的决定》提出:"落实'三个区分开来',激励干部开拓进取、干事创业。"中共中央办公厅、国务院办公厅联合印发《地方党政领导干部安全生产责任制规定》、应急管理部印发《应急管理行政执法人员依法履职管理规定》,一些地方也作出此类规定。

此次突发事件应对法修订过程中,有些常委委员、部门和地方提出,法律责任的追究,需要考虑与突发事件有关的各种主客观条件,做到过罚相当,这样更符合突发事件往往情势紧迫的实际情况,有利于鼓励干部在临机处置时勇于担当作为。落实党中央关于建立容错机制的系列部署要求,总结规范性文件中关于尽职免责的有关规定,在2024年突发事件应对法第九十五条中增加规定,法律责任追究要"综合考虑突发事件发生的原因、后果、应对处置情况、行为人过错等因素"。

(六)坚持预防为主,预防与应急相结合

"为之于未有,治之于未乱"。此次突发事件应对法修订过程中,将2007年突发事件应对法中突发事件应对工作实行"预防为主、预防与应急相结合",继续作为突发事件应对工作原则,从预防和应急准备、全流程应急管理、事后调查评估与恢复重建三个方面进行系统性完善。

一是完善预防和应急准备,健全应急预案的制定、备案及演练等相关规定。增加应急预案备案程序,强化对预案的监督管理;赋予县级以上人民政府应急管理部门对应急预案体系建设指导和综合协调的职责;要求制定应急预案时应当广泛听取各方面意见,增强应急预案的针对性、可操作性,并根据实际需要、情势变化、应急演练中发现的问题等及时作出修订。2024年1月31日,《国务院办公厅关于印发〈突发事件应急预案管理办法〉的通知》(国办发〔2024〕5号)发布,与突发事件应对法关于应急预案管理配套法规的制定作了很好的衔接。

二是完善全流程应急管理制度。此次突发事件应对法修订牢牢把握事前、事中、事后三个环节,着力完善全覆盖全链条的应急管理制度体系。其一,进一步完善突发事件监测预警制度。规定发布警报应当明确的内容,包括预警类别、级别、起始时间、可能影响的范围、警示事项、应当采取的措施、发布单位和发布时间等;增加国家建立健全突发事件预警发布平台的规定;明确广播、电视、报刊以及网络服务提供者、电信运营商等的预警职责以及公共场所和其他人员密集场所的接收和传播预警信息义务。其二,建立健全突发事件应急响应制度。此次突发事件应对法修订在应对处置方面的一个重要修改是增加规定突发事件应急响应制度,明确了应急响应的级别划分与确定、启动与解除。突发事件应对法中的分级制度主要包括三类:(1)对突发事件进行分级,通常分为特别重大、重大、较大和一般四级。(2)对突发事件预警进行分级,通常分为一级、二级、三级和四级,分别用红色、橙色、黄色和蓝色标示,一级为最高级别。(3)对突发事件应急响应进行分级,按照突发事件的性质、特点、可能造成的危害程度和影响范围等因素分为一级、二级、三级和四级,一级为最高级别。这三类分级的划分标准,都由国务院或者国务院确定的部门制定。同时,考虑到不同地方突发事件发生后应启动哪一级应急响应,还需要结合当地实际情况,规定县级以上人民政府及其有关部门应当在突发事件应急预案中确定应急响应级别,给予地方一定自主权。突发事件发生后,履行统一领导职责或者组织处置突发事件的人民政府应当针对其性质、特点、危害程度和影响范围等,立即启动应急响应,采取应急处置措施。在突发事件的威胁和危害得到控制或者消除后,在 2007 年突发事件应对法规定停止执行相关应急处置措施、尽快恢复社会秩序的基础上,增加规定了"宣布解除应急响应"的程序。这样规定主要考虑的是,应急响应所采取的措施对人民群众的权利有所限制,在突发事件的威胁和危害得到控制或者消除后,应当向人民群众宣布解除应急响应,体现法治原则和法治精神。这也是法律修改过程中吸收各地实践经验的一处改动。

三是完善事后调查评估与恢复重建的相关规定。此次突发事件应对法修订对应急处置工作结束后的调查评估、开展恢复重建的各类措施作出具体规定。"履行统一领导职责的人民政府"是 2007 年突发事件应对法中的规定。根据 2007 年突发事件应对法第三条对突发事件分级的规定和第四条关于"国家建立统一领导、综合协调、分类管理、分级负责、属地管理为主的应急管理体制"的规定,一般和较大自然灾害、事故灾难、公共卫生事件的应急处置工作分别由发生地县级和设区的市级人民政府统一领导;重大和特别重大的自然灾害、事故灾难、公共卫生事件的应急处置工作由发生地省级人民政府统一领导,其中影响全国、跨省级行政区域或者超出省级政府处置能力的特别重大自然灾害、事故灾难、公共卫生事件的应急处置工作由国务院统一领导。由此,"履行统一领导职责的人民政府"是包括国务院的。从 2007 年突发事件应对法施行 17 年来的实践做法来看,也是这样做的。2024 年突发事件应对法第八十七条中的"并向上一级人民政府报告"、第九十二条中的"并向上一级人民政府提出报告"也是 2007 年突发事件应对法延续下来的规定。这是指在有上一级人民政府的情况下,向上一级人民政府报告。作此理解,与突发事件应对法中多处涉及的"履行统一领导职责的人民政府"的含义是一致的。

四、以党的二十届三中全会精神为引领,贯彻实施好修订后的突发事件应对法

法律的生命力在于实施,法律的权威也在于实施。习近平总书记多次引用明代张居正的"天下之事,不难于立法,而难于法之必行"来强调法律实施工作的重要性。赵乐际委员长在主持十四届全国人大常委会第十次会议闭幕会上的讲话中强调,有关方面要做好法律和决定的学习宣传、实施准备工作,抓紧制定出台配套规定和保障措施,确保全面有效实施。修订后的突发事件应对法于2024年11月1日开始施行,法律通过后到法律生效实施留有一定时间,这是为确保法律有效实施预留出的工作准备期。

2024年7月党的二十届三中全会通过的《中共中央关于进一步全面深化改革　推进中国式现代化的决定》中强调:"坚持全面依法治国,在法治轨道上深化改革、推进中国式现代化,做到改革和法治相统一,重大改革于法有据、及时把改革成果上升为法律制度";在完善公共安全治理机制方面提出,健全重大突发公共事件处置保障体系,完善大安全大应急框架下应急指挥机制,强化基层应急基础和力量,提高防灾减灾救灾能力。我们要把贯彻落实党的二十届三中全会精神和推进法律全面有效实施结合起来,积极做好法律实施相关准备工作,贯彻落实好2024年突发事件应对法,确保制度建设成果切实转化为治理效能。

一是全面准确、多措并举,扎实开展法律宣传解读和学习培训工作。突发事件应对工作事关重大、牵涉广泛,且此次是全面修订,明确了突发事件应对的新理念新原则,建立健全了一批新的制度机制,提出了新的更高工作要求,为保证法律实施效果,必须及时有效开展法律宣传解读和相关学习培训工作。2024年7月初,应急管理部下发《关于学习宣传贯彻新修订的〈中华人民共和国突发事件应对法〉的通知》,对切实做好突发事件应对法学习宣传和贯彻实施工作作出部署。要扎实开展突发事件应对法的普法宣传和学习培训工作,通过宣传教育形式多样化、学习载体多元化来解读法律,使有关部门和单位、广大人民群众能够及时知悉、准确掌握、有效执行、自觉遵守相关规定,让2024年突发事件应对法更加深入人心,不断强化全社会突发事件应对的法治意识,推动突发事件应对工作再上新台阶。要抓住领导干部这个关键,开展法律学习培训,增强运用法治思维和法治方式推进突发事件应对工作的能力和水平,促进各级党政领导干部勇于担当履职、善于依法办事。执法人员要熟练掌握各项法律制度要求,不断提高执法能力和水平。

二是乘势而为、顺势而动,适时做好相关制度配套工作。修订突发事件应对法,是建立健全应急管理法律制度体系的关键步骤,下一步,还要继续落实十四届全国人大常委会立法规划,做好修改传染病防治法,制定突发公共卫生事件应对法、危险化学品安全法、自然灾害防治法、国家消防救援人员法等相关立法修法工作。2024年突发事件应对法要求建立健全的制度机制,有些需要通过制定配套规定来保证相关条款的实施。按照立法法第六十六条的规定,法律规定明确要求有关国家机关对专门事项作出配套的具体规定的,有关国家机关应当自法律施行之日起一年内作出规定。通过梳理需要制定配套规定的情况,2024年突发事件应对法有9个条款需要国务院及有关部门作出配套规定来具体落实。要按照有关工作要求,及时做好相关制度配套工作。

三是准确把握、对标对表,确保新规定新要求执行到位。现行做法中与2024年突发事件应对法规定要求不一致的,要认真贯彻执行2024年突发事件应对法的规定。例如,在突发事件应对法修订过程中,公民个人信息保护是备受各方面关注的问题,2024年突发事件应对法根据民法典、个人信息保护法、数据安全法、网络安全法等现有法律的相关规定,针对突发事件应对工作的特点和实际需要对个人信息保护作出专门规定。对于此前在各类突发事件应对工作中收集到的个人信息,其使用、销毁等处理,也应当一以贯之,按照上述法律的相关规定执行。

四是强化沟通、良性互动,协同推进突发事件应对法治水平。突发事件应对法是一部实践性很强的法律,也是一部行政管理的部门法。突发事件应对法的有效实施,有赖于有关部门及其工作人员在日常工作中久久为功。立法和执法是法治工作中两个息息相关的重要环节,立法是对实践经验的总结和提炼,立法工作的成效也需要实践的检验。同时,实践也在不断发展变化,只有及时发现新问题、总结新经验、作出新规定,才能使法律更好适应新形势新要求新需要,使法律规范更加具有科学性、针对性、实效性。立法机关与行政机关在工作中应当保持密切联系,对法律实施中涉及的法律条文理解问题,或者工作中行之有效的经验需要上升为法律规范的,及时沟通,共同推动法律与时俱进,协同推进突发事件应对工作法治化、规范化水平。

目　录

第一部分　释　义

第一章　总　则 ……………………………………………… 003
- 第一条　【立法目的和立法依据】 …………………………… 003
- 第二条　【突发事件定义、调整范围及法律适用】 ………… 011
- 第三条　【突发事件分级和分级标准的制定】 ……………… 013
- 第四条　【突发事件应对工作的指导思想、领导体制和治理体系】 …………………………………………………… 015
- 第五条　【突发事件应对工作的基本原则】 ………………… 019
- 第六条　【社会动员机制】 …………………………………… 022
- 第七条　【突发事件信息发布制度】 ………………………… 024
- 第八条　【突发事件新闻采访报道制度和公益宣传】 ……… 027
- 第九条　【突发事件应对工作投诉、举报制度】 …………… 029
- 第十条　【突发事件应对措施符合比例原则】 ……………… 031
- 第十一条　【特定群体的特殊、优先保护】 ………………… 033
- 第十二条　【应急征用与征用补偿】 ………………………… 035
- 第十三条　【时效中止和程序中止】 ………………………… 038
- 第十四条　【国际合作与交流】 ……………………………… 040
- 第十五条　【表彰、奖励制度】 ……………………………… 043

第二章　管理与指挥体制 …………………………………… 045
- 第十六条　【应急管理体制和工作体系】 …………………… 045
- 第十七条　【突发事件应对管理工作的属地管辖】 ………… 050
- 第十八条　【涉及两个以上行政区域的突发事件管辖】 …… 053

第十九条　【行政领导机关与应急指挥机构】……………………… 055
第二十条　【应急指挥机构发布决定、命令、措施及其效力、法律
　　　　　　责任】………………………………………………… 058
第二十一条　【有关部门在突发事件应对管理工作中的职责】…… 060
第二十二条　【乡镇街道、基层群众性自治组织的应对职责】…… 062
第二十三条　【公民、法人和其他组织参与突发事件应对工作的
　　　　　　　义务】……………………………………………… 064
第二十四条　【武装力量参加突发事件应急救援和处置工作】…… 066
第二十五条　【人大常委会对突发事件应对工作的监督】………… 069

第三章　预防与应急准备 …………………………………………… 072

第二十六条　【突发事件应急预案体系】…………………………… 072
第二十七条　【应急管理部门指导应急预案体系建设】…………… 077
第二十八条　【应急预案的制定与修订】…………………………… 078
第二十九条　【纳入、制定相关规划】……………………………… 079
第三十条　【国土空间规划符合预防、处置突发事件的需要】…… 081
第三十一条　【应急避难场所的规划、建设和管理】……………… 083
第三十二条　【突发事件风险评估体系】…………………………… 086
第三十三条　【危险源、危险区域的调查、登记与风险评估】…… 087
第三十四条　【调解处理社会安全矛盾纠纷】……………………… 090
第三十五条　【单位安全管理制度】………………………………… 091
第三十六条　【高危行业单位的突发事件预防义务】……………… 093
第三十七条　【人员密集场所的经营或者管理单位的突发事件
　　　　　　　预防义务】………………………………………… 096
第三十八条　【突发事件应对管理培训制度】……………………… 097
第三十九条　【应急救援队伍】……………………………………… 098
第四十条　【应急救援人员保障及职业资格要求】………………… 104
第四十一条　【武装力量应急救援的专门训练】…………………… 106
第四十二条　【应急知识宣传普及活动和应急演练】……………… 107
第四十三条　【学校应急知识教育和应急演练】…………………… 108
第四十四条　【经费保障与资金管理】……………………………… 109

第四十五条　【国家应急物资储备保障制度】 …………………… 111
第四十六条　【有关人民政府应急物资储备保障制度】 ………… 117
第四十七条　【应急运输保障体系】 ……………………………… 120
第四十八条　【能源应急保障体系】 ……………………………… 123
第四十九条　【应急通信、应急广播保障体系】 ………………… 126
第五十条　【突发事件卫生应急体系】 …………………………… 129
第五十一条　【急救医疗建设】 …………………………………… 132
第五十二条　【社会力量支持和捐赠】 …………………………… 133
第五十三条　【红十字会、慈善组织参与应对突发事件】 ……… 137
第五十四条　【应急救援资金、物资的使用与管理】 …………… 141
第五十五条　【巨灾风险保险体系】 ……………………………… 143
第五十六条　【发挥科技力量作用】 ……………………………… 145
第五十七条　【突发事件专家咨询论证制度】 …………………… 147

第四章　监测与预警 ……………………………………………… 149

第五十八条　【突发事件监测制度】 ……………………………… 149
第五十九条　【突发事件信息系统】 ……………………………… 151
第六十条　【突发事件信息收集与报告制度】 …………………… 153
第六十一条　【突发事件信息报告制度】 ………………………… 156
第六十二条　【突发事件隐患和监测信息的分析评估】 ………… 158
第六十三条　【突发事件预警制度】 ……………………………… 160
第六十四条　【预警警报的发布、报告及明确的内容】 ………… 162
第六十五条　【突发事件预警发布平台及预警信息的传播】 …… 164
第六十六条　【发布三级、四级警报的应对措施】 ……………… 166
第六十七条　【发布一级、二级警报的应对措施】 ……………… 168
第六十八条　【预警期内对重要商品和服务市场情况的监测】 … 170
第六十九条　【社会安全事件信息报告】 ………………………… 171
第七十条　【预警警报的调整和解除】 …………………………… 172

第五章　应急处置与救援 ………………………………………… 173

第七十一条　【突发事件应急响应制度】 ………………………… 173

第七十二条　【启动应急响应，采取应急处置措施】…………… 175

第七十三条　【自然灾害、事故灾难或者公共卫生事件的应急
　　　　　　　处置措施】………………………………………… 179

第七十四条　【社会安全事件的应急处置措施】………………… 184

第七十五条　【突发事件严重影响国民经济正常运行的应急
　　　　　　　措施】……………………………………………… 185

第七十六条　【突发事件应急协作机制】………………………… 186

第七十七条　【基层群众性自治组织、其他组织的职责】……… 190

第七十八条　【有关单位的应急处置职责和义务】……………… 191

第七十九条　【突发事件发生地个人的义务】…………………… 192

第八十条　【城乡社区应急工作机制】…………………………… 193

第八十一条　【心理援助工作】…………………………………… 194

第八十二条　【遗体处置及遗物保管】…………………………… 195

第八十三条　【政府及部门的信息收集与公民个人信息保护】… 195

第八十四条　【有关单位和个人获取他人个人信息的要求及
　　　　　　　限制】……………………………………………… 196

第八十五条　【个人信息的用途限制和销毁要求】……………… 197

第六章　事后恢复与重建 …………………………………………… 199

第八十六条　【解除应急响应、停止执行应急处置措施】……… 199

第八十七条　【突发事件影响和损失调查评估，开展恢复重建】… 200

第八十八条　【恢复重建的支持和指导】………………………… 202

第八十九条　【开展善后工作】…………………………………… 203

第九十条　【公民参加突发事件应对工作的工资待遇和福利
　　　　　　保障】………………………………………………… 205

第九十一条　【伤亡人员的待遇保障与致病人员的医疗救治】… 206

第九十二条　【突发事件情况和应急处置工作报告】…………… 206

第九十三条　【审计监督】………………………………………… 208

第九十四条　【档案管理】………………………………………… 209

第七章　法律责任

第九十五条　【政府和有关部门不履行或者不正确履行法定职责的法律责任】 ········· 211

第九十六条　【有关单位的法律责任】 ········· 218

第九十七条　【编造并传播、故意传播虚假信息的法律责任】 ········· 222

第九十八条　【单位或个人不服从决定、命令或不配合相关措施的法律责任】 ········· 224

第九十九条　【违反本法关于个人信息保护规定的责任】 ········· 225

第一百条　【相关民事责任】 ········· 227

第一百零一条　【紧急避险的适用】 ········· 229

第一百零二条　【治安管理处罚与刑事责任】 ········· 231

第八章　附　　则 ········· 235

第一百零三条　【紧急状态】 ········· 235

第一百零四条　【保护管辖】 ········· 245

第一百零五条　【外国人、无国籍人的属地管辖】 ········· 246

第一百零六条　【施行时间】 ········· 247

第二部分　附　　录

附录一

《中华人民共和国突发事件应对法》修改前后对照表 ········· 251

附录二　2007 年立法文件

关于《中华人民共和国突发事件应对法（草案）》的说明 ········· 282

全国人民代表大会法律委员会关于《中华人民共和国突发事件应对法（草案）》修改情况的汇报 ········· 289

全国人民代表大会法律委员会关于《中华人民共和国突发事件应对法（草案二次审议稿）》审议结果的报告 ········· 293

全国人民代表大会法律委员会关于《中华人民共和国突发事件应对法（草案三次审议稿）》修改意见的报告 ········· 295

附录三 2024 年立法文件

关于修订《中华人民共和国突发事件应对法》的说明 ……………… 297

全国人民代表大会宪法和法律委员会关于《中华人民共和国突发事件应对管理法(草案)》修改情况的汇报 …………………… 301

全国人民代表大会宪法和法律委员会关于《中华人民共和国突发事件应对管理法(草案)》审议结果的报告 …………………… 304

全国人民代表大会宪法和法律委员会关于《中华人民共和国突发事件应对法(修订草案)》修改意见的报告 ………………… 307

附录四 有关法律

中华人民共和国安全生产法(2021.6.10) ……………………………… 309
中华人民共和国防震减灾法(2008.12.27) ……………………………… 309
中华人民共和国矿山安全法(2009.8.27) ……………………………… 309
中华人民共和国防洪法(2016.7.2) ……………………………………… 309
中华人民共和国气象法(2016.11.7) …………………………………… 309
中华人民共和国消防法(2021.4.29) …………………………………… 309
中华人民共和国集会游行示威法(2009.8.27) ………………………… 309
中华人民共和国戒严法(1996.3.1) ……………………………………… 309
中华人民共和国传染病防治法(2013.6.29) …………………………… 309
中华人民共和国慈善法(2023.12.29) …………………………………… 309
中华人民共和国粮食安全保障法(2023.12.29) ………………………… 309
中华人民共和国能源法(2024.11.8) …………………………………… 309

第一部分　释　义

第一章 总 则

本章共 15 条,主要规定了本法的立法目的、立法依据、调整范围、领导力量、指导思想、工作原则以及突发事件应对工作中具有总括性的制度和一般性规定。

第一条 为了预防和减少突发事件的发生,控制、减轻和消除突发事件引起的严重社会危害,提高突发事件预防和应对能力,规范突发事件应对活动,保护人民生命财产安全,维护国家安全、公共安全、生态环境安全和社会秩序,根据宪法,制定本法。

【释义】 本条是关于立法目的和立法依据的规定。

一、我国突发事件应对法制建设的发展历程

1949 年新中国成立到改革开放前的近 30 年时间里,除 1954 年宪法首次规定戒严和宣布战争状态、1957 年全国人大常委会作出《关于批准消防监督条例的决议》之外,我国突发事件应对立法以制定规范性文件为主,突发事件应对工作法制化水平不高。党的十一届三中全会以来,随着改革开放和社会主义现代化建设快速发展,党和国家越来越重视突发事件应对法制建设,通过制定法律、行政法规、地方性法规等不同层级法律文件,逐步建立起一个管综合、分领域、多层级的制度规范体系,并不断健全完善。以 2003 年应对"非典"疫情和 2007 年突发事件应对法的颁布实施为标志事件,大致可分为四个阶段:1979—2003 年为第一阶段,2003—2007 年为第二阶段,2007—2012 年为第三阶段,2012 年党的十八大召开至今为第四阶段。

1. 第一阶段(1979—2003 年)

改革开放以来,国家相继颁布了一系列与处理突发事件有关的法律法规,逐渐把应急处理突发事件工作纳入法制化轨道。比如,在自然灾害应对方面,制定水土保持法、防洪法、防震减灾法和《防汛条例》、《破坏性地震应急条例》等法律法规。在事故灾难应对方面,先后制定海上交通安全法、矿山安全法、消防法、安全生产法等法律,水污染防治法、环境保护法等法律对环境突发事件应对措施作出了相关规定。在公共卫生方面,1989年2月,七届全国人大常委会第六次会议通过了传染病防治法。在社会安全方面,1995年2月,八届全国人大常委会第十二次会议通过了人民警察法;1996年3月,八届全国人大常委会第十八次会议通过了戒严法。

从以上法律法规的内容看,基于当时经济社会发展情况、社会管理的需要以及政府部门的设置与职责分工,应对突发事件的法律制度呈现出分部门、分灾种,各司其职、各负其责的特点。几次特别重大的突发事件的应对处置,如1998年长江特大洪水、2003年"非典"疫情等,暴露出指挥协调等方面体制机制上急需解决的一些问题,需要制定完善有关法律法规,进一步增强法律规范的及时性、针对性、可操作性。这些法治实践中遇到的问题难题,将随着中国特色社会主义法律体系的形成完善逐步得到破解。

2. 第二阶段(2003—2007年)

总结2003年抗击"非典"疫情的经验教训,并借鉴国际上的成熟做法,需要健全应对严重自然灾害、突发公共卫生事件、重大安全事故等相关事态的法律制度,首要任务是完善宪法相关规定。2004年3月14日,十届全国人大二次会议通过宪法修正案,将宪法第六十七条规定的全国人大常委会职权第二十项"决定全国或者个别省、自治区、直辖市的戒严"修改为"决定全国或者个别省、自治区、直辖市进入紧急状态",将宪法第八十条规定的中华人民共和国主席根据全国人大常委会的决定"发布戒严令"修改为"宣布进入紧急状态",将宪法第八十九条规定的国务院职权第十六项"决定省、自治区、直辖市的范围内部分地区的戒严"修改为"依照法律规定决定省、自治区、直辖市的范围内部分地区进入紧急状态"。这样修改,"紧急状态"包括"戒严"又不限于"戒严",适用范围更宽,既便于应对各种紧急状态,也同国际上通行的做法相一致。这就为建立健全科学完备的突发事件应对制度规范体系提供了国家根本法依据。

应对突发事件不能仅仅依靠经验,更重要的应当依靠法治,这是我国从处置各类突发事件的实践中总结出来的经验和教训。以2003年抗击"非典"

疫情为契机,国家大力推进以应急预案及应急体制、机制和法制即"一案三制"为核心的应急管理体系建设。2006年1月,国务院发布《国家突发公共事件总体应急预案》。此后两个月内,国务院发布各类突发事件应急预案14件,其中自然灾害类5件,事故灾难类8件,公共卫生事件类1件。截至2007年10月底,国家相继制定了应对自然灾害、事故灾难、公共卫生事件和社会安全事件的单行法律和行政法规60多部,如安全生产法、《突发公共卫生事件应急条例》等,一些地方出台了相关地方性法规和规章;国务院和地方人民政府制定了一系列应急预案,突发事件应急预案体系初步建立。这一阶段突发事件应对工作法治化步伐加快,不断取得立法和制度建设新成果新进展,但从突发事件应对管理体制看,仍然是采取分部门治理的模式,立法上"一事一法"的特征依然比较明显。

3. 第三阶段(2007—2012年)

在突发事件应对法治工作取得重大进步的同时,实践中还暴露出一些突出问题:一是应对突发事件的责任不够明确,统一、协调、灵敏的应对体制尚未形成。二是一些行政机关应对突发事件的能力不够强,危机意识不够高,依法可以采取的应急处置措施不够充分、有力。三是突发事件的预防与应急准备、监测与预警、应急处置与救援等制度、机制不够完善,导致一些突发事件未能得到有效预防,有的突发事件引起的社会危害未能及时得到控制。四是社会广泛参与应对工作的机制还不够健全,公众的自救与互救能力不够强、危机意识有待提高。为了有效解决这些问题,进一步提高突发事件应对工作法制化、规范化、程序化水平,迫切需要在认真总结我国应对突发事件经验教训、借鉴其他国家成功做法的基础上,制定一部规范应对各类突发事件共同行为的法律。为此,各有关方面呼吁,为了适应改革发展稳定形势需要,提高我国在法治框架下依法应对突发事件的能力,应及时制定出台一部应对突发事件的综合性法律。

根据十届全国人大常委会立法规划和国务院工作部署,2003年5月,原国务院法制办组织力量研究起草突发事件应对法;2006年5月31日,国务院常务会议讨论通过形成了《中华人民共和国突发事件应对法(草案)》,提请全国人大常委会审议。2006年6月24日,十届全国人大常委会第二十二次会议对突发事件应对法草案进行了初次审议。经过三次审议,2007年8月30日,十届全国人大常委会第二十九次会议通过突发事件应对法,该法于

2007年11月1日起实施。此外,在应急管理各领域,立法修法工作不断推进。比如,2008年,在及时总结防震减灾工作经验的基础上,修改完善不适应新形势需要的法律制度,对防震减灾工作的成功做法特别是对四川汶川抗震救灾的成功做法予以制度化,修订防震减灾法。为了保障汶川地震灾后恢复重建工作有力有序有效开展,促进灾区经济社会的恢复和发展,国务院专门制定《汶川地震灾后恢复重建条例》。此外,国务院还制定了《气象灾害防御条例》《自然灾害救助条例》等行政法规。

经过改革开放以来多年不懈努力,我国逐步建立起以突发事件应对法为基础统领,以各部门、各领域专项应急相关法律法规为主要内容,以地方性法规和部门规章为辅助配套,以各级各类应急预案为有效支撑的法律法规体系,并不断动态完善调整,与时俱进发展。

4. 第四阶段(2012年党的十八大以来)

党的十八大以来,面对纷繁复杂的国际形势和艰巨繁重的改革发展稳定任务,以习近平同志为核心的党中央坚持底线思维,增强忧患意识,提高防控能力,着力防范化解重大风险,保持了经济持续健康发展和社会大局稳定。党中央就突发事件应对、应急管理作出一系列决策部署,为健全完善突发事件应对制度规范体系确立了明确的目标任务。党的十八届三中全会决定提出:"深化安全生产管理体制改革,建立隐患排查治理体系和安全预防控制体系,遏制重特大安全事故。健全防灾减灾救灾体制。"党的十八届五中全会提出:"完善和落实安全生产责任和管理制度,切实维护人民生命财产安全。"党的十九大报告提出:"树立安全发展理念,弘扬生命至上、安全第一的思想,健全公共安全体系,完善安全生产责任制,坚决遏制重特大安全事故,提升防灾减灾救灾能力。"党的十九届四中全会决定提出:"完善和落实安全生产责任和管理制度,建立公共安全隐患排查和安全预防控制体系。构建统一指挥、专常兼备、反应灵敏、上下联动的应急管理体制,优化国家应急管理能力体系建设,提高防灾减灾救灾能力。"党的十九届五中全会提出"十四五"时期经济社会发展主要目标,其中"国家治理效能得到新提升"方面包括"防范化解重大风险体制机制不断健全,突发公共事件应急能力显著增强,自然灾害防御水平明显提升"。《中共中央关于制定国民经济和社会发展第十四个五年规划和二〇三五年远景目标的建议》提出具体措施,如"完善国家应急管理体系,加强应急物资保障体系建设,发展巨灾保险,提高防灾、减灾、抗灾、救灾能力"。党的二十大报告提出："坚持安全第一、预防为主，建立大安全大应急框架，完善公共安全体系，推动公共安全治理模式向事前预防转型。""提高防灾减灾救灾和重大突发公共事件处置保障能力，加强国家区域应急力量建设。"习近平总书记站在统筹发展与安全、推进国家治理体系和治理能力现代化的战略高度，创造性提出总体国家安全观，就防范风险挑战、应对突发事件作出一系列重要论述，为健全完善突发事件应对制度规范体系提供了根本遵循和科学指南。

党的政策是国家法律法规的先导和指引，法律法规是定型化的政策。党的十八大以来，各有关方面坚持以习近平新时代中国特色社会主义思想为科学指导，按照党中央关于应急管理的重大决策部署，系统谋划、统筹推进突发事件应对领域立法修法工作，把坚持党对突发事件应对工作的领导、推动公共安全治理模式转型、加强应急管理体系和能力建设等要求以法律形式予以明确、具体化，推动突发事件应对制度规范体系建设取得积极进展。

其中，重要的一项立法任务就是全面修订突发事件应对法。该法自2007年公布施行以来，对于预防和减少突发事件的发生，控制、减轻和消除突发事件引起的严重社会危害，规范突发事件应对活动，保护人民生命财产安全，维护国家安全、公共安全、生态环境安全和社会秩序发挥了重要作用。为了深入贯彻习近平新时代中国特色社会主义思想和习近平总书记关于防范重大风险、应对突发事件重要论述精神，贯彻落实党中央重大决策部署，适应突发事件应对理念的新变革和机构改革体制机制的新调整，更好解决突发事件应对领域的新情况新问题，有必要全面修订突发事件应对法，重点理顺突发事件应对工作领导和管理体制，畅通突发事件信息报送和发布渠道，加强应急物资、运力、能源保障，强化突发事件应对管理能力建设，充分调动社会各方面力量，保障突发事件应对管理工作中社会各主体合法权益，进一步提高依法应对各类突发事件的能力，为新时代高质量开展突发事件应对工作提供更加有力的法治保障。

2021年11月，国务院提出《关于提请审议修订〈中华人民共和国突发事件应对法〉的议案》；同年12月，十三届全国人大常委会第三十二次会议对突发事件应对管理法草案进行了初次审议。经过三次审议，2024年6月28日，十四届全国人大常委会第十次会议高票通过修订后的突发事件应对法，国家主席习近平签署第二十五号主席令予以公布，自2024年11月1日起施行。

二、本法的立法目的

本条明确突发事件应对法的立法目的,是预防和减少突发事件的发生,控制、减轻和消除突发事件引起的严重社会危害,提高突发事件预防和应对能力,规范突发事件应对活动,保护人民生命财产安全,维护国家安全、公共安全、生态环境安全和社会秩序。

第一,预防和减少突发事件的发生,控制、减轻和消除突发事件引起的严重社会危害。

突发事件的发生虽然具有突然性,但并非不可预防。即使对于人力不可避免的突发事件,有效的突发事件应对也可以成功控制、减轻甚至消除可能引起的严重后果。以突发自然灾害应对为例,我国是世界上自然灾害最为严重的国家之一,灾害种类多,分布地域广,发生频率高,造成损失重,这是一个基本国情。总体看,我国各类事故隐患和安全风险交织叠加、易发多发,给人民群众的生命财产造成了巨大损失,造成严重的社会危害,我国应对突发事件的任务仍然十分艰巨。加强突发事件应对管理,预防和减少突发事件的发生,控制、减轻和消除突发事件引起的严重社会危害,是突发事件应对法治建设的当务之急和立法的出发点之一。

第二,提高突发事件预防和应对能力,规范突发事件应对活动。

预防和应对能力是科学有效应对突发事件、担负好保护人民群众生命财产安全和维护社会稳定的重要使命的关键。习近平总书记强调,要"提高突发事件响应和处置能力","加强灾害监测预警和风险防范能力建设","要大力加强防灾备灾体系和能力建设,舍得花钱,舍得下功夫,宁肯十防九空,有些领域要做好应对百年一遇灾害的准备"。考虑到实践中有些领域突发事件预防意识较为薄弱,有些地方和部门应对能力有待进一步加强,此次法律修订在立法目的中有针对性地增加"提高突发事件预防和应对能力"的内容,并在相关制度设计中作出具体化规定,以制度力量补短板、强弱项、固基础。

县级以上人民政府是突发事件应对管理工作的行政领导机关,负有统一领导、综合协调突发事件应对工作的重要职责。习近平总书记强调,"要坚持依法管理,运用法治思维和法治方式提高应急管理的法治化、规范化水平"。中共中央、国务院印发的《法治政府建设实施纲要(2021—2025年)》

要求,"坚持运用法治思维和法治方式应对突发事件,着力实现越是工作重要、事情紧急越要坚持依法行政,严格依法实施应急举措,在处置重大突发事件中推进法治政府建设"。国家制定的一系列关于突发事件应对的法律法规,为各级政府提供了依法进行应急管理、开展执法工作的法律依据。同时,在实践中还存在有法不依、执法不严的现象,这些不利因素在一定程度上会削弱突发事件应对的工作效能,侵犯公民、法人和其他组织的合法权益,必须加以规范。这就要求各级政府在组织、实施突发事件应对工作的整个活动中,坚持依法行政,规范政府突发事件应对活动,提升依法应急处置的能力,确保突发事件的预防与应急准备、监测与预警、应急处置与救援、事后恢复与重建等活动都有法必依、有章必循,使突发事件应对工作在法治轨道上进行。

第三,保护人民生命财产安全,维护国家安全、公共安全、生态环境安全和社会秩序。

保护人民生命财产安全,是突发事件应对法制建设重要的出发点和落脚点,这是由我们党的性质和根本宗旨所决定的。中国共产党根基在人民、血脉在人民,人民立场是中国共产党的根本政治立场,是马克思主义政党区别于其他政党的显著标志。"坚持以人民为中心的发展思想",是习近平新时代中国特色社会主义思想的重要内容之一。随着我国经济社会持续发展和人民生活水平不断提高,人民群众对民主、法治、公平、正义、安全、环境等方面的要求日益增长,要积极回应人民群众新要求新期待。习近平总书记多次就坚决防范和遏制重特大事故作出重要指示,要求牢固树立安全发展理念,坚持人民至上、生命至上,切实保障人民群众生命财产安全。各类突发事件与人民群众的生命财产安全息息相关,重大突发事件往往容易成为热点、引发舆情,党中央高度重视,人民群众普遍关心。此次修订工作着眼于解决人民最关心、最直接、最现实的问题,做到人民有所呼、立法有所应,努力通过立法增强人民群众的获得感、幸福感、安全感,用法治保障人民安居乐业。

把维护国家安全、公共安全、生态环境安全和社会秩序作为立法目的,充分体现了总体国家安全观的要求,是落实总体国家安全观的法治实践。习近平总书记强调:"国家安全涵盖领域十分广泛,在党和国家工作全局中的重要性日益凸显。""当前我国国家安全内涵和外延比历史上任何时候都要丰富,时空领域比历史上任何时候都要宽广,内外因素比历史上任何时候都要复杂。"国家安全涵盖领域十分广泛,不仅囊括政治安全、国土安全、军事安全、经济安全、文化安全、社会安全、科技安全、信息安全、生态安全、资源安全、核安全、海外利益安全等重点领域的安全,而且涵盖网络安全、极地安全、深海安全、太空安全等新兴战略领域的安全,还扩展到生物安全、人工智能安全、数据安全等新领域以及粮食安全、能源安全、产业链供应链安全等专门领域。党的二十大作出健全国家安全体系的重要部署,把国家应急管理体系纳入国家安全体系之中,凸显出突发事件应对在贯彻总体国家安全观中的重要性。因此,本法继续把"维护国家安全、公共安全、生态环境安全和社会秩序"作为立法目的之一,并在总体国家安全观框架内延展其内涵,赋予其新时代意义。

此次法律修订将"环境安全"修改为"生态环境安全"。当下,"环境安全"的概念已比较狭窄,无法完全适应新时代实践发展和突发事件应对工作需要。生态文明建设是"五位一体"总体布局的重要组成部分。2018年宪法修正案在"序言"中增加了"生态文明"的表述,这是贯彻落实习近平生态文明思想的重要法治举措,对生态环境领域相关立法起到了统领作用。因此,此次修订在立法目的突出强调维护"生态环境安全",与"预防为主、保护优先"等环境法治基本原则相一致,把立法保护范围从单一的环境要素扩展到了整个生态系统的安全性,体现出对生态环境整体性、系统性的重视。

三、本法的立法依据

2007年突发事件应对法没有规定立法依据。此次法律修订过程中,有意见提出,从突发事件应对法施行十多年的实践来看,这部法律既关系人民生命财产的保护和公民基本权利的保障,又关系公共利益的维护和公民义务的设定之间的平衡,既涉及有关国家机关职权的划分,又涉及各级政府职责的确定,既涉及常态治理下突发事件的应对,又与宪法关于紧急状态的规定相衔接,是一部与宪法关系密切的法律,应明确宪法为其制定依据,以更好体现宪法有关规定、原则和精神。根据各方面意见,2024年突发事件应对法在第一条中增加"根据宪法"作为制定依据。作出这一修改,主要有以下考虑:

一是有利于明确本法对于实施宪法相关制度的重要意义,为有效应对突发事件提供坚实法治保障。在现有的突发事件应对相关制度体系中,本法规范和保障各类突发事件的应对活动,明确相关体制机制和制度措施,发挥了基础性、综合性、统领性作用,保证宪法确立的相关制度、原则、规则得到全面实施。

二是本法规定的重要制度充分体现出我国社会主义宪法的性质特征和制度优势。本法贯彻"中国共产党领导是中国特色社会主义最本质的特征"的宪法规定，明确规定坚持中国共产党的领导，有效发挥中国共产党领导和我国社会主义制度能够集中力量办大事的政治优势；坚持以人民为中心，在具体法律条文中贯彻尊重和保障人权的宪法原则，切实保护公民基本权利；在宪法关于国家机构规定的基本框架内，合理配置相关国家机构在突发事件应对工作中的职权职责，着力建立健全集中统一、高效权威的领导体制，完善相关治理体系。

三是稳妥处理突发事件应对和紧急状态的关系，做好制度之间的有效衔接。本法对2004年宪法修正案关于紧急状态规定的制度内涵作出重要发展完善的同时，在"附则"中与宪法规定的紧急状态制度作出衔接。

第二条 本法所称突发事件，是指突然发生，造成或者可能造成严重社会危害，需要采取应急处置措施予以应对的自然灾害、事故灾难、公共卫生事件和社会安全事件。

突发事件的预防与应急准备、监测与预警、应急处置与救援、事后恢复与重建等应对活动，适用本法。

《中华人民共和国传染病防治法》等有关法律对突发公共卫生事件应对作出规定的，适用其规定。有关法律没有规定的，适用本法。

【释义】 本条是关于突发事件的定义、本法调整范围以及与其他有关法律关系的规定。

一、突发事件的定义

突发事件的定义，在2007年突发事件应对法第三条第一款已有规定，此次修改该内容未作调整，只是将其移动到第二条第一款的位置，开宗明义，更加科学。

关于突发事件的定义，采取了概括和列举相结合的表述方式。它是指突然发生，造成或者可能造成严重社会危害，需要采取应急处置措施予以应对的事件，范围上包括自然灾害、事故灾难、公共卫生事件和社会安全事件四类。其中，本法所指的突发事件具有以下特点：一是明显的公共性或社会性。突发事件易引起公众高度关注，对社会公共利益产生较大消极负面影响，甚至严重破坏正常社会秩序；与公共权力之间发生直接联系，必须借助于公权力的介入和动用社会人力、物力才能解决。二是突发性和紧迫性。突发事件发生突然，如果不能及时采取应对措施，引发的危机就会迅速扩大、蔓延甚至升级，会造成更大危害和损害。三是危害性和破坏性。突发事件对于人民群众生命财产安全，对于国家安全、公共安全、生态环境安全和社会秩序构成严重威胁和破坏，如应对不及时、不妥当，就会造成巨大的生命财产损失或者社会严重动荡，甚至威胁到国家整体安全。四是必须以公权力组织应对。突发事件超过个人或者民间自发应对的范围，必须国家权力介入，由政府及其有关部门依照法定权限和程序，承担组织、领导、指挥、协调等职能，调动社会公共资源，动员组织社会力量，共同做好监测与预警、应急处置与救援、事后恢复与重建等全过程应对工作。

本法将自然灾害、事故灾难、公共卫生事件和社会安全事件等四类突发事件纳入调整范围。突发事件按照突发事件的发生过程、性质和机理的不同进行分类。

二、突发事件应对法的调整范围

突发事件应对法的调整范围，包括突发事件的预防与应急准备、监测与预警、应急处置与救援、事后恢复与重建等应对活动，涉及突发事件应对的事前、事中、事后的全过程、各环节。在应对突发事件的过程中，各个环节密切相关、环环相扣、互相衔接、有效配合。

预防与应急准备，是做好突发事件应对工作的基础性工作，必须立足于"预防为主"的原则，积极做好突发事件的预防与应急准备工作。监测与预警是突发事件从常态到应急状态转变的过渡阶段，是突发事件应对工作的第一道防线，必须遵循"早发现、早报告、早预警、早处置"的原则，完善突发事件监测与预警机制，及时做好应急准备，防患于未然，将有利于有效处置突发事件、减少人员伤亡和财产损失，有利于预防突发事件的发生或者防止一般突发事件演变为特别严重事件。应急处置与救援，是应对突发事件工作的核心环节。当突发事件发生时，履行统一领导职责或者组织处置突发事件的人民政府，应当根据有关法律法规和应急预案的规定，及时启动相应级别的应急处置程序,积极组织政府有关部门,调动社会人力、物力和技术,及时采取应急处置措施,有效控制、减轻和消除突发事件引起的严重社会危害。事后恢复与重建,是应对突发事件工作的最后一个阶段,事关人民群众生产生活,事关经济社会发展大局。2023年11月10日习近平总书记在北京、河北考察灾后恢复重建工作时指出,"要坚持以人民为中心,着眼长远、科学规划,把恢复重建与推动高质量发展、推进韧性城市建设、推进乡村振兴、推进生态文明建设等紧密结合起来,有针对性地采取措施,全面提升防灾减灾救灾能力",突出强调事后恢复与重建的当前作用和长远意义。"大涝大灾之后,务必大建大治",突发事件的威胁和危害得到控制或者消除后,各级政府应当组织受影响地区尽快恢复生产、生活、工作和社会秩序。

三、突发事件应对法与其他有关法律的关系

突发事件应对法是突发事件应对领域的基础性、综合性法律。处理好本法与这一领域其他相关立法的关系,是处理和解决实践中遇到的难点问题的当务之需,是新时代推动中国特色社会主义法律体系更加科学完备、统一权威的内在要求。本法通过确立一般法与特别法关系的原则,实现法律相互衔接、有效配合、并行不悖。首先,在突发公共卫生事件应对方面,本法与传染病防治法、制定中的突发公共卫生事件应对法等突发公共卫生事件相关法律作了衔接性规定。按照特别法优于一般法的原则,如传染病防治法等有关法律对突发公共卫生事件应对作出规定,则适用其规定。其次,除了传染病防治法等法律对突发公共卫生事件应对作出专门规定之外,消防法、防洪法、防震减灾法、安全生产法、矿山安全法等法律也有关于自然灾害、事故灾难等突发事件应对的规定。对于这些相关法律没有作出规定的,则适用突发事件应对法的有关规定,体现出突发事件应对法对于四类突发事件应对工作的兜底性作用。

第三条 按照社会危害程度、影响范围等因素,突发自然灾害、事故灾难、公共卫生事件分为特别重大、重大、较大和一般四级。法律、行政法规或者国务院另有规定的,从其规定。

突发事件的分级标准由国务院或者国务院确定的部门制定。

【释义】 本条是关于突发事件分级和分级标准的规定。

本法将突发事件按照社会危害程度、影响范围、突发事件性质、可控性、行业地域特点等因素,将自然灾害、事故灾难、公共卫生事件分为特别重大、重大、较大和一般四级。法律、行政法规或者国务院另有规定的,从其规定。这样规定,既便于"分级负责""分级响应"措施的落实,根据实际发生的突发事件的严重程度,及时准确采取必要的应对措施;同时也体现出尊重特殊行业管理的特殊性、专业性、灵活性的工作要求。需要补充说明的一点是,本条规定自然灾害、事故灾难、公共卫生事件分为特别重大、重大、较大和一般四级,没有对社会安全事件如何分级作具体规定。这主要是考虑到社会安全事件与上述三类突发事件相比具有自身的特点,其社会危害、影响范围等因素的判断以及应对处置都明显不同,不好作一般性规定和要求。

各类突发公共事件按照其性质、严重程度、可控性和影响范围等因素,一般分为四级:Ⅰ级(特别重大)、Ⅱ级(重大)、Ⅲ级(较大)和Ⅳ级(一般)。突发事件应对方面的地方性法规一般采取遵照突发事件应对法分类标准的办法,也相应规定为四级,或者与突发事件应对法分类标准作衔接性规定,并规定具体分级标准按照国家有关规定执行。国务院办公厅印发的《突发事件应急预案管理办法》对政府及其部门应急预案(包括总体应急预案、专项应急预案、部门应急预案等)应规定的内容作出规定,要求人民政府编制总体应急预案,应包括事件分类分级的内容,国家层面专项和部门应急预案应明确事件分级标准。

本法授权国务院或者国务院确定的部门制定突发事件的分级标准。突发事件的分级,要求具有科学性。每一类突发事件都具有特殊性,其发展机理都不相同,必须在科学论证的基础上确定标准。同时,突发事件的分级标准也需要考虑统一性,以便于规范突发事件应对工作。依照宪法法律,国务院统一领导各部和各委员会的工作,统一领导全国地方各级国家行政机关的工作,包括突发事件应对、应急管理工作;国务院确定的部门是突发事件应对、应急管理工作相应的主管部门。授权国务院或者国务院确定的部门对突发事件分级标准作出规定,符合宪法、国务院组织法等对国务院及其有关部门职权职责的规定,符合突发事件应对工作的实际。

第四条 突发事件应对工作坚持中国共产党的领导，坚持以马克思列宁主义、毛泽东思想、邓小平理论、"三个代表"重要思想、科学发展观、习近平新时代中国特色社会主义思想为指导，建立健全集中统一、高效权威的中国特色突发事件应对工作领导体制，完善党委领导、政府负责、部门联动、军地联合、社会协同、公众参与、科技支撑、法治保障的治理体系。

【释义】 本条是关于突发事件应对工作坚持党的领导、坚持党和国家指导思想，以及工作领导体制、治理体系的规定。

一、突发事件应对工作坚持中国共产党的领导

新民主主义革命时期，中华苏维埃共和国临时中央政府在革命根据地通过兴修水利、抗旱备荒、重视赈恤等措施，扎实做好苏区防灾减灾救灾各项工作，积累了党在局部地区执政、应对突发事件的宝贵经验。社会主义革命和建设时期以及改革开放和社会主义现代化建设新时期，在中国共产党的领导下，接连战胜1954年长江中下游特大洪灾、1963年海河特大洪水、1966年邢台大地震、1976年唐山大地震、1987年大兴安岭火灾、1998年长江特大洪水、2003年"非典"疫情、2008年汶川大地震、2010年青海玉树地震等重特大自然灾害，取得了举世瞩目的重大成就。党的十八大以来，在以习近平同志为核心的党中央坚强领导下，国家不断完善应急管理体制，持续提高突发事件应对管理能力，成功处置一系列重特大灾害事故。总体来说，首要的历史经验就是，坚持和加强党的全面领导是推动突发事件应对工作发挥巨大功效、与时俱进发展的关键所在，正如习近平总书记所指出的，"正是因为始终坚持党的集中统一领导，我们才能实现伟大历史转折、开启改革开放新时期和中华民族伟大复兴新征程，才能成功应对一系列重大风险挑战、克服无数艰难险阻，才能有力应变局、平风波、战洪水、防非典、抗地震、化危机，才能既不走封闭僵化的老路也不走改旗易帜的邪路，而是坚定不移走中国特色社会主义道路"。

2018年宪法修正案明确中国共产党领导是中国特色社会主义最本质的特征。党的二十大对坚持和加强党中央集中统一领导提出明确要求。在突发事件应对工作中，中国共产党发挥总揽全局、协调各方的领导核心作用，坚持"全国一盘棋"，号令四面、组织八方，统筹各种力量和资源，形成集中力量

办大事、办难事、办急事的强大合力,充分体现出在党的领导下我国社会主义制度抵御风险挑战、战胜艰难险阻的制度优越性。实践证明,党的集中统一领导是战胜一切风险和突发事件的"定海神针",党的领导核心作用是我们成功应对重大突发事件的关键所在。《中共中央关于加强党的政治建设的意见》明确提出,贯彻落实宪法规定,制定和修改有关法律法规要明确规定党领导相关工作的法律地位。突发事件应对是党治国理政的重要方面,这项工作开展得好不好、质量高不高,关系改革发展稳定的大局,关系进一步全面深化改革、推进中国式现代化的伟大进程,关系强国建设、民族复兴伟业目标的实现,必须坚持和加强党的全面领导,确保正确政治方向。此次突发事件应对法修订在"总则"增加本条规定,提纲挈领、纲举目张,把坚持党的领导这一最高政治原则贯彻到突发事件应对工作全过程各方面,其意义和作用统摄全篇。

二、突发事件应对工作的指导思想

理论是实践的先导,思想是行动的指南,没有科学的理论指导就不会产生有效的行动。习近平总书记深刻指出:"一个民族要走在时代前列,就一刻不能没有理论思维,一刻不能没有思想指引""拥有马克思主义科学理论指导是党的鲜明品格和独特优势,是党坚定信仰信念、把握历史主动的根本所在。"突发事件应对工作必须坚持以马克思列宁主义、毛泽东思想、邓小平理论、"三个代表"重要思想、科学发展观、习近平新时代中国特色社会主义思想为指导。2018年宪法修正案确立了习近平新时代中国特色社会主义思想在国家政治和社会生活中的指导地位。习近平新时代中国特色社会主义思想是马克思主义中国化最新成果,是党和人民实践经验和集体智慧的结晶,是中国特色社会主义理论体系的重要组成部分,是全党全国人民为实现中华民族伟大复兴而奋斗的行动指南,是党的十八大以来党和国家事业取得历史性成就、发生历史性变革的根本理论指引,必须长期坚持并不断发展。习近平总书记围绕防范风险挑战、应对突发事件发表了一系列重要论述,包括坚持和加强党对突发事件应对工作的全面领导,坚持人民至上、生命至上,坚持统筹发展和安全,坚持从源头上防范化解重大安全风险等。这些重要论述立意高远、内涵丰富、思想深刻,贯穿着马克思主义立场观点方法,体现了习近平总书记深厚的人民情怀和对国家长治久安的深远考量,是中国共产党团结带领广大人民群众同灾害事故作斗争的实践总结和理论升华,是有效防范化解重大安全风险、建设更高水平平安中国的科学指南,为发展新时代突发事件应对工作指明了前进方向、提供了根本遵循,也是突发事件应对法治工作的指导思想。此次突发事件应对法修订在"总则"增加关于指导思想的规定,必须把科学理论贯彻到突发事件应对工作全过程各方面,实现保持正确政治方向和做到科学应对的高度统一。

三、突发事件应对工作的领导体制、治理体系

本法规定,建立健全集中统一、高效权威的中国特色突发事件应对工作领导体制,完善党委领导、政府负责、部门联动、军地联合、社会协同、公众参与、科技支撑、法治保障的治理体系。这是修订新增加的内容,是对新时代突发事件应对工作体制机制创新成果的高度总结,是推进国家治理体系和治理能力现代化不断取得新成效在突发事件应对领域的重要体现。本条规定的突发事件应对工作领导体制与治理体系二者是紧密相连的。治理体系概念更宽更大,包括除领导体制之外,突发事件参与的各方因素相互配合、相互支持、共同发挥作用,而领导体制在治理体系中起到统领、管总作用。

此次突发事件应对法修订,明确了党对突发事件应对工作的领导,进一步完善突发事件应对管理与指挥体制,为建立健全集中统一、高效权威的中国特色突发事件应对工作领导体制提供了直接法律依据和制度支撑。这一领导体制与治理体系中的"党委领导、政府负责"相一致,即党委领导下的行政负责制。从国家层面看,突发事件应对工作在党中央集中统一领导下进行,这是坚持党的领导的首要要求;国务院是突发事件应对管理工作的最高行政领导机关,对此本法明确规定了国务院关于突发事件应对管理工作的职权职责。从地方层面看,按照属地管理为主的原则,在地方党委的领导下,县级以上地方人民政府作为本行政区域突发事件应对管理的行政领导机关,履行统一领导职责或者组织处置工作,发挥指挥、组织、协调、管理等重要作用。在充分吸收党和国家机构改革成功经验基础上,通过立法建立集中统一、高效权威的国家突发事件应急管理领导体制,并不断在实践中健全完善。

"部门联动、军地联合"体现了应对突发事件需要党和政府多部门、军地多方协调配合,共同担负使命任务。受突发事件影响地区的人民政府应当及时组织和协调应急管理、卫生健康、公安、交通、铁路、民航、邮政、电信、建设、生态环境、水利、能源、广播电视等诸多部门在各自职责范围内做好有关突发事件应对管理工作。本法与国防法、人民武装警察法、《军队参加抢险救灾条例》等法律法规相衔接，对中国人民解放军、中国人民武装警察部队和民兵组织参加突发事件的应急救援和处置工作作出相关规定。同时，本法规定，县级以上地方人民政府设立的突发事件应急指挥机构中应当包含驻当地中国人民解放军、中国人民武装警察部队有关负责人。规定这一体制机制，就是在"党委领导、政府负责"的前提下，通过整合多部门、军地各方应急力量，破除各自为政等弊病，保证快速协调、步调一致应对突发事件。

"社会协同、公众参与"，就是要充分调动社会各方力量参与突发事件应对工作的积极性、主动性，有效发挥他们的作用，聚集全社会力量，形成应急处理突发事件的合力。此次突发事件应对法修订把这一点作为加强制度建设的重点。例如：建立投诉、举报制度，使政府及有关部门的履职行为时刻处于人民群众的监督之下；建立表彰、奖励制度，对突发事件应对工作中涌现出的可歌可泣的英雄模范事迹，对做出突出贡献的单位和个人给予表彰、奖励。又如，考虑到多年来红十字会、慈善组织以及志愿服务组织、志愿者等社会力量积极参与突发事件应对活动，发挥了重要作用，本法完善相关规定，支持、引导这些社会力量参与应对突发事件。

"科技支撑、法治保障"。"科技是第一生产力"，有先进科技作为重要支撑，突发事件应对工作事半功倍。习近平总书记对此强调要求，"要强化应急管理装备技术支撑，优化整合各类科技资源，推进应急管理科技自主创新，依靠科技提高应急管理的科学化、专业化、智能化、精细化水平。要加大先进适用装备的配备力度，加强关键技术研发，提高突发事件响应和处置能力。要适应科技信息化发展大势，以信息化推进应急管理现代化，提高监测预警能力、监管执法能力、辅助指挥决策能力、救援实战能力和社会动员能力"。贯彻党中央关于实施科教兴国战略和习近平总书记关于科技创新的重要论述，此次突发事件应对法修订对加强应急管理基础科学、重点行业领域关键核心技术的研究，加强现代技术手段在突发事件应对工作中的应用等作出规定，通过法律制度提升突发事件应对、应急管理工作现代化水平。法治是突发事件应对工作的重要保障。贯彻习近平法治思想，推动完善突发事件应对领域法制建设，完善应急管理制度规范体系，坚持依法应急、依法管理，坚持依法应对重大风险挑战、抵御重大风险，用法治思维和法治方式提高突发事件应对、应急管理法治化、规范化水平。与时俱进修订完善突发事件应对法就是"法治保障"的集中体现。同时,制定修改其他相关法律法规,也为突发事件应对工作提供有力制度保障。

第五条　突发事件应对工作应当坚持总体国家安全观,统筹发展与安全;坚持人民至上、生命至上;坚持依法科学应对,尊重和保障人权;坚持预防为主、预防与应急相结合。

【释义】　本条是关于突发事件应对工作基本原则的规定。

在一部法律的总则中规定某一方面工作应当遵循的基本原则,是近年来在立法工作中形成的惯例,是法律适应全面依法治国时代要求的具体体现。2024年6月,新组织修编的《全国人大常委会法制工作委员会立法技术规范》发布,其中3.7.2规定:"总则规定立法目的、立法根据、调整范围、指导原则、基本制度等总括性内容。"多数法律所规范事项的指导原则为一条,但如涉及的指导原则较多,也可以分数条作出规定,如2022年修改地方各级人民代表大会和地方各级人民政府组织法,对地方各级人大和人民政府行使职权的原则就分四条作了规定。本条集中对突发事件应对工作基本原则作出规定,下面从四个方面展开论述。

一、坚持总体国家安全观,统筹发展与安全

2014年4月15日,习近平总书记在中央国家安全委员会第一次会议上,创造性提出总体国家安全观。总体国家安全观是一个系统完整、逻辑严密、相互贯通的科学理论体系。总体国家安全观强调的是大安全理念,主张国家安全是全面、系统的安全,是共同、整体的安全,突破了传统的国家安全观,并且还将随着时代和实践的发展不断丰富。国家安全法第二条规定,国家安全是指国家政权、主权、统一和领土完整、人民福祉、经济社会可持续发展和国家其他重大利益相对处于没有危险和不受内外威胁的状态,以及保障持续安全状态的能力。党的二十大报告和党的二十届三中全会决定都将"推进国家安全体系和能力现代化"单列一部分作出部署,把国家应急管理体系纳入国家安全体系范畴,提出具体工作要求。党的二十届三中全会通过的《中共中央关于进一步全面深化改革　推进中国式现代化的决定》提出,完善公共安全治理机制,健全重大突发公共事件处置保障体系,完善大安全大应急框架下应急指挥机制,强化基层应急基础和力量,提高防灾减灾救灾能力。这些内容都是全面贯彻总体国家安全观的重要举措和体现。各级人民政府必须深入贯彻落实党中央关于维护国家安全和社会稳定的重大决策部署和习近平总书记关于坚持总体国家安全观的重要论述精神,从党和国家工作大局角度看待、对待突发事件应对工作,切实担负起"促一方发展、保一方平安"的政治责任。

安全是发展的基础,发展为安全提供有力支撑。党的十九大报告强调,"统筹发展和安全,增强忧患意识,做到居安思危,是我们党治国理政的一个重大原则"。统筹发展和安全,是以习近平同志为核心的党中央坚持总体国家安全观、着眼"两个大局"、主动应对风险挑战、确保中国特色社会主义事业顺利推进的重大战略部署,体现了对我国社会主义现代化建设规律的深刻把握。没有发展,就不可能实现国家长治久安、社会安定有序、人民安居乐业;没有安全,就不可能实现经济社会可持续发展,已经取得的成果也会失去。任何以牺牲安全为代价的发展都难以持续,都不是真正的发展;必须秉持为发展求安全、以安全促发展的理念,让发展和安全两个目标有机融合。本法作为突发事件应对领域的基础性法律,对相关工作提出统筹发展和安全的要求,就是要坚持发展和安全并重,在发展中更多考虑安全因素,防范"黑天鹅""灰犀牛"事件,有效防范化解突发事件等各类风险挑战,牢牢守住安全发展这条底线,努力实现高质量发展和高水平安全的良性互动。

二、坚持人民至上、生命至上

江山就是人民,人民就是江山。坚持人民至上、生命至上原则,是我们党"为中国人民谋幸福、为中华民族谋复兴"初心使命的体现。尊重生命、敬畏生命,是中华优秀传统文化倡导的重要精神和理念。党的十八届五中全会提出"坚持以人民为中心的发展思想",党的十九大报告把"坚持以人民为中心"作为新时代坚持和发展中国特色社会主义基本方略之一,党的十九届六中全会通过的《中共中央关于党的百年奋斗重大成就和历史经验的决议》把"坚持人民至上"作为我们党百年奋斗的十大历史经验之一。中国共产党始终坚持一切为了人民、一切依靠人民,团结带领中国人民及时、有效处置重大突发事件,沉着、有力化解重大安全风险。2020年年初,突如其来的新冠肺炎疫情给世界带来前所未有的挑战,在人民生命安全和身体健康受到严重威胁的重大时刻,党和政府始终坚持人民至上、生命至上,践行全心全意为人民服务的根本宗旨,彰显了以人为本的执政理念和社会主义制度的显著优势。习近平总书记始终以对人民负责、对生命负责的鲜明态度,多次就坚决防范和遏制重特大事故作出重要指示,要求牢固树立安全发展理念,坚持人民至上、生命至上,切实保障人民群众生命财产安全。开展突发事件应对工作时,必须始终把人民生命安全放在第一位,切实做到救民于水火、助民于危难,给人民以力量,不断增强人民群众的获得感、幸福感、安全感。

三、坚持依法科学应对,尊重和保障人权

依法应对,是全面依法治国在突发事件应对领域的具体落实。面对突发事件,依法应对最可靠、最稳妥。习近平总书记强调,"要坚持依法管理,运用法治思维和法治方式提高应急管理的法治化、规范化水平"。总的来说,应对突发事件对效率有很高的要求。各级政府及部门采取的应对举措必须主动、快速、灵活,但这也意味着,相关措施有时不得不对公民、法人和其他组织的自由与权利进行一定限制。这是基于国家、社会和全体人民的整体利益而作出的、符合实质法治要求的理性选择。越是重要紧急,越要坚持依法行政、依法办事。法治应当成为约束行政权力的坚实依靠,提供沉着应对危机的机制、程序和规范,保证社会有序运转。

在依法应对的同时,做到科学应对,尊重借助专业知识和技术,确保处理措施的科学性和有效性。各类突发事件有其自身特点和发展规律,必须以科学的态度对待,以科学的方法应对,以科学的措施处置。不讲科学、不正确把握和运用对突发事件工作的规律性认识,单纯凭借经验盲目应对,只能事倍功半,甚至可能造成更大生命财产损失。本法的制定和修订都是从科学总结经验、尊重和把握规律的基础出发,对突发事件应对工作的体制机制、流程措施等作出制度化设计,逐步推进突发事件应对、应急管理工作的现代化。此次法律修订对突发事件应对工作贯彻比例原则的内容作出了进一步完善,规定"有多种措施可供选择的,应当选择有利于最大程度地保护公民、法人和其他组织权益,且对他人权益损害和生态环境影响较小的措施,并根据情况变化及时调整,做到科学、精准、有效",更加体现出科学应对的原则要求。

我国宪法第三十三条第三款规定,国家尊重和保障人权。突发事件应对涉及对正常状态下国家权力和公民权利关系的调整,相关措施必须遵循宪法规定的尊重和保障人权的原则,力求保障公民的法定权利、合理设定相关义务。人权是个人人权与集体人权的有机统一。一方面,生存权与发展权是首要的基本人权。突发事件应对管理中,需要从整体上、宏观上保护最大多数人的权利,保证生存权和发展权。另一方面,人权是具体的、落实到个人的。突发事件应对管理过程中,不得已采用减损权益的措施时,应以最小的损害比例保护个体的最大利益。

四、坚持预防为主、预防与应急相结合

"居安思危,思则有备,有备无患。"坚持预防为主、预防与应急相结合这一原则在2007年突发事件应对法中就确立下来,此次突发事件应对法修订进一步予以明确,并贯彻在其后各项制度举措中。2024年突发事件应对法第三章"预防与应急准备"、第四章"监测与预警"是关于预防工作的专门规定,第二章"管理与指挥体制"中也有大量关于预防工作的规定。习近平总书记强调:"坚持以防为主、防抗救相结合的方针,坚持常态减灾和非常态救灾相统一,努力实现从注重灾后救助向注重灾前预防转变,从应对单一灾种向综合减灾转变,从减少灾害损失向减轻灾害风险转变,全面提高全社会抵御自然灾害的综合防范能力。"党的二十大报告提出,"坚持安全第一、预防为主","推动公共安全治理模式向事前预防转型"。各级政府和有关部门要贯彻习近平总书记重要论述和党中央决策部署,把预防为主、预防与应急相结合的原则落实到突发事件应对工作之中,从思想观念、制度机制、工作方法、保障措施等各方面转向事前预防为主,扎实做好基础性准备工作,包括应对突发事件的思想准备、组织准备、预案准备、机制准备和工作准备,加强培训演练,做到常备不懈,以防止突发事件的发生、扩大或升级,最大限度地减少突发事件可能造成的损失。

第六条 国家建立有效的社会动员机制,组织动员企业事业单位、社会组织、志愿者等各方力量依法有序参与突发事件应对工作,增强全民的公共安全和防范风险的意识,提高全社会的避险救助能力。

【释义】 本条是关于动员社会力量共同参与突发事件应对的规定。

一、建立有效的社会动员机制

动员,是各级政府调动全社会人力、物力、财力应对特定事件的行为过程。动员包括经济(物质、财力)动员、人力动员、技术动员等。社会动员主要是指政府在突发事件应对中调动非政府资源(社会资源)来应对突发事件。从世界主要国家应急管理发展的现状与趋势来看,社会力量的有效参与是应对高度复杂性、高度不确定性突发事件不可或缺的一个要素。

政府救援力量与社会力量的有效整合和协同,是我国突发事件应对的重要特点。改革开放后,我国经济社会的快速发展激发了社会公众参与公共事务治理的热情;同时,中国人民普遍具有爱国主义精神和集体主义精神,都为建立有效的社会动员机制提供了有利条件。每当有重大突发事件发生时,社会力量有的踊跃捐款捐物,有的主动投身应急救援行动之中,形成守望相助、和衷共济的磅礴力量。本法第四条规定,突发事件应对工作坚持中国共产党的领导,建立健全集中统一、高效权威的中国特色突发事件应对工作领导体制,完善党委领导、政府负责、部门联动、军地联合、社会协同、公众参与、科技支撑、法治保障的治理体系。从顶层设计看,社会协同、公众参与是突发事件治理体系的重要内容。在具体制度上,本法在第二十三条(公民、法人和其他组织参与突发事件应对工作的义务)、第三十九条(社会化应急救援服务)、第五十二条(鼓励社会力量提供支持和捐赠)、第五十三条(发挥红十字会和慈善组织作用)、第七十二条(政府调动协调社会应急力量)、第九十条(公民参加应急救援工作期间工资待遇和福利不变)等条款中作出了具体规定。

此次突发事件应对法修订,增加"各方力量依法有序参与突发事件应对工作"的规定。这就要求处理好增强活力与维护秩序的关系。在过去十多年的突发事件应对实践中,社会力量的自发参与热情很高,发挥了不可或缺的重要作用。同时,也暴露出了一些问题,此次突发事件应对法修订有针对性地作了完善。除了在"总则"的本条中规定"依法有序"以外,还在其他章节中明确要求社会力量建立的应急救援队伍参与突发事件应对工作应当服从履行统一领导职责或者组织处置突发事件的人民政府、突发事件应急指挥机构的统一指挥(第三十九条第三款),要求人民政府应当建立协调机制,提供需求信息,引导志愿服务组织和志愿者等社会力量及时有序参与应急处置与救援工作(第七十二条第三款)。

二、增强全民的公共安全和防范风险意识

公共安全和防范风险意识是危机预警的起点,提高人们的公共安全和防范风险意识,对于有效防范突发事件的发生非常关键。具体包括:建立健全社会应急联动体制机制;有针对性地加强应急知识宣传普及工作,提高社会公众维护公共安全意识和应对突发公共事件能力;深入宣传各类应急预案,逐步推广应急识别系统,普及使用各类应急避难场所的方法,使群众了解各种灾难发生的科学过程,掌握一定的自我保护方法,增强其危机应对能力。国家鼓励公民、法人和其他组织储备基本的应急自救物资和生活必需品。把公共安全和应急防护知识纳入学校教学内容,编制中小学公共安全教育指导纲要,安排相应的课程或课时。充分运用各种现代传播手段,扩大应急管理科普宣教工作覆盖面。新闻媒体无偿开展突发公共事件预防与处置、自救与互救知识的公益宣传。发挥公众、社区、企事业、社团在突发事件中自救、互救的能力,实现政府功能与社会功能互补与良性互动。通过这些举措,不断增强人民群众的公共安全和防范风险意识,提高他们应急处变的能力和本领,为筑牢防灾减灾救灾的人民防线奠定基础。

第七条 国家建立健全突发事件信息发布制度。有关人民政府和部门应当及时向社会公布突发事件相关信息和有关突发事件应对的决定、命令、措施等信息。

任何单位和个人不得编造、故意传播有关突发事件的虚假信息。有关人民政府和部门发现影响或者可能影响社会稳定、扰乱社会和经济管理秩序的虚假或者不完整信息的,应当及时发布准确的信息予以澄清。

【释义】 本条是关于突发事件信息发布制度的规定。

信息是突发事件应对中宝贵的资源,没有准确的信息就难以作出科学应对。突发事件发生后,需要尽快搜集各方信息,为决策提供参考,同时及时发布相关信息,积极回应社会关切。突发事件应对过程中,信息报送滞后会直接影响决策质量,直接影响到处置与救援效率;信息发布不及时、不透明,容易引发社会猜疑甚至恐慌。实践中,有关人民政府和相关部门通常采取召开

新闻发布会、组织采访等方式,向社会发布相关信息。为了确保突发事件相关信息及时准确发布,保障社会公众的知情权、参与权,此次突发事件应对法修订将推动完善信息发布机制,本条从信息正向发布和虚假信息处理两个方面作出规范。

一、关于突发事件信息发布制度

本条规定,"国家建立健全突发事件信息发布制度"。信息发布统一、准确、及时,有利于社会公众全面、准确了解突发事件信息,协助和监督政府做好突发事件预防和应对工作,形成政府与民众的良性互动,激发战胜危机的信心。

有关人民政府和部门是承担突发事件信息发布职责的主体。根据宪法和法律、行政法规的规定,各级人民政府及其有关部门有权在其职权范围内发布具有约束力的决定、命令和规定行政措施,包括关于突发事件应对工作的决定、命令和措施。有关人民政府及其部门及时公布作出的应对突发事件的决定、命令,是坚持依法行政、建设法治政府的必然要求,具有重要的政治意义、法治意义和实践意义。首先,有关人民政府及其部门及时公布相关信息,是彰显党和政府公信力的重要方面。对于人民群众来说,有关人民政府和部门代表国家正式公布相关信息,具有权威性、可靠性,值得信赖。其次,这是公民知情权的法治保障。在中国特色社会主义法律体系中,公民知情权虽未作为单独的基本权利写入宪法,但该项权利是人民当家作主原则以及人民通过各种途径和形式参与国家管理有关规定的前提,是公民保障自身合法权益的条件,必须加以保障。在其他法律中,公民知情权通常作为一种程序性权利加以规定。建立健全突发事件信息发布制度,就是为了保障公民的知情权,使其能够行使监督权、参与权等法定权利。最后,规定突发事件信息发布制度,有利于人民政府及其部门接受同级人大及其常委会的监督,有利于行政机关内部上级对下级的监督,有利于以监督的方式推进政府依法行政。

有关人民政府和部门向社会公布突发事件信息,必须依法进行。一是按照本条规定,需要公布的突发事件信息包括两类:一类是突发事件相关信息,这是指有关突发事件的各种客观发生的情况;另一类是有关突发事件应对的决定、命令、措施等信息,这是有关人民政府和部门制定并决定实施的。按照本法第二十条规定,突发事件应急指挥机构在突发事件应对过程中可以依法发布有关突发事件应对的决定、命令、措施。二是信息发布必须由被授权机关统一发布,发布的内容需履行报批程序。无权发布的部门不得擅自就突发事件事态发展和处置工作接受记者采访或发表谈话,以避免造成信息混乱。负责信息发布的部门应及时把信息发布的内容向参与处置突发事件的其他部门通报,保证信息在政府系统内部的畅通。三是发布的信息必须客观、真实。发布信息之前,必须认真细致地核对事实。为确保发布信息的准确,一些尚未弄清楚全部情况、较为复杂的突发事件,可先公布简短消息,再作后续发布。不得把未经证实的信息散布或传播出去。四是突发事件信息应当尽快发布,将准确信息传播报道出去,及时有效地回应舆论关切。

二、关于虚假信息的处理

虚假信息,是编造者利用人们急于想了解某事,或对某事的好奇心理,在一定的危机事件背景之下,捏造出的不符合实际或纯属无中生有的事件。编造虚假信息的目的在于传播并引起一定的社会效应,包括恶意发布捏造、虚构、拼接所谓"真实"信息,编辑篡改图片,恶意剪接短视频,对文字、图片与视频"深加工"等,也包括传播过程中信息本身的无意失真。在个人网络社交媒体发达的今天,虚假信息可能自发或不自发地出现在传播链条的全过程。虚假信息一旦传播,其传播的途径、速度、影响范围就会很多、很快、很广。虚假信息治理的水平,直接体现出国家应对突发事件、加强应急管理的治理能力。

本条第二款首先对编造、故意传播有关突发事件的虚假信息作出禁止性规定。其主体是任何单位和个人。禁止的行为包括:一是编造有关突发事件的信息,既包括涉及突发事件本身的信息,也包括有关应对工作的虚假信息;二是故意传播有关突发事件的虚假信息。此次突发事件应对法修订将原来禁止的"传播"修改为"故意传播",强调主观上的"故意",即明知而为之,更加明确和有针对性。本法第九十七条规定了编造、故意传播虚假信息应当承担的法律责任。

本条第二款赋予有关人民政府和部门治理虚假信息、"以正视听"的职责,要"及时发布准确的信息予以澄清"。首先,有关人民政府和部门要跟踪关注社会舆情,对于影响或者可能影响社会稳定、扰乱社会和经济管理秩序的虚假或者不完整信息,早发现、早研判、早应对,力争把虚假信息平息在萌芽状态。一旦虚假信息传播开来,引发重大社会舆情,就会对正常的信息发布产生负面冲击,难以控制。其次,在举措手段上,有关人民政府和部门可以在第一时间召开新闻发布会或者利用官方媒体社交平台,及时发布准确信息,指出错误信息,澄清事实真相,避免谣言扩散,维护正常的社会公共秩序。

> **第八条** 国家建立健全突发事件新闻采访报道制度。有关人民政府和部门应当做好新闻媒体服务引导工作,支持新闻媒体开展采访报道和舆论监督。
> 新闻媒体采访报道突发事件应当及时、准确、客观、公正。
> 新闻媒体应当开展突发事件应对法律法规、预防与应急、自救与互救知识等的公益宣传。

【释义】 本条是关于突发事件新闻和宣传的规定。

本条分别规定了突发事件的新闻采访报道和公益宣传。其中,新闻媒体承担公益宣传义务是承继2007年突发事件应对法规定,而突发事件新闻采访报道制度是此次突发事件应对法修订新增加的内容,也是此次修订的亮点之一。

一、关于新闻采访报道

在突发事件应对中,新闻记者和媒体正当履行新闻报道职责,高效、准确地向大众传导信息,有效引导社会资源的投入,有助于抵制谣言、传言。有关人民政府和部门应依法服务、引导、支持新闻媒体开展正常的采访报道和舆论监督工作。实践中,有关人民政府和相关部门一般通过采取召开新闻发布会、组织采访、提供采访便利等方式,支持新闻媒体开展突发事件采访报道,做好新闻媒体服务引导工作。面对新形势新挑战,一些地方和部门在突发事件应对处置中的信息发布、新闻报道等方面还存在不足。比如:有的被动应对、发声迟缓,不能及时为新闻媒体提供可用的信息素材;有的缺少通过新闻媒体公布信息、宣传工作的经验,存在不想说、不敢说、不会说的情况;有的不能正确对待媒体报道和舆论监督,限制甚至阻挠记者采访;等等。这些既限制了新闻媒体采访报道的权利,又损害了人民群众对突发事件的知情权利,给突发事件应对工作带来不利影响。

此次突发事件应对法修订,总结 2007 年突发事件应对法实施以来,特别是在应对重大突发事件过程中新闻采访报道的实践经验,明确规定"国家建立健全突发事件新闻采访报道制度",以制度规范保障政府和新闻媒体在突发事件应对工作中实现良性互动。本条第一款对有关人民政府和部门的职责作出规定,要求他们做好新闻媒体服务引导工作,支持新闻媒体开展采访报道和舆论监督。本条第二款对新闻媒体提出要求,采访报道应当及时、准确、客观、公正。

二、关于公益宣传

本条第三款规定的是新闻媒体应当开展公益宣传,包括开展应急法治宣传和应急救援知识宣传。公益宣传是对社会公共利益和公共事件的宣传活动,通过教育、引导相关人员,实现对社会发展和人民生活产生积极影响的目的。加强突发事件应对公益宣传,有利于传播安全理念,有利于提高公众应急意识和素养,有利于推动在全社会形成"人人讲安全、个个会应急"的良好局面,为突发事件应对法律法规实施和公众参与、配合突发事件应对工作提供良好氛围。

一方面,本法要求新闻媒体应当开展突发事件应对法律法规的公益宣传。法治的根基在人民,全民普法和守法是依法治国的长期基础性工作。习近平总书记强调:要加大全民普法工作力度,弘扬社会主义法治精神,使全体人民成为社会主义法治的忠实崇尚者、自觉遵守者、坚定捍卫者;"各级领导干部要带头尊法学法守法用法,引导广大群众自觉守法、遇事找法、解决问题靠法"。加强突发事件应对方面的全民普法,在全面落实"谁执法、谁普法"普法责任制的基础上,本法注重发挥新闻媒体直接面向群众、服务群众、联系群众的优势,通过深入浅出、易于掌握的公益宣传将突发事件应对法律法规送到群众当中,努力使法律广泛为人民所掌握、遵守和运用,推动实现全民知法懂法守法。

另一方面,本法要求新闻媒体应当开展应急与安全相关公益宣传。习近平总书记强调:"加强安全公益宣传,健全公共安全社会心理干预体系,积极引导社会舆论和公众情绪,动员全社会的力量来维护公共安全。""推动安全宣传进企业、进农村、进社区、进学校、进家庭,加强公益宣传,普及安全知识,培育安全文化。"现代社会中,网络媒体、广播电视等传媒行业在公共生活中发挥着越来越大的影响力,通过新闻媒体开展应急知识的宣传教育,能够产生更为理想的社会效果。安全生产法规定,新闻、出版、广播、电影、电视等单位有进行安全生产公益宣传教育的义务,有对违反安全生产法律、法规的行为进行舆论监督的权利;防震减灾法规定,新闻媒体应当开展地震灾害预防和应急、自救互救知识的公益宣传。各级各类新闻媒体要按照本法及相关法律规定,充分发挥突发事件应对公益宣传主阵地、主渠道作用,适应新科技发展趋势,不断创新丰富群众喜闻乐见的形式载体,持续提升公益宣传质量,更好助力突发事件应对工作。

第九条 国家建立突发事件应对工作投诉、举报制度,公布统一的投诉、举报方式。

对于不履行或者不正确履行突发事件应对工作职责的行为,任何单位和个人有权向有关人民政府和部门投诉、举报。

接到投诉、举报的人民政府和部门应当依照规定立即组织调查处理,并将调查处理结果以适当方式告知投诉人、举报人;投诉、举报事项不属于其职责的,应当及时移送有关机关处理。

有关人民政府和部门对投诉人、举报人的相关信息应当予以保密,保护投诉人、举报人的合法权益。

【释义】 本条是关于突发事件应对工作投诉、举报制度的规定。

一、建立突发事件应对工作投诉、举报制度的重要意义

关于突发事件应对工作投诉、举报制度的规定,是此次突发事件应对法修订新增加的内容,也是践行全过程人民民主重大理念、开展民主监督的重要举措。突发事件往往事发突然、危害性大,需要各级人民政府及其有关部门在平时做好预防、监测和准备,在突发事件发生时快速反应、担当作为,保护人民生命财产安全。在突发事件的预防与应急准备、监测与预警、应急处置与救援、事后恢复与重建等工作中,为了防止出现不担当、不作为的行为,及时纠正可能存在的不履行或者不正确履行突发事件应对工作职责的行为,避免因为不履行或者不正确履行职责产生的不利后果,本条有针对性地规定了突发事件应对工作投诉、举报制度,赋予单位和个人向有关人民政府和部门提出投诉、举报的权利。

监督国家机关和国家工作人员的行为,是宪法赋予公民的基本权利。我国宪法第四十一条第一款规定:"中华人民共和国公民对于任何国家机关和国家工作人员,有提出批评和建议的权利;对于任何国家机关和国家工作人员的违法失职行为,有向有关国家机关提出申诉、控告或者检举的权利,但是不得捏造或者歪曲事实进行诬告陷害。"第四十一条第二款中规定,"对于公民的申诉、控告或者检举,有关国家机关必须查清事实,负责处理"。突发事件应对法贯彻落实宪法规定和原则,规定投诉、举报制度,有利于鼓励公民、法人和其他组织积极参与突发事件应对工作,提高公众参与度和社会监督力度,督促和推动担负应急处置法定职责的国家机关和国家工作人员履职尽责、提高效率。

二、投诉、举报制度的主要内容及处理程序

本条第二款规定,对于不履行或者不正确履行突发事件应对工作职责的行为,任何单位和个人有权向有关人民政府和部门投诉、举报。这一规定明确投诉、举报的对象是"不履行或者不正确履行突发事件应对工作职责的行为",明确任何单位、个人对这些行为都有提出投诉、举报的权利。投诉、举报既可以向有关人民政府提出,也可以向人民政府的职能部门提出。

本条第三款规定了接到投诉、举报的人民政府和部门对投诉、举报的调查处理程序,主要有三个方面:第一,要立即组织调查处理,不能耽搁拖延。第二,调查处理结果要以适当方式告知投诉人、举报人。第三,投诉、举报事项不属于其职责的,应及时移送有关机关处理。需要注意的是,本条仅针对的是不履行或者不正确履行突发事件应对工作职责的情形。对于公民、法人或者其他组织发现发生突发事件,或者发现可能发生突发事件的异常情况,应当按照本法第六十条第三款的规定,"立即向所在地人民政府、有关主管部门或者指定的专业机构报告",而非投诉、举报。

三、保护投诉人、举报人的合法权益

本条第四款明确规定,有关人民政府和部门对投诉人、举报人的相关信息应当予以保密，保护投诉人、举报人的合法权益。这一规定既充分体现出"任何人不得压制和打击报复"公民的申诉、控告或者检举的宪法规定、原则和精神，又为投诉人、举报人提供了明确的法律保障，有助于打消知情人士的后顾之忧，避免他们因投诉、举报行为遭受非法打击报复等不利后果，展现出立法对于在突发事件应对工作中发挥群众作用、开展民主监督的鼓励态度。

在生态环保、市场监管、医疗卫生、社会保障、建筑工程、国家安全等投诉、举报易发多发领域，有关法律都规定了保护投诉人、举报人合法权益的内容。比如，环境保护法第五十七条规定了公民、法人和其他组织有举报的权利，同时规定，"接受举报的机关应当对举报人的相关信息予以保密，保护举报人的合法权益"。数据安全法第十二条第二款规定，"有关主管部门应当对投诉、举报人的相关信息予以保密，保护投诉、举报人的合法权益"。一些国务院行政主管部门也通过制定部门规章、规范性文件，明确投诉举报处理办法，对受理举报的机构及其工作人员的保密义务、处理举报事项的保密工作机制作出具体规定。

对于保护投诉人、举报人合法权益，公职人员政务处分法第三十九条规定，有五项违法情形之一，"造成不良后果或者影响的，予以警告、记过或者记大过；情节较重的，予以降级或者撤职；情节严重的，予以开除"；其中第五项列明的情形，就包括泄露因履行职责掌握的个人隐私。我国刑法第二百五十四条规定，"国家机关工作人员滥用职权、假公济私，对控告人、申诉人、批评人、举报人实行报复陷害的，处二年以下有期徒刑或者拘役；情节严重的，处二年以上七年以下有期徒刑"。对于违反本条关于对投诉人、举报人相关信息予以保密，保护投诉人、举报人规定的，根据违法行为的情节等因素，依据公职人员政务处分法、刑法等法律的规定，追究相应责任。

第十条　突发事件应对措施应当与突发事件可能造成的社会危害的性质、程度和范围相适应；有多种措施可供选择的，应当选择有利于最大程度地保护公民、法人和其他组织权益，且对他人权益损害和生态环境影响较小的措施，并根据情况变化及时调整，做到科学、精准、有效。

【释义】　本条是关于突发事件应对措施符合比例原则要求的规定。

比例原则是行政法治领域的一项重要原则,又称行政合理原则,旨在解决行政行为的适当性问题。该原则要求对所采取的行政措施与所要实现的行政目的进行衡量,以保障行政行为是恰当的、合乎比例的。2004年国务院颁布的《全面推进依法行政实施纲要》就对合理行政提出明确的要求:行政机关实施行政管理,应当遵循公平、公正的原则。要平等对待行政管理相对人,不偏私、不歧视。行使自由裁量权应当符合法律目的,排除不相关因素的干扰;所采取的措施和手段应当必要、适当;行政机关实施行政管理可以采用多种方式实现行政目的的,应当避免采用损害当事人权益的方式。其后,合理行政在实践中不断发展,逐渐为比例原则所吸收替代。"比例原则"作为法律概念第一次写入法律文件,是在2023年12月全国人大常委会作出的《全国人民代表大会常务委员会关于完善和加强备案审查制度的决定》,将"采取的措施与其目的是否符合比例原则"作为审查规范性文件的重点内容之一。

2007年突发事件应对法已对突发事件应对措施应当符合比例原则要求作出相应规定,其第十一条第一款规定:"有关人民政府及其部门采取的应对突发事件的措施,应当与突发事件可能造成的社会危害的性质、程度和范围相适应;有多种措施可供选择的,应当选择有利于最大程度地保护公民、法人和其他组织权益的措施。"此次突发事件应对法修订对这一规定进行了完善发展,主要增加了两方面的内容:一是增加"最小程度损害"原则;二是要根据情况变化及时调整,做到科学、精准、有效。

突发事件应对涉及国家安全、公共安全、公共秩序的维护,涉及对人民群众生命财产安全的保护,涉及公民基本权利的限制与义务的设定,本法赋予有关人民政府及其部门可以采取的应对突发事件的措施具有很大的裁量自由权,为避免有关人民政府及其部门在行使职权过程中对相对人未给予充分有效保护或者造成损害,有必要对其进行合理规制。总的来说,有关人民政府及其部门应对突发事件应当遵循以下要求:

第一,突发事件应对措施与应急响应紧密关联,根据可能造成的社会危害的性质、程度和范围不同,不同类型的突发事件应当由不同级别的政府和部门采取不同级别的应急响应措施,这是分级管理的核心内容。要保证比例原则在突发事件应急措施中得到落实,最重要的是严格落实各类、各层级突发事件应急预案。因为应急预案是经过科学论证、长期总结实践经验的产物,其科学性、有效性、针对性都在一定程度上保证了应对措施的合理性。

第二,"最大程度地保护"与"最小程度损害"兼顾。在具体适用一项或是多项应急措施时,人民政府和部门有较大的自由裁量权,这就要求有多种措施可供选择时,应当选择有利于最大限度地保护公民、法人和其他组织权益,且对他人权益损害和生态环境影响较小的措施。也就是说,既要"最大程度保护",也要"最小程度损害"。这样规定主要考虑是,突发事件应对的根本目的是保障国家安全、公共安全、公共秩序,保护人民群众生命财产安全,实现"最大程度保护"是突发事件应对工作的应有之义;而"最小程度损害"则更能清楚地传递出应对措施要符合比例原则这一立法主旨。"最小程度损害"包括两方面内容:一是要尽可能减轻突发事件应对管理措施对他人权益的损害;二是要尽可能减轻突发事件应对管理措施对生态环境的负面影响,这与安全生产法第八十五条第三款规定的"事故抢救过程中应当采取必要措施,避免或者减少对环境造成的危害"的立法精神相一致,这也是贯彻习近平生态文明思想的重要体现之一。

第三,突发事件应对处置措施根据情况变化及时调整,做到科学、精准、有效。突发事件发生发展的不同阶段,情况可能随时发生变化,采取的突发事件应对处置措施不能僵化、固化,需要实事求是地根据情况变化,及时作出调整,保持应对的精准度和有效性,这既是依法科学应对突发事件的客观要求,也是比例原则在应对处置过程中的动态体现。

第十一条　国家在突发事件应对工作中,应当对未成年人、老年人、残疾人、孕产期和哺乳期的妇女、需要及时就医的伤病人员等群体给予特殊、优先保护。

【释义】　本条是关于突发事件应对中对特定群体给予特殊、优先保护的规定。

在突发事件中,未成年人、老年人、残疾人、孕产期和哺乳期的妇女、需要及时就医的伤病人员等群体,在体力、判断力、辨别力、应对能力、自救能力等诸多方面,都明显处于相对弱势和需要特别照护,应当给予更有针对性地提供有效保护。比如,未成年人有其自身特点和特殊需求,《儿童权利宣言》规定,"儿童因其身心尚未成熟,于出生前及出生后均需特别保障与照料,包括适当之法律保护在内"。因此,在未成年人力所不逮的突发事件中,更需要对他们加强保护。本条规定的"特殊、优先保护",要求在突发事件应对工作中给予未成年人、老年人、残疾人、孕产期和哺乳期的妇女、需要及时就医的伤病人员等群体不同于一般人的保护,保护标准更高,保护力度更大,保护措施更人性化;在转移、救援、救治等应对工作中要优先考虑这些群体,特别是在应急资源紧张、难以兼顾时,要优先保障这些群体的权利,优先满足这些群体的需求。

在突发事件中对特定群体给予特殊、优先保护,是贯彻以习近平同志为核心的党中央关于加强特定群体权益保障决策部署的重要内容。党的十八大以来,习近平总书记对特定群体权益保障多次作出重要指示,强调,"针对特定人群组织实施妇女儿童、残疾人、少数民族发展规划","要强化对困难群众的兜底保障","要更加注重对特定人群特殊困难的精准帮扶"等。此次突发事件应对法修订增加这一规定,体现了党和政府的民生厚度、政策温度,以及全社会的文明程度。

在突发事件应对中对特定群体给予特殊、优先保护,是落实宪法关于特定群体保护有关规定、原则和精神的立法实践。我国宪法第三十三条第三款规定:"国家尊重和保障人权。"第四十五条中规定,"中华人民共和国公民在年老、疾病或者丧失劳动能力的情况下,有从国家和社会获得物质帮助的权利。""国家和社会帮助安排盲、聋、哑和其他有残疾的公民的劳动、生活和教育"。第四十九条第一款规定,"婚姻、家庭、母亲和儿童受国家的保护"。本法第五条对突发事件应对工作的原则作出规定,其中一个原则就是突发事件应对工作应当"坚持依法科学应对,尊重和保障人权"。本条规定是宪法关于保护特殊群体的规定在突发事件应对工作中的体现,也是突发事件应对工作坚持尊重和保障人权原则的重要举措。

在突发事件应对中对特定群体给予特殊、优先保护,是与特定群体保护相关法律相衔接、相配套的制度设计。我国未成年人保护法、老年人权益保障法、残疾人保障法、妇女权益保障法等法律,对未成年人、老年人、残疾人、妇女等的合法权益保障作出规定,本法规定的特殊、优先保护,体现了矜老恤幼、扶弱助困的系统化立法思维,在制度规范上保持了有效衔接。

第十二条 县级以上人民政府及其部门为应对突发事件的紧急需要，可以征用单位和个人的设备、设施、场地、交通工具等财产。被征用的财产在使用完毕或者突发事件应急处置工作结束后，应当及时返还。财产被征用或者征用后毁损、灭失的，应当给予公平、合理的补偿。

【释义】 本条是关于突发事件应急征用和征用补偿的规定。

应急征用，是指有关人民政府及其部门为应对突发事件的紧急需要，征用单位和个人的财产的行政行为。本条规定应急征用的宪法依据是我国宪法关于征用制度和保护公民私有财产的规定。我国宪法确立了国家尊重和保障人权的原则，宪法第十三条规定："公民的合法的私有财产不受侵犯。国家依照法律规定保护公民的私有财产权和继承权。国家为了公共利益的需要，可以依照法律规定对公民的私有财产实行征收或者征用并给予补偿。"2007年突发事件应对法贯彻落实宪法关于征用和保护私有财产权的规定、原则和精神，在"总则"中对应急征用和补偿作出原则性规定，在"应急处置与救援"一章又作出具体规定，并明确了不及时归还被征用财产或不按规定给予补偿的法律责任。

2007年突发事件应对法施行以来，在满足突发事件应急需要和保护公民合法财产权之间寻求法治平衡点，较好实现了既规范行政权力又保障公民合法权益的立法目的。与此同时，实践中出现了一些新情况新变化：一方面，法律关于应急征用与补偿的规定更加完善。例如，民法典第一百一十七条规定："为了公共利益的需要，依照法律规定的权限和程序征收、征用不动产或者动产的，应当给予公平、合理的补偿。"第二百四十五条明确规定："因抢险救灾、疫情防控等紧急需要，依照法律规定的权限和程序可以征用组织、个人的不动产或者动产。被征用的不动产或者动产使用后，应当返还被征用人。组织、个人的不动产或者动产被征用或者征用后毁损、灭失的，应当给予补偿。"近年来制定修改的国防法、森林法、土地管理法、外商投资法等法律，均明确行政征用应当遵循公平、合理补偿原则。另一方面，个别行政机关及其工作人员片面强调突发事件的紧急需要，违法征用单位或个人财产的现象仍有发生，有的甚至造成恶劣影响。为进一步规范应急征用工作，保护单位和个人合法财产权益，2024年突发事件应对法根据宪法，与民法典等法律相衔接，对2007年突发事件应对法第十二条作了进一步完善，明确了征用的前提条件、财产类型和补偿原则。

一、关于应急征用的主体

此次突发事件应对法修订将 2007 年突发事件应对法第十二条中的"有关人民政府及其部门"修改为"县级以上人民政府及其部门",从而进一步明确了有权作出应急征用决定的机关的级别。具体到应急救援工作中,根据 2024 年突发事件应对法第七十六条规定,应急征用的主体是"履行统一领导职责或者组织处置突发事件的人民政府及其有关部门"。根据本条规定,在突发事件应对工作中,乡镇人民政府无权作出应急征用的决定。

二、关于应急征用的条件

本条明确"为应对突发事件的紧急需要"方可征用财产。这主要是因为应急征用涉及公民、法人、非法人组织的合法财产权,应当慎重决定。应急征用的情形应当具有紧迫性,应急征用的范围应当仅限于应对突发事件的特定任务所需,不得明显过早、过泛、过量征用单位和个人财产,干扰正常的社会经济秩序。本法第七十六条规定,"必要时"可以实行应急征用,与本条规定相呼应。按照本法规定,有关人民政府建立应急物资储备保障制度,在突发事件应对过程中一般应当先使用政府应急物资储备,非必要不宜直接征用单位和个人的私有财产。

三、关于应急征用的对象

此次突发事件应对法修订,总结了各类突发事件应对的实践经验,对应急征用的财产类型作了列举,即"单位和个人的设备、设施、场地、交通工具等财产"。需要说明的是,应急征用应遵循本法规定的"分级负责、属地管理为主"应急工作体系的要求,由"履行统一领导职责或者组织处置突发事件的人民政府及其有关部门"实施应急征用。地方人民政府及其部门不得擅自征用非其所辖区域的单位和个人财产,不得擅自截留并征用其他人民政府及其部门应急所需的过境物资。

四、关于应急征用程序

中共中央印发的《法治中国建设规划(2020—2025 年)》提出,"非因法定事由、非经法定程序不得限制、剥夺公民、法人和其他组织的财产和权利",体现了正当程序原则、保障人权原则等法治基本原则的要求。在突发事件应对中,应急征用应当贯彻党中央决策部署,遵循法治基本原则,按照法定程序进行。比如：事前做好可征用财产的摸底建档、预案编制和演练；事中履行征用前的行政审批程序,制作和送达应急征用决定书,做好被征用财产的登记、交接、标记和保管；事后清点被征用财产,评估损耗并开具补偿凭证,主动返还或通知取回被征用财产等。突发事件应对法修订草案审议过程中,有意见提出,建议进一步细化应急征用的具体程序、补偿标准、返还时间等。全国人大宪法和法律委员会经同司法部、应急管理部认真研究后认为,我国各地应对突发事件的情况差异较大,难以规定统一的具体程序和标准,需要给予各地方一定自主权,根据宪法、法律规定的原则要求作出具体的、可操作的规定。因此,在《全国人民代表大会宪法和法律委员会关于〈中华人民共和国突发事件应对法(修订草案)〉修改意见的报告》中提出,"修订草案已就应急征用的条件、补偿、返还作了规定,有关应急征用的操作性规定可由地方结合当地实际予以细化"。按照这一精神,各地可以根据本地方的实际情况出台或完善应急征用方面的地方性法规、规章或者相关规范,为本地在突发事件应对中采取应急征用应遵循的程序和征用后给予补偿等提供更为具体的规范依据。

五、关于征用返还和征用补偿

征用财产不改变财产所有权,不发生财产所有权的转移,只是因应对突发事件的紧急需要,临时转移占有权、使用权。因此,当被征用的财产使用完毕或者突发事件应急处置工作结束后,征用财产的人民政府及其部门应当及时返还给财产所有权人,不得以各种理由继续征用,不得延迟、延误返还。

"财产被征用或者征用后毁损、灭失的,应当给予公平、合理的补偿",具有三层含义：一是财产被征用,虽未造成财产本身的直接损害,但基于利用财产使用价值的事实,应当给予补偿。二是被征用的财产毁损、灭失,被征用财产使用价值降低或财产所有权消灭,应当给予补偿。三是补偿必须公平、合理。补偿数额无论是由当事人双方协商确定还是按照有关标准确定,都要与被征用财产的市场价值相称,体现公允性。这样既体现了维护社会公平正义这一社会主义法治的价值追求,也有利于调动群众参与突发事件应对工作的积极性。征用补偿工作应当按照明确的补偿范围、补偿方式、补偿标准、补偿程序、补偿次序等要求,将"公平、合理"补偿的原则落到实处。

> **第十三条** 因依法采取突发事件应对措施,致使诉讼、监察调查、行政复议、仲裁、国家赔偿等活动不能正常进行的,适用有关时效中止和程序中止的规定,法律另有规定的除外。

【释义】 本条是关于时效中止和程序中止的规定。

关于时效中止和程序中止,民法典、民事诉讼法、国家赔偿法、行政诉讼法、仲裁法、劳动争议调解仲裁法、海商法等法律以及相关司法解释均有规定。2007年突发事件应对法出台之前,我国法律规定的最典型的时效中止情形是"不可抗力",即不能预见、不能避免并不能克服的客观情况,自然灾害、事故灾难等突发事件通常可归入其中。然而,对于因采取突发事件应对措施而妨碍当事人行使权利或有关机关推进程序的情形,法律缺乏明确规定,实践中往往只能变通解释为"其他应当中止的"兜底情形。针对该问题,2007年突发事件应对法首次明确规定:"因采取突发事件应对措施,诉讼、行政复议、仲裁活动不能正常进行的,适用有关时效中止和程序中止的规定,但法律另有规定的除外。"

2007年突发事件应对法公布施行以来的成功经验表明,落实好其关于时效中止和程序中止的规定,对于保护社会公共利益,维护单位和个人合法权益,减少程序空转等具有重要作用。近年来,一些规范性文件进一步细化时效中止和程序中止规则。例如,2020年,最高人民法院发布《关于依法妥善审理涉新冠肺炎疫情民事案件若干问题的指导意见(一)》(法发〔2020〕12号)、《关于依法妥善办理涉新冠肺炎疫情执行案件若干问题的指导意见》(法发〔2020〕16号)、《关于依法妥善审理涉新冠肺炎疫情民事案件若干问题的指导意见(三)》(法发〔2020〕20号)等规范性文件,规定对于当事人因疫情防控措施不能行使请求权、耽误法律规定或者人民法院指定的诉讼期限而主张时效中止或顺延期限等情形,人民法院分别应予支持和准许。另外,实践中,因采取突发事件应对措施而妨碍当事人及时主张权利、迟滞法定程序的不仅限于诉讼、行政复议、仲裁三类情形,受突发事件应对措施影响,监察调查可能无法正常进行,当事人可能无法在法定时效内请求国家赔偿等,因此,本条新增规定,监察调查、国家赔偿等活动因受突发事件应对措施无法正常进行的,同样适用有关时效中止和程序中止的规定。

一、时效中止

本条所称时效中止,是指当事人在诉讼、行政复议、仲裁、国家赔偿等法律活动中,受到采取突发事件应对措施的影响而客观上无法在法定时限内行使请求权时,有权主张暂停计算时效,待造成时效中止的原因消除后,继续计算时效期间。

时效制度的原理在于法律不保护"躺在权利上睡觉"的人。为督促权利人及时行使权利,避免权利滥用,进而维护法律关系和社会交易秩序的稳定,当事人应当于法定时限内行使自己的权利,逾期再行使权利则导致法律效力受到减损,甚至可能会丧失相关程序权利。然而,当权利人遇到某些客观上的障碍而无法及时行使权利时,为保护其合法权益,避免产生不公平的结果,应当允许例外地中止计算时限,由此形成时效中止制度。

二、程序中止

程序中止,是指司法程序、监察程序、行政复议程序、仲裁程序等法定程序由于遇到某些客观因素阻碍暂时停止推进,待阻碍因素消失后程序继续进行。根据本条规定,"因依法采取突发事件应对措施"而导致法定程序不能正常进行的,适用有关程序中止的规定。实践中主要包括以下几种情况:

一是诉讼程序的中止。应当出庭参加诉讼的案件当事人因自身被采取突发事件应对措施而无法参加诉讼的,或因受理法院所在地采取突发事件应对措施而要求中止审理的,人民法院可以依法裁定中止审理。民事诉讼法第一百五十三条规定,一方当事人因不可抗拒的事由,不能参加诉讼的,或出现其他应当中止诉讼的情形,法院中止诉讼。行政诉讼法第一百零一条规定,人民法院审理行政案件,关于中止诉讼,该法没有规定的,适用民事诉讼法的相关规定。刑事诉讼法第二百零六条规定,在审判过程中,由于不能抗拒的原因,致使案件在较长时间内无法继续审理的,可以中止审理。

二是执行程序的中止。根据本条与民事诉讼法相关规定,因采取突发事件应对措施导致法院暂时无法执行的,属于民事诉讼法第二百六十七条规定的"人民法院认为应当中止执行的其他情形"。例如,在防控传染病疫期间的民事执行程序中,执行标的实物交付与隔离措施相冲突的,人民法院在征得申请执行人同意后,按照法律规定,在不影响执行目的最终实现的前提下,可依法裁定中止执行。

三是行政复议程序的中止。根据行政复议法、《行政复议法实施条例》等规定,申请人、被申请人因不可抗力或者其他正当理由,不能参加行政复议,影响行政复议案件审理的,行政复议中止。例如,因采取传染病疫情防控措施,致使行政复议机构不能正常开展调查核实证据工作,不能召开行政复议听证会、论证会、协调会等审理活动,或者当事人及其代理人无法参加行政复议的,行政复议机构可以依法中止行政复议,待行政复议中止的原因消除后,及时恢复行政复议案件的审理。

四是监察调查程序的中止。监察法规定:留置时间不得超过三个月,在特殊情况下,可以延长一次,延长时间不得超过三个月;人民检察院退回监察机关补充调查的案件,应当在一个月内补充调查完毕等。本条专门对监察调查程序的中止作出了规定。

三、例外规定

我国部分法律和加入的国际条约对于不适用时效中止的情形作出规定。例如,海商法第二十九条规定,具有船舶优先权的海事请求,自优先权产生之日起满一年不行使的,优先权消灭;一年的优先权期限不得中止或者中断。又如,1994年8月30日起对我国生效的《1974年海上旅客及其行李运输雅典公约》第十六条第三款规定,有关期限中止和中断的事由,应受受案法院地的法律的约束,但在任何情况下,在旅客离船之日或本应离船之日起三年后(以迟者为准),不得根据该公约提起诉讼。为避免法律规范之间的相互冲突,且考虑到国际条约的约束力,本条在时效中止和程序中止的问题上作出衔接性规定,明确规定"法律另有规定的除外",即优先适用其他法律关于时效中止问题的特殊规定。

第十四条 中华人民共和国政府在突发事件的预防与应急准备、监测与预警、应急处置与救援、事后恢复与重建等方面,同外国政府和有关国际组织开展合作与交流。

【释义】 本条是关于开展突发事件应对国际合作与交流的规定。

习近平总书记指出:"人类对自然规律的认知没有止境,防灾减灾、抗灾救灾是人类生存发展的永恒课题。科学认识致灾规律,有效减轻灾害风险,实现人与自然和谐相处,需要国际社会共同努力。"随着国际政治经济一体化进程的发展,多层次的复合型自然灾害、不断增加的系统性风险以及人口增长、快速城市化、气候变化、土地资源的不可持续利用等挑战,使各地区灾害风险形势的不确定性和复杂性不断升级,风险跨越国境且相互关联,导致环境、社会、经济方面的负面后果,生产安全事故、紧急事件反复发生,对全球可持续发展造成破坏性影响。任何国家面对共同挑战都无法独善其身,加强全球灾害治理,携手应对共同挑战,有效减轻灾害风险及损失已成为国际社会的共同期待。加强国家、地区间的应对突发事件国际合作与交流,实施国际人道主义援助,防范和抵御人类面临的共同灾害和威胁,对于塑造有利的外部环境至关重要。

习近平外交思想和习近平总书记关于防范风险挑战、应对突发事件重要论述为新时代突发事件应对、应急管理对外合作与交流指明了前进方向,提供了根本遵循。我国积极开展更大范围、更高水平、更深层次的应急管理领域国际交流与合作,努力推进国际救援能力建设,推动我国在应急管理领域的国际影响力和话语权不断提升。

一是牢固树立人类命运共同体意识,积极推进应急管理国际合作。构建人类命运共同体是世界各国人民前途所在,是凝聚应急管理国际共识的重要思想引领。2018年10月10日,习近平总书记在主持召开中央财经委员会第三次会议上,深刻阐述了自然灾害重大理论和实践问题,强调要提高自然灾害防治能力,做到"六个坚持",其中之一就是"坚持国际合作,协力推动自然灾害防治"。加强应急管理国际合作,不仅是党和国家重要部署,也是落实联合国2030年可持续发展议程、气候变化《巴黎协定》等的内在要求。中国深化同各国、各地区和相关国际组织的交流合作,持续完善多双边合作机制,拓展区域性应急合作领域,大力推进"一带一路"自然灾害防治和应急管理国际合作机制常态化、实体化运行,以中国—东盟、上海合作组织为合作机制主要方向来建立合作机制,不断充实突发事件应对、应急管理对外合作网络,不断取得新成效新进展。

二是践行共商共建共享的全球治理观,积极参与全球灾害治理体系改革和建设。中国始终维护联合国在全球灾害治理体系中的权威和地位，严格履行国际条约或协定中的国家义务，践行多边主义，不断深化与联合国在灾害治理等突发事件应对领域的合作。认真落实《2015—2030 年仙台减轻灾害风险框架》和联合国 2030 年可持续发展议程，完善防灾减灾体系，提升灾害防治能力，为联合国减轻全球系统性灾害风险做出中国贡献。积极参与全球减灾，积极参与联合国框架下相关活动，支持联合国人道主义救援行动。

三是弘扬国际人道主义精神，积极开展国际救援。在支持建强中国国际救援队的同时，2018 年 8 月组建中国救援队，我国成为亚洲首个拥有两支通过联合国测评的重型救援队的国家。中国救援队组建以来分别赴莫桑比克、土耳其等国开展国际救援，完善国际救援响应机制，提高响应效率，推动小型模块化专业队伍及国际应急医疗队建设，规范指导社会应急力量及境外中资企业参与救援，形成更高水平的国际救援能力，打造跨国（境）救援中国品牌。

四是大力宣介应急管理中国理念和实践，讲好中国应急故事。加强国际传播能力建设，拓宽传播渠道、拓展传播形式，大力宣传我国在突发事件应对、加强应急管理方面的思想理念、政策措施和成功做法，增进国际社会了解和认同，发出中国声音、分享中国经验、展示中国理念、贡献中国智慧，展现可信、可爱、可敬的中国应急管理形象。

五是以交流互鉴助力应急管理体系和能力现代化。密切跟踪研究国际应急管理发展的动态和趋势，参与公共安全领域重大国际项目研究与合作，调研、学习、借鉴有关国家在灾害预防、紧急处置和应急体系建设等方面的有益经验，吸收国外先进理念、经验、技术、装备，提升我国安全生产水平，强化我国防灾减灾救灾能力。对标国际前沿，不断完善高校、研究所应急管理学科建设，推进国际智库建设，为我国应急管理事业提供智力支持。推动应急管理标准和规则互认，鼓励先进企业创建应急管理相关国际标准，提升中国应急管理影响力。

2024 年突发事件应对法施行后，要继续贯彻党和国家决策部署，坚持以习近平外交思想和习近平总书记关于防范风险挑战、应对突发事件重要论述为科学指导，以突发事件的预防与应急准备、监测与预警、应急处置与救援、事后恢复与重建等方面为重点，不断加强和深化同外国政府和有关国际组织的合作与交流，确保 2024 年突发事件应对法的规定落实见效。

第十五条 对在突发事件应对工作中做出突出贡献的单位和个人,按照国家有关规定给予表彰、奖励。

【释义】 本条是关于突发事件应对工作表彰、奖励制度的规定。

法律具有引导作用,给予表彰、奖励是发挥法律引导作用的重要方式。通过给予表彰、奖励予以正向激励,既有利于引导社会各方面更加积极、主动地投入突发事件应对相关工作,为突发事件应对事业的发展进步做出更大的贡献,也有利于提升全社会对突发事件应对工作以及相关单位和个人的认可认同,进一步增强突发事件应对、应急管理工作的荣誉感和吸引力。此次突发事件应对法修订过程中,有意见提出,突发事件应对工作特别是新冠肺炎疫情应对工作中,我国各条战线上涌现出一批可歌可泣的英雄模范事迹,应当对这些做出突出贡献的单位和个人给予表彰、奖励。经过多轮征求意见,各方面对此都达成共识。鉴于目前已形成较为完备的功勋荣誉表彰体系,相关法律法规对于表彰、奖励的主体、方式、程序均有明确规定,2024年突发事件应对法在"总则"中作原则性规定,对在突发事件应对工作中做出突出贡献的单位和个人,按照国家有关规定给予表彰、奖励。

我国宪法规定,全国人大常委会"规定和决定授予国家的勋章和荣誉称号",国家主席根据全国人大常委会的决定"授予国家的勋章和荣誉称号"。2015年12月,全国人大常委会通过国家勋章和国家荣誉称号法,为建立和完善国家荣誉制度提供了法治保障;2017年8月,有关方面分别制定党内、国家、军队三个功勋荣誉表彰条例。在突发事件应对领域,防震减灾法、安全生产法、消防法、传染病防治法以及《气象灾害防御条例》、《自然灾害救助条例》、《破坏性地震应急条例》、《核电厂核事故应急管理条例》、《防汛条例》、《突发公共卫生事件应急条例》等法律法规,都对表彰和奖励制度作出了规定。2020年11月,应急管理部、人力资源和社会保障部印发《应急管理系统奖励暂行规定》,对应急管理奖励工作坚持的原则,奖励的等级、条件和标准,奖励的权限,奖励的实施,获奖的标志和待遇,获奖对象教育管理和奖励监督等作出规定,加强和规范了应急管理系统奖励工作,健全了应急管理奖励制度。

实践中,对在突发事件应对工作中做出突出贡献的单位和个人进行表彰、奖励,产生了巨大的政治效果、法治效果和社会效果。比如,为了隆重表彰在抗击新冠肺炎疫情斗争中做出杰出贡献的功勋模范人物,根据宪法、国家勋章和国家荣誉称号法,2020年8月11日,十三届全国人大常委会第二十一次会议作出《关于授予在抗击新冠肺炎疫情斗争中作出杰出贡献的人士国家勋章和国家荣誉称号的决定》,授予钟南山"共和国勋章",授予张伯礼、张定宇、陈薇(女)"人民英雄"国家荣誉称号。2020年9月8日,中共中央、国务院、中央军委作出《关于表彰全国抗击新冠肺炎疫情先进个人和先进集体的决定》,授予童朝晖等1499名同志"全国抗击新冠肺炎疫情先进个人"称号,授予武汉市金银潭医院等500个集体"全国抗击新冠肺炎疫情先进集体"称号。又如,应急管理部门和国家综合性消防救援队伍组建以来,坚决贯彻习近平总书记重要指示精神和党中央、国务院决策部署,忠实践行习近平总书记重要训词精神,全力防范化解重大安全风险,及时应对处置各类灾害事故,为保护人民群众生命财产安全和维护社会稳定发挥了重要作用,涌现出一大批英雄模范人物。2021年11月5日,习近平总书记在北京人民大会堂亲切会见全国应急管理系统先进模范和消防忠诚卫士表彰大会代表,向他们表示热烈祝贺,并向全国应急管理系统广大干部和消防救援指战员致以诚挚问候,体现出以习近平同志为核心的党中央对应急管理队伍的巨大关怀和极大鼓励。

第二章　管理与指挥体制

本章为此次突发事件应对法修订新增加的一章,共 10 条,对突发事件应对管理与指挥体制作了专门规定。主要包括:明确应急管理体制和工作体系;规定县级人民政府对本行政区域内突发事件应对管理工作负责,并对跨行政区域突发事件应对及协同应对机制作了规定;明确县级以上人民政府是突发事件应对管理工作的行政领导机关;明确突发事件应急指挥机构人员组成,以及突发事件应急指挥机构在突发事件应对过程中依法发布决定、命令、措施及其法律效力、法律责任;明确突发事件应对管理工作主管部门、乡镇街道、村居委会、武装力量,以及公民、法人和其他组织等各方主体有关突发事件应对的职责义务。

第十六条　国家建立统一指挥、专常兼备、反应灵敏、上下联动的应急管理体制和综合协调、分类管理、分级负责、属地管理为主的工作体系。

【释义】 本条是关于我国应急管理体制和工作体系的规定。

此次突发事件应对法修订的一个显著亮点,就是增设专章对突发事件应对的管理与指挥体制作出规定。这是着眼完善和发展中国特色社会主义制度、推进国家治理体系和治理能力现代化总目标,总结 2007 年突发事件应对法实施十七年来的实践经验,体现新时代以来突发事件应对、应急管理工作制度化建设创新成果,在 2007 年突发事件应对法有关内容基础上进一步作出的健全完善。2007 年突发事件应对法第四条规定,"国家建立统一领导、综合协调、分类管理、分级负责、属地管理为主的应急管理体制"。从实施多年来的实践看,这一规定对于健全突发事件应对、应急管理体制机制,推动形成全国应急管理体系发挥了重要作用。

为了适应新时代新形势新要求、进一步提高防灾减灾救灾能力,以习近平同志为核心的党中央立足党和国家事业发展全局,站在维护国家安全和社会稳定的战略高度,改革完善应急管理体制,组建应急管理部,强化了应急工作的综合管理、全过程管理和力量资源的优化管理,增强了应急管理工作的系统性、整体性、协同性,对应急管理体制进行了系统性、整体性重构。同时,汲取突发事件应对工作的经验教训,有必要在坚持原有行之有效做法的基础上,对应急管理体制作进一步提炼总结、丰富发展。

2019年党的十九届四中全会作出的《中共中央关于坚持和完善中国特色社会主义制度、推进国家治理体系和治理能力现代化若干重大问题的决定》,明确提出"构建统一指挥、专常兼备、反应灵敏、上下联动的应急管理体制,优化国家应急管理能力体系建设,提高防灾减灾救灾能力"。2021年,《国民经济和社会发展第十四个五年规划和2035年远景目标纲要》提出:"构建统一指挥、专常兼备、反应灵敏、上下联动的应急管理体制,优化国家应急管理能力体系建设,提高防灾减灾抗灾救灾能力。坚持分级负责、属地为主,健全中央与地方分级响应机制,强化跨区域、跨流域灾害事故应急协同联动。"2021年12月,国务院印发的《"十四五"国家应急体系规划》(国发〔2021〕36号)提出到2025年的总体目标是,"应急管理体系和能力现代化建设取得重大进展,形成统一指挥、专常兼备、反应灵敏、上下联动的中国特色应急管理体制,建成统一领导、权责一致、权威高效的国家应急能力体系,防范化解重大安全风险体制机制不断健全,应急救援力量建设全面加强,应急管理法治水平、科技信息化水平和综合保障能力大幅提升,安全生产、综合防灾减灾形势趋稳向好,自然灾害防御水平明显提升,全社会防范和应对处置灾害事故能力显著增强"。这些重要文件都明确了新时代对应急管理体制的要求,为立法奠定了政策基础。

一、关于应急管理体制的总体要求

(一)统一指挥

为了确保突发事件应对工作充分调动各方面的资源和力量,高效有序保护人民群众生命财产安全,有力维护社会公共秩序,必须强调统一指挥,避免政出多门、相互掣肘。统一指挥可以作以下理解:第一,在政治领导层面,强调发挥各级党委总揽全局、协调各方的领导、指挥作用,统筹调配各种力量和资源,发挥集中力量办大事、办难事、办急事的强大合力。这体现了本法第四条关于坚持中国共产党领导的政治要求,与建立健全集中统一、高效权威的中国特色社会主义突发事件应对工作领导体制的要求相契合,与突发事件治理体系中"党委领导"相呼应。第二,在具体管理层面,按照"党委领导、政府负责"的要求,在国家层面,国务院是突发事件应对管理工作的最高行政领导机关;在地方层面,地方各级人民政府是本地区应对管理工作的行政领导机关,负责本行政区域各类突发事件应对管理工作。第三,按照常态应急与非常态应急相结合,建立国家应急指挥总部指挥机制,省、市、县设立本级应急指挥部,形成上下联动的应急指挥部体系。本法第十九条第二、三款规定:国务院设立国家突发事件应急指挥机构,负责突发事件应对工作。县级以上地方人民政府设立由本级人民政府主要负责人、相关部门负责人、国家综合性消防救援队伍和驻当地中国人民解放军、中国人民武装警察部队有关负责人等组成的突发事件应急指挥机构,统一领导、协调本级人民政府各有关部门和下级人民政府开展突发事件应对工作;根据实际需要,设立相关类别突发事件应急指挥机构,组织、协调、指挥突发事件应对工作。

(二)专常兼备

"专"指的是专业性、专业化和专门要求,即要求相关人员和团队通过专门化培养、职业化训练,具备丰富的专业知识、熟练的专业技能和高度的专业素养,能够针对特定任务或事件进行精准、有效的处理,承担起普通人员和一般团队无法完成的专门任务,如重大突发事件应对救援处置、高致病性传染病处置、急危重患者救治、特殊地区救援等。"常"则是指常态化、常备化,强调做好充分的预案制定和演练、人员培训、物资储备等日常预防和准备工作,保持随时进入突发事件应对工作的能力和状态。"专常兼备"要求既要有专业的技能和知识,又要有常态化的准备和应对机制,二者相辅相成,不可或缺。

(三)反应灵敏

突发事件往往突如其来、出人意料,而应对突发事件的关键就在于第一时间作出有效应对,以控制事态的发展,防止事件扩大化,减轻或降低对社会、公民生命财产的危害。有关人民政府和部门以及其他相关主体在接收到预警信息或发现异常情况时,要迅速作出反应,启动应急预案,依法有序开展处置工作。应急指挥体系应当具备敏锐感知能力和快速反应能力,能够在最短时间内做出准确判断、务实决策,并付诸实施。突发事件信息在管理体系内能够有效传递,顺利实现下情上达、上情下达。各级人民政府、部门相关负责人和工作人员应当有高度的政治意识、责任意识和风险意识,具备迅速反应、采取有力措施的能力,第一时间履行应急处置职责。其他相关单位和个人等社会力量要普遍具有主动应变的意识,配合政府采取应对措施,开展自救与互救等,最大程度避免受灾受害。

(四)上下联动

本法对各级人民政府和部门在突发事件应对工作中的职能定位作出规定,明确了从国务院到乡镇一级人民政府的职责,为上下联动提供了法律依据。在应对突发事件过程中,上下级人民政府和部门之间需形成紧密的联动机制,上级及时传达指令、调配资源、协调各方,下级迅速响应、积极作为、及时反馈。通过上下联动,实现信息的畅通共享、资源的优化配置和力量的有效整合。

二、关于应急管理工作体系的总体要求

2007年突发事件应对法第四条中规定了"统一领导、综合协调、分类管理、分级负责、属地管理为主的应急管理体制"。本次修订除了将"统一领导"修改为"统一指挥"纳入应急管理体制外,由于"综合协调、分类管理、分级负责、属地管理为主"的规定在实践中仍然发挥着重要作用,所以继续保留,作为突发事件应对管理的工作体系,与应急管理体制相衔接、相协调。这一修改,与国务院印发的《"十四五"国家应急体系规划》中"综合协调、分类管理、分级负责、属地为主"的原则精神也是一致的。

(一)综合协调

综合协调,是指在统一指挥下,在分类管理、分工负责的基础上,加强综合协调能力建设,以实现反应灵敏、协调有序、运转高效,形成党委领导、政府负责、部门联动、军地联合、社会协同、公众参与的工作局面。综合协调的含义可以从三个层面来理解。第一,政府对所属各有关部门、上级政府对下级政府、政府与社会有关组织和团体等的协调。在突发事件应对过程中,参与主体是多样的,既有政府及其部门,也有社会组织、企事业单位、基层自治组织、公民个人。比如,本法第二十二条规定:乡级人民政府、街道办事处应当明确专门工作力量,负责突发事件应对有关工作。居民委员会、村民委员会依法协助人民政府和有关部门做好突发事件应对工作。第二十四条规定了中国人民解放军、中国人民武装警察部队和民兵组织参加突发事件的应急救

援和处置工作。这就需要统筹协调地方人民政府、基层自治组织、武装力量共同参与突发事件应对处置。第二,各级人民政府负责突发事件应对、应急管理部门之间的日常协调。比如,在主汛期或遇有重大灾害性天气时,由应急管理部门主持会商研判,气象部门负责预报"雨下在哪里",水利部门负责盯住"水流向哪里",自然资源部门负责监测"土滑向哪里",应急管理部门协调做好"人撤向哪里""队伍、物资调到哪里",综合协调、相互配合、形成合力。第三,综合协调还包括协调人力、物力、技术、信息等保障力量,建立健全应急物资储备保障制度、应急运输保障体系、能源应急保障体系、应急通信应急广播保障体系、突发事件卫生应急体系等,建立健全基础信息数据库、突发事件信息系统、预警发布平台等,着力构建现代化的组织指挥体系、风险防范体系、救援救灾体系、法制预案体系、支撑保障体系、社会共治体系。

(二)分类管理

由于突发事件有不同的类型,每一类突发事件的产生原因、表现方式、危害特点、应对方式等各不相同,因此,在集中统一的指挥体制下还应该实行分类管理,在党委领导、政府负责的管理体制之下,每一大类的突发事件由相应主管部门实行管理,其他有关部门和单位提供必要的支持,相互协同运作。比如,本法第二十一条规定,县级以上人民政府应急管理部门和卫生健康、公安等有关部门应当在各自职责范围内做好有关突发事件应对管理工作,并指导、协助下级人民政府及其相应部门做好有关突发事件的应对管理工作。有了各类别、各领域、各方面主管部门、专业部门的参与,就可以结合实际情况,为本领域突发事件应对处置制定更加专业和有针对性的应急预案,收集、分析、报告信息,在突发事件发生时按各自职责及时开展相关工作,第一时间做出应对,还可以在应急指挥体制内发挥提供专业性咨询和建议的作用。

(三)分级负责

综合考虑突发事件危害程度及政府的应急能力,对各类突发事件进行准确识别和等级划分,确定由不同层级的政府分级处置,这是国内外突发事件管理的通行做法。对于突发事件的处置,不同级别的突发事件需要动用的人力、物力等社会资源是不同的。一般来说,突发事件危害程度越大,需要投入的应急资源越多,负责应急响应的政府层级就越高。分级负责明确各级人民政府需要承担的职责。比如,结合本法第三条突发事件分级的相关规定,一般和较大自然灾害、事故灾难、公共卫生事件的应急处置工作通常分别由发生地县级和设区的市级人民政府统一领导;重大和特别重大自然灾害、事故灾难、公共卫生事件的应急处置工作通常由发生地省级人民政府统一领导,其中影响全国、跨省级行政区域或者超出省级人民政府处置能力的特别重大自然灾害、事故灾难、公共卫生事件的应急处置工作由国务院统一领导部署。除应急处置外,各级人民政府和部门还要加强预防与应急准备,做好应急预案制定工作,收集报送突发事件信息等工作,并组织面向社会公众的应急知识宣传普及活动和必要的应急演练,提高社会公众安全意识,提高自救与互救能力。

(四)属地管理为主

实践中强调属地管理为主,是由于突发事件发生地人民政府和部门与突发事件的发生地距离最近,相关资源调动最方便,工作人员对情况最熟悉。突发事件发生地人民政府和部门能否在第一时间实施有效的应对处置与救援,是突发事件能否有效应对的关键。明确突发事件发生地人民政府是发现突发事件苗头、预防发生、先行应对、防止扩散和事后恢复重建的第一责任人,既赋予其统一领导实施应急处置的权力,又要求其对突发事件的应对处置承担主要责任,实现权责一致,这也是全面建设法治政府的基本要求。

> 第十七条 县级人民政府对本行政区域内突发事件的应对管理工作负责。突发事件发生后,发生地县级人民政府应当立即采取措施控制事态发展,组织开展应急救援和处置工作,并立即向上一级人民政府报告,必要时可以越级上报,具备条件的,应当进行网络直报或者自动速报。
>
> 突发事件发生地县级人民政府不能消除或者不能有效控制突发事件引起的严重社会危害的,应当及时向上级人民政府报告。上级人民政府应当及时采取措施,统一领导应急处置工作。
>
> 法律、行政法规规定由国务院有关部门对突发事件应对管理工作负责的,从其规定;地方人民政府应当积极配合并提供必要的支持。

【释义】 本条是关于人民政府对本行政区域内突发事件的应对管理工作负责的规定。

本条规定是应急管理工作体系的具体化。前两款着重强调"属地管理为主"下县级人民政府的责任,以及"分级负责"下各级人民政府的责任;第三款则着重强调"分类管理"下国务院有关部门对特定突发事件应对工作的责任,同时按照"条块结合"对地方人民政府的协助义务提出要求。

一、县级人民政府对本行政区域内突发事件的应对管理工作负责

县级人民政府对本行政区域内发生的突发事件负首要的应对处置责任。突发事件发生后,发生地县级人民政府主要有两方面职责:

一是应急响应的职责。突发事件发生后,县级人民政府应当针对突发事件的性质、特点、危害程度和影响范围等有关情况,立即启动应急响应,组织有关部门,调动应急救援队伍和社会力量迅速到达现场,开展处置或者其他应对行动;调配必要的物资和设备,确保应对工作的顺利进行;依照法律、法规、规章和应急预案的规定,采取应急处置措施,如组织营救和救治受害人员,转移、疏散、撤离并妥善安置受到威胁的人员,控制危险源、封锁危险场所、划定警戒区等。必要时,可以设立现场指挥部,加强现场指挥和协调,确保应对工作有序、高效进行。此外,为了防止发生"外溢"效应,引发其他次生灾害、衍生灾害,应当采取切实有效的措施控制事态的进一步发展,防止事态扩大或造成更严重的后果。

二是向上级报告的职责。突发事件发生后,县级人民政府必须第一时间、毫不迟延地向上一级人民政府报告,以便上级政府及时了解情况并作出相应的决策和部署。实践中,该报告的内容应包括突发事件的时间、地点、性质、规模、影响范围、已采取的措施以及需要上级政府支持的事项等,并通过正式渠道如书面、电话等形式,向上一级人民政府报告。

考虑到实践中可能存在各种不确定情况,可能迅速演化为重特大级别的事件,或者突发事件事态发展速度很快、造成的危害特别巨大,或者上一级人民政府没有及时作出有效反馈、指示,继续等待可能会耽误下一步开展突发事件应对工作等,必要时县级人民政府可以越级上报,向有关省级人民政府、国务院有关主管部门报告情况,确保信息能够迅速传达至上级部门,以便及时采取应对措施,减少潜在的损失和影响。需要注意的是,越级上报的同时,还应当继续与上一级人民政府保持沟通,确保各级人民政府之间信息的畅通,避免重复或者误判。

二、关于网络直报和自动速报

"具备条件的,应当进行网络直报或者自动速报",是此次突发事件应对法修订总结实践情况新增加的规定,主要是为了适应不同类型的突发事件的应对工作,对于不同情况规定特定报告形式,进一步提高报告的针对性、及时性、准确性。

"网络直报"的概念主要来自传染病防治系统。我国传染病网络直报系统于 2004 年建设并上线运行,截至 2024 年 7 月,已经覆盖了约 8.4 万家医疗机构和 2.8 万个发热门诊,很大程度上确保了传染病信息的全面性和及时性。我国的传染病网络直报系统能够实现传染病病例的实时直报,从诊断到报告的时间间隔已经缩短到 4 小时以内,显著提高了传染病报告的及时性。该系统还具备自动化处理能力,能够自动完成信息的抓取、审核、汇总和上报等流程,更加有效地减少人工干预和错误。

"自动速报"这一概念主要来自地震报告领域,是指利用现代信息技术手段,对突发事件相关信息进行自动抓取、处理和报告的过程。它能够在短时间内将大量信息快速汇总并上报至相关部门或机构,排除人为的错误、疏漏或者迟延,为应急响应提供及时、准确的信息支持。国家地震速报备份系统建成于 2009 年,通过国家地震数据实时共享系统获取国内和国外地震观测台站数据进行地震事件检测处理,实现地震发震时间、震中位置和震级的自动测定,并可以向国家地震台网中心发送自动速报结果,通过手机短信息和网络等方式发布最新的地震信息,大大提高地震速报的时效性和可靠性,为政府和社会赢取至为宝贵的大地震应急救灾时间,对减轻地震灾害和维护社会稳定具有重要意义。

三、上级人民政府统一领导应急处置工作

县级人民政府在突发事件发生后要立即向上一级人民政府报告;如果不能消除或者不能有效控制突发事件引起的严重社会危害时,应当及时将该情况向上级报告。比如,事件性质严重,超出了县级人民政府的应对能力,或者事件外溢风险大、涉及范围广,即将或者已经超出了该县级人民政府的行政管辖范围等。在这种情况下,上级人民政府应当根据实际情况,及时采取措施介入,统一领导应急处置工作,协调资源、统一指挥,确保突发事件得到及

时有效应对,最大限度地减少突发事件带来的损失和危害。

四、国务院有关部门对突发事件的应对工作负责

基于历史的原因和专业应对特定行业或领域的突发事件的需要,2007年突发事件应对法颁布前已经形成了由国务院有关部门对特定行业或领域的突发事件的应对工作负责的工作格局。为了更有效地发挥专业力量处置特定行业或领域的突发事件的作用,本着"条块结合"的工作原则,2007年突发事件应对法作了衔接规定,即"法律、行政法规规定由国务院有关部门对突发事件的应对工作负责的,从其规定",并明确了地方政府的配合义务。

本法所称的法律、行政法规规定由国务院有关部门负责应对的突发事件,指在民航、铁路、海事、核利用行业或领域发生的突发事件,具体包括民航事故、水上交通事故、铁路行车事故、核事故等。本法规定国务院有关部门对特定行业或领域的突发事件的应对工作负责,并不是完全排除突发事件发生地人民政府的应急处置责任,突发事件发生地人民政府应当积极配合并提供必要的支持。这一条文的精神,在民用航空法、海上交通安全法、铁路法、《核电厂核事故应急管理条例》、《内河交通安全管理条例》、《铁路交通事故应急救援和调查处理条例》中都有体现。

第十八条 突发事件涉及两个以上行政区域的,其应对管理工作由有关行政区域共同的上一级人民政府负责,或者由各有关行政区域的上一级人民政府共同负责。共同负责的人民政府应当按照国家有关规定,建立信息共享和协调配合机制。根据共同应对突发事件的需要,地方人民政府之间可以建立协同应对机制。

【释义】 本条是关于涉及两个以上行政区域的突发事件应对管理工作的负责主体的规定。

一、涉及两个以上行政区域的突发事件的应对

本条对涉及两个以上行政区域的突发事件的应对管理工作的负责主体作出规定,即由有关行政区域共同的上一级人民政府负责,或者由各有关行政区域的上一级人民政府共同负责。这是"属地管理为主"原则在涉及两个以上行政区域的突发事件的应对工作中的延伸。综合考虑分级负责和属地管理为主的原则,有关行政区域有共同的上一级人民政府的情况下,由共同的上一级人民政府负责;不具有共同的上一级人民政府的两个行政区域,由各有关行政区域的上一级人民政府共同负责。

关于突发事件"涉及"两个以上行政区域,可以是突发事件同时发生在两个以上行政区域,也可能是影响范围涉及两个以上行政区域。比如,起因在一个行政区域,但主要影响在另一行政区域,或者次生影响又扩散至其他行政区域。又如,涉及属于多个省级行政区划下的不同市县,使某一个行政区域单独应对存在困难,或者无法有效应对,必须进行协调配合。由这些行政区域共同的上一级人民政府来负责应对管理工作,可以从该突发事件应对工作的整体出发考虑应对措施,且其所作的决策由于行政系统上级对下级的领导关系,更易于在有关行政区域内得到贯彻执行。或者由各有关行政区域的上一级人民政府共同负责,通过建立联合应急指挥机构、共同制定应对方案、协商调配资源、联合采取应对措施等予以共同应对,确保应对管理工作衔接顺畅、顺利进行。

二、关于信息共享和协调配合机制

本条规定,为共同应对突发事件,地方人民政府应当按照国家有关规定,建立信息共享和协调配合机制。这是有效沟通协调、保证形成合力、避免各自为战的重要举措。

一是信息共享机制。信息收集的完整性、准确性和信息传递的及时性、高效性,是有效应对突发事件的重要前提,更是共同应对突发事件的政府之间加强协调合作的基础条件。实践中,共同遭遇突发事件、需要联合应对的地方人民政府可以采取有效措施加强信息共享。比如,本法第五十九条对县级以上地方人民政府建立或者确定本地区统一的突发事件信息系统作出规定。共同负责的人民政府应按照国家有关规定,通过信息系统对接、互联互通,将汇集、储存、分析、传输的有关突发事件信息及时分享共用,加强跨地区的情报合作。

二是协调配合机制。做到密切配合、相互协调、形成合力,是两个或以上人民政府共同应对突发事件的关键所在,也是难点所在。由于各负其责、各有所辖,两个或者以上人民政府在突发事件中也各有应对管理体系。一方面,要实现突发事件共同应对中工作的精准衔接、对接,避免出现管辖重复、管理重叠,造成资源浪费;另一方面,要积极作为,相互支持,支援补台,避免出现应对管理漏洞。

三、关于地方人民政府之间的协同应对机制

根据共同应对突发事件的需要,地方人民政府之间可以建立协同应对机制。此次突发事件应对法修订新增加的这一内容,更加侧重于平时准备和事前预防。实践中,一些地方基于相邻关系、面临类似的突发事件风险等原因,如森林防火、防汛、危化品产业集聚等,往往通过协议方式对突发事件进行协同应对,取得了较好的效果。本条中的这一规定,鼓励有关地方人民政府根据实际需要,建立突发事件协同应对机制,将突发事件应对准备工作分解到平时,以确保在突发事件发生时,能够迅速采取协同措施、共同行动,提高应对处置的针对性、有效性。例如:建立政府之间、相关部门之间的定期沟通机制,开展联合演练;联合制定详细的应急预案和工作方案,明确各方在协同应对中的具体任务和责任,明确有关能源、物资、人力、设施设备等的跨区域调用、配置,救援力量的跨区域联合行动;明确有关跨区域联席会议、联合指挥体系等突发事件发生时的紧急应对机制及其架构、组成、分工、决策流程等。

第十九条 县级以上人民政府是突发事件应对管理工作的行政领导机关。

国务院在总理领导下研究、决定和部署特别重大突发事件的应对工作;根据实际需要,设立国家突发事件应急指挥机构,负责突发事件应对工作;必要时,国务院可以派出工作组指导有关工作。

县级以上地方人民政府设立由本级人民政府主要负责人、相关部门负责人、国家综合性消防救援队伍和驻当地中国人民解放军、中国人民武装警察部队有关负责人等组成的突发事件应急指挥机构,统一领导、协调本级人民政府各有关部门和下级人民政府开展突发事件应对工作;根据实际需要,设立相关类别突发事件应急指挥机构,组织、协调、指挥突发事件应对工作。

【释义】 本条是关于突发事件应对管理工作的行政领导机关以及突发

事件应急指挥机构的规定。

一、突发事件应对管理工作的行政领导机关

各级人民政府行使宪法和有关法律赋予的职权,负责管理本行政区域内的经济、教育、科学、文化、卫生、体育事业、城乡建设事业和财政、民政、公安、民族事务、司法行政、人口与计划生育等行政工作,掌握着大量的人力、物力、财力等社会资源和应急力量,以其权威性、公信力拥有强大的组织动员能力。同时,政府还拥有专业的应急管理团队和专家队伍,具备丰富的专业知识和实践经验,并对所负责行政区域的地理、社会、人文等具体情况更为了解,能够在突发事件发生时更有针对性、更有效率地组织力量进行科学研判和有效处置。

此次突发事件应对法修订,在第四条规定了完善党委领导、政府负责、部门联动、军地联合、社会协同、公众参与、科技支撑、法治保障的治理体系。本条规定,县级以上人民政府是突发事件应对管理工作的行政领导机关,是对第四条中"政府负责"的具体展开。县级以上各级人民政府,自下而上包括县级人民政府、设区的市一级人民政府、省级人民政府、国务院。我国宪法和国务院组织法、地方各级人民代表大会和地方各级人民政府组织法规定,国务院即中央人民政府,是最高国家权力机关的执行机关,是最高国家行政机关;地方各级人民政府是地方各级国家权力机关的执行机关,是地方各级国家行政机关。在本法中,包括国务院在内的县级以上各级人民政府是组织开展突发事件应对管理工作的主要力量。

二、国务院在突发事件应对中的职责

我国宪法和国务院组织法规定,国务院统一领导各部和各委员会的工作,并且领导不属于各部和各委员会的全国性的行政工作;统一领导全国地方各级国家行政机关的工作。本法第三条规定,"按照社会危害程度、影响范围等因素,突发自然灾害、事故灾难、公共卫生事件分为特别重大、重大、较大和一般四级"。其中,特别重大的突发事件因为波及范围特别广、可能跨越多个省级行政区域甚至涉及全国范围,或者事件本身特别严重、复杂,应对难度巨大,或者事件造成的损失、影响特别重大等,仅靠地方人民政府难以应对,需要国务院组织协调全国范围内的人员、物资等资源来应对救援、组织重

建。国务院组织法第六条规定："国务院行使宪法和有关法律规定的职权。"本法具体规定了国务院在突发事件尤其是特别重大突发事件应对中的职责。

(一)国务院总理领导

宪法第八十八条第一款中规定，"总理领导国务院的工作"。国务院组织法第五条第二款规定："国务院实行总理负责制。总理领导国务院的工作。"在应对特别重大突发事件时，国务院作为最高国家行政机关，在总理的领导下，承担研究、决定和部署应对工作的重任。

(二)国家突发事件应急指挥机构

根据本条规定，为了有效应对突发事件，国务院根据实际需要，设立国家突发事件应急指挥机构，负责突发事件应对工作。这个机构将代表国务院对某一特定突发事件应对工作进行统一指挥、协调各方力量和资源，确保应对工作的高位推进，使应对措施更加有力、直接地落实。

(三)国务院工作组

根据本条规定，必要时，国务院根据实际需要，可以派出工作组前往现场指导有关突发事件应对工作。工作组一般由来自不同部门、机构的工作人员和相关领域的专家、专业人员等组成，将针对特定的突发事件或者突发事件应对工作中遇到的特定问题和困难，深入一线进行调查、评估、协调、指导和监督，并为国务院领导提供决策依据和参考意见。工作组还可能直接参与当地的具体应对工作，提供技术支持、政策指导等帮助，以达到快速解决问题、疏通堵点，提高突发事件应对效果的目的。

三、突发事件应急指挥机构的设立、组成与职责

设立突发事件应急指挥机构，是突发事件应对、应急管理实践中行之有效的做法。实际工作中，突发事件应急指挥机构在各级党委领导下，发挥集中统一指挥的重要作用，迅速调动各类资源应急救援，统一领导、协调本级人民政府各有关部门和下级人民政府开展突发事件应对工作，避免政出多门、各自为政、信息不畅、执行不力等问题，有效提高突发事件应对工作的效率，将"统一指挥、专常兼备、反应灵敏、上下联动"的应急管理体制落到实处。

突发事件应急指挥机构的组成，包括本级人民政府主要负责人、相关部门负责人、国家综合性消防救援队伍和驻当地中国人民解放军、中国人民武装警察部队有关负责人等。实践中，组成人员包括党政领导人员，与突发事件应对有关的各职能部门负责人,如公安、应急管理、卫生健康、发展改革、交通、水利、住房城乡建设、生态环境等。此次修订还增加了国家综合性消防救援队伍有关负责人。国家综合性消防救援队伍作为应急救援的综合性常备骨干力量,按照国家有关规定执行综合应急救援任务,在火灾、危险化学品泄漏、洪水、地震等各类突发事件中都发挥着重要作用。驻当地中国人民解放军、中国人民武装警察部队有关负责人也是突发事件应急指挥机构的重要组成人员。本法第二十四条规定,"中国人民解放军、中国人民武装警察部队和民兵组织依照本法和其他有关法律、行政法规、军事法规的规定以及国务院、中央军事委员会的命令,参加突发事件的应急救援和处置工作"。《军队参加抢险救灾条例》第六条规定:"县级以上地方人民政府组建的抢险救灾指挥机构,应当有当地同级军事机关的负责人参加;当地有驻军部队的,还应当有驻军部队的负责人参加。"

考虑到不同类型的突发事件在应对方式、所需物资和资源、所需具备的专业知识和能力、需要协调的部门等方面可能存在较大差异,突发事件发生地的县级以上地方人民政府可以根据实际需要,因势决策、因地制宜,设立相关类别突发事件应急指挥机构,组织、协调、指挥突发事件应对工作。人民政府牵头设立专门类别的应急指挥机构,除了有关的党政部门之外,还应包括相关专业机构、人员以及有关专家学者,这样可以有效提高有关突发事件应对工作的专业性、科学性、有效性,助力政府更加精准地组织、协调和指挥相关应对工作。

第二十条　突发事件应急指挥机构在突发事件应对过程中可以依法发布有关突发事件应对的决定、命令、措施。突发事件应急指挥机构发布的决定、命令、措施与设立它的人民政府发布的决定、命令、措施具有同等效力,法律责任由设立它的人民政府承担。

【释义】　本条是关于突发事件应急指挥机构发布决定、命令、措施及其所发布的决定、命令、措施的法律效力、法律责任的规定。

这一规定是此次突发事件应对法修订新增的规定。2007年突发事件应对法中明确了突发事件应急指挥机构的设立及其组成,为各类突发事件应对过程中设立"联合指挥部""联席会议机制""联防联控机制"等应急指挥机构提供了法律依据,并明确了其"统一领导、协调","组织、协调、指挥"等职权。但没有明确这一类应急指挥机构能否自行发布决定、命令、措施,也没有明确有关决定、命令、措施的效力及法律责任。

此次突发事件应对法修订,增加规定突发事件应急指挥机构在突发事件应对过程中可以依法发布有关突发事件应对的决定、命令、措施。为了进一步明确突发事件应急指挥机构在应急管理体系中的权限和责任,以及应急指挥机构发布的决定、命令、措施的效力和法律责任,本条明确规定"突发事件应急指挥机构发布的决定、命令、措施与设立它的人民政府发布的决定、命令、措施具有同等效力","法律责任由设立它的人民政府承担"。

一、突发事件应急指挥机构发布决定、命令、措施的行为限于"突发事件应对过程中"

2024年突发事件应对法修订过程中,有意见提出,突发事件应急指挥机构是为了有效应对突发事件而设立的临时机构,发布的决定、命令、措施对人民群众正常生产生活乃至权利义务都是有影响的,所以,其发布决定、命令、措施的行为应限于突发事件应对过程中。在突发事件应对结束以后,就不应再以突发事件应急指挥机构为主体发布决定、命令、措施。经研究,最终采纳了这一意见,增加了突发事件应急指挥机构"在突发事件应对过程中"可以依法发布有关突发事件应对的决定、命令、措施这一限制性规定。

我国宪法第八十九条规定的国务院行使的职权中第一项为"根据宪法和法律,规定行政措施,制定行政法规,发布决定和命令"。宪法第一百零七条第一、二款规定:县级以上地方各级人民政府依照法律规定的权限,管理本行政区域内的经济、教育、科学、文化、卫生、体育事业、城乡建设事业和财政、民政、公安、民族事务、司法行政、人口与计划生育等行政工作,"发布决定和命令"。"乡、民族乡、镇的人民政府执行本级人民代表大会的决议和上级国家行政机关的决定和命令,管理本行政区域内的行政工作。"国务院组织法、地方各级人民代表大会和地方各级人民政府组织法中也有相关规定。突发事件应急指挥机构在突发事件应对过程中可以发布决定、命令、措施,但是,不适用于平时,也不能涉及其他工作。在平常状态下,发布决定、命令的行为,还是应由有关人民政府和部门进行。

二、突发事件应急指挥机构发布的决定、命令、措施的效力及法律责任

实践中,突发事件应急指挥机构发布的决定、命令、措施等,涉及人员疏散、交通管制、物资调配、医疗救援、信息发布等多方面,会对公民的权利义务产生实质性影响,可能会引发法律争议;在应急指挥机构解散后,有的会涉及责任人如何确定的问题。由于突发事件应急指挥机构通常是由某一级人民政府设立的、专门进行突发事件应对处置的机构,基于权责对等的原则,本条规定,该机构在应对突发事件过程中依法发布的决定、命令、措施,在法律上与设立该机构的人民政府发布的决定、命令、措施具有同等效力,有关法律责任由设立它的人民政府承担。本法作出这一规定,将应急指挥机构发布的决定、命令、措施纳入法治轨道,体现了坚持依法行政、全面建设法治政府的要求。在突发事件应对工作完成后,有关应急指挥机构解散,作为行政相对人的公民、法人和其他组织的合法权益仍能得到有效维护,引发的法律责任承担等问题也能够得到有效解决,不会因为应急指挥机构不存在了而出现责任人难以确定、推诿扯皮的情况,从法律上保证了行政行为的连续性,打消了社会上关于突发事件应急指挥机构是临时机构的顾虑,体现了法治上的信赖保护原则,有利于维护党和政府在人民群众心中的公信力。

第二十一条 县级以上人民政府应急管理部门和卫生健康、公安等有关部门应当在各自职责范围内做好有关突发事件应对管理工作,并指导、协助下级人民政府及其相应部门做好有关突发事件的应对管理工作。

【释义】 本条是关于突发事件应对管理工作的有关主管部门及其职责的规定。

本条明确了有关部门,特别是应急管理、卫生健康和公安部门的突发事件应对管理职责,要求其按照职责分工做好突发事件应对管理工作,并指导、协助下级人民政府及其相应部门做好有关突发事件的应对管理工作。本条规定与第二条第一款关于突发事件分类(自然灾害、事故灾难、公共卫生事件和社会安全事件)的规定相对应。

一、关于应急管理部门

2018 年党和国家机构改革,将国家安全生产监督管理总局的职责,国务

院办公厅的应急管理职责,公安部的消防管理职责,民政部的救灾职责,国土资源部的地质灾害防治、水利部的水旱灾害防治、农业部的草原防火、国家林业局的森林防火相关职责,中国地震局的震灾应急救援职责以及国家防汛抗旱总指挥部、国家减灾委员会、国务院抗震救灾指挥部、国家森林防火指挥部的职责整合,组建应急管理部,作为国务院组成部门。主要职责包括:组织编制国家应急总体预案和规划,指导各地区各部门应对突发事件工作,推动应急预案体系建设和预案演练。建立灾情报告系统并统一发布灾情,统筹应急力量建设和物资储备并在救灾时统一调度,组织灾害救助体系建设,指导安全生产类、自然灾害类应急救援,承担国家应对特别重大灾害指挥部工作。指导火灾、水旱灾害、地质灾害等防治。负责安全生产综合监督管理和工矿商贸行业安全生产监督管理等。公安消防部队、武警森林部队转制后,与安全生产等应急救援队伍一并作为综合性常备应急骨干力量,由应急管理部管理,实行专门管理和政策保障,采取符合其自身特点的职务职级序列和管理办法,提高职业荣誉感,保持有生力量和战斗力。应急管理部要处理好防灾和救灾的关系,明确与相关部门和地方各自职责分工,建立协调配合机制。

2018年4月16日,应急管理部正式挂牌。公安消防和武警森林部队近20万官兵集体转制组建成国家综合性消防救援队伍,由应急管理部管理。在地方层面,31个省(自治区、直辖市)和新疆生产建设兵团2018年度全部组建应急管理厅局,市县级应急管理部门2019年年底全部完成挂牌,全国省、市、县三级全部组建应急管理部门,基本形成适应新时代要求的应急管理机构职能体系。

二、关于卫生健康部门

2018年,党和国家机构改革中,将国家卫生和计划生育委员会、国务院深化医药卫生体制改革领导小组办公室、全国老龄工作委员会办公室的职责,以及工业和信息化部、国家安全生产监督管理总局相关职责整合,组建国家卫生健康委员会,作为国务院组成部门。2018年3月27日,新组建的国家卫生健康委员会正式挂牌。其主要职责是,拟订国民健康政策,协调推进深化医药卫生体制改革,组织制定国家基本药物制度,监督管理公共卫生、医疗服务和卫生应急,负责计划生育管理和服务工作,拟订应对人口老龄化、医养结合政策措施等。

卫生健康部门的突发事件应对管理职责可以分为两个方面：一是防范应对突发公共卫生事件。例如，《突发公共卫生事件应急条例》中规定，"国务院卫生行政主管部门和其他有关部门，在各自的职责范围内做好突发事件应急处理的有关工作"；"县级以上地方人民政府卫生行政主管部门，具体负责组织突发事件的调查、控制和医疗救治工作"。二是关于其他类型突发事件应对。在自然灾害、事故灾难、社会安全事件应对工作中，一般也需要卫生健康部门和医疗救治机构积极发挥职能作用，如受伤人员救治，灾后传染病预防和救治等。

三、关于公安部门

社会安全事件，主要包括严重危害社会治安秩序的突发事件。这些事件的发生具有突发性和不确定性，有可能迅速升级并引发严重后果，严重危害社会秩序和人民群众生命财产安全。人民警察法"总则"中明确规定，人民警察的任务是维护国家安全，维护社会治安秩序，保护公民的人身安全、人身自由和合法财产，保护公共财产，预防、制止和惩治违法犯罪活动。人民警察法对公安机关的人民警察的职责所作列举式规定中也涉及社会安全事件应对相关职责，如预防、制止和侦查违法犯罪活动，维护社会治安秩序，制止危害社会治安秩序的行为，管理集会、游行、示威活动等。此外，其他类型突发事件应对过程中一般也需要公安机关发挥职能作用，如事故灾难发生后维护社会秩序、保卫特定场所，地震、洪水等灾害发生后通过巡逻等手段，预防和制止违法犯罪活动等。

四、其他有关部门

除了上述三个主要部门外，其他多个部门也都需要根据职责分工，在各自领域发挥职能作用，协助共同应对突发事件。例如：发展改革部门需要做好应急保障物资的储备工作；交通运输部门需要做好运力调度、保障、使用等工作；科技部门需要做好突发事件应对相关科学技术研发攻关等工作。

第二十二条　乡级人民政府、街道办事处应当明确专门工作力量，负责突发事件应对有关工作。

居民委员会、村民委员会依法协助人民政府和有关部门做好突发事件应对工作。

【释义】 本条是关于乡级人民政府、街道办事处、基层群众性自治组织有关突发事件应对职责义务的规定。

第二章"管理与指挥体制"的重要内容之一就是全面、系统、分层次地明确了突发事件应对过程中所涉各级、各方面主体的职责义务。本条是此次突发事件应对法修订新增的内容,对乡级人民政府、街道办事处、基层群众性自治组织有关突发事件应对的职责义务作了规定。

一、关于乡级人民政府、街道办事处

根据宪法以及地方各级人民代表大会和地方各级人民政府组织法等法律规定,乡级人民政府是最基层的国家行政机关,在本行政区域范围内行使行政管理职能。乡、民族乡、镇实行乡长、镇长负责制,乡长、镇长主持乡级人民政府的工作。地方各级人民代表大会和地方各级人民政府组织法规定了乡、民族乡、镇人民政府行使的一系列职权,其中包括执行本级人民代表大会的决议和上级国家行政机关的决定和命令,发布决定和命令,管理本行政区域内的经济、教育、科学、文化、卫生、体育等事业和生态环境保护、财政、民政、社会保障、公安、司法行政、人口与计划生育等行政工作,维护社会秩序,保障公民的人身权利等。

市辖区、不设区的市的人民政府,经上一级人民政府批准,可以设立若干街道办事处,作为它的派出机关。街道办事处在本辖区内办理派出它的人民政府交办的公共服务、公共管理、公共安全等工作,依法履行综合管理、统筹协调、应急处置和行政执法等职责,反映居民的意见和要求,并对基层群众性自治组织的工作给予指导、支持和帮助。街道办事处不是一级独立的行政机关,从属于派出它的行政机关并接受其领导。

本法第十九条第一款规定,县级以上人民政府是突发事件应对管理工作的行政领导机关。乡级人民政府、街道办事处更加贴近基层,有时会比县级人民政府更早直接接触并了解突发事件发生的有关情况并组织开展最开始的应对工作。为此,本条第一款规定乡级人民政府、街道办事处应当明确专门工作力量,负责突发事件应对有关工作。实践中,很多乡级人民政府、街道办事处设立了专门的应急管理办公室,负责组织开展面向社会公众的应急知识宣传普及活动和必要的应急演练,贯彻落实安全生产、防灾减灾方面的法律法规和各层级制发的有关政策文件,统筹、督促、检查、协调辖区内各项安

全生产工作等。

二、关于基层群众性自治组织

居民委员会、村民委员会是城市和农村按居民居住地区设立的基层群众性自治组织，其主任、副主任和委员由居民选举。居民委员会、村民委员会下设人民调解、治安保卫、公共卫生等委员会，办理本居住地区的公共事务和公益事业，调解民间纠纷，协助维护社会治安，并向人民政府反映群众的意见、要求和提出建议。地方各级人民代表大会和地方各级人民政府组织法规定，乡、民族乡、镇的人民政府和市辖区、不设区的市的人民政府或者街道办事处对基层群众性自治组织的工作给予指导、支持和帮助。基层群众性自治组织协助乡、民族乡、镇的人民政府和市辖区、不设区的市的人民政府或者街道办事处开展工作。城市居民委员会组织法规定，居民委员会的任务包括协助人民政府或者它的派出机关做好与居民利益有关的公共卫生、计划生育、优抚救济、青少年教育等工作。村民委员会组织法规定，村民委员会办理本村的公共事务和公益事业，调解民间纠纷，协助维护社会治安。

在突发事件应对工作中，村民委员会、居民委员会依法协助人民政府和有关部门做好突发事件应对工作。实践中，村民委员会、居民委员会可以在事前根据本地区的实际情况，制定突发事件应急预案，提高应对突发事件的能力，有效地组织村民、居民进行应急避险、抢救和灾后重建工作。在本条对居民委员会、村民委员会协助做好突发事件应对工作作出原则性规定外，本法其他条文也有涉及居民委员会、村民委员会的具体性规定。例如，第四十二条第二款规定："居民委员会、村民委员会、企业事业单位、社会组织应当根据所在地人民政府的要求，结合各自的实际情况，开展面向居民、村民、职工等的应急知识宣传普及活动和必要的应急演练。"第七十七条规定："突发事件发生地的居民委员会、村民委员会和其他组织应当按照当地人民政府的决定、命令，进行宣传动员，组织群众开展自救与互救，协助维护社会秩序；情况紧急的，应当立即组织群众开展自救与互救等先期处置工作。"

第二十三条 公民、法人和其他组织有义务参与突发事件应对工作。

【释义】 本条是关于公民、法人和其他组织参与突发事件应对工作的义务的规定。

随着经济社会不断发展，国家治理体系和治理能力现代化水平的不断提高，以及社会公众主人翁意识、互帮互助精神和自救互救能力的增强，突发事件应对工作开始向"全社会参与"模式发展。党的二十大报告明确提出，"坚持安全第一、预防为主，建立大安全大应急框架，完善公共安全体系，推动公共安全治理模式向事前预防转型"。党的二十届三中全会决定提出，"健全重大突发公共事件处置保障体系，完善大安全大应急框架下应急指挥机制，强化基层应急基础和力量，提高防灾减灾救灾能力"。在大安全、大应急框架下，需要加强全方位、全要素的协同联动，提高突发事件防范应对合力，而这离不开社会各方面的广泛参与。

明确公民、法人和其他组织参与突发事件应对工作的义务是践行社会主义核心价值观的内在要求。作为社会的一员，无论是公民、法人还是其他组织，都有义务维护国家、社会的和谐稳定、安全发展，践行对其他社会成员友善互助的要求并贡献自己的力量。在突发事件中，严格遵守法律法规的规定，积极参与应对工作，不仅是对自己负责，更是对社会负责。通过提供物资支持、志愿服务等方式，可以帮助政府和社会机构更有效地应对危机，减轻灾害带来的影响。同时，社会各方积极参与应对工作，也可以增进人与人之间的理解、信任和合作，推动人们在共同应对危机的过程中感受到集体力量和温暖，增强社会凝聚力和向心力。

明确公民、法人和其他组织参与突发事件应对工作的义务有利于在全社会形成合力，共同应对突发事件。例如，在自然灾害、公共卫生事件等突发事件发生时，政府通常会发布相关命令或发出号召，要求民众配合进行疏散、防疫等措施。社会各界参与突发事件应对工作，可以充分发挥其活力与创造力，提高应对工作的科学性和有效性，也可以实现资源的优化配置和互补共享，提高应对突发事件的整体效能。与此同时，公民、法人和其他组织积极参与应对工作是提高其自救和他救能力的一种重要方式。"全社会参与"有助于加强对突发事件应对工作的监督，有利于进一步健全突发事件应对工作体系，加快推动形成社会共治的良好局面。

参与突发事件应对工作是公民、法人、其他组织的法定义务。公民、法人和其他组织应当依法履行这一义务，否则可能承担相应的法律责任。例如，本法第九十八条规定,单位或者个人违反本法规定,不服从所在地人民政府及其有关部门依法发布的决定、命令或者不配合其依法采取的措施的,责令改正;造成严重后果的,依法给予行政处罚;负有直接责任的人员是公职人员的,还应当依法给予处分。

在本条作出原则性规定之外,本法其他条款对公民、法人和其他组织的具体义务作了规定。例如,本法第七十九条规定,"突发事件发生地的个人应当依法服从人民政府、居民委员会、村民委员会或者所属单位的指挥和安排,配合人民政府采取的应急处置措施,积极参加应急救援工作,协助维护社会秩序",进一步细化了个人在突发事件应急处置中所应履行的义务。

为了鼓励和引导社会力量有序参与突发事件应对工作,发挥社会力量的积极作用,本法中还有其他不少条款作了进一步规定。例如,第六条规定,"国家建立有效的社会动员机制,组织动员企业事业单位、社会组织、志愿者等各方力量依法有序参与突发事件应对工作,增强全民的公共安全和防范风险的意识,提高全社会的避险救助能力",从国家采取措施动员社会力量参与突发事件应对工作的角度,明确了全社会参与突发事件应对的重要意义和有效途径。第三十九条第三款规定:"国家鼓励和支持社会力量建立提供社会化应急救援服务的应急救援队伍。社会力量建立的应急救援队伍参与突发事件应对工作应当服从履行统一领导职责或者组织处置突发事件的人民政府、突发事件应急指挥机构的统一指挥。"第四十七条第三款规定:"国家发挥社会力量在应急运输保障中的积极作用。社会力量参与突发事件应急运输保障,应当服从突发事件应急指挥机构的统一指挥。"第七十二条中规定,突发事件发生后,履行统一领导职责或者组织处置突发事件的人民政府应当调动应急救援队伍和社会力量;还应当建立协调机制,提供需求信息,引导志愿服务组织和志愿者等社会力量及时有序参与应急处置与救援工作。第九十条规定,"公民参加应急救援工作或者协助维护社会秩序期间,其所在单位应当保证其工资待遇和福利不变,并可以按照规定给予相应补助",从福利待遇方面为群众投身突发事件应对工作提供了保障,更好调动群众的积极性、主动性。

第二十四条 中国人民解放军、中国人民武装警察部队和民兵组织依照本法和其他有关法律、行政法规、军事法规的规定以及国务院、中央军事委员会的命令,参加突发事件的应急救援和处置工作。

【释义】 本条是关于我国武装力量在突发事件应对中的作用的规定。

我国的武装力量包括中国人民解放军、中国人民武装警察部队和民兵,一直以来他们都是我国应对各类突发事件,尤其是抢险救灾的中坚力量。他们急人民之所急,帮人民之所需,解人民之所难,在党的绝对领导下,灾情、疫情就是命令,以闻令而动、勇挑重担、敢打硬仗的实际行动,展现了人民子弟兵英勇奋战、牺牲奉献的本色和宗旨,体现了浓浓军民鱼水情。本条对中国人民解放军、中国人民武装警察部队和民兵组织依照有关规定和命令参加突发事件应急救援和处置工作作了原则性规定,落实本法在"总则"第四条"军地联合"这一突发事件应对工作治理体系的要求。

根据国防法的规定,中国人民解放军由现役部队和预备役部队组成,其职责包括"按照规定执行非战争军事行动任务"。在实践中非战争军事行动任务包括自然灾害救援、反恐维稳、抢险救灾等应急救援和处置工作。国防法还在"军人的义务和权益"一章中明确规定,军人应当发扬人民军队的优良传统,热爱人民,保护人民,积极参加社会主义现代化建设,完成抢险救灾等任务。《军队参加抢险救灾条例》规定,军队是抢险救灾的突击力量,执行国家赋予的抢险救灾任务是军队的重要使命。军队参加抢险救灾主要担负下列任务:解救、转移或者疏散受困人员;保护重要目标安全;抢救、运送重要物资;参加道路(桥梁、隧道)抢修、海上搜救、核生化救援、疫情控制、医疗救护等专业抢险;排除或者控制其他危重险情、灾情。必要时,军队可以协助地方人民政府开展灾后重建等工作。

根据人民武装警察法的规定,人民武装警察部队由内卫部队、机动部队、海警部队和院校、研究机构等组成,是中华人民共和国武装力量的重要组成部分,由党中央、中央军事委员会集中统一领导。"人民武装警察部队平时与人民解放军共同参加抢险救援、维稳处突、联合训练演习等非战争军事行动,由中央军事委员会授权战区指挥。"遇有重大灾情、险情或者暴力恐怖事件等严重威胁公共安全或者公民人身财产安全的紧急情况,人民武装警察部队应当依照中央军事委员会有关规定采取行动并同时报告。人民武装警察部队参与自然灾害、事故灾难、公共卫生事件等突发事件的抢险救援,主要担负的任务与人民解放军的任务类似,包括:参与搜寻、营救、转移或者疏散受困人员;参与排除、控制灾情和险情,防范次生和衍生灾害;参与核生化救援、医疗救护、疫情防控、交通设施抢修抢建等专业抢险;参与抢救、运送、转移重要物资。除此之外,根据人民武装警察部队的性质,在突发事件处置中,人民武装警察部队还参与危险区域、危险场所和警戒区的外围警戒。《军队参加抢险救灾条例》第十七条规定:"中国人民武装警察部队参加抢险救灾,参照本条例执行。"同时,人民武装警察法还对人民武装警察部队参与处置动乱、暴乱、骚乱、非法聚集事件、群体性事件等突发事件,参与防范和处置恐怖活动等作了详细规定。

民兵是中国共产党领导下的不脱离生产的群众武装组织,是中华人民共和国武装力量的组成部分,是中国人民解放军的助手和后备力量。根据国防法的规定,民兵在军事机关的指挥下,担负战备勤务、执行非战争军事行动任务和防卫作战任务,明确了民兵组织承担自然灾害救援、反恐维稳、抢险救灾等应急救援和处置工作的义务。

实践中,中央军委领导并统一指挥全国武装力量。解放军、人民武装警察部队、民兵组织参与突发事件应对工作的指挥调动,需要由有关中央国家机关或者地方人民政府,根据实际情况和具体需要提出需求,按照有关规定履行相关程序后组织实施。例如,人民武装警察法规定,中央国家机关、县级以上地方人民政府因重大活动安全保卫、处置突发社会安全事件、防范和处置恐怖活动、抢险救援等需要人民武装警察部队协助的,应当按照国家有关规定提出需求。《军队参加抢险救灾条例》规定,国务院组织的抢险救灾需要军队参加的,由国务院有关主管部门提出,军队有关单位按照国务院、中央军事委员会的有关规定办理。县级以上地方人民政府组织的抢险救灾需要军队参加的,由县级以上地方人民政府通过当地同级军事机关提出,当地同级军事机关按照国务院、中央军事委员会的有关规定办理。

此外,本法中的其他条款对武装力量参与突发事件应对工作作了部分规定。例如,第十九条规定,驻当地中国人民解放军、中国人民武装警察部队有关负责人要加入当地地方人民政府设立的突发事件应急指挥机构。第四十一条规定,中国人民解放军、中国人民武装警察部队和民兵组织应当有计划地组织开展应急救援的专门训练。第六十二条规定,县级以上地方人民政府应当及时汇总分析突发事件隐患和监测信息,认为可能发生重大或者特别重大突发事件的,应当向当地驻军通报,及时采取预防措施。第六十四条规定,可以预警的自然灾害、事故灾难或者公共卫生事件即将发生或者发生的可能性增大时,县级以上地方人民政府应当根据有关法律、行政法规和国务院规定的权限和程序,发布相应级别的警报,决定并宣布有关地区进入预警期,同时向当地驻军通报。

第二十五条　县级以上人民政府及其设立的突发事件应急指挥机构发布的有关突发事件应对的决定、命令、措施,应当及时报本级人民代表大会常务委员会备案;突发事件应急处置工作结束后,应当向本级人民代表大会常务委员会作出专项工作报告。

【释义】　本条是关于发挥人大及其常委会对政府开展突发事件应对工作的监督作用的规定。

一、人大监督权的性质

在我国,各级人大及其常委会是代表人民行使管理国家权力的机关,宪法规定"一府一委两院"由人大产生,对它负责,受它监督。各级人民代表大会常务委员会监督法第二条规定:"各级人民代表大会常务委员会依据宪法和有关法律的规定,行使监督职权。"人大及其常委会行使监督权,是宪法和法律赋予的一项重要职权,具有法定性。人大监督具有人民性,是人民当家作主、参与管理国家事务的具体体现。人大及其常委会对于同级"一府一委两院"的监督,目的是督促"一府一委两院"的工作依照法律和人民的意志进行,确保行政权、监察权、审判权、检察权依法正确行使。

人大及其常委会行使监督权,包括法律监督和工作监督两个方面。法律监督是指对宪法法律以及人大及其常委会通过的决议、决定等的实施情况,对行政、监察、审判、检察机关等作出的规范性行为等进行监督。工作监督是指对"一府一委两院"的工作是否符合宪法法律赋予的职责,以及由人大及其常委会选举或者决定任命、任命的"一府一委两院"的组成人员或者领导人员是否尽职尽责等进行监督。本条明确县级以上人大常委会通过备案和听取专项工作报告的形式,对同级人民政府的突发事件应对工作进行监督。

二、关于对规范性文件的备案、审查和撤销

当突发事件发生时,县级以上人民政府及其设立的专门应急指挥机构会根据实际情况迅速作出应对决策、发布命令和采取相应措施,目的是有效控

制和减轻突发事件的影响,保护人民群众的生命财产安全,但其仍然有可能存在不合法、不适当的情况。因此,县级以上人民政府及其设立的专门应急指挥机构应当做好备案工作,确保同级人大常委会进行有效监督。对于存在的问题和不适当的情形,人大常委会应当依法加强监督。

对此,各级人民代表大会常务委员会监督法规定,县级以上地方各级人民代表大会常务委员会对本级人民政府制定的规范性文件,"经审查,认为有下列不适当的情形之一的,有权予以撤销:(一)超越法定权限,限制或者剥夺公民、法人和其他组织的合法权利,或者增加公民、法人和其他组织的义务的;(二)同法律、法规规定相抵触的;(三)有其他不适当的情形,应当予以撤销的。"与此类似,由于本法第二十条规定,突发事件应急指挥机构发布的决定、命令、措施与设立它的人民政府发布的决定、命令、措施具有同等效力,法律责任由设立它的人民政府承担,因此,县级以上人民政府设立的应急指挥机构发布的有关突发事件应对的决定、命令、措施,也应当报本级人民代表大会常务委员会备案。对于存在不适当情形的,有关人大常委会有权依法予以撤销。

2023年12月,全国人大常委会通过的《关于完善和加强备案审查制度的决定》明确,要"更好地行使宪法、法律赋予全国人民代表大会常务委员会的监督职权,充分发挥备案审查制度保障宪法和法律实施、维护国家法制统一的重要作用,提高备案审查能力和质量,坚决纠正和撤销违反宪法、法律的规范性文件",同时要求"县级以上地方各级人民代表大会常务委员会应当加强规范性文件备案审查制度和能力建设,依法开展备案审查工作""省、自治区、直辖市的人民代表大会常务委员会根据有关法律,参照本决定制定本地区有关规范性文件备案审查的规定"。

三、关于专项工作报告

各级人民代表大会常务委员会监督法规定,各级人民代表大会常务委员会每年选择若干关系改革发展稳定大局和群众切身利益、社会普遍关注的重大问题,有计划地安排听取和审议本级人民政府、监察委员会、人民法院和人民检察院的专项工作报告。人民政府、监察委员会、人民法院和人民检察院可以向本级人民代表大会常务委员会要求报告专项工作。同时,各级人民代表大会常务委员会监督法还对工作报告的征求意见、意见处理以及有关程序等作了规定。因此,当突发事件的应急处置工作结束后,有关人大常委会可以要求同级人民政府作出专项工作报告,有关人民政府也可以主动向同级人大常委会提出进行专项工作报告的请求。

专项工作报告应当全面、客观地反映有关突发事件产生的原因及其发展演变的过程,突发事件应对工作的整个过程、取得的成效、好的经验做法以及存在的问题和后续的改进措施等。专项工作报告是政府对人大常委会负责、接受其监督的重要体现。通过这份报告,政府可以总结经验教训,提升应对突发事件的能力和水平,同时调查突发事件发生、扩大的原因和其中可能存在的失职渎职问题、贪污腐败问题以及其他体制机制问题等,为正确追究责任、奖优罚劣以及完善有关制度机制提供依据和支撑。人大常委会也可以通过审议报告,对政府的应急处置工作进行评估和监督,确保其合法性、适当性和有效性,提高突发事件应对工作的规范性和透明度,不断增强政府依法、科学、有序地应对突发事件的能力。

第三章　预防与应急准备

本章对突发事件预防与应急准备作了系统性规定，共32条，是本法中条文最多的一章，充分体现了"预防为主，预防与应急相结合"的原则。本章明确国家建立健全突发事件应急预案体系、突发事件风险评估体系、应急物资储备保障制度、应急运输保障体系、能源应急保障体系、应急通信保障体系、应急广播保障体系、突发事件卫生应急体系、巨灾风险保险体系，对应急救援队伍、应急知识宣传普及和应急演练、发挥科学技术作用等作出专门规定，并对各级人民政府及有关部门和单位、特定场所、红十字会、慈善组织等应当采取的防范措施和应当开展的重点工作等作了具体规定。

> 第二十六条　国家建立健全突发事件应急预案体系。
> 国务院制定国家突发事件总体应急预案，组织制定国家突发事件专项应急预案；国务院有关部门根据各自的职责和国务院相关应急预案，制定国家突发事件部门应急预案并报国务院备案。
> 地方各级人民政府和县级以上地方人民政府有关部门根据有关法律、法规、规章、上级人民政府及其有关部门的应急预案以及本地区、本部门的实际情况，制定相应的突发事件应急预案并按国务院有关规定备案。

【释义】　本条是关于突发事件应急预案体系的规定。

应急预案是指各级人民政府及其部门、基层组织、企事业单位和社会组织等为依法、迅速、科学、有序应对突发事件，最大程度减少突发事件及其造成的损害而预先制定的方案，是突发事件全过程应对的制度性安排，在突发事件应对中处于"管全局"的重要地位。应急预案体系建设是防范化解重大风险的基础性工作，是推进我国应急管理体系和能力现代化的重要内容。习近平总书记多次就突发事件应急预案体系建设和管理工作作出重要指示，强调"要加强应急预案管理,健全应急预案体系,落实各环节责任和措施"。党的十八大以来,以习近平同志为核心的党中央高度重视应急预案体系建设,以系统观念全面统筹、全局谋划,全面编制修订各级各类应急预案,强化预案体系设计和协调衔接,扎实提高基层应急预案编制水平,着力构建横向到边、纵向到底的全国应急预案体系,为科学规范应对突发事件提供了坚强保障。截至2022年年底,我国已编制各级各类应急预案780余万件。

一、国家建立健全突发事件应急预案体系

本条第一款规定了国家建立健全突发事件应急预案体系的总体要求。应急预案是应急管理体制、机制、法制的综合运用和重要载体,是主动防范风险挑战、积极应对突发事件的重要抓手,发挥着平时牵引应急准备、灾时指导应急救援的基础性作用。建立健全突发事件应急预案体系,应当坚持总体国家安全观,牢固树立系统观念,把应急预案体系建设作为一个整体、一个系统谋划布局和统筹推进,贯通国家安全、公共安全、社会安全、生态环境安全、网络安全等各领域,贯通各级各类突发事件应对的各环节、各行业、各部门、各地方和各单位。要着力构建以国家突发事件总体应急预案为统领,以国家层面专项应急预案、部门应急预案和县级以上地方总体应急预案、专项应急预案和部门应急预案为骨干,以乡镇(街道)、村(社区)和企事业单位应急预案为支撑,以应急工作手册、行动方案、应急处置卡等为辅助的突发事件应急预案体系架构。同时,要加强应急预案管理,突出综合协调衔接,注重应急预案数据共享共用,推动形成"覆盖全面、衔接顺畅、管理规范、实用管用"的应急预案体系。

我国的应急预案体系,是在立足国情、总结借鉴国内外经验教训的基础上形成并发展完善起来的。为了做好有关应急预案的制定或者组织制定工作,指导国务院各有关部门和地方政府制定完善相关突发事件应急预案,国务院办公厅于2003年12月成立了专门的应急预案工作小组,国务院应急管理办公室成立后,有关工作由该办公室具体负责。2004年国务院办公厅相继印发《国务院有关部门和单位制定和修订突发公共事件应急预案框架指南》《省(区、市)人民政府突发公共事件总体应急预案框架指南》。2006年1月8日,国务院发布《国家突发公共事件总体应急预案》,该总体应急预案是全国应急预案体系的总纲,明确了各类突发公共事件分级分类和预案框架体

系，规定了国务院应对特别重大突发公共事件的组织体系、工作机制等内容，是指导预防和处置各类突发公共事件的重要文件。2013年10月，国务院办公厅印发《突发事件应急预案管理办法》，在推动建立健全横向到边、纵向到底的突发事件应急预案体系，规范和加强应急预案编制、审批、备案、演练等工作中发挥了重要作用。2018年，党中央对我国应急管理体制进行系统性、整体性重构，原由国务院办公厅承担的"协调指导应急预案体系建设"等职责划入新组建的应急管理部。2024年，应急管理部会同有关方面对《突发事件应急预案管理办法》进行修订，报国务院同意后以国务院办公厅名义重新印发实施，标志着我国应急预案管理进入新阶段。

二、各级政府及其部门制定相应层级和类别的突发事件应急预案

按照制定主体划分，应急预案分为政府及其部门应急预案、单位和基层组织应急预案两大类，本条第二款和第三款主要规定了政府及其部门应急预案。从具体职责划分来看，国务院统一领导全国应急预案体系建设和管理工作；县级以上地方人民政府负责领导本行政区域内应急预案体系建设和管理工作；有关部门在各自职责范围内，负责本行业、领域应急预案制定和管理工作。

政府及其部门应急预案包括总体应急预案、专项应急预案、部门应急预案等。总体应急预案是人民政府组织应对突发事件的总体制度安排，围绕突发事件事前、事中、事后全过程，主要明确应对工作的总体要求、事件分类分级、预案体系构成、组织指挥体系与职责，以及风险防控、监测预警、处置救援、应急保障、恢复重建、预案管理等内容。专项应急预案是人民政府为应对某一类型或某几种类型突发事件，或者针对重要目标保护、重大活动保障、应急保障等重要专项工作而预先制定的涉及多个部门职责的方案。部门应急预案是人民政府有关部门根据总体应急预案、专项应急预案和部门职责，为应对本部门（行业、领域）突发事件，或者针对重要目标保护、重大活动保障、应急保障等涉及部门工作而预先制定的方案。

专项和部门应急预案主要规定县级以上人民政府或有关部门相关突发事件应对工作的组织指挥体系和专项工作安排，不同层级预案内容各有侧重，涉及相邻或相关地方人民政府、部门、单位任务的，应当沟通一致后明确。国家层面专项和部门应急预案侧重明确突发事件的应对原则、组织指挥机制、预警分级和事件分级标准、响应分级、信息报告要求、应急保障措施等,重点规范国家层面应对行动,同时体现政策性和指导性。省级层面专项和部门应急预案侧重明确突发事件的组织指挥机制、监测预警、分级响应及响应行动、队伍物资保障及市县级人民政府职责等,重点规范省级层面应对行动,同时体现指导性和实用性。市县级层面专项和部门应急预案侧重明确突发事件的组织指挥机制、风险管控、监测预警、信息报告、组织自救互救、应急处置措施、现场管控、队伍物资保障等内容,重点规范市(地)级和县级层面应对行动,落实相关任务,细化工作流程,体现应急处置的主体职责和针对性、可操作性。

乡镇(街道)应急预案重点规范乡镇(街道)层面应对行动,侧重明确突发事件的预警信息传播、任务分工、处置措施、信息收集报告、现场管理、人员疏散与安置等内容。相邻或相关地方人民政府及其有关部门可以联合制定应对区域性、流域性突发事件的联合应急预案,侧重明确地方人民政府及其部门间信息通报、组织指挥体系对接、处置措施衔接、应急资源保障等内容。

此外,应急预案还包括单位和基层组织应急预案,主要是指企事业单位、村民委员会、居民委员会、社会组织等编制的应急预案。单位应急预案侧重明确应急响应责任人、风险隐患监测、主要任务、信息报告、预警和应急响应、应急处置措施、人员疏散转移、应急资源调用等内容。村(社区)应急预案侧重明确风险点位、应急响应责任人、预警信息传播与响应、人员转移避险、应急处置措施、应急资源调用等内容。

三、应急预案备案的要求

为了加强对行政机关制定的规范性文件的监督,根据宪法及地方各级人民代表大会和地方各级人民政府组织法的有关规定,参照法规规章备案制度,我国逐步建立了规范性文件备案制度。应急预案是应对突发事件的具体工作方案,从性质上讲,政府及其有关部门制定的应急预案属于规范性文件,也要遵循规范性文件备案的要求。此次法律修订,在本条中增加了应急预案备案的要求,明确国务院有关部门制定的国家突发事件部门应急预案报国务院备案;地方各级人民政府和县级以上地方人民政府有关部门制定的突发事件应急预案按国务院有关规定备案。

具体来看,按照《突发事件应急预案管理办法》的规定,国务院履行应急预案备案管理职责的部门和省级人民政府应当建立应急预案备案管理制度；县级以上地方人民政府有关部门落实有关规定，指导、督促有关单位做好应急预案备案工作。应急预案审批单位应当在应急预案印发后的20个工作日内，将应急预案正式印发文本（含电子文本）及编制说明，依照下列规定向有关单位备案并抄送有关部门：（1）县级以上地方人民政府总体应急预案报上一级人民政府备案，径送上一级人民政府应急管理部门，同时抄送上一级人民政府有关部门。（2）县级以上地方人民政府专项应急预案报上一级人民政府相应牵头部门备案，同时抄送上一级人民政府应急管理部门和有关部门。（3）部门应急预案报本级人民政府备案，径送本级应急管理部门，同时抄送本级有关部门。（4）联合应急预案按所涉及区域，依据专项应急预案或部门应急预案有关规定备案，同时抄送本地区上一级或共同上一级人民政府应急管理部门和有关部门。（5）涉及需要与所在地人民政府联合应急处置的中央单位应急预案，应当报所在地县级人民政府备案，同时抄送本级应急管理部门和突发事件应对牵头部门。（6）乡镇（街道）应急预案报上一级人民政府备案，径送上一级人民政府应急管理部门，同时抄送上一级人民政府有关部门。村（社区）应急预案报乡镇（街道）备案。（7）中央企业集团总体应急预案报应急管理部备案，抄送企业主管机构、行业主管部门、监管部门；有关专项应急预案向国家突发事件应对牵头部门备案，抄送应急管理部、企业主管机构、行业主管部门、监管部门等有关单位。中央企业集团所属单位、权属企业的总体应急预案按管理权限报所在地人民政府应急管理部门备案，抄送企业主管机构、行业主管部门、监管部门；专项应急预案按管理权限报所在地行业监管部门备案，抄送应急管理部门和有关企业主管机构、行业主管部门。

此外，有关法律法规规章对应急预案备案提出具体要求的，应遵照执行。例如，海洋环境保护法规定，国家海事管理机构负责制定全国船舶重大海上溢油污染事件应急预案，报国务院生态环境主管部门、国务院应急管理部门备案。《生产安全事故应急条例》规定，县级以上人民政府负有安全生产监督管理职责的部门应当将其制定的生产安全事故应急救援预案报送本级人民政府备案；易燃易爆物品、危险化学品等危险物品的生产、经营、储存、运输单位，矿山、金属冶炼、城市轨道交通运营、建筑施工单位，以及宾馆、商场、娱乐场所、旅游景区等人员密集场所经营单位，应当将其制定的生产安全事故应急救援预案按照国家有关规定报送县级以上人民政府负有安全生产监督管理职责的部门备案,并依法向社会公布。应急管理部《生产安全事故应急预案管理办法》进一步明确,易燃易爆物品、危险化学品等危险物品的生产、经营、储存、运输单位,矿山、金属冶炼、城市轨道交通运营、建筑施工单位,以及宾馆、商场、娱乐场所、旅游景区等人员密集场所经营单位,应当在应急预案公布之日起20个工作日内,按照分级属地原则,向县级以上人民政府应急管理部门和其他负有安全生产监督管理职责的部门进行备案,并依法向社会公布。

第二十七条 县级以上人民政府应急管理部门指导突发事件应急预案体系建设,综合协调应急预案衔接工作,增强有关应急预案的衔接性和实效性。

【释义】 本条是关于应急管理部门指导应急预案体系建设等职责的规定。

要有效发挥应急预案在突发事件应对中的作用,就必须做好突发事件应急预案体系建设等工作,加强综合协调,确保有序衔接。2018年,党中央对我国应急管理体制进行系统性、整体性重构,原由国务院办公厅承担的"协调指导应急预案体系建设"等应急管理职责划入新组建的应急管理部。为适应应急预案体系建设协调指导部门的职责调整要求,进一步强化对应急预案管理工作的综合协调,此次法律修订明确,县级以上人民政府应急管理部门指导突发事件应急预案体系建设,综合协调应急预案衔接工作,增强有关应急预案的衔接性和实效性。

首先,应急管理部门承担指导应急预案体系建设、综合协调应急预案衔接工作的职责。应急预案管理遵循统一规划、综合协调、分类指导、分级负责、动态管理的原则。在应急预案体系下,各级各类应急预案既相互独立,又相互协调,为此需要由一个专业部门牵头对各级各类应急预案进行指导协调,确保应急预案之间协调一致、管用高效,避免在应对突发事件过程中出现各自为战、互不衔接等问题。根据"三定"方案,应急管理部门负责指导应急预案体系建设,综合协调应急预案衔接工作。本条在法律层面对应急管理部门的相关职责予以明确,有利于充分发挥应急管理部门在应急预案体系建设方面的综合优势,与各相关部门形成合力。

其次,本条强调要增强有关应急预案的衔接性和实效性。在强化国家突发事件总体应急预案作为总纲的战略定位基础上,要推动各级各类应急预案有效衔接,规范各层级各部门和有关行业领域的应对行动。一是要在结构上重点加强行政机关上下级、政府与企业、相邻地区等的相关应急预案之间的有效衔接、相互贯通,毗邻地区可根据实际需要联合制定应对区域性、流域性突发事件的联合应急预案。二是要在管理上强化各级党委政府统一领导、统筹谋划应急预案体系建设职能,加强县级以上应急管理部门在应急预案协调衔接方面的权威性和规范性,提升应急预案全环节、全链条、全过程管理水平。三是要在技术上强化统筹衔接的应急预案数据库建设和管理,注重运用信息化数字化智能化手段,推动应急预案真正成为明确各方应对行动规则、衔接落实各环节责任的有效载体。四是要在实操上加强突发事件应急预案实施应用,关键时刻要应用预案,按照预案行事,并动态开展应急预案落实情况和应对突发事件过程中应急预案执行情况的分析评估,让应急预案真正活起来、实起来、用起来,切实发挥应急预案的实际效能。

第二十八条 应急预案应当根据本法和其他有关法律、法规的规定,针对突发事件的性质、特点和可能造成的社会危害,具体规定突发事件应对管理工作的组织指挥体系与职责和突发事件的预防与预警机制、处置程序、应急保障措施以及事后恢复与重建措施等内容。

应急预案制定机关应当广泛听取有关部门、单位、专家和社会各方面意见,增强应急预案的针对性和可操作性,并根据实际需要、情势变化、应急演练中发现的问题等及时对应急预案作出修订。

应急预案的制定、修订、备案等工作程序和管理办法由国务院规定。

【释义】 本条是关于突发事件应急预案制定修订等的规定。

首先,本条第一款对应急预案内容的合法性、科学性和规范性作出规定。应急预案作为应对突发事件的具体工作方案,既要根据有关法律、法规的规定制定,又要对法律、法规的规定作进一步细化,重点是要根据各类突发事件的不同性质、特点和可能造成的社会危害,作出有针对性的、便于实际操作的具体规定。因此,政府及其有关部门制定的应急预案,应当对突发事件的组织指挥体系与职责、预测预警、信息报告、信息发布、应急响应与应急处置、应急保障、恢复重建和调查评估等作出明确规定，形成包含事前、事中、事后各环节的一整套运行机制，确保应急预案科学、实用、严密、具体。2024年印发的《突发事件应急预案管理办法》在第二章"分类与内容"中针对不同层级、不同种类的应急预案，分别明确了编制内容方面的要求。

其次，本条第二款明确制定应急预案要广泛征求意见并进行动态管理。此次法律修订贯彻全过程人民民主重大理念，完善了应急预案的论证制度，明确制定机关在应急预案编制过程中，要广泛听取有关部门、单位、专家和社会各方面的意见，落实科学决策、民主决策、依法决策的要求。应急预案制定机关应当立足工作实际，根据法律、行政法规等的要求和实际需要，充分发扬民主，发挥专家学者专业优势，广泛征求公民、法人或者其他组织的意见，推动社会各方面最大限度凝聚共识，确保应急预案的科学性和可操作性。

各类应急预案制定完成后，不能是一成不变的，应当坚持把应急预案评估修订作为做实做细和持续完善应急预案的重要抓手，根据实际需要、情势变化、应急演练中发现的问题等，综合运用桌面推演、突发事件复盘分析、定期评估等方式，找准补齐应急预案体系建设和管理工作中的短板弱项，坚持从实际出发、尊重科学，及时进行修订，实现应急预案动态优化、科学管理。

最后，本条第三款规定，应急预案的制定、修订、备案等工作程序和管理办法由国务院规定。2024年1月31日，国务院办公厅印发修订后的《突发事件应急预案管理办法》，对应急预案的规划、编制、审批、发布、备案、培训、宣传、演练、评估、修订等工作进行了全面规范。

第二十九条　县级以上人民政府应当将突发事件应对工作纳入国民经济和社会发展规划。县级以上人民政府有关部门应当制定突发事件应急体系建设规划。

【释义】　本条是关于突发事件应对工作纳入国民经济和社会发展规划和制定突发事件应急体系建设规划的规定。

一、县级以上人民政府应当将突发事件应对工作纳入国民经济和社会发展规划

国民经济和社会发展规划是全国或者某一地区经济、社会发展的总体纲

要,是具有战略意义的指导性文件,统筹安排和指导全国或某一地区的社会、经济、文化建设工作。编制和实施国民经济和社会发展五年规划,是我们党治国理政的重要方式。新中国成立以来,我们党已经连续编制和实施了14个五年规划(计划),接力落实社会主义现代化建设的长远战略目标,并探索形成了在党中央集中统一领导下,由党中央全会提出规划"建议"、国务院编制规划"纲要"、全国人大审查批准后向社会公布实施的制度安排,将党的主张有效转化为国家意志和全社会共同行动。

应急管理是国家治理体系和治理能力的重要组成部分,承担防范化解重大安全风险、及时应对处置各类灾害事故的重要职责。将突发事件应对工作纳入国民经济和社会发展规划,是统筹发展和安全,促进突发事件应对工作与经济社会协调发展,提升我国应急管理能力水平的重要途径。2021年3月11日,十三届全国人大四次会议批准的《中华人民共和国国民经济和社会发展第十四个五年规划和2035年远景目标纲要》将统筹发展和安全纳入"十四五"期间我国经济社会发展指导思想,提出"把安全发展贯穿国家发展各领域和全过程,防范和化解影响我国现代化进程的各种风险",并在第四十四章"全面推进健康中国建设"、第五十四章"全面提高公共安全保障能力"、第五十五章"维护社会稳定和安全"等章节中对提高应对突发公共卫生事件能力、提高安全生产水平、加强生物安全风险防控、完善国家应急管理体系、推进社会治安防控体系现代化等工作作出部署。

县级以上人民政府在编制国民经济和社会发展规划过程中,要贯彻落实国家发展规划中有关突发事件应对的工作部署,做好指标衔接、任务细化、工程项目分解等工作,确保相关规划在主要目标、发展方向、重大政策、风险防控等方面与国家发展规划协调一致,上下贯通。

二、县级以上人民政府有关部门应当制定突发事件应急体系建设规划

2018年11月印发的《中共中央 国务院关于统一规划体系更好发挥国家发展规划战略导向作用的意见》要求,建立以国家发展规划为统领,以空间规划为基础,以专项规划、区域规划为支撑,由国家、省、市县各级规划共同组成,定位准确、边界清晰、功能互补、统一衔接的国家规划体系。该意见首次明确了我国"三级四类"的规划体系。"三级"是指按行政层级分为国家级规划、省(区、市)级规划、市县级规划;"四类"是指按对象和功能类别分为发展规划、专项规划、区域规划和国土空间规划。该意见还要求,编制规划要坚持下位规划服从上位规划、下级规划服务上级规划、等位规划相互协调。

县级以上人民政府有关部门制定的突发事件应急体系建设规划属于专项规划。该意见明确,国家级专项规划要细化落实国家发展规划对特定领域提出的战略任务,由国务院有关部门编制,其中国家级重点专项规划报国务院审批,党中央有明确要求的除外;国家级专项规划要围绕国家发展规划在特定领域提出的重点任务,制定细化落实的时间表和路线图,提高针对性和可操作性;等等。2021年,国务院印发了应急管理部、国家发展改革委牵头编制的《"十四五"国家应急体系规划》,该规划是"十四五"国家重点专项规划。县级以上人民政府有关部门要着眼于在突发事件应急领域支撑国家发展规划有关要求落地实施,做深做实规划内容,增强针对性和可操作性,确保规划实施有序推进,确保重大举措有效落地和各项目标如期实现。

第三十条　国土空间规划等规划应当符合预防、处置突发事件的需要,统筹安排突发事件应对工作所必需的设备和基础设施建设,合理确定应急避难、封闭隔离、紧急医疗救治等场所,实现日常使用和应急使用的相互转换。

【释义】　本条是关于国土空间规划等规划应当符合预防、处置突发事件需要的规定。

国土空间规划是国家空间发展的指南、可持续发展的空间蓝图,是各类开发保护建设活动的基本依据。2007年突发事件应对法第十九条就规定,城乡规划应当符合预防、处置突发事件的需要,统筹安排应对突发事件所必需的设备和基础设施建设,合理确定应急避难场所。2019年印发的《中共中央　国务院关于建立国土空间规划体系并监督实施的若干意见》明确,建立国土空间规划体系并监督实施,将主体功能区规划、土地利用规划、城乡规划等空间规划融合为统一的国土空间规划,实现"多规合一",强化国土空间规划对各专项规划的指导约束作用。2022年印发的《全国国土空间规划纲要(2021—2035年)》是我国首部"多规合一"的国家级国土空间规划。同时,地方各级总体规划、详细规划和专项规划编制也在统筹推进。此次法律修订，根据党中央、国务院关于"多规合一"的部署，将2007年突发事件应对法规定的"城乡规划"修改为"国土空间规划"，并结合近年来突发事件应对工作中应急避难等场所建设和使用的实际情况，对2007年突发事件应对法的表述进行了相应完善。

国土空间规划是对一定区域国土空间开发保护在空间和时间上作出的安排，包括总体规划、详细规划和相关专项规划。国家、省、市县编制国土空间总体规划，各地结合实际编制乡镇国土空间规划。编制国土空间规划，要综合考虑人口分布、经济布局、国土利用、生态环境保护等因素，科学布局生产空间、生活空间、生态空间，既要考虑经济社会发展问题，又要重视各类风险防控。国土空间规划是否科学合理，直接关系到突发事件应对工作的有效开展，影响到人民群众生命财产安全。在编制国土空间规划过程中，要牢固树立风险防范意识，将预防为主、预防与应急相结合的原则贯穿到国土空间规划等规划体系中，重视风险评估和风险管控，提升应急管理能力。

根据应对突发事件的实践经验，此次法律修订完善了国土空间规划涉及应对突发事件的具体要求：一是要符合突发事件预防和处置工作的需要。例如，在编制城市总体规划时，一些危险化学品生产企业、烟花爆竹生产企业等高危企业应当安排在远离居民住宅区的地方；在编制乡镇国土空间规划时，村民居住点不应安排在容易发生滑坡、泥石流的地带和尾矿库区、水库大坝的下方。二是要根据应对有关突发事件的需要统筹安排必需的设备和基础设施建设。例如，在城市现有的可以用作发生紧急情况时应急避难场所的公园、体育场等地方，规划建设饮用水设施；在城市低洼地带，规划建设排水设备设施。三是要合理确定应急避难、封闭隔离、紧急医疗救治等场所。例如，科学合理安排城市广场、公园、公共绿地、体育场馆等场所并配备必要的设备设施，确保发生洪水、地震等突发事件时可以用作应急避难、封闭隔离、紧急医疗救治等场所。四是要实现相关场所日常使用和应急使用的相互转换。例如，公园、体育场馆、宾馆酒店等公共基础设施"平时"发挥其旅游、康养、休闲等正常用途，"急时"则要满足疫情、地震、洪灾、火灾等紧急情况发生后的应急避难、临时安置、封闭隔离、医疗救治等需求，平时和应急情况下都能发挥效能，从而有效提高使用效率和应对突发事件能力。

第三十一条 国务院应急管理部门会同卫生健康、自然资源、住房城乡建设等部门统筹、指导全国应急避难场所的建设和管理工作,建立健全应急避难场所标准体系。县级以上地方人民政府负责本行政区域内应急避难场所的规划、建设和管理工作。

【释义】 本条是关于应急避难场所的规划、建设和管理工作的规定。

应急避难场所,是用于应对自然灾害、事故灾难、公共卫生事件等突发事件人员安置,具有一定生活服务保障功能的安全场所。作为防灾减灾救灾基础设施,应急避难场所在重大突发事件预警响应、抢险救援、过渡安置过程中,发挥转移避险、安置避难群众和维护社会稳定的重要作用。此次法律修订,对加强应急避难场所的规划、建设和管理工作专门作出规定。

一、国务院有关部门关于应急避难场所建设和管理工作的职责

(一)统筹、指导全国应急避难场所的建设和管理工作

应急避难场所的建设、管理与疫情防控、国土空间规划、工程建设等有密切联系,需要有关部门统筹谋划、集约建设、整体推进,确保在关键时刻发挥预期效用。因此,本条明确了国务院应急管理部门会同卫生健康、自然资源、住房城乡建设等部门统筹、指导全国应急避难场所建设和管理工作的职责。2023年,应急管理部、国家发展改革委、教育部等部门联合印发《关于加强应急避难场所建设的指导意见》,对建设应急避难场所作出详细规定。为落实该指导意见,应急管理部会同自然资源部印发了《应急避难场所专项规划编制指南》,对各地应急避难场所专项规划编制工作提出具体要求。比如,指南明确,应急避难场所专项规划是国土空间规划体系中的专项规划,需符合本级国民经济和社会发展规划、国土空间总体规划,并与应急体系、人民防空、综合防灾减灾、恢复重建等规划相衔接;规划内容主要包括经济社会及应急管理发展现状、应急避难场所发展现状及分析、应急避难需求及资源分析、规划目标与指标、应急避难场所发展布局规划、应急避难场所设计要求指引、实施安排、保障措施等;规划编制要把握好科学布局各级各类应急避难场所、统筹利用各类应急避难资源合理建设、加强室内型及综合性应急避难场所建设、加强城镇应急避难场所标准化改造、加强乡村应急避难场所建设、科学设置应急避难场所功能与设施、充分考虑特殊条件下应急避难需要等要求。

(二)建立健全应急避难场所标准体系

建立健全应急避难场所标准体系,是提升应急避难场所建设工作质量和改进管理方式的重要措施。近年来,我国出台了一系列应急避难场所标准,为健全完善我国应急避难场所标准体系提供了良好条件。

2008年5月,原国家质量监督检验检疫总局、国家标准化管理委员会发布《地震应急避难场所 场址及配套设施》(GB 21734—2008),这是关于应急避难场所最早的国家标准。2017年,原国家质量监督检验检疫总局、国家标准化管理委员会发布《地震应急避难场所 运行管理指南》(GB/T 33744—2017)和《城镇应急避难场所通用技术要求》(GB/T 35624—2017)两项国家标准。2024年,国家市场监督管理总局、国家标准化管理委员会发布《应急避难场所 术语》(GB/T 44012—2024)、《应急避难场所 分级及分类》(GB/T 44013—2024)、《应急避难场所 标志》(GB/T 44014—2024)三项国家标准,主要对应急避难场所分级分类、场址选择、设计建设、功能分区、设施设备配置、标志标识和管护使用等方面进行了统筹规范。其中,《应急避难场所 术语》规定了应急避难场所分级分类、规划建设、管护使用等方面的术语,主要解决各类标准中涉及应急避难场所的术语和名称内涵不统一、各地执行差异大等问题。《应急避难场所 分级及分类》将全国应急避难场所划分为省级、市级、县级、乡镇(街道)级和村(社区)级五级,同时为适应分类管理需要,进一步划分了室内型、室外型,综合性、单一性(含特定)和紧急、短期、长期避难场所,主要解决应急避难场所应对灾种单一、功能技术指标不统一、规划布局缺乏分级分类指导等问题。《应急避难场所 标志》规定了应急避难场所标志的图形符号、标志型式、标志尺寸,以及标志制作与设置等要求,主要解决各地标志系统不统一、标志内容不完整、标志制作与设置不规范等问题。2024年,应急管理部批准发布《应急避难场所 设施设备及物资配置》(YJ/T 26—2024)行业标准。

二、地方关于应急避难场所规划、建设和管理工作的职责

按照分级负责、属地管理为主的工作体系,县级以上地方人民政府是本行政区域突发事件应对工作的行政领导机关,负责本行政区域各类突发事件应对管理工作,也是应急避难场所规划、建设和管理工作的责任主体。按照本条规定,县级以上地方人民政府要在规划、建设、管理三方面开展有关

工作。

（一）规划工作

一是要合理规划本级应急避难场所空间布局，基于灾害事故风险、应急避难需求和可用应急避难资源等的分析结果，科学确定本行政区域应急避难场所分级分类布局和功能要求，建立完善城乡空间布局合理、资源统筹共享、功能设施完备、平急综合利用、管护使用规范的应急避难场所体系；二是要按照建筑及场地类别、总体功能定位，以及避难时长、避难种类、避难面积、避难人数、服务半径和设施设备物资配置等，科学设置室内型和室外型、综合性和单一性，以及紧急、短期、长期应急避难场所；三是要优先规划建设室内型、综合性应急避难场所，并提高安全性和舒适水平，适应多灾种、跨区域、长时间应急避难需要。

（二）建设工作

一是新建应急避难场所要与新建城乡公共设施、场地空间和住宅小区等同步规划、建设、验收和交付；二是改造应急避难场所要充分利用学校、文体场馆、酒店、公园绿地、广场，以及乡镇（街道）和村（社区）的办公用房、文化服务中心等公共设施和场地空间合理调整；三是要通过政府组织评估、指定等方式，充分利用集贸市场、文旅设施、福利院、农村空旷场地等资源设置临时应急避难场所；四是新建和改造应急避难场所应结合城市发展和乡村振兴需要，统筹防灾防疫防空等多功能兼用进行设计，或为其预留必要功能接口。

（三）管理工作

一是县级以上人民政府要对应急避难场所的日常维护、检查检修、安全使用等进行管理，确保本行政区域内应急避难场所日常使用和应急使用；二是应急避难场所内、外及周边区域都应规范设置明显的指示标志，指引公众前往应急避难场所；三是要利用全国应急避难场所信息平台，向公众主动公开应急避难场所分布及地址、主要功能设施、应急避难路线等信息，以便公众及时查询应急避难场所相关服务信息。

实践中，一些省市制定了应急避难场所的管理办法，对本行政区域内应急避难场所的规划、建设和管理等工作作出细化规定。比如，2022年河北省政府制定了《河北省应急避难场所管理办法》，重点界定应急避难场所的概念，明确政府和部门职责，规范规划建设工作，明确管理维护措施，完善启用与关闭程序。在管理方面，该办法规定，应急避难场所的日常管理与维护由其管理单位或者产权单位负责,并细化其应承担的管理维护责任;要求应急避难场所采用政府储备、市场协议储备以及场所自行储备相结合的方式,储备与其规模相适应的基本生活物资、基本医疗物资、疏散安置用具等物资;明确应急避难场所的运行维护所需经费由市、县财政予以保障等。

第三十二条 国家建立健全突发事件风险评估体系,对可能发生的突发事件进行综合性评估,有针对性地采取有效防范措施,减少突发事件的发生,最大限度减轻突发事件的影响。

【释义】 本条是关于国家建立健全突发事件风险评估体系的规定。

突发事件风险评估是指对法律保护的对象所面临的突发事件的威胁、保护对象自身的弱点、突发事件可能造成的影响,以及三者综合作用而带来风险的可能性与后果的评估。作为突发事件风险管理的基础,突发事件风险评估是各级人民政府和有关部门获得突发事件准确信息的重要途径。通过突发事件风险评估,可以识别保护对象面临的各种风险、风险发生概率和可能带来的负面影响,评判保护对象承受风险的能力,推荐预防、减轻和控制风险的优先对策。对突发事件建立各种有效的风险评估机制是突发事件危机管理的一项重要内容。建立和完善突发事件风险评估体系,对人类预防、减轻和消除突发事件可能带来的风险,提高应对突发事件的主动性、前瞻性、科学性、有效性和有序性将发挥重要的作用。

突发事件风险评估体系一般包括以下层次:一是对本地区、本部门可能发生突发事件的领域、区位、环节等进行监测,并对收集到的各类突发事件风险信息进行分析、研判,提出预防、减少或者控制突发事件发生的建议和对策。二是对本地区、本部门近年内发生的各类突发事件及其应对工作情况,尤其是防范工作进行评估,识别出可能发生突发事件的领域、区位、环节,以认识、把握突发事件发生、发展的规律和趋势,有针对性地完善相关制度和工作机制。三是对特定的突发事件应对工作情况包括应急处置和防范工作情况进行评估。

突发事件应对法实施以来,各地各有关部门在安全生产、自然灾害防治、传染病疫情防治等领域陆续探索建立了风险评估制度,对防范突发事件发生、减轻突发事件危害起到了重要作用。本条强调国家建立健全突发事件风险评估体系，进一步丰富和完善了风险管控制度体系，增强了风险管控制度的权威性和有效性。

对可能发生的突发事件进行的综合性评估科学与否，直接决定突发事件风险管理的水平和效果。突发事件综合性评估内容包括突发事件致灾因子危险性、孕灾环境稳定性、承灾体脆弱性、灾害后果严重性、发生概率预测、减灾能力分析和应急资源储备等的研究分析。综合性评估的结果可以为突发事件应对和风险治理决策提供科学依据；每次突发事件综合性评估都会促进政府和社会深化对突发事件风险的认识与理解，提高政府和社会应对突发事件的能力；通过突发事件综合性评估，能够检验各项应急准备的有效性，推动提升各项应急措施的针对性和实效性。

此外，此次法律修订在2007年突发事件应对法基础上增加了"有针对性地采取有效防范措施"的要求，目的在于通过管控风险，防止其演化为突发事件。通过风险评估，政府及其有关部门能够对可能引发突发事件的风险点或风险因素有针对性地采取措施进行防范和治理，从而避免或减缓风险转化为现实危险或灾难，减少突发事件的发生，最大限度减轻突发事件的影响。

第三十三条 县级人民政府应当对本行政区域内容易引发自然灾害、事故灾难和公共卫生事件的危险源、危险区域进行调查、登记、风险评估，定期进行检查、监控，并责令有关单位采取安全防范措施。

省级和设区的市级人民政府应当对本行政区域内容易引发特别重大、重大突发事件的危险源、危险区域进行调查、登记、风险评估，组织进行检查、监控，并责令有关单位采取安全防范措施。

县级以上地方人民政府应当根据情况变化，及时调整危险源、危险区域的登记。登记的危险源、危险区域及其基础信息，应当按照国家有关规定接入突发事件信息系统，并及时向社会公布。

【释义】 本条是关于县级以上地方人民政府对危险源和危险区域的管控职责的规定。

一、深刻认识危险源和危险区域管理的重要意义

危险源与危险区域是突发事件应对领域的基本概念。本条所称危险源，

是指容易引发自然灾害、事故灾难和公共卫生事件,导致人身伤害、财产损失或其他损失的因素,包括危险状态、危险行为、安全管理缺陷等。实践中,存在安全隐患的设备、设施、环境,违反相关领域安全管理原则和规则的行为,安全管理人员履行职责方面的瑕疵和缺陷,皆可能成为不容忽视的危险源。同理,本条所称危险区域,是指容易发生自然灾害、事故灾难或公共卫生事件,可能对位于其中的人员的生命财产安全造成威胁的区域。例如,崩塌、滑坡、泥石流、地面塌陷等地质灾害多发地区,工业生产中的高温区、高压区、旋转部件工作区、吊装区等都属于危险区域。

健全完善对于危险源、危险区域的风险管控体系,是加强应急基础能力建设的重要一环。有关地方人民政府落实属地责任,对辖区内可能引发突发事件的危险源、危险区域开展调查、登记、风险评估、检查、监控等工作,有利于摸清本行政区域内的突发事件风险底数,有针对性地防范和消除风险,将发生突发事件的可能性降至最低;有利于快速灵敏实施应急处置,及时有效控制突发事件的事态规模,将损失控制在较小的范围之内;有利于采取准确的突发事件应对措施,基于对有关危险源、危险区域各方面情况的充分掌握,及时准确分析研判并启动相应预案,做到精准施策。2002年公布施行的安全生产法首次对重大危险源管理作出明确规定;2007年制定突发事件应对法时,将安全生产法中规定的生产经营单位对重大危险源的登记建档、评估监控等责任上升和拓展为县级以上地方人民政府对于容易引发自然灾害、事故灾难、公共卫生事件等各类突发事件的危险源、危险区域的管理职责;此次修订突发事件应对法,进一步完善了相关规定,更加强调做好危险源和危险区域管理这项基础性工作要"功夫下在平时",充分贯彻风险预防原则。

二、县级以上地方人民政府依法履行对本行政区域内危险源、危险区域的管理职责

本条关于危险源、危险区域管理职责的规定体现了属地管理、分级负责的原则:对于本行政区域内容易引发自然灾害、事故灾难和公共卫生事件的危险源、危险区域,县级人民政府负有进行调查、登记、风险评估、检查、监控等一系列职责;对于本行政区域内容易引发特别重大和重大突发事件的危险源、危险区域的管理,省级和设区的市级人民政府负有相应的组织领导职责。具体而言,有关地方人民政府对于本行政区域内的危险源、危险区域主要应当履行好以下管理职责：

一是对容易引发突发事件的危险源、危险区域进行调查、登记和风险评估。危险源、危险区域的调查和登记工作是预防突发事件的基础性工作。容易引发自然灾害、事故灾难、公共卫生事件等突发事件的危险源和危险区域往往客观存在并潜伏于一定的地理空间之中，能够被发现和处理。有关人民政府应当对辖区内危险源、危险区域常态化开展调查登记工作，尽早摸清属地突发事件风险隐患底数，为编制突发事件应对相关规划、突发事件风险评估、突发事件风险监测与预警、部署采取安全防范措施等一系列后续工作提供坚实的信息支撑。要善于用技术赋能调查登记工作，特别是通过技术手段弥补人力在调查频次、范围、精准度等方面的局限，尽可能全面地收集危险源和危险区域的相关信息；要对信息进行科学归纳整理、登记造册，便于后续工作中随时了解、使用和更新相关信息。有关人民政府应当及时组织具有相关知识和经验的人员对调查登记的危险源、危险区域及其基础信息进行分析，对其风险系数、变化趋势、处置难度和应对方案作出分析论证，为采取安全防范措施提供参考。

二是进行检查和监控，并责令有关单位采取安全防范措施。检查和监控是动态掌握突发事件风险隐患变化、督促采取有效的安全防范措施的重要手段。危险源和危险区域的具体情况随时可能发生变化。采取检查和监控手段既有助于及时发现危险源和危险区域的情况变化，随即修正登记信息，为调整优化应急决策提供准确参考；也有助于及时发现突发事件预防工作中存在的问题，进而责令有关单位采取安全防范措施，改善应急管理工作，控制和消除突发事件的风险隐患。

三是将危险源、危险区域及其基础信息接入突发事件信息系统。信息是开展突发事件应对工作的关键要素。建立健全突发事件信息系统，畅通信息采集、信息传输、信息共享的渠道，有助于提升监测和预警的准确性、预防和处置的科学性、指挥和调度的有效性。本法第五十九条规定："国务院建立全国统一的突发事件信息系统。县级以上地方人民政府应当建立或者确定本地区统一的突发事件信息系统，汇集、储存、分析、传输有关突发事件的信息，并与上级人民政府及其有关部门、下级人民政府及其有关部门、专业机构、监测网点和重点企业的突发事件信息系统实现互联互通，加强跨部门、跨地区的信息共享与情报合作。"本条新增衔接性规定，要求县级以上地方人民政府按照国家有关规定将危险源、危险区域及其基础信息接入突发事件信息系统。这一规定有助于完善突发事件信息资源共享机制，促进有关各级人民政府、职能部门之间互联互通，以便于协同预防和应对突发事件。

四是及时向社会公布相关信息。预防突发事件发生是政府、社会、公民的共同任务。有关人民政府及时向社会公布可能引起突发事件的危险源、危险区域信息，既是保障公民知情权的内在要求，也是落实风险预防原则的必然要求。通过公布危险源和危险区域相关信息，向涉险人群发出有效预警，提醒社会公众关注危险源和危险区域的变化态势，规避突发事件风险隐患，有利于保护社会公共利益和人民群众生命财产安全，降低发生突发事件的可能性，减少突发事件造成的危害。

第三十四条　县级人民政府及其有关部门、乡级人民政府、街道办事处、居民委员会、村民委员会应当及时调解处理可能引发社会安全事件的矛盾纠纷。

【释义】　本条是关于基层政府以及群众性自治组织调处矛盾纠纷工作的规定。

我国社会长期稳定的成功治理实践表明，健全有效的基层矛盾纠纷化解机制发挥着预防突发事件发生、保证社会长治久安的关键作用。党的十九届四中全会对正确处理新形势下人民内部矛盾提出了若干要求，强调"完善社会矛盾纠纷多元预防调处化解综合机制，努力将矛盾化解在基层"；党的二十大报告进一步提出"完善正确处理新形势下人民内部矛盾机制"，要求"及时把矛盾纠纷化解在基层、化解在萌芽状态"；党的二十届三中全会通过了《中共中央关于进一步全面深化改革　推进中国式现代化的决定》，从健全社会治理体系的高度对做好基层矛盾纠纷调处作出最新决策部署，强调"坚持和发展新时代'枫桥经验'，健全党组织领导的自治、法治、德治相结合的城乡基层治理体系，完善共建共治共享的社会治理制度"。调解是中国特色的多元矛盾纠纷化解机制的重要一环，具有非对抗性、经济性、及时性、精准性等显著优势。由基层人民政府及其有关部门、基层群众性自治组织等共同参与调解人民群众生产生活当中的矛盾纠纷，充分发挥基层组织密切联系群众、基层干部熟悉当地情况的工作优势,在基层治理实践当中常态化开展社会稳定风险评估、矛盾纠纷动态排查、风险传导链条梳理和突发事件隐患监测预警等工作,可以将各类社会矛盾消解于未然,将突发事件风险化解于无形,确保突发事件应对工作的"最初一公里"畅通无阻、坚实可靠。在协调联动应对突发事件的工作格局当中,基层矛盾纠纷调处是基础性、前置性环节,能够妥善化解可能引发社会安全事件的矛盾纠纷,是一项不宜简单计算成本、需要久久为功的"潜绩"。因此,此次修订突发事件应对法重申,县级人民政府及其有关部门等应当及时调解处理可能引发社会安全事件的矛盾纠纷。

第三十五条 所有单位应当建立健全安全管理制度,定期开展危险源辨识评估,制定安全防范措施;定期检查本单位各项安全防范措施的落实情况,及时消除事故隐患;掌握并及时处理本单位存在的可能引发社会安全事件的问题,防止矛盾激化和事态扩大;对本单位可能发生的突发事件和采取安全防范措施的情况,应当按照规定及时向所在地人民政府或者有关部门报告。

【释义】 本条是关于单位建立健全安全管理制度的规定。

一、落实单位建立健全安全管理制度、防范和化解突发事件风险的主体责任

单位是社会的重要组成单元,是突发事件应对工作的"基本盘"和"前哨站"。本条所称单位内涵广泛,包括各级国家机关、各类企业、事业单位、社会组织等。预防突发事件的发生,需要一切单位担负起建立健全安全管理制度的主体责任。本条所称安全管理制度,是指单位为预防各类突发事件发生而制定的规章制度、建立的工作机制的总和。实践中,落实安全管理制度主要表现为各单位在自身的组织和运行过程中排查、辨识、分析、处理、报告可能导致负面影响外溢、造成突发事件发生的风险隐患。建立安全管理制度并在实施过程中不断予以完善,是一切单位的法定义务。履行这一法定义务,需要单位做好制度建设、能力建设、队伍建设等各方面工作。一是应当制定科学的安全管理规章制度,实现突发事件预防工作的制度化、规范化。二是应当加大对突发事件预防工作的资金、物资、技术、人员等方面的投入保障力度,不断提升自身的安全管理能力。三是应当将安全管理制度落实到全体成员;单位主要负责人是本单位预防突发事件的第一责任人;单位各级各部门负责人应遵循"管行业必须管安全、管业务必须管安全、管生产经营必须管安全"的原则,在各自管理范围内负责化解突发事件风险隐患;单位全体干部职工应积极参与突发事件预防工作,自觉遵守、坚决执行本单位安全管理制度。

二、单位安全管理制度的主要内容

不同类型单位存在的突发事件风险隐患具有差异性,但是落实突发事件应对主体责任的原理原则、机制方法具有一定的普遍性。本条是关于各单位建立、运行和完善安全管理制度的一般性规定。根据本条规定,落实单位安全管理制度,主要应当做好以下几个方面工作:

一是开展危险源辨识评估,制定安全防范措施。本条修订新增单位应当"定期开展危险源辨识评估,制定安全防范措施"的规定,体现了危险源辨识评估作为安全防范措施前置环节的重要性。危险源辨识情况是单位作出安全管理决策、采取安全防范措施的重要依据。为确保安全防范措施具有针对性、实效性,切实发挥单位安全管理制度预防突发事件的"防火墙"作用,单位应当将危险源辨识作为一项安全管理基本制度,组织专业人员对管理范围内的突发事件风险隐患进行定期摸排,动态监控危险源情况,并根据危险源的变化态势及时采取安全防范措施。

二是定期检查本单位各项安全防范措施的落实情况,及时消除事故隐患。安全生产法规定,生产经营单位的安全生产管理人员应当根据本单位的生产经营特点,对安全生产状况进行经常性检查;对检查中发现的安全问题,区分情况采取立即处理、报告本单位负责人处理、报告负有安全生产监督管理职责的政府部门处理等不同方式。本条将安全生产法的规定转化为一切单位内部检查和消除事故隐患的一般性法律规定,旨在进一步明确各单位负有对自身管理范围内的突发事件风险隐患开展内部检查并先期处理的法律义务。制度的生命力在于执行。单位基于危险源辨识评估情况制定安全防范措施之后,应当指派安全生产管理人员定期对各项安全防范措施的执行情况进行检查;对于检查中发现的事故隐患,要及时研究并督促整改,区分不同情况进行科学妥善处置,消除风险隐患于未萌。

三是掌握并及时处理本单位存在的可能引发社会安全事件的问题,防止矛盾激化和事态扩大。社会安全事件与自然灾害、事故灾难、公共卫生事件等类型的突发事件不同,其影响因素、具体情节、危害后果具有更为典型的社会性,其背后往往是不同社会群体之间的利益诉求纠纷和思想观念冲突。本条对单位掌握和处理内部矛盾纠纷、防范社会安全事件发生作出专门规定,体现了单位作为突发事件应对和社会综合治理基本单元的重要角色。单位应当充分发挥组织优势、展现组织关怀,动态掌握本单位干部职工遇到的现实困难、产生的矛盾纠纷和思想波动,及时进行分析评估并积极开展帮扶、调处、疏导工作,从源头上减少人为的不安定因素,努力实现"矛盾不上交"。

四是履行突发事件风险隐患和防范措施报告义务。单位对于识别出的危险源、检查发现的突发事件风险隐患,应当科学分类施策,根据具体情况采取不同方式处理。单位应当在内部安全管理规章制度中明确规定向所在地人民政府或有关部门报告突发事件风险隐患和采取安全防范措施的情况及具体程序,对于复杂、紧迫、可能导致严重或外溢后果、超出自身处置能力的突发事件风险隐患,任何单位不得"捂盖子",应当按规定及时向负有管理职责的人民政府或有关部门报告情况,便于后者分析研判、提供指导或采取突发事件应对措施。此外,单位在日常安全管理工作中定期向人民政府或有关部门报告情况,自觉接受安全监管,也能有效支持人民政府和有关部门履行突发事件应对管理职责。

第三十六条 矿山、金属冶炼、建筑施工单位和易燃易爆物品、危险化学品、放射性物品等危险物品的生产、经营、运输、储存、使用单位,应当制定具体应急预案,配备必要的应急救援器材、设备和物资,并对生产经营场所、有危险物品的建筑物、构筑物及周边环境开展隐患排查,及时采取措施管控风险和消除隐患,防止发生突发事件。

【释义】 本条是关于高危行业单位履行突发事件预防义务的规定。

一、高危行业单位预防突发事件的重要意义

高危行业,通常是指生产作业危险系数较高,容易对职工人身安全、周围群众生命财产安全和企业正常生产活动造成危害的行业。与一般的生产活动相比,高危行业的生产活动往往风险隐患较多、危害后果较重,因此,高危行业单位应当比一般生产经营单位承担更加重大的突发事件预防职责。

2016年12月,《中共中央 国务院关于推进安全生产领域改革发展的意见》明确了矿山、危险化学品、烟花爆竹、交通运输、建筑施工、民用爆炸物品、金属冶炼、渔业生产等八大高危行业领域。近年来,随着我国安全生产的理念、能力的不断提升,高危行业的范围向新的行业领域延伸,高危行业企业安全生产管理制度转型升级也从危险化学品、矿山、交通运输、建筑施工等传统高危行业领域向其他行业领域辐射。突发事件应对法作为突发事件应对领域的基础性、综合性法律,未直接使用"高危行业"这一概念,而是根据安全生产工作实践情况,结合安全生产法、固体废物污染环境防治法、国务院及其组成部门制定的规范性文件的相关规定,通过高度概括与不完全列举相结合的方式划定对于安全生产负有特殊重要责任的行业单位范围,包括矿山、金属冶炼、建筑施工单位和易燃易爆物品、危险化学品、放射性物品等危险物品的生产、经营、运输、储存、使用单位,对上述行业单位的突发事件预防义务作出总体性规定。

二、高危行业单位预防突发事件的主要方面

根据本条规定,矿山、金属冶炼、建筑施工单位和易燃易爆物品、危险化学品、放射性物品等危险物品的生产、经营、运输、储存、使用单位为预防突发事件的发生,主要应当做好以下几个方面的应急准备工作:

一是制定具体应急预案。突发事件应急预案是突发事件处置的基本规则和应急响应的操作指南。高危行业单位结合本行业、本单位安全生产实际情况和危险性分析情况,编制适应自身风险隐患种类、性质和特点的具体应急预案,通过应对突发事件的标准化反应程序提高应急决策和处置的科学性、时效性、有序性。应急管理部于2019年7月修正《生产安全事故应急预案管理办法》,对于生产经营单位应急预案的编制、评审、实施、监管等作出明确规定。根据该办法,高危行业单位应当建立健全由综合应急预案、专项应急预案和现场处置方案组成的应急预案体系;应当根据突发事件风险辨识、评估和应急资源调查情况,结合专业人士、本单位应急工作人员的意见建议,对突发事件应对的职责分工、程序环节和保障措施作出具体规定,确保预案内容符合实际、具有较强的可操作性;应当根据法律政策变化、应急预案演练和应急管理实践,以及本单位作业条件、设施设备、技术、人员等更新变化的实际情况,不断对应急预案进行修订完善。

二是配备必要的应急救援器材、设备和物资。高危行业单位应当根据本单位活动特点,在有关场所配备必要的应急救援器材、设备和物资,以便在突发事件发生时及时开展应对处置工作,尽早遏制势头、控制事态、减小损失。安全生产法第八十二条第二款规定,危险物品的生产、经营、储存、运输单位以及矿山、金属冶炼、城市轨道交通运营、建筑施工单位应当配备必要的应急救援器材、设备和物资,并进行经常性维护、保养,保证正常运转。本条新增高危行业单位应当"配备必要的应急救援器材、设备和物资"的规定,与安全生产法的规定相衔接。配备应急救援器材、设备和物资,应当符合有关国家标准。例如,国家市场监督管理总局、国家标准化管理委员会于2023年12月发布的《危险化学品单位应急救援物资配备要求》(GB 30077—2023),对于危险化学品生产、贮存、使用、经营、运输和废弃处置单位配备应急救援物资设定了统一标准。此外,高危行业单位要切实建立并实施应急救援器材、设备和物资的管理维护、保养存储、更新升级、使用培训等制度机制,确保其随时可以正常使用、有效管用。

三是开展隐患排查,及时采取措施管控风险和消除隐患,防止发生突发事件。高危行业单位应当常态化开展突发事件风险隐患排查工作,特别是对本单位生产经营场所、建筑物、构筑物及周边环境等重点空间和关键点位进行全面的风险辨识和隐患排查,对可能引起突发事件的不安全行为、不安全状态、不合规做法、不完善管理等危险源进行查证和处理。贯彻风险预防原则,本条新增有关单位应当及时采取措施"管控风险和消除隐患"的规定。根据安全生产法、《国务院安委会办公室关于实施遏制重特大事故工作指南构建双重预防机制的意见》等法律和规范性文件的规定,风险管控与风险辨识、风险评级、风险警示等环节相衔接,共同构成一套风险预防机制。生产经营单位应当构建安全风险分级管控机制,对安全风险进行分级、分层、分类、分专业管理;有关单位要科学确定安全风险类别、评估安全风险等级,建立自身安全风险数据库,并针对安全风险特点,从组织、制度、技术、应急等方面采取管控措施,确保安全风险始终处于可控状态。

第三十七条 公共交通工具、公共场所和其他人员密集场所的经营单位或者管理单位应当制定具体应急预案,为交通工具和有关场所配备报警装置和必要的应急救援设备、设施,注明其使用方法,并显著标明安全撤离的通道、路线,保证安全通道、出口的畅通。

有关单位应当定期检测、维护其报警装置和应急救援设备、设施,使其处于良好状态,确保正常使用。

【释义】 本条是关于人员密集场所经营或管理单位突发事件预防义务的规定。

本法所称公共交通工具,包括列车、客机、轮船、公共汽车、城市轨道交通工具等;本法所称公共场所,包括用于满足社会公众的工作、学习、经济、文化、体育、社交、休闲、医疗、交通、旅游等各类生产生活需要的公共建筑物、场所和设施等。实践中,公共交通工具、各类公共场所等具有管理难度较大、事故灾难易发、风险隐患复杂等特点,是突发事件应对工作的重难点区域。本条对公共交通工具、公共场所和其他人员密集场所的经营管理单位预防突发事件的义务作出一般性规定,主要包括以下几个方面:

一是制定应急预案。有关单位要结合自身经营管理公共交通工具以及各类公共场所的实际情况,有针对性地制定突发事件应急预案。根据国务院办公厅印发的《突发事件应急预案管理办法》(国办发〔2024〕5号)的有关规定,单位应急预案应当侧重明确应急响应责任人、风险隐患监测、主要任务、信息报告、预警和应急响应、应急处置措施、人员疏散转移、应急资源调用等内容;在公共场所举办重大活动的主办或承办机构还应当编制重大活动保障应急预案,对此类公共场所常见的安全风险及其防范措施、突发事件当中组织人员疏散撤离的机制和路线等作出专门规定。此外,公共交通工具和医院、学校等人员密集的公共场所的经营单位或者管理单位等,应当有针对性地组织开展应急预案演练,确保应急预案能够发挥实效。

二是为交通工具和有关场所配备报警装置和必要的应急救援设备、设施,注明其使用方法,并定期检测和维护。发生突发事件时,公共交通工具以及各类公共场所当中的报警装置有助于提醒在场人员第一时间作出反应,保护自身生命财产安全;经营或管理单位则可以及时启动应急预案,组织利用现场的应急救援设备、设施开展自救互救工作,以减少突发事件造成的损失。

为确保上述报警装置和应急救援设备、设施在突发事件发生时能够发挥效用,有关经营或管理单位应当定期进行检测、维护,使其处于良好状态;必要时,应当进行升级改造,使公共交通工具以及各类公共场所的安全保障能力符合实际需求。

三是显著标明安全撤离的通道、路线,并保证安全通道、出口的畅通。突发事件发生时,应当及时有序疏散公共空间当中的密集人流,保护现场人员生命安全与健康。确保安全撤离通道和路线标识显著、安全通道和出口便利畅通,是有效组织开展疏散撤离行动的重要前提。除本条外,消防法、安全生产法、矿山安全法等法律和相关行政法规都对公共场所经营管理单位保障疏散通道、安全出口畅通的职责作出了明确规定。根据相关法律法规的规定,安全通道、出口的建设和配置应当符合法律规定和国家标准;有关单位应当做好日常管理工作,防止安全通道、出口被占用、堵塞或封闭;发生突发事件时,经营管理单位应当做好现场指挥和引导,保障人员有序通过安全通道、出口撤离疏散,避免发生拥堵、踩踏等情况。另外,考虑到安全通道、出口对于保证公民生命安全的重大意义,在突发公共卫生事件中,有关单位不得采取对消防通道、楼栋单元门、小区门等"硬隔离"的防控措施,应当确保人员避险逃生通道始终通畅。

第三十八条　县级以上人民政府应当建立健全突发事件应对管理培训制度,对人民政府及其有关部门负有突发事件应对管理职责的工作人员以及居民委员会、村民委员会有关人员定期进行培训。

【释义】　本条是关于建立健全突发事件应对管理培训制度的规定。

突发事件应急处置能力是国家应急管理体系和能力现代化的重要组成部分,突发事件应对管理是一项具有高度专业性的工作。为有效应对突发事件,必须建设一支具有扎实理论水平、高度专业素养和成熟工作经验的应急管理工作队伍。建立健全突发事件应对管理培训制度,是县级以上人民政府的法定职责。要科学制定培训规划、计划和纲要,常态化长效化组织培训活动,安排针对性强、实用性强的培训内容,灵活运用多种培训方式方法,向负有突发事件应对管理职责的党政领导干部和基层工作人员传授先进的突发事件应对管理理念、制度、技术、经验。要抓住领导干部这个"关键少数",将应急管理纳入地方党政领导干部履职必修内容,推出面向各级领导干部的应急管理能力培训课程,引导领导干部深入领会党中央关于完善大安全大应急框架下应急指挥机制的决策意图,树立风险预防观念,增强地方党政领导干部的分析研判、统筹协调、精准施策、熟练运用科技支撑等应急指挥能力。

基层群众性自治组织往往处于突发事件应对工作的第一线,在应对突发事件的实践中常常面临任务情况繁杂、工作力量不足、专业技能薄弱等问题。此次法律修订赋予基层群众性自治组织应对突发事件的重要职责,新增加关于居民委员会、村民委员会依法协助人民政府和有关部门做好突发事件应对工作、建立基层应急救援队伍等一系列规定。为切实提升基层群众性自治组织的突发事件应对能力,保障我国突发事件应对管理体系拥有可靠的基层末梢组织,本条增加规定"居民委员会、村民委员会有关人员"作为县级以上人民政府组织开展突发事件应对管理培训的重要对象。人民政府应当加强突发事件应对管理培训力度,增加面向基层群众性自治组织工作人员的培训资源供给,组织居民委员会、村民委员会有关人员参加突发事件应对管理专题培训、集中培训、定期轮训、实战演训。

第三十九条 国家综合性消防救援队伍是应急救援的综合性常备骨干力量,按照国家有关规定执行综合应急救援任务。县级以上人民政府有关部门可以根据实际需要设立专业应急救援队伍。

县级以上人民政府及其有关部门可以建立由成年志愿者组成的应急救援队伍。乡级人民政府、街道办事处和有条件的居民委员会、村民委员会可以建立基层应急救援队伍,及时、就近开展应急救援。单位应当建立由本单位职工组成的专职或者兼职应急救援队伍。

国家鼓励和支持社会力量建立提供社会化应急救援服务的应急救援队伍。社会力量建立的应急救援队伍参与突发事件应对工作应当服从履行统一领导职责或者组织处置突发事件的人民政府、突发事件应急指挥机构的统一指挥。

县级以上人民政府应当推动专业应急救援队伍与非专业应急救援队伍联合培训、联合演练,提高合成应急、协同应急的能力。

【释义】 本条是关于各类应急救援队伍的规定。

加快构建以国家综合性消防救援队伍为主力、专业救援队伍为协同、军队应急力量为突击、社会力量为辅助的中国特色应急救援力量体系,是推进我国应急管理体系和能力现代化、提升防范化解重大安全风险能力的重要任务。此次法律修订,将新时代我国应急救援力量体系系统性、整体性重构的改革举措和成就通过法律形式固定下来,本条即为关于各类应急救援队伍的整体性规定。

一、国家综合性消防救援队伍是应急救援的综合性常备骨干力量

组建国家综合性消防救援队伍,是以习近平同志为核心的党中央适应国家治理体系和治理能力现代化作出的战略决策,是立足我国国情和灾害事故特点、构建新时代国家应急救援体系的重要举措。我国各种灾害事故易发多发,应急救援队伍原分散在公安消防、森林消防、抗洪抢险、地震救援、水上搜救、铁路救援、民航救援、危险化学品救援和矿山救援等多个行业领域。组建国家综合性消防救援队伍,进一步理顺军地之间的关系,整合优化应急力量资源,健全完善应急管理体制机制,对于提高我国突发事件应对能力、维护社会公共安全、保护人民生命财产安全具有重大意义。

国家综合性消防救援队伍由原公安消防部队、武警森林部队转制成立。2018年2月,党的十九届三中全会审议通过《中共中央关于深化党和国家机构改革的决定》,2018年3月,中共中央印发《深化党和国家机构改革方案》,明确组建应急管理部,整合优化应急力量和资源;公安消防部队、武警森林部队转制后,与安全生产等应急救援队伍一并作为综合性常备应急骨干力量,由应急管理部管理。2018年10月,中共中央办公厅、国务院办公厅印发《组建国家综合性消防救援队伍框架方案》,就推进公安消防部队和武警森林部队转制,组建国家综合性消防救援队伍作出部署,对国家综合性消防队伍的领导指挥体系、衔级职级序列、人员管理机制、队伍管理办法、职业保障机制等作出整体规定。2018年11月9日,习近平总书记亲自为国家综合性消防救援队伍授旗并致训词,提出"对党忠诚、纪律严明、赴汤蹈火、竭诚为民"的四句话方针。

国家综合性消防救援队伍实行统一领导、分级指挥,其领导指挥机关是应急管理部管理的副部级国家局——国家消防救援局;省、市、县级分别设消防救援总队、支队、大队,城市和乡镇根据需要按标准设立消防救援站,根据需要组建承担跨区域应急救援任务的专业机动力量。国家综合性消防救援队伍作为应急救援主力军和国家队,着眼"全灾种""大应急"任务需要,不仅承担火灾扑救等传统消防救援任务,还承担地震、地质、洪涝、冰冻、台风等自然灾害应急救援工作,核生化、爆炸等事故灾难应急处置工作,以及国际重大灾害应急救援和紧急人道主义援助任务,发挥着防范化解重大安全风险、应对处置各类灾害事故的重要作用。

二、地方各级人民政府、县级以上人民政府有关部门、基层群众性自治组织、有关单位组建应急救援队伍

在我国应急救援力量体系中,地方各级人民政府、县级以上人民政府有关部门、基层群众性自治组织以及各单位组建的应急救援队伍是开展突发事件应对工作的重要力量,与国家综合性消防救援队伍形成有效协同。本条前两款对县级以上人民政府及其有关部门、基层有关单位组建应急救援队伍作出规定,主要包括以下四个方面内容:

一是县级以上人民政府有关部门可以根据实际需要设立专业应急救援队伍。本法所称专业应急救援队伍,是指县级以上人民政府根据实际单独建立或者依托有条件的生产经营单位、社会组织建立的,凭借特定专业技术能力从事自然灾害、事故灾难等应急处置和抢险救援的队伍。其中,由应急管理部牵头规划、依托重点行业领域国有企业和有关单位建设的国家安全生产应急救援队伍是国家常备应急骨干力量的重要组成部分,承担矿山、危化、隧道施工、油气开采、管道输送、建筑施工、城市燃气、轨道交通运营等领域的复杂灾害救援任务,同时在地震搜救、地质灾害救援、抗洪抢险等任务中充分发挥专业技术和先进装备优势,协同开展救援工作。此外,省、市、县各级地方人民政府也可以根据本地区风险特点和应急救援需求,统筹政府、企业、社会组织等各方应急资源,有针对性地规划建立相关领域专业应急救援队伍,并给予各方面的支持和保障。

二是县级以上人民政府及其有关部门可以建立由成年志愿者组成的应急救援队伍。习近平总书记指出,志愿服务是社会文明进步的重要标志。在有效应对突发事件的丰富实践中,我国志愿者队伍承担社区防护、应急宣传、物资配送、信息收集、秩序维护、弱势群体帮扶等大量工作,帮助打通应急资源全面覆盖、精准投放的"最后一公里",发挥着查漏补缺、互助自助、治理创新等重要作用,增强了突发事件应对体制机制的韧性。2024年4月发布的《中共中央办公厅 国务院办公厅关于健全新时代志愿服务体系的意见》对提升志愿服务应急动员能力作出重要部署,要求将志愿服务纳入重大突发事件应急管理体系,扶持发展各类应急志愿服务队伍,持续提升应急救援能力。此次修订突发事件应对法,保留2007年突发事件应对法关于组织志愿者成立应急救援队伍的规定,并根据中央有关文件精神和突发事件应对经验进一步丰富了该规定的内涵;结合2024年突发事件应对法第四条和第六条的新增规定,志愿者队伍参与应急救援工作,是"社会协同、公众参与"治理体系的直接体现;国家通过有效的社会动员机制,组织志愿者等各方力量依法有序参与突发事件应对工作。人民政府及其有关部门应当切实做好对应急救援志愿者队伍的支持引导和服务保障工作。例如,应当坚持以人为本,组织具有一定应急救援工作能力的成年公民自愿参与应急救援志愿服务,努力保障志愿者人身安全和后勤供给,对于为应对突发事件做出积极贡献的志愿者予以表彰奖励;加强组织引领,为社会各界力量参与应急志愿服务提供需求信息和渠道,引导志愿服务力量在人民政府及其有关部门的统一领导下,与正规应急救援力量协同配合,有序参与应急工作;推动培训赋能,加强对志愿者的应急救援技能培训。

三是乡级人民政府、街道办事处和有条件的居民委员会、村民委员会可以建立基层应急救援队伍,及时、就近开展应急救援。基层是应对突发事件的第一道防线,基层应急救援队伍是日常防范风险和先期应急处置的重要力量。2024年7月18日,党的二十届三中全会审议通过《中共中央关于进一步全面深化改革 推进中国式现代化的决定》,将"强化基层应急基础和力量"作为推进国家安全体系和能力现代化的重要改革任务。2024年9月,《中共中央办公厅 国务院办公厅关于进一步提升基层应急管理能力的意见》对理顺管理体制、完善工作机制、健全保障机制等作出全面部署。按照党中央重大决策部署和本法的规定,有关人民政府和部门应当持续推动应急管理力量下沉、保障延伸、关口前移,指导乡镇人民政府、街道办事处和有条件的基层群众性自治组织根据本地区人口数量、经济规模、灾害事故特点、安全风险程度等因素建立和加强基层应急救援队伍,打造规模适度、反应迅速、能力可靠的基层应急救援生力军。

四是单位应当建立由本单位职工组成的专职或者兼职应急救援队伍。单位是自身安全生产和应急管理的第一责任人。实践证明,由单位特别是各类企业组建专兼职应急救援队伍,不仅能够第一时间投入对内生突发事件的应急处置工作,有效遏制事态发展和损失扩大;还能够发挥自身专业技术、人力物力等优势,有力支援外部突发事件应对工作。2024年9月发布的《中共中央办公厅 国务院办公厅关于进一步提升基层应急管理能力的意见》对"完善救援力量体系"作出专门部署,提出要发挥属地企业专职救援力量作用,加强专兼职基层应急救援力量建设。需要说明的是,对于单位建立专职或者兼职应急救援队伍的义务,法律、法规、规章有明确规定的,应当照此执行。例如,根据安全生产法和《生产安全事故应急条例》的规定,易燃易爆物品、危险化学品等危险物品的生产、经营、储存、运输单位,矿山、金属冶炼、城市轨道交通运营、建筑施工单位,以及宾馆、商场、娱乐场所、旅游景区等人员密集场所经营单位,应当建立应急救援队伍;其中,小型企业或者微型企业等规模较小的生产经营单位,可以不建立应急救援队伍,但应当指定兼职的应急救援人员,并且可以与邻近的应急救援队伍签订应急救援协议。工业园区、开发区等产业聚集区域内的生产经营单位,可以联合建立应急救援队伍。

三、国家鼓励和支持社会力量依法有序参与应急救援

社会公众积极有序参与突发事件应对工作,是加强和创新社会治理、建设社会治理共同体的重要体现。我国应对突发事件的成功经验表明,社会应急救援力量具有覆盖面广、组织灵活、反应灵敏、志愿公益、贴近群众、专长显著等优势,在灾害救援救助行动中发挥了积极作用,是国家应急救援力量体系中的重要辅助力量。与此同时,我国社会应急力量建设仍处于起步阶段,需进一步加强引导、规范和支持。2022年11月,应急管理部、中央文明办、民政部、共青团中央联合印发《关于进一步推进社会应急力量健康发展的意见》,对推进社会应急力量健康发展提出明确要求。本条修订新增第三款,专门对社会力量建立应急救援队伍作出规定,明确了社会力量在突发事件应对领域基础性、综合性法律中的地位。

一是明确国家鼓励和支持社会力量建立提供社会化应急救援服务的应急救援队伍。此次法律修订将鼓励和支持社会力量建立应急救援队伍、参与应急救援工作的政策导向上升为法律规范,进一步强化人民政府及其有关部门促进社会应急力量健康有序发展的法定职责。应当加快完善加强社会应急力量建设的具体制度设计,对社会应急力量登记注册、应急响应、服务保障、奖惩评价、救援补偿等作出明确规范;应当将更多应急救援培训资源向社会应急力量开放和倾斜,常态化组织社会应急救援队伍与国家综合性消防救援队伍、专业应急救援队伍等联合演练;应当鼓励社会应急力量深入城乡基层社区排查风险隐患、普及应急知识、就近就便参与应急处置,与其他各方应急救援力量形成互补;应当健全保障和激励机制,为社会应急力量提供必要的办公、训练、装备、设施等方面的支持,为参与应对突发事件的社会应急救援队伍提供同等服务保障,对做出突出贡献的社会应急力量依法给予表彰奖励;等等。

二是将社会力量建立的应急救援队伍纳入有关人民政府、突发事件应急指挥机构的统一指挥。为落实、衔接本法第十六条关于应急管理体制和工作体系的规定、第十九条关于突发事件应对管理工作领导指挥体制的规定以及第五章关于人民政府组织开展应急处置与救援工作的若干规定,本条增加规定"社会力量建立的应急救援队伍参与突发事件应对工作应当服从履行统一领导职责或者组织处置突发事件的人民政府、突发事件应急指挥机构的统一指挥",从而推动解决实践中存在的社会应急力量在救援现场队伍分散、管理无序、秩序混乱等问题,便于协调社会应急力量与综合性消防救援队伍、专业应急救援队伍等形成应急救援合力。

四、增强专业应急救援队伍与非专业应急救援队伍的合成应急、协同应急能力

为充分发挥我国应急救援力量体系的效能优势,推动参与突发事件应对的"国家队""地方队""企业队""民间队"有序分工协作、汇聚工作合力,县级以上人民政府应当积极组织、指导和支持各类专业应急救援队伍与非专业应急救援队伍联合培训、联合演练。推动专业应急救援队伍与非专业应急救援队伍联演联训,有助于各方增进相互了解与融合,提升各方在突发事件应对工作中协同配合的能力和默契程度;并通过各方应急救援力量不断磨合,检验和改进突发事件应对管理与指挥体制,锻炼人民政府及其有关部门的组织、协调、指挥能力。

> **第四十条** 地方各级人民政府、县级以上人民政府有关部门、有关单位应当为其组建的应急救援队伍购买人身意外伤害保险，配备必要的防护装备和器材，防范和减少应急救援人员的人身伤害风险。
>
> 专业应急救援人员应当具备相应的身体条件、专业技能和心理素质，取得国家规定的应急救援职业资格，具体办法由国务院应急管理部门会同国务院有关部门制定。

【释义】 本条是关于应急救援人员安全保障及职业资格要求的规定。

一、地方各级人民政府、县级以上人民政府有关部门、有关单位应当为其组建的应急救援队伍提供人身安全保障

突发事件应急救援工作是一项高风险的工作。人民政府有关部门和单位为其组建的应急救援队伍购买人身意外伤害保险、配备安全防护装备和器材，是坚持以人为本的基本要求，既有助于消除应急救援人员及其亲属的心理顾虑，支持其全力做好应急救援工作，也有助于在全社会形成弘扬奉献精神、关心关爱应急救援工作者的崇德向善之风。本条规定从两个方面明确了地方各级人民政府、县级以上人民政府有关部门、有关单位为应急救援人员提供人身安全保障的法定职责和义务：

一是为应急救援队伍购买人身意外伤害保险。人身意外伤害保险是指投保人向保险公司缴纳一定金额的保费，当被保险人在保险期限内遭受意外伤害，并直接造成伤残或死亡时，保险公司按照保险合同约定向被保险人或受益人支付一定数量保险金的一类保险。实践中需要注意的一类情况是，一部分非由人民政府及其部门、有关单位组建，而是由其他社会力量自发组建的应急救援队伍，面临"参保难"的困境。社会应急力量"主动涉险"的行为取向与商业保险规则存在一定张力、伤害事件发生的原因难以甄别、投保费用和赔付额度难以平衡、投保经费来源不足等问题仍待破解。按照本条第一款的规定精神，有关人民政府应当完善社会应急力量保障性政策法规，对于在当地注册、组建、服务的社会应急救援队伍，在保险额度、保险衔接、经费支持等关键问题上作出妥善安排，并引导保险行业开发社会应急力量专属保险产品，统筹各类资源，加大政府资金扶持力度，积极扩大社会应急力量的保险覆盖面。

二是为应急救援队伍配备必要的人身安全防护装备和器材。地方各级人民政府、县级以上人民政府有关部门、有关单位应当为其组建的应急救援队伍配备必要的防护装备和器材,最大限度减少应急作业对应急救援人员生命健康造成的损害。应急救援队伍的组建单位应当承担配备防护装备和器材的经费,其配备的防护装备和器材的种类、数量、质量应当符合法律要求、国家标准、专业认知和实际需求,还应当定期对防护装备和器材进行检查、保养、维修、更换、升级,并组织操练培训。

二、对专业应急救援人员实行职业资格准入管理

应急救援员被国际劳工组织誉为"维护社会发展和人类抗击危害不可或缺的职业"。突发事件应急救援,特别是以危险化学品、矿山等为代表的行业领域和各类极端环境下的应急救援,具有专业性强、条件恶劣、危险性大等特点,对于应急救援人员的各方面素质要求较为严格。不同于一般的应急救援人员,专业应急救援人员需要具备与任务相适应的身体条件、专业技能和心理素质。对专业应急救援人员实行职业资格准入管理,既是有效应对突发事件的客观要求,也是保护应急救援人员人身安全的内在要求。

2019年1月14日,人力资源社会保障部办公厅、应急管理部办公厅发布《应急救援员国家职业技能标准(2019年版)》,明确应急救援员是指从事突发事件的预防与应急准备,受灾人员和公私财产救助,组织自救、互救及救援善后工作的人员;应急救援员共设五个职业技能等级,由低到高分别为:五级/初级工、四级/中级工、三级/高级工、二级/技师、一级/高级技师。2019年8月1日,国务院办公厅印发的《全国深化"放管服"改革优化营商环境电视电话会议重点任务分工方案》明确了"对涉及国家安全、公共安全、生态环境安全、人身健康、生命财产安全的水平评价类职业资格,确需实施准入管理的,依照法定程序调整为准入类职业资格"的基本要求;同年12月30日,国务院常务会议确定将应急救援员等七个工种依法调整为准入类职业资格。2024年9月,中共中央办公厅、国务院办公厅印发《关于进一步提升基层应急管理能力的意见》,明确鼓励基层应急管理人员考取应急救援员等职业资格。此次法律修订增加专业应急救援人员取得有关职业资格的规定,其具体办法由应急管理部会同国务院有关部门制定,明确了将应急救援员等调整为准入类职业资格的法律依据,将有利于推动应急救援人员专业化职业化发展,提高应急救援人员整体素质和技能水平,有效提升应急救援队伍的专业应急救援能力。

第四十一条 中国人民解放军、中国人民武装警察部队和民兵组织应当有计划地组织开展应急救援的专门训练。

【释义】 本条是关于中国人民解放军等武装力量开展应急救援专门训练的规定。

中国人民解放军、中国人民武装警察部队以及民兵组织作为国家的武装力量和应急力量的重要组成部分,承担着维护国家安全、社会稳定以及参与应急救援的重要职责。突发事件的应急救援和处置需要专门的知识和技能,只有通过经常的培训和演练,有效掌握相关的知识技能,面对突发事件时才能采取有效的救援和处置措施。为了增强应急救援和处置能力,必须重视平时的应急救援专门训练。总的来看,进行应急救援专门训练,是提升我国武装力量应急救援能力、保障人民群众生命财产安全的重要举措。武装力量有计划地组织开展应急救援专门训练,不仅有利于提高各支武装力量的专业技能和实战能力,还增强了它们之间的协同作战能力和快速反应能力,为应对各类突发事件提供了坚实保障。

按照不同的训练形式和训练内容,应急救援训练主要有以下几种类型:

1.一般训练与特殊训练。一般训练是按照应急预案的常规来演习训练;特殊训练是针对遇到的特殊情况进行的训练,如夜间停电、恶劣天气中出现的事故与事件如何处置等。

2.基础训练与应用训练。基础训练是指对队伍进行基本能力和基本素质的教育、学习和训练,包括有关的法律法规、方针、政策、方案措施的学习和掌握,各种器材和装备的使用技能训练,排除各种障碍物或危险物的训练等。应用训练主要是指解决各种问题、排除困难能力的训练。这种训练的重点在于,培养全体参与处置事件的人员在复杂的条件和情况下合理运用已掌握的技能、技巧,提高处置突发事件的战斗力。

为保障应急训练的质量,应当有计划地开展训练。国防法对武装力量加强军事训练、民兵和预备役人员依法参加军事训练等作了原则性规定;人民武装警察法明确要求,"人民武装警察部队应当根据执行任务的需要,加强对所属人民武装警察的教育和训练,提高依法执行任务的能力";《军队参加抢险救灾条例》则作了明确具体的规定,如"在经常发生险情、灾情的地方,县级以上地方人民政府应当组织军地双方进行实地勘察和抢险救灾演习、训练","有关军事机关应当制定参加抢险救灾预案,组织部队开展必要的抢险救灾训练"等。实践中,制定训练计划之前,首先要对应急救援队伍各层次和各岗位人员进行工作和任务分析,然后制定训练计划,并根据计划进行课程设计。通过有计划的训练,提高指挥员的组织指挥能力和指挥机关人员的组织协调能力,提高队伍的快速反应能力,使训练队伍的技能与素质得到巩固,提高各种后勤保障能力,培养队伍良好作风及心理素质。

第四十二条 县级人民政府及其有关部门、乡级人民政府、街道办事处应当组织开展面向社会公众的应急知识宣传普及活动和必要的应急演练。

居民委员会、村民委员会、企业事业单位、社会组织应当根据所在地人民政府的要求,结合各自的实际情况,开展面向居民、村民、职工等的应急知识宣传普及活动和必要的应急演练。

【释义】 本条是关于应急知识宣传普及活动和应急演练的规定。

应急知识是预防和应对突发事件的各种知识和技能的总称。通过宣传普及应急知识,可以使公众掌握自我保护的方法。县级人民政府及其有关部门、乡级人民政府和街道办事处应当组织开展应急知识的宣传普及活动和必要的应急演练。居委会、村委会、企事业单位应当根据所在地人民政府的要求,结合各自的实际情况,开展有关突发事件应急知识的宣传普及活动和必要的应急演练。

应急知识的宣传普及,应当将重点放在对群众危机防范能力和危机应对能力的培养上。首先,应当提升群众的危机防范意识和能力。防范突发事件必须有科学的知识和方法,要通过宣传教育让群众了解突发事件发生的预兆,了解突发事件发生的原因、规律,并让群众掌握预防突发事件的一些基本的技能和方法。其次,应当提升群众的危机应对能力。当突发事件发生后,应当让群众学会如何科学面对突发事件,有效应对突发事件,保障自身安全。这里重点需要培养两种能力:一种是应对危机的生存能力,包括自救的技能和互助的技能等;另一种是应对危机的心理承受能力。注意对群众应对突发事件心理承受能力的培养,能够增强群众信心,使群众在面对突发事件时临危不乱,沉着应对。

除了宣传普及应急知识外,必要的应急演练也是提升应急能力的重要手段。应急演练是针对社会公众进行的模拟突发事件发生时的应对演习,因此应当着重于对公众风险意识的培养和在紧急情况下自救能力的提高。通过模拟突发事件场景,组织相关人员进行应急处置演练,可以检验应急预案的可行性和有效性,发现存在的问题和不足,并及时进行改进和完善。同时,应急演练还可以提高参与人员的应急反应能力和协同作战能力,为应对突发事件打下坚实的基础。

> **第四十三条** 各级各类学校应当把应急教育纳入教育教学计划,对学生及教职工开展应急知识教育和应急演练,培养安全意识,提高自救与互救能力。
>
> 教育主管部门应当对学校开展应急教育进行指导和监督,应急管理等部门应当给予支持。

【释义】 本条是关于学校开展应急知识教育和应急演练的规定。

应急教育是学校教育体系的重要一环,是保护教职工、学生人身安全的重要举措,也是培养学生安全意识和自救互救能力,进而提升全社会应急能力水平的有效措施。各级各类学校,包括小学、中学、大学等各级学校,也包括职业技术学校等各类学校,都应当开展应急教育,培养学生的安全意识和应急能力。对此,义务教育法第二十四条第一款规定,"学校应当建立、健全安全制度和应急机制,对学生进行安全教育,加强管理,及时消除隐患,预防发生事故"。防震减灾法第四十四条第三款规定,学校应当进行地震应急知识教育,组织开展必要的地震应急救援演练,培养学生的安全意识和自救互救能力。本条也对学校开展应急教育等作了明确规定,并具体指出了学校在此方面应采取的措施和目标。

学校进行应急知识教育要遵循学生身心发展规律,根据学生年龄的不同,把握学生认知特点,注重实践性、实用性和实效性。应当将有关突发事件的预防与应急措施、自救与互救知识作为学生的必修内容。坚持课堂教育与实践活动相结合,学校教育与家庭、社会教育相结合,国家统一要求与地方结合实际积极探索相结合。学校应帮助和引导学生了解基本的保护个体生命安全和维护社会公共安全的知识,树立和强化安全意识,正确处理个体与他人、社会和自然之间的关系,了解保障安全的方法并掌握一定的技能。

开展应急演练是突发事件应对法修改新增加的内容。理论知识的学习是基础,但实践演练同样不可或缺。应急演练是模拟应急响应的实践活动,旨在检验应急计划的有效性、应急准备的完善性、应急响应能力的适应性和应急人员的协同性。通过应急演练,如火灾疏散演练、地震逃生演练等,可以让学生在模拟的真实情境中体验和学习应对突发事件的方法和技巧,加深对应急知识的理解和记忆,提高应对突发事件的实战能力。同时,应急演练也有助于检验学校应急预案的有效性和可操作性,及时发现并纠正应急准备中的不足,提高应急响应的效率和效果。通过加强应急教育、普及应急知识、开展应急演练等措施,可以有效提高学生的安全意识和应急能力,为构建安全校园和保障学生、教职工生命财产安全提供有力保障。

需要注意的是,本条要求学校不仅要对学生传授应急知识,还要对教职工进行相应的培训和演练。教职工作为学校的管理者和学生的教育者,也是在学校遭遇突发事件时学生的引领者和组织者,肩负着保护学生的重任。他们的应急意识和能力直接关系着学生的安全和校园的稳定。同时,学校还需要根据应急教育工作的实践经验和评估结果,不断调整和优化应急教育计划和措施。

教育主管部门应当对学校开展应急教育进行指导和监督,使学校的应急教育工作不断改进和完善。工作中,教育主管部门、应急管理部门等与学校之间应建立有效的协作机制,加强沟通协调和信息共享,形成合力,共同推进应急教育工作。

第四十四条　各级人民政府应当将突发事件应对工作所需经费纳入本级预算,并加强资金管理,提高资金使用绩效。

【释义】　本条是关于各级人民政府在突发事件应对工作中经费保障与资金管理的规定。

突发事件具有突发性、紧急性和不确定性等特点,及时、充足、有效的经费支持是确保突发事件应对工作顺利进行的重要保障。我国应对突发事件的资金主要由三部分构成,即财政资金、社会捐助资金和商业及政策保险赔付资金。目前我国应对突发事件所需经费主要来自政府的财政拨款。经费管理不仅关系到资源的分配和利用效率,还直接影响到应急响应的效果和社会稳定。各级人民政府应当确保:

一是将突发事件应对工作所需经费纳入本级预算。我国有关突发事件应对的法律、行政法规都明确规定了各级人民政府财政保证突发事件应对的经费需求的职责。预算法规定,国家实行一级政府一级预算,设立中央,省、自治区、直辖市,设区的市、自治州,县、自治县、不设区的市、市辖区,乡、民族乡、镇五级预算。乡、民族乡、镇政府,县级以上地方各级政府编制本级预算、决算草案,向本级人民代表大会作关于本级总预算草案的报告,并按照预算法的规定向有关人民代表大会常务委员会、有关人民政府报备。国务院财政部门具体编制中央预算、决算草案,地方各级政府财政部门具体编制本级预算、决算草案,并组织执行。同时预算法第四十条还规定,各级一般公共预算应当按照本级一般公共预算支出额的百分之一至百分之三设置预备费,用于当年预算执行中的自然灾害等突发事件处理增加的支出及其他难以预见的开支。各级人民政府必须充分认识到突发事件应对工作的重要性和紧迫性,将所需经费作为必要的财政支出项目,按照预算法的有关规定,将其纳入年度财政预算中。这样做可以确保在突发事件发生时,政府有足够的财力支持来迅速、有效地开展应对工作,进行救援抢险、受灾群众安置、医疗救治、卫生防疫、基础设施修复等。此外,防震减灾法第四十二条规定:"地震重点监视防御区的县级以上地方人民政府应当根据实际需要,在本级财政预算和物资储备中安排抗震救灾资金、物资。"

二是加强资金管理。资金管理是确保突发事件应对经费高效、安全使用的关键环节。各级人民政府应当从制度建设、预算管理、资金分配和使用、监督和问责以及信息化建设等多个方面入手,健全资金管理制度,明确资金的筹集、分配、使用、监督和评估等各个环节的流程和责任主体,形成全方位、多层次的资金管理体系,确保财政资金的安全、高效和透明使用。如依据预算法等法律法规,制定和完善资金管理的具体规定和办法,明确资金管理的职责、权限和程序。建立健全内部控制制度,构建全面规范、公开透明的内部控制体系,强化内部监督,确保资金使用的合规性和有效性。确保预算编制的准确性和完整性,强化预算约束的刚性和可执行性,加强对预算执行情况的动态监控,及时发现和纠正预算执行中的偏差和问题。对违法违规使用财政资金的行为进行严肃查处,并追究相关责任人的责任。健全财政资金考核制度,压实财政资金管理责任。

三是提高资金使用绩效。资金使用绩效的评估和确定是一个复杂而系统的过程,旨在确保公共资源得到合理、高效、透明的利用。提高资金使用绩效是突发事件应对经费管理的核心目标之一,这要求各级人民政府在资金使用过程中,不仅要注重量的投入,更要注重质的提升,即要实现资金使用的效果最大化。具体来说,就是要不断健全完善绩效目标、绩效评价、结果运用等制度,通过科学合理的项目规划、严格的项目管理、高效的绩效评估、公开透明的财政资金使用和公示等,不断对与突发事件应对工作有关的重大政策、项目等开展事前评估、事中监控和事后评价,确保项目目标的实现和提高资金使用的效益,为突发事件应对工作取得实效提供有力的资金保障。

第四十五条 国家按照集中管理、统一调拨、平时服务、灾时应急、采储结合、节约高效的原则,建立健全应急物资储备保障制度,动态更新应急物资储备品种目录,完善重要应急物资的监管、生产、采购、储备、调拨和紧急配送体系,促进安全应急产业发展,优化产业布局。

国家储备物资品种目录、总体发展规划,由国务院发展改革部门会同国务院有关部门拟订。国务院应急管理等部门依据职责制定应急物资储备规划、品种目录,并组织实施。应急物资储备规划应当纳入国家储备总体发展规划。

【释义】 本条是关于国家建立健全应急物资储备制度的规定。

"备豫不虞,为国常道"。贯彻坚持预防为主、预防与应急相结合的原则,建立应急物资储备保障制度,目的在于使我们在突发事件发生时,手里有充分的物资保障,有底气、有能力去应对各种紧急情况。没有充分的物资保障,就不可能具备应对各类突发事件的应急能力,就难以及时控制、减轻和消除突发事件引起的严重社会危害。本法第七十三条中规定,自然灾害、事故灾难或者公共卫生事件发生后,履行统一领导职责的人民政府应当启用储备的应急救援物资。本条坚持底线思维,要求在突发事件未发生时政府以及公民、法人、其他组织提前做好物资储备,做到居安思危、未雨绸缪。

一、应急物资储备保障制度

应急物资储备保障制度是国家为了应对突发事件特别是各类灾害,确保能够及时、有效地提供所需物资而建立的一项重要制度。习近平总书记强调,"要健全统一的应急物资保障体系,把应急物资保障作为国家应急管理体系建设的重要内容,按照集中管理、统一调拨、平时服务、灾时应急、采储结合、节约高效的原则,尽快健全相关工作机制和应急预案。要优化重要应急物资产能保障和区域布局,做到关键时刻调得出、用得上。对短期可能出现的物资供应短缺,建立集中生产调度机制,统一组织原材料供应、安排定点生产、规范质量标准,确保应急物资保障有序有力。要健全国家储备体系,科学调整储备的品类、规模、结构,提升储备效能。要建立国家统一的应急物资采购供应体系,对应急救援物资实行集中管理、统一调拨、统一配送,推动应急物资供应保障网更加高效安全可控"。[1] 本条明确了应急物资储备保障制度的总体要求和建设方向,旨在通过合理规划、科学布局、有效管理和快速调拨,统筹生产与储备,保障应急物资数量充足、品种齐全、质量可靠,以满足应急救援和恢复重建工作的需要,最大限度地减少突发事件造成的损失,保障人民群众生命财产安全,切实提高国家应对各类突发事件的能力。根据本条,结合应急管理部、国家发展改革委、财政部、国家粮食和储备局2022年印发的《"十四五"应急物资保障规划》,建立健全应急物资储备保障制度需要遵循以下原则:

一是党委领导,政府负责。坚持党委在应急物资保障工作中的领导地位,坚持各级政府的主导地位,加强政府与企业、社会组织等社会力量和公民个人的协同配合,形成党委统一领导、政府依法履责、社会广泛参与的发展局面。

二是分级负责,属地为主。应急物资保障以地方为主,实行属地化管理,地方承担主体责任,负责组织协调本行政区域内的应急物资保障工作。中央发挥统筹指导和支持作用,协助地方应对重特大灾害事故。

---

[1] 《习近平主持召开中央全面深化改革委员会第十二次会议强调:完善重大疫情防控体制机制 健全国家公共卫生应急管理体系》,载中央人民政府网,https://www.gov.cn/xinwen/2020-02/14/content_5478896.htm。

三是集中管理,统一调拨。打破部门、区域、政企壁垒,实行统一指挥、统一调拨、统一配送,确保应急物资调运快捷高效。通过集中管理,可以确保应急物资的合理分配和高效利用;统一调拨则能在突发事件发生时迅速响应、统筹管理,确保能够集中有限的运力,将有限的应急物资及时送达最需要的地区、最需要的人群,减少中间环节,提高救援效率。

四是平时服务,灾时应急。应急物资储备不仅要满足灾害发生时的紧急需求,还要在平时发挥其服务社会的功能,在保障应急需求的前提下,充分发挥市场机制作用,合理扩大应急物资使用范围,提高应急物资的平时轮换和服务效率。例如,部分应急物资可以在非紧急时期用于民生保障、基础设施建设等领域,从而实现资源的最大化利用。

五是采储结合,节约高效。立足需求、服务应急,把储备和采购等环节统一起来。在采购和储备应急物资时,要充分考虑物资的实用性和经济性以及物资的储备空间、有效期和储备成本等,统筹平衡适宜储备的物资与不宜较多储备、可在突发事件发生后实时采购的物资,实现采购与储备的有机结合。同时,通过科学规划和精细化管理,减少浪费,综合运用实物储备、协议储备、产能储备等多种储备方式,提高应急物资使用效率,提升应急物资储备效能,确保应急物资储备的可持续性和经济性。

实践中,为了推动建立健全应急物资储备保障制度,需要做好以下方面工作:拟定并完善储备物资品种目录,进行定期评估和调整。制定国家储备总体发展规划,明确应急物资储备的总体目标、重点任务和保障措施,同时制定应急物资储备规划,并将其纳入国家储备总体发展规划,确保与其他规划相衔接、相协调。建立完善的应急物资储备体系,包括中央储备、地方储备和企业储备等多个层次。明确负责应急物资储备管理的主管部门,开展应急物资储备的日常管理和协调工作。制定详细的应急物资储备管理制度和操作规程,确保储备物资的规范管理和高效使用。将应急物资储备资金纳入财政预算,确保储备工作的资金需求得到满足,同时鼓励社会资本参与应急物资储备建设,形成多元化的资金投入机制。有关人民政府根据储备物资品种目录和总体发展规划,制定详细的采购计划,并按照政府采购程序进行采购,对采购的应急物资进行质量检验和数量核查,确保符合标准和要求后入库储存。建立快速响应的应急物资调拨机制,确保在灾害发生时能够迅速调集和配送所需物资。建立应急物资运输保障机制,确保在突发事件发生后应急物资运输的畅通无阻。加强对应急物资储备工作的监管和评估,确保储备物资的安全可靠和有效使用,同时开展应急物资储备演练和检查活动,提高应急响应能力和实战水平。加强信息化建设,利用现代信息技术手段,建立应急物资储备信息管理系统,实现储备物资的动态监控和快速调拨。强化国际合作,加强与国际组织和相关国家的合作与交流,共同应对跨国界和全球性的灾害挑战。推动技术创新,鼓励和支持应急物资储备领域的技术创新和发展,提高储备物资的科技含量和实用性能。

2024年9月23日,《国家防灾减灾救灾委员会办公室关于进一步加强应急抢险救灾物资保障体系和能力建设的指导意见》印发,明确了提高应急物资实物储备能力、多元保障能力、快速投送能力以及统筹管理能力四项十一条核心任务,配套制定了省、市、县、乡、村五级应急物资储备指导目录及家庭应急物资储备指导目录、灾害信息员装备配备指导目录。地方可结合实际,推动完善应急物资储备保障制度。

二、应急物资储备品种目录

根据《"十四五"应急物资保障规划》《国家防灾减灾救灾委员会办公室关于进一步加强应急抢险救灾物资保障体系和能力建设的指导意见》等,在制定出台各级储备指导品种目录基础上,根据社会经济发展现状,进行更新完善。实践中,应急物资储备主要包括生活类救灾物资、森林草原防灭火物资、防汛抗旱物资、大震应急救灾物资、综合性消防救援应急物资、安全生产应急救援物资。此外,还包括应急食品、生活物品、应急工具、应急药品及医用品、重要资料的家庭应急物资,以及卫星电话、手持扩音器等十五种灾害信息员装备等,确保在突发事件和灾害发生时,能够迅速提供所需的物资支持。

随着科技进步和社会发展,社会对于应急物资的需求也会发生变化,一些新型的应急物资设备也会投入运用。因此,国家需要定期评估、动态更新和调整应急物资储备品种目录,确保储备的物资能够适应不同类型、不同规模的突发事件需求。

三、应急物资及其生产等相关体系

应急物资是指应对处置突发事件所必需的物资保障,在保障人民群众生命财产安全、减少灾害损失、支持救援行动等方面发挥着重要作用。本条规定,完善重要应急物资的监管、生产、采购、储备、调拨和紧急配送体系。这是一个系统性的工程,涵盖了应急物资从生产到使用的全过程,形成各环节相互关联、相互支持的整体,其目的是确保应急物资的质量安全、供应稳定、调拨迅速和配送高效。

(一)监管

应急物资的监管主要由政府和有关主管部门负责,确保应急物资的质量、安全和生产、储备等工作持续稳定开展。

(二)生产

应急物资的生产体系是保障其供应的基础。为应对突发事件,应急物资的生产企业需要提前对有关原材料、辅料、设施设备等进行充分准备,确保在突发事件发生时能够及时响应、开展生产以满足需求。在突发事件发生后,有关方面能够根据事件的性质和规模,尽快确定所需生产的物资种类和数量并及时传递到有关生产企业。生产企业要不断改进生产设备和工艺技术,对产品质量严格把关,不断提高生产效率,满足各类突发事件应对处置工作的需要。

(三)采购

应急物资的采购是确保物资供应的重要环节。有关人民政府及其主管部门应当根据突发事件的具体情况和实际需要,结合储备情况制定详细的采购计划,依法通过招标、询价等方式采购物资。应急物资的采购应当符合政府采购法的规定。根据政府采购法的规定,在发生不可预见的紧急情况时,如果无法从其他供应商处采购所需物资,可以采用单一来源方式进行采购。在特殊情况下,如公开招标、邀请招标、竞争性谈判等采购方式无法满足应急需求时,也可以根据实际情况灵活选择其他采购方式。

(四)储备

有关人民政府及其主管部门应当建立合理的储备规模和布局,确保各类应急物资数量充足、品种齐全、质量可靠,并能够实现迅速调拨。同时,要定期对储备物资进行检查、维护和更新,确保其处于良好状态,质量和数量满足需求。

(五)调拨

应急物资的调拨是确保物资快速到达灾区的关键环节。有关人民政府及其主管部门应当建立应急物资调拨配送机制,确保调拨相关工作机制高效、灵活,同时明确调拨流程、权限和责任等,确保在突发事件发生时能够迅速、准确地将应急物资送达所需地区和人群。

(六)紧急配送

应急物资的紧急配送是确保物资及时送达灾区的最后一道防线。应依托现有的物流网络和运输资源建立高效的配送网络,根据突发事件实际情况和具体的交通状况优化配送路线,保证应急物资高效、安全地送达所需地区和人群,并能够应对各种复杂情况。

四、安全应急产业

安全应急产业涉及突发事件应对处置相关的安全防范与应急准备、监测与预警、处置与救援等领域的专用产品和服务,是支撑国家应急管理体系的重要基础,对于提高国家的防灾减灾能力、保障人民生命财产安全、促进社会经济稳定发展具有重要意义。国家通过政策引导和市场机制,促进安全应急产业的创新发展,同时优化产业布局,形成区域协同、优势互补的发展格局,为应对突发事件提供更加坚实的物质和技术保障。

安全应急产业布局优化是一个综合性的过程,目的是建立健全安全应急产业体系,提高应急产品和服务的供给能力;加强技术创新和产品研发,推动安全应急产业向高端化、智能化方向发展;形成具有区域特色的安全应急产业集群,提升整体竞争力和影响力。优化产业布局需要坚持市场需求导向,根据应急管理的实际需求,合理规划产业布局;坚持科技创新引领,加强核心技术研发,推动产业升级;坚持资源整合共享,优化资源配置,实现信息共享和协同作战。

五、国家储备物资品种目录、总体发展规划

国家储备物资品种目录包括战略原料、生产设备、主要农产品、医药器材等。国家物资储备是指国家直接掌握的关系国计民生和国家安全的各种物资的储备,主要是消耗量大、用途广泛、生产周期长、难以快速筹措的物资。

按照部门分工,国家粮食和物资储备局作为由国家发展改革委管理的国家局,主管国家储备物资相关工作,其职责主要包括:研究提出国家战略物资储备发展战略,监测分析国际国内主要能源资源的供求格局和变化趋势并进行预测预警,监测分析国家应急物资保障状况,研究提出与国家战略物资储备相关的财税、金融、价格和费用标准的政策建议,起草国家战略物资储备有关法律、行政法规草案和部门规章,组织拟订国家战略物资储备行业规范、技术标准、统计指标,负责国家战略物资储备的日常管理,推进国家物资储备管理信息化和现代化,领导所属国家物资储备管理机构等。因此,根据本条规定,国家储备物资品种目录和总体发展规划,由国务院发展改革部门牵头,会同其他相关部门共同拟订,充分考虑各方意见,以确保规划的全面、协调。

六、应急物资储备规划、品种目录

国家储备总体发展规划是一个综合性的、全局性的规划,它涵盖了国家储备的各个方面,包括战略物资储备、重要商品储备、应急物资储备等。将应急物资储备规划纳入其中,既意味着应急物资储备工作是国家储备工作的重要组成部分,由国家负责推动和保障,也明确了应急物资储备规划与其他储备规划之间应当保持一致,避免重复建设和资源浪费。在国家储备物资品种目录和总体发展规划确定的总体框架内,国务院应急管理等部门立足自身职责、结合实际需要,进一步细化并制定应急物资储备的具体规划和品种目录,直接精准针对应急管理的实际需要,确保在发生突发事件时或紧急情况下能够迅速调集和分配所需的物资。

第四十六条 设区的市级以上人民政府和突发事件易发、多发地区的县级人民政府应当建立应急救援物资、生活必需品和应急处置装备的储备保障制度。

县级以上地方人民政府应当根据本地区的实际情况和突发事件应对工作的需要,依法与有条件的企业签订协议,保障应急救援物资、生活必需品和应急处置装备的生产、供给。有关企业应当根据协议,按照县级以上地方人民政府要求,进行应急救援物资、生活必需品和应急处置装备的生产、供给,并确保符合国家有关产品质量的标准和要求。

国家鼓励公民、法人和其他组织储备基本的应急自救物资和生活必需品。有关部门可以向社会公布相关物资、物品的储备指南和建议清单。

【释义】 本条是关于有关人民政府建立健全应急物资储备保障制度、做好应急物资储备相关工作的规定。

一、设区的市级以上人民政府和突发事件易发、多发地区的县级人民政府应当建立应急救援物资储备保障制度

为了在第一时间采取有效措施应对突发事件,指导辖区内各县级人民政府开展相关工作,并为它们提供物资支持和保障,设区的市级以上人民政府应当建立应急救援物资、生活必需品和应急处置装备的储备保障制度。突发事件易发、多发地区的县级人民政府需要根据当地的实际情况承担起预防和应对突发事件的主要责任,提前做好相关准备工作,因此也应当建立相应的储备保障制度。

本条要求相关人民政府要加强全国自然灾害综合风险普查成果应用,动态评估本行政区域风险形式,中风险及以上地区应储备能够满足本行政区域启动二级应急响应所需物资,并留有一定冗余;中风险以下地区结合本地区实际,可视情调减启动二级响应所需物资或按较低响应等级储备。只有建立相应的储备保障制度,在突发事件发生时,才能够迅速调集这些资源,为受突发事件影响的群众提供必要的帮助和支持,为救援人员提供必要的保障,确保救援工作的顺利进行,也为事后恢复重建提供有力物质支撑。

二、县级以上地方人民政府依法与有条件的企业签订协议

为了保障应急救援物资、生活必需品和应急处置装备的及时生产和有效供给,在突发事件应对中掌握一定主动,县级以上地方人民政府事先谋划、提前布局,与有关企业签订应急物资的生产、供给合同,实践证明是非常必要、切实可行的。通过协议合作来实现应急物资保障,比突发事件发生后即时采购具有很多优势,比如,可以缩短应急物资从生产到送达灾区的时间,提高应急响应的速度和效率;可以确保在突发事件发生时有稳定的物资来源,避免因物资短缺而影响应急救援工作;可以推动参与应急物资生产供给的企业在发展生产业务的同时,履行社会责任,提升自身的品牌形象和市场竞争力。

按照本条第二款的规定,县级以上地方人民政府应当对本地区的地理、气候、经济、社会等实际情况和人民群众的日常习惯、需求等进行充分评估,了解可能面临的突发事件类型及其对应急资源的需求,对可能面对什么、可能用到什么、应该准备什么等问题作出精准研判,选择具备生产能力、技术实力、质量控制能力和物流体系完善的企业,通过签订协议的方式,明确双方在应急物资生产、供给方面的权利和义务,确保平时状态下做好应急物资的储备,在突发事件发生后高效迅速、保质保量地生产输送所需的各类应急物资和装备。

同时,为了强化相关企业的责任,此次法律修订对企业认真履行协议和确保产品质量的责任作出规定。企业需严格按照与政府签订的协议内容,组织生产、调配资源,确保能够及时提供所需的物资和装备;必须严格遵守国家关于产品质量、安全、环保等方面的法律法规和标准,确保高质量提供应急物资和装备。

三、公民、法人和其他组织储备基本的应急自救物资和生活必需品

应急物资等的家庭储备是应急物资储备体系的重要组成部分。结合突发事件的特点,总结我国突发事件应对工作实际经验,此次法律修订明确鼓励公民、法人和其他组织储备基本的应急自救物资和生活必需品,以增强个人和单位自救互救能力、提升社会整体应急准备水平。公民、法人和其他组织做好应急物资储备,提高自救、互救等应对突发事件的能力,有利于提高应急响应救援的速度和质效,提升突发事件发生后的存活、获救概率,有利于减轻政府在突发事件应对中的物资调配和供应压力,减轻各类救援队伍的救援压力,把应急资源投向更艰难、艰险的方向。2024年印发的《中共中央办公厅 国务院办公厅关于进一步提升基层应急管理能力的意见》中也明确,鼓励引导企事业单位、社会组织和家庭储备必要应急物资。

实践中,本条规定的应急自救物资主要包括急救用品、防护用品、生存工具、通信设备等;生活必需品主要包括食品和水、基本生活用品,以及药品、婴儿用品等特殊需求用品。为了帮助企业、家庭、个人等做好应急物资的自行储备工作,相关部门可以向社会发布有关储备指南和建议清单,详细列出建议储备的物资的种类、数量、存储方式、保质期管理、使用注意事项等信息,帮助公众科学合理地进行储备,提高公众对应急管理工作的认识和重视程度,增强自我保护意识和能力。比如,2020年,应急管理部宣教中心在其网站上发布《全国基础版家庭应急物资储备建议清单》,列明了饮用水、方便食品、灭火器和灭火毯、呼吸面罩、手电筒、多功能小刀、收音机、救生哨子、外用药品、消毒湿纸巾、医用外科口罩等11类家庭建议储备物品。一些地方的应急、民政等部门也发布了本地区的家庭应急物资储备建议清单,引导本地区的人民群众自行做好储备工作。

> **第四十七条** 国家建立健全应急运输保障体系,统筹铁路、公路、水运、民航、邮政、快递等运输和服务方式,制定应急运输保障方案,保障应急物资、装备和人员及时运输。
>
> 县级以上地方人民政府和有关主管部门应当根据国家应急运输保障方案,结合本地区实际做好应急调度和运力保障,确保运输通道和客货运枢纽畅通。
>
> 国家发挥社会力量在应急运输保障中的积极作用。社会力量参与突发事件应急运输保障,应当服从突发事件应急指挥机构的统一指挥。

【释义】 本条是关于国家建立健全应急运输保障体系的规定。本条是此次法律修订新增加的条款。

一、国家建立健全应急运输保障体系

本条第一款主要规定了国家建立健全应急运输保障体系、制定应急运输保障方案等的要求。应急运输保障体系是国家为了应对突发事件而建立的一套高效、协调、可持续的运输保障机制,承担着应对各类突发事件的保通、保运等保障任务。《"十四五"国家应急体系规划》要求,"加强区域统筹调配,建立健全多部门联动、多方式协同、多主体参与的综合交通应急运输管理协调机制","深化应急交通联动机制,落实铁路、公路、航空应急交通保障措施"等。《综合运输服务"十四五"发展规划》(交运发〔2021〕111号)也提出"健全应急运输保障体系"。

应急运输保障体系具有运输高效、运作协调、运力可持续等特点,能够提高应急响应速度,确保在发生突发事件时,迅速调集和运输应急物资、装备和人员,为救援工作赢得宝贵时间;能够提高运输效率,最大限度地减少灾害损失并保障人民生命财产安全;能够推动及时有效的救援和重建工作,更好稳定人心、缓解社会矛盾、维护社会秩序。应急运输保障体系的上述特点,决定了选择和统筹铁路、公路、水运、民航、邮政、快递等应急运输和服务方式具有重要意义,直接影响应急运输效率和效果。这些方式各具优势,同时也各自存在一些局限,比如,铁路适合大宗货物运输,但受限于铁路线路,不够灵活;公路运输灵活性强,可以深入受突发事件影响的基层一线,但一定程度上仍受限于路况且运输能力较小;水运经济环保且适合大宗不急需物资,但速度较慢且受环境制约较大;空运速度最快,适合运送紧急救援物资和人员,但受自然条件影响较大;等等。因此,"统筹"的关键在于充分利用不同运输和服务方式的特点,使其扬长避短、相互补充、有效衔接、形成合力。《综合运输服务"十四五"发展规划》明确,"统筹陆域、水域和航空应急救援能力建设,建设多层级的综合运输应急运力储备体系"。

目前,已有相关法律、法规、规章及规范性文件对发挥不同运输和服务方式在应急运输中的作用作出规定。比如,铁路法规定,对抢险救灾物资和国家规定需要优先运输的其他物资,应予优先运输。《国内水路运输管理条例》规定,水路运输经营者应当依照法律、行政法规和国家有关规定,优先运送处置突发事件所需的物资、设备、工具、应急救援人员和受到突发事件危害的人员,重点保障紧急、重要的军事运输。《中国民用航空应急管理规定》(交通运输部令 2016 年第 10 号)规定,国家、地方人民政府及相关部门要求民航管理部门协助和配合应急处置时,民航管理部门应当依据相关规定、应急处置所需要的行动规模、民航运行情况与相关应急预案,启动相关等级应急响应,组织、协调相关企事业单位给予协助和配合。《救灾捐赠包裹寄递服务和安全管理规定》(国邮发〔2021〕37 号)规定,邮政企业、快递企业在救灾捐赠包裹寄递活动中,应当优先保障救灾捐赠包裹寄递服务和安全,可以根据实际情况延后处理其他邮件、快件,并向用户进行解释说明。

二、地方做好应急调度和运力保障

本条第二款主要规定了县级以上地方人民政府和有关主管部门做好应急调度和运力保障方面的职责。在突发事件发生时,应急调度和运力保障是应急运输保障的重要内容,关系能否快速、准确地调配运输资源以满足应急需求,有效应对和处置突发事件。县级以上地方人民政府和有关主管部门应当采取有效措施开展应急调度和运力保障工作,确保在突发事件发生时,有足够的运输能力满足应急需求。比如,完善应急交通有关预案,明确调度流程和责任分工,确保在紧急情况下能够迅速启动调度程序;依托大型骨干物流企业统筹建立紧急运输储备力量,保障重特大灾害事故中应急资源快速高效投送;加强交通应急抢通能力建设,保障因突发事件造成的交通基础设施损毁的抢通保通;建设政企联通的紧急运输调度指挥平台,提高供需匹配效率,减少物资转运环节,提高救灾物资运输、配送、分发和使用的调度管控水平;推广运用智能机器人、无人机等高技术配送装备,提升应急运输调度效率;加强与周边地区的合作,实现运输资源的共享和互补等。

县级以上地方人民政府和有关主管部门做好应急调度和运力保障重点要做好以下工作:

一是要以国家应急运输保障方案为依据。地方政府和部门在开展本地应急运输保障工作时,首先要以国家应急运输保障方案为依据,确保国家方案落实到位。这是因为国家应急运输保障方案根据全国范围内的应急需求和资源分布情况制定,具有全局性和指导性,目的在于实现全国范围内应急运输的协调联动,保证应急运输全国"一盘棋"。

二是要结合本地区实际。县级以上地方人民政府和有关主管部门在遵循国家方案的同时,还需要更加精准地制定和实施地方应急运输保障措施,提高应急响应的针对性和有效性。本条第二款规定的"本地区实际",主要是指本地区的地理环境、交通状况、应急资源分布、人口分布以及可能面临的某类经常发生的风险等实际情况。

三是要确保运输通道和客货运枢纽畅通。本条第二款规定的"运输通道",主要是指在一定区域内,连接主要交通流发源地,具有共同流向,并且一般有可供选择的几种运输方式组成的宽阔地带;"客货运枢纽",主要是指运输网络中具有较大规模客货运输生成源的主要结点,由一组或多组客货运输站场构成。在应急运输保障工作中,运输通道和客货运枢纽畅通至关重要,只有确保畅通,才能有效提高运输效率,减少交通拥堵等原因导致的延误和损失。因此,县级以上地方人民政府和有关主管部门应当加强对运输通道和客货运枢纽的监测和管理,及时发现并解决可能影响其畅通的问题,维护良好的交通秩序和运输环境。

三、社会力量积极参与应急运输保障

本条第三款主要规定了社会力量参与应急运输保障的有关内容。应急运输保障工作强调社会力量参与,注重发挥社会力量的积极作用,符合本法第四条规定的突发事件应对工作治理体系"社会协同、公众参与"的要求,也与本法关于表彰奖励、鼓励支持社会力量建立提供社会化应急救援服务的应急救援队伍,支持引导志愿服务组织和志愿者参与应对突发事件等规定相衔接。《"十四五"国家应急体系规划》明确要求"健全社会紧急运输力量动员

机制"。

社会力量参与应急运输保障有助于借助社会力量丰富的运输资源和专业的运输能力,有效补充政府资源,形成政府主导、社会参与的应急运输保障格局,提升国家应急响应能力和效率;有助于依托社会力量更加灵活高效的运营机制,迅速响应并适应复杂多变的应急运输需求,根据实际情况灵活调整运输方案,高效开展运输活动,确保物资和人员及时送达;有助于结合社会力量就近、便捷等特殊优势,在面临政府应急运输资源受损,或者因自然环境等因素无法及时部署到位,或者救灾需求过大难以尽快全部满足等情况时,迅速填补空缺,提高应急运输保障的连续性和稳定性。

社会力量参与应急运输保障应当服从突发事件应急指挥机构的统一指挥。在突发事件发生后,如果没有统一的指挥,就无法有效协调社会各方资源,容易产生重复劳动和资源浪费,甚至可能在短时间内造成有限运输通道上的运输资源过载,反而影响应急运输效率。因此,统一指挥是确保应急运输工作有序、高效进行的关键。相关法律、法规、规章及规范性文件对社会力量服从突发事件应急指挥机构的统一指挥也作出了规定。比如,海上交通安全法规定,国家鼓励社会力量建立海上搜救队伍,参与海上搜救行动;海上搜救中心及时组织、协调、指挥政府有关部门、专业搜救队伍、社会有关单位等各方力量参加搜救,并指定现场指挥;参加搜救的船舶、海上设施、航空器及人员应当服从现场指挥,及时报告搜救动态和搜救结果。《道路运输条例》规定,发生交通事故、自然灾害以及其他突发事件,客运经营者和货运经营者应当服从县级以上人民政府或者有关部门的统一调度、指挥。

第四十八条　国家建立健全能源应急保障体系,提高能源安全保障能力,确保受突发事件影响地区的能源供应。

【释义】　本条是关于建立健全能源应急保障体系的规定。

本条是此次法律修订新增加的条款。

能源一般是指直接或者通过加工、转换而取得有用能的各种资源,包括煤炭、石油、天然气、核能、水能、风能、太阳能、生物质能、地热能、海洋能以及电力、热力、氢能等。能源是现代社会的血液、国民经济的命脉,是经济社会发展的重要物质基础和动力源泉,能源安全事关经济发展、社会稳定、国家安全,做好能源安全保障对于突发事件应对具有重要意义。比如,在突发事件应对工作中,受困人员的搜寻救治、受灾群众的生产生活、救灾物资和人员的及时运输等,都离不开各类车辆、机械、工程设施、生活设施、电子设备等的支持,这些都依赖能源的支撑和保障。

能源法第五章"能源储备和应急"专章对能源应急保障的内容作了细化规定。本法主要从三个方面对能源应急保障体系作原则性要求:

首先,要建立健全能源应急保障体系。能源应急保障体系是指为应对突发事件对能源供应造成的影响,如供应严重短缺、供应中断、价格剧烈波动等紧急事态,而建立的一套完善的预防、预警、应急响应和恢复重建的体系。这一体系主要包括以下几个方面:一是确定管理体制和组织体系。主要是明确在突发事件发生时的能源应急管理体制,并具体明确保障能源供应的牵头部门或者专门的能源应急保障指挥机构等,负责突发事件发生后能源保障工作的统一指挥、协调和决策,其他有关部门、能源企业等按照职责分工,落实应急保障措施。能源法规定,国家建立统一领导、分级负责、协调联动的能源应急管理体制;县级以上人民政府加强能源应急体系建设。二是制定应急预案。主要是根据不同类型的突发事件制定详细的应急预案,在其中明确能源保障方面的应急响应流程、责任分工、资源调配等内容,确保在突发事件发生时能够迅速、有序地维持能源的正常供应。能源法规定,国务院能源主管部门会同国务院有关部门拟定全国的能源应急预案,报国务院批准后实施;省、自治区、直辖市人民政府根据本行政区域的实际情况,制定本行政区域的能源应急预案;设区的市级人民政府、县级人民政府能源应急预案的制定,由省、自治区、直辖市人民政府决定;规模较大的能源企业和用能单位应当按照国家规定编制本单位能源应急预案。三是储备应急能源物资。主要是提前建立应急能源物资储备库,储备必要的能源物资、装备等,以应对突发事件可能导致的能源供应短缺;定期进行检查和维护,确保相关物资和装备等处于良好可用状态。能源法规定,国家按照政府主导、社会共建、多元互补的原则,建立健全高效协同的能源储备体系,科学合理确定能源储备的种类、规模和方式;能源储备实行政府储备和企业储备相结合,实物储备和产能储备、矿产地储备相统筹,政府储备包括中央政府储备和地方政府储备,企业储备包括企业社会责任储备和企业其他生产经营库存;国家完善能源储备监管体制,持续提升能源储备综合效能。四是建立能源预测预警体系。能源法规定,国家建立和完善能源预测预警体系,提高能源预测预警能力和水平,及时有效对能源供求变化、能源价格波动以及能源安全风险状况等进行预测预警;能源预测预警信息由国务院能源主管部门发布。五是建立应急能源保障队伍。主要是组建具备丰富应急能源保障专业知识和工作经验的专业应急队伍,加强培训和演练,提高应急响应能力和专业水平。比如,组建电线、高压输电系统、燃气燃油管道破损抢险维修队伍,能源资源运输队伍等。六是及时启动和终止应急响应。主要是出现能源供应严重短缺、供应中断等能源应急状态时,有关人民政府应当按照权限及时启动应急响应,并根据实际情况和需要,依法采取应急处置措施;能源应急状态消除后,要及时终止实施应急处置措施。

其次,要提高能源安全保障能力。党的十八大以来,习近平总书记创造性地提出推动能源消费革命、推动能源供给革命、推动能源技术革命、体制革命,全方位加强国际合作的能源安全新战略,为新时代中国能源产业高质量发展提供了根本遵循,也为做好突发事件能源安全保障提供了方向指引。提高能源安全保障能力,要重点从以下几个方面开展工作:一是加大投入力度,加强能源基础设施建设和工作人员专业化建设,提高能源生产和供应、输送、储备能力。二是推动能源多元化发展,扩大能源有效供给,积极发展多种能源形式(如在发展煤炭、石油、天然气等传统能源的基础上大力发展新能源和可再生能源等),实现能源供应的多元化和互补性。三是推进能源技术创新,分类推进相关能源领域技术自主创新,扎实开展关键技术装备攻关,不断提高新能源技术和装备制造水平。四是加强国际合作,积极参与国际能源合作与交流,引进先进技术和管理经验,提高国内能源产业的竞争力和安全水平。五是加强监管和执法,建立健全监管和执法体系,加强能源市场的监管和执法力度,维护能源市场的稳定和公平。

最后,要确保受突发事件影响地区的能源供应。为了在突发事件发生时,确保受影响地区的能源供应,根据能源法规定,出现能源供应严重短缺、供应中断等能源应急状态时,有关人民政府应当按照权限及时启动应急响应,并可采取如下措施:发布能源供求等相关信息;实施能源生产、运输、供应紧急调度或者直接组织能源生产、运输、供应;征用相关能源产品、能源储备设施、运输工具以及保障能源供应的其他物资;实施价格干预措施和价格紧急措施;按照规定组织投放能源储备;按照能源供应保障顺序组织实施能源供应;等等。在出现能源应急状态时,能源企业、能源用户以及其他有关单位和个人应当服从有关人民政府的统一指挥和安排,按照规定承担相应的能源应急义务,配合采取应急处置措施,协助维护能源市场秩序。除本法、能源法之外,相关法律、法规、规章及规范性文件对突发事件中的能源供应也作了规定。比如,电力法规定,因抢险救灾需要紧急供电时,供电企业必须尽速安排供电,所需供电工程费用和应付电费依照国家有关规定执行。防洪法规定,运输、电力、物资材料供应等有关部门应当优先为防汛抗洪服务。《城镇燃气管理条例》规定,县级以上地方人民政府应当建立健全燃气应急储备制度,组织编制燃气应急预案,采取综合措施提高燃气应急保障能力;燃气供应严重短缺、供应中断等突发事件发生后,县级以上地方人民政府应当及时采取动用储备、紧急调度等应急措施。

第四十九条 国家建立健全应急通信、应急广播保障体系,加强应急通信系统、应急广播系统建设,确保突发事件应对工作的通信、广播安全畅通。

【释义】 本条是关于国家建立健全应急通信、应急广播保障体系的规定。

由于突发事件的发生具有意外性和紧急性,往往造成各方信息不对称、信息不畅或者缺失,影响对突发事件的判断。因此,信息是贯穿突发事件应对全过程的关键要素,是政府有序高效开展突发事件应对工作的基础。一方面,有关人民政府和部门应当将突发事件相关信息及时上传下达,既保证上级政府能够清楚掌握现场情况和社会情况,及时作出安排部署,又使下级单位清楚整体形势和上级的命令、要求,并将遇到的问题难题等及时进行反馈和报告,进而提高突发事件应对工作的精准化水平,有效降低突发事件造成的损害。另一方面,有关人民政府和部门应当及时向社会公布突发事件相关信息和决定、命令、措施等,将突发事件的基本情况,当前的形势及之后可能的发展,可能导致突发事件发生的原因,目前人民政府及其有关部门正在采取的应对处置措施和有关命令、要求等告知社会公众,使社会公众能够清楚情况并按照要求采取行动,如居家隔离、报告情况、及时撤离、参与救援等,配合有关人民政府和部门积极应对突发事件,做好自救与互救。政府发布的准确信息有助于及时回应社会关切,"让真相跑在谣言的前面",缓解社会公众恐慌、消除群众疑虑,正面引导社会舆论。为了确保信息传输的高效准确,本法规定的建立健全应急通信、应急广播保障体系显得尤为重要。

一、应急通信保障体系

应急通信是指在突发事件发生后,普通的、适用于平时的通信手段因硬件设施损坏、软件故障或者其他原因无法正常使用情况下,可以紧急启用、迅速建立并用于恢复、保障信息传递和通信畅通的暂时性的特殊通信机制。建立健全应急通信保障体系,有助于在突发事件发生后,在常规通信手段被摧毁或者中断的情况下,有关地区快速建立并维持通信联络,缩短救援响应时间,提高应急响应效率,为开展救援行动提供必要的信息支持。同时,应急通信系统还能在一定程度上满足当地民众的基本联系需求,为及时、准确的信息传递提供信息通信服务,增强民众安全感,稳定社会情绪,为灾后重建和恢复工作营造良好的社会氛围。

突发事件很难预测,通常没有确切的时间、地点,现场情况也异常复杂多变,通信设施受损程度具有不确定性,并且应急通信网络刚刚恢复使用时的用户群体非常庞大,难以预测能够满足实际需求的业务容量,因此应急通信需要具备以下特点:一是快速部署、快速启用、快速恢复。突发事件发生后,时间就是生命,应急通信需要能够在短时间内到灾区或者事故现场迅速灵活地部署设备、构建网络,以尽快建立和恢复通信服务,助力应急处置与救援行动的及时开展。二是形式便捷、适应性强。应急通信系统需要能够适应不同的环境和需求,提供多种可选择的通信方式,以在不同场景下实现有效的通信覆盖和信息传递。三是高度稳定、安全可靠。在紧急情况下,通信系统的稳定性决定了信息传输的效率和质量。应急通信系统需要具备高度的可靠性,能够在恶劣环境下正常工作,并确保信息传递的准确性和连续性。四是容灾抗毁性能强大。应急通信系统需要具备较强的容灾抗毁性能,确保通信联络持续、不间断。

党的十八大以来,党和国家高度重视应急通信系统建设。比如,《"十四五"国家应急体系规划》提出,加强空、天、地、海一体化应急通信网络建设,提高极端条件下应急通信保障能力;构建基于天通、北斗、卫星互联网等技术的卫星通信管理系统,实现应急通信卫星资源的统一调度和综合应用;加大第五代移动通信(5G)、高通量卫星、船载和机载通信、无人机通信等先进技术应急通信装备的配备和应用力度；提高公众通信网整体可靠性，增强应急短波网覆盖和组网能力。《"十四五"信息通信行业发展规划》提出，全面提升应急通信保障水平；统筹卫星与地面、公网与专网建设，综合利用5G、卫星通信、短波等通信技术，提高公众通信网的抗灾能力和预警信息发布能力。2024年2月，应急管理部制定发布推荐性行业标准《应急指挥通信保障能力建设规范》，进一步指导和加强应急指挥通信保障能力建设。这些政策举措都有力推动了应急通信系统的发展。

二、应急广播保障体系

应急广播是指在发生突发事件后，适用于平时的通信、广播、电视等系统已经遭到损坏、无法正常使用时，政府能够迅速启用的安全、高效的向社会公众传递突发事件信息的广播渠道。应急广播的特点主要包括：一是快速高效，即应急广播在短时间内迅速启动，通过无线电波传输信息，传播速度快且稳定可靠，能够及时将紧急信息传递给广大群众，为群众争取宝贵的避险和救援时间。二是覆盖广泛，即应急广播覆盖大喇叭、音柱、电视机、公共大屏等各类终端，能够通过一对多、点对面的传播方式，将信息传送至各个年龄段和社会阶层的人群，能够覆盖到城乡各个角落，直达社会基层，乃至比较偏远的乡村地区，确保信息的全面传递。三是权威可靠，即应急广播发布的信息来自政府部门或者权威机构，具有较高的权威性、科学性和可信度，能够有效平息民众恐慌情绪、压缩谣言传播空间。四是便捷实用，即应急广播提供的信息包括灾害预警、应急通知、救援进展等，对民众采取正确的应对措施具有重要指导意义，而且相对于其他信息传播方式而言，应急广播建设和运营成本较低，更加易于推广。作为一种能够快速向公众传递紧急信息的方式，应急广播有利于打通应急信息发布的"最后一公里"，在及时传达政令、发布信息、引导舆论、稳定人心、协助救灾等方面，有着不可替代的独特作用。

2011年10月，党的十七届六中全会作出"建立统一联动、安全可靠的国家应急广播体系"的战略部署。"十二五"期间，国家应急广播体系开始搭建，2012年年底，中央人民广播电台成立国家应急广播中心。2015年1月，中共中央办公厅、国务院办公厅印发《关于加快构建现代公共文化服务体系的意见》，提出"实施国家和地方应急广播工程，完善应急广播覆盖网络，打造基层政务信息发布、政策宣讲和灾害预警应急指挥平台","为全民提供突发事件应急广播服务"被列入《国家基本公共文化服务指导标准(2015—2020年)》。《国家突发事件应急体系建设"十三五"规划》提出,"推进国家应急广播体系建设,升级改造传输覆盖网络,布置应急广播终端,提高容灾抗毁能力;完善应急信息采集与发布机制,实现与突发事件预警信息发布系统的有效对接,健全国家应急广播体系运行制度和相关标准规范,提升面向公众的突发事件应急信息传播能力"。《"十四五"国家应急体系规划》提出,"推进应急广播系统建设,开展农村广播使用人员培训和信息发布演练"。《全国应急广播体系建设总体规划》提出,在国家应急管理体系总体框架下,遵循统筹规划、分级建设、安全可靠、快速高效、平战结合的基本原则,统筹利用现有广播电视资源,建设形成中央、省、市、县四级统一协调、上下贯通、可管可控、综合覆盖的全国应急广播体系,向城乡居民提供灾害预警应急广播和政务信息发布、政策宣讲服务。这些都为推进应急广播保障体系提供了有利政策依据。2013年4月22日,雅安地震发生后,我国首次以"国家应急广播"为呼号,向灾区民众定向播出应急频率。全国应急广播体系已初具规模,应急广播国家级平台已经投入试运行,并与已建设的省级平台完成对接,市县平台已经达到千余个,老少边及欠发达地区县级应急广播体系建设取得积极进展。

第五十条　国家建立健全突发事件卫生应急体系,组织开展突发事件中的医疗救治、卫生学调查处置和心理援助等卫生应急工作,有效控制和消除危害。

【释义】 本条是关于国家建立健全突发事件卫生应急体系的规定。

突发公共卫生事件直接与人民群众生命健康相关,其他突发事件,比如自然灾害、事故灾难、社会安全事件等,也会对人民群众的生命安全和身体健康造成威胁,需要进行伤病员的救治工作。以医疗机构及其从业人员为主体的卫生应急体系,涵盖预防准备、监测预警、处置救援、恢复重建等多个环节,是国家突发事件应对管理体系的重要组成部分,承担着有效应对和处置突发公共卫生事件、开展突发事件紧急医学救援、维护群众生命安全和社会稳定的重要使命。习近平总书记强调,"在重大疫情面前,我们一开始就鲜明提出把人民生命安全和身体健康放在第一位";"人民至上、生命至上,保护人民生命安全和身体健康可以不惜一切代价!"建立健全突发事件卫生应急体系,目的是在突发事件发生时,能够迅速、有序、高效地调动医疗卫生机构和相关专业人员,第一时间开展人员抢救、医疗救治、疫病防治、心理干预等卫生应急工作,处置因突发事件引发的卫生相关问题,有效地控制和消除突发事件带来的危害,从而更好地保护人民群众的生命安全和身体健康,维护社会稳定。对此,本条专门对国家建立健全突发事件卫生应急体系作出规定、提出要求。

2003年春季,我国暴发传染性非典型肺炎疫情,引起了政府部门对建立卫生应急体系的重视,此后,我国在卫生应急管理方面建立了"一案三制"的核心框架,包括制订修订应急预案,建立健全应急机制、应急体制和应急法制等内容。2003年5月,国务院发布《突发公共卫生事件应急条例》,2011年予以修订。2006年,国务院发布《国家突发公共卫生事件应急预案》。此后,全国人大常委会制定修改传染病防治法、突发事件应对法、食品安全法、精神卫生法、基本医疗卫生与健康促进法、生物安全法等。2010年,原卫生部、国家发展改革委印发《关于加快突发公共事件卫生应急体系建设和发展的指导意见》。2016年,中共中央、国务院印发《"健康中国2030"规划纲要》,明确提出"到2030年,建立起覆盖全国、较为完善的紧急医学救援网络,突发事件卫生应急处置能力和紧急医学救援能力达到发达国家水平"。"十二五"期间,我国组建国家卫生应急队伍,推进"卫生应急综合示范社区"等基层示范项目建设。《"十三五"卫生与健康规划》提出"加强突发事件卫生应急"的主要任务,《国家突发事件应急体系建设"十三五"规划》也提出一系列举措。"十四五"规划提出"提高应对突发公共卫生事件能力""推进公共卫生应急保障""建立健全统一的国家公共卫生应急物资储备体系"等任务目标。2019年制定的基本医疗卫生与健康促进法第十九条规定,"国家建立健全突发事件卫生应急体系,制定和完善应急预案,组织开展突发事件的医疗救治、卫生学调查处置和心理援助等卫生应急工作,有效控制和消除危害",为国家建立健全突发事件卫生应急体系提供了有力法治保障。

新冠肺炎疫情是百年来全球发生的最严重的传染病大流行,是新中国成立以来我国遭遇的传播速度最快、感染范围最广、防控难度最大的重大突发公共卫生事件。2020年2月,习近平总书记在中央全面深化改革委员会第十二次会议上指出,要完善重大疫情防控体制机制,健全国家公共卫生应急管理体系,提高应对突发重大公共卫生事件的能力水平。2023年4月,为进一步提高突发事件医疗应急工作响应速度和救治水平,最大限度减少伤亡伤残,国家卫生健康委员会办公厅发布《关于进一步做好突发事件医疗应急工作的通知》。目前,我国已经全面健全医疗应急预案体系,初步建立起了具有中国特色的医疗应急体系。为贯彻党中央重大决策部署和习近平总书记有关重要论述精神,与基本医疗卫生与健康促进法相衔接,本条新增加国家建立健全突发事件卫生应急体系相关规定。

在突发事件应对处置工作中,医疗救治是卫生应急工作的中心任务。有关人民政府及卫生健康部门应当快速响应并启动应急预案,迅速组织各级医疗机构、医疗救援队伍和志愿者等力量,统一调配包括医护人员、药品、器械等医疗资源,对伤病员开展及时、有效的救治,包括现场急救、伤员转运、医院救治等多个环节,以最大限度地减少人员伤亡。

卫生学调查处置,旨在查明突发事件的发生原因、传播途径、危害程度及影响范围等,为制定防控措施提供科学依据。主要包括:通过医疗机构、社区、学校等多种渠道,对病例进行详细的流行病学调查;对发生的聚集性病例进行深入调查,分析可能的传播途径和共同暴露因素等;对事件现场及周边环境进行勘查,了解环境卫生状况、污染源有关情况等。通过对收集到的样本等进行检测分析,对事件的危害程度、影响范围及发展趋势进行风险评估,为制定有针对性的防控措施提供参考。

突发事件不仅威胁人民生命财产安全和社会稳定,还是典型的应激源,会使个体感受到生理、心理方面的威胁,并由此产生一系列生理、情绪、认知、行为等方面的反应。因此,心理援助是卫生应急工作的重要内容之一,也是突发事件应对处置和善后处置工作中一项重要且复杂的任务。精神卫生法第十四条中规定,各级人民政府和县级以上人民政府有关部门制定的突发事件应急预案,应当包括心理援助的内容。发生突发事件,履行统一领导职责或者组织处置突发事件的人民政府应当根据突发事件的具体情况,按照应急预案的规定,组织开展心理援助工作。突发事件发生后,有关人民政府和部门应当组织心理卫生专家和专业志愿者队伍,对受灾群众和受事故影响的人员在面临心理困扰或者危机时提供及时、有效的支持和帮助,通过心理疏导和干预,帮助缓解焦虑、恐惧等负面情绪,重建心理健康,以有效减轻和控制突发事件对公众心理健康的影响。

第五十一条　县级以上人民政府应当加强急救医疗服务网络的建设，配备相应的医疗救治物资、设施设备和人员，提高医疗卫生机构应对各类突发事件的救治能力。

【释义】　本条是关于县级以上人民政府加强突发事件急救医疗建设、提高医疗卫生机构救治能力的规定。

突发事件紧急医学救援是新时代应急管理的重要内容，也是医疗应急工作的重要组成部分。《突发事件紧急医学救援"十四五"规划》提出，突发事件紧急医学救援工作要落实各级政府责任，坚持属地管理、分级负责。县级以上人民政府应当加强急救医疗服务网络的建设，并配备相应的医疗救治物资、设施设备和人员，以确保在突发事件发生时，有关医疗卫生机构具备足够的应对能力，能够迅速、有效地提供医疗救治服务，保障公众的生命安全和身体健康。根据基本医疗卫生与健康促进法第五十条、医师法第三十二条的规定，发生自然灾害、事故灾难、公共卫生事件和社会安全事件等严重威胁人民群众生命健康的突发事件时，医疗卫生机构、医疗卫生人员应当服从政府部门的调遣，参与卫生应急处置和医疗救治。

急救医疗服务网络是指由院前急救、院内急诊以及重症监护等环节组成的，旨在迅速响应并有效救治急危重症患者的医疗服务体系，是突发事件医疗救治体系的重要组成部分，为挽救患者生命提供了重要保障。其中，院前急救是整个急救体系中最为重要的环节，是决定危重伤病员抢救能否成功的关键，主要包括急救中心、急救站（点）以及急救车辆等，负责在接到急救呼叫后迅速响应，前往现场进行初步评估、紧急处理和转运患者至医院。院内急诊主要指医院的急诊科室，包括初步诊断、稳定病情、分流患者等。重症监护病房（ICU）主要为病情危重的患者提供更高级别的生命支持和监护，以确保患者生命体征的稳定和恢复。县级以上人民政府应当根据我国地理特点、人口分布、医疗资源配置情况和突发事件风险分布特点，科学规划、合理设置急救中心、急救站（点）等，确保急救服务的可及性和覆盖面，同时加强城乡急救服务一体化建设和区域平衡，提高农村和偏远地区的急救服务水平，建立健全覆盖城乡、高效运转的急救医疗服务网络。

医疗救治物资是开展医疗救治工作的物质基础,主要包括药品、医疗器械、防护用品、医用耗材等。充足的医疗救治物资可以保障迅速响应,快速控制局面,保护一线医护人员的安全,减少因物资短缺引发的恐慌,确保应对工作持续有效顺利进行。县级以上人民政府应当根据本地区经常发生的突发事件的特点和可能出现的医疗救治需求,科学预测、合理储备急救工作所需医疗救治物资,确保储备物资的充足性和有效性;同时,健全地区间、部门间、军地间卫生应急物资调运机制,提高卫生应急物资调拨和使用的时效性。此外,还应当利用信息技术对物资进行动态监控和智能管理,提高管理效率和准确性。

设施设备是医疗救治工作的硬件保障,主要包括急救车辆、救治设备,防护、诊断、检测装备,信息化系统等。县级以上人民政府应当加大对医疗设施设备的投入力度并及时更新升级,提升急救医疗机构的诊疗水平和救治能力;加强急救车辆等运输设备的配备和调度管理,确保在突发事件发生时能够迅速到达现场进行救治;引入远程医疗、移动医疗等先进的急救技术和设备,提高急救服务的效率和质量;提高急救服务的信息化水平,利用大数据、人工智能等技术手段进行智能化管理。

人员队伍是医疗救治工作的核心力量,其素质和能力直接影响急救工作的成效。紧急医学救援类队伍人员是国家卫生应急队伍的重要组成部分,2024年3月,国家卫生健康委、国家中医药局和国家疾控局联合印发《国家卫生应急队伍管理办法》,加强和规范国家卫生应急队伍管理工作。县级以上人民政府应当加强本地区急救医疗机构所属医疗卫生人员的培养和引进工作,组织专业技能培训和实战化训练演练,提高急救医疗卫生人员的专业素养和救治能力。同时,建立健全对医疗救治人员的激励机制和保障措施,确保其全身心地投入到医疗救治工作中。

第五十二条 国家鼓励公民、法人和其他组织为突发事件应对工作提供物资、资金、技术支持和捐赠。

接受捐赠的单位应当及时公开接受捐赠的情况和受赠财产的使用、管理情况,接受社会监督。

【释义】 本条是关于鼓励为突发事件应对工作捐赠以及受捐赠单位接

受社会监督的规定。

一、国家鼓励为突发事件应对工作提供支持和捐赠

突发事件应对不能只依靠各级政府的力量。历史经验证明,广泛的群众支持和公益捐赠对有效应对突发事件具有重要作用,政府救援力量与社会力量的有效整合与协同也是我国突发事件应对工作的重要特点。国家鼓励公民、法人和其他组织积极参与突发事件应对工作,尽己所能提供物资、资金和技术,通过捐赠表达对受灾群众的关爱和支持,同时也能够帮助政府有效地在短时间内集中起应对突发事件所需的资源,提高应对处置工作效率,减轻政府的负担,在全社会形成"一方有难、八方支援"的团结氛围和守望相助、同舟共济的磅礴力量。从实际情况看,每当巨灾大难发生时,社会各界都积极响应政府号召,踊跃捐款捐物,主动投身应急救援行动之中,纷纷伸出援手,为受到突发事件影响的群众提供了及时、有效的帮助。

根据本法第四条的规定,加强突发事件应对工作需要从"社会协同、公众参与"方面完善治理体系。公众参与是突发事件治理体系的重要内容。捐赠是公民、法人和其他组织参与突发事件应对工作的一种重要方式。慈善法第八章专章规定了应急慈善。慈善法第七十条规定,发生重大突发事件需要迅速开展救助时,履行统一领导职责或者组织处置突发事件的人民政府应当依法建立协调机制,明确专门机构、人员,提供需求信息,及时有序引导慈善组织、志愿者等社会力量开展募捐和救助活动。公民、法人和其他组织可以通过慈善组织为突发事件应对处置工作捐赠,也可以直接向受益人捐赠。第七十一条规定,国家鼓励慈善组织、慈善行业组织建立应急机制,加强信息共享、协商合作,提高慈善组织运行和慈善资源使用的效率。在发生重大突发事件时,鼓励慈善组织、志愿者等在有关人民政府的协调引导下依法开展或者参与慈善活动。第七十四条规定,县级以上人民政府及其有关部门应当为捐赠款物分配送达提供便利条件。乡级人民政府、街道办事处和村民委员会、居民委员会,应当为捐赠款物分配送达、信息统计等提供力所能及的帮助。

根据有关法律规定和实际情况,公民、法人和其他组织为突发事件应对工作提供支持与捐赠的形式主要包括:

一是物资支持。突发事件事发突然,短期内社会层面往往面临生活物资、防疫物资、医疗物资等的缺乏。公民、法人和其他组织可以根据自身条件和实际情况,为突发事件应对处置工作提供必要的物资支持,如防寒衣物、食品、饮用水、医疗用品等,新冠肺炎疫情期间的口罩、防护服、呼吸机等物资也是急需和必要的。公民、法人和其他组织捐赠物资既可以及时迅速满足受突发事件损害地区人员的物资需要,也可以降低快速生产和运输所需物资的时间和资金成本。

二是资金支持。资金是突发事件应对处置和后续重建工作的重要物质条件。公民、法人和其他组织可以通过捐款、捐物变卖等方式提供资金支持,用于购买救援物资、修复受损设施、支持受灾群众重建家园等。公民、法人和其他组织的捐赠资金是突发事件应对工作资金的重要组成部分,能够有效缓解突发事件发生初期存在的财力物力不足的状况,分担政府资金压力。

三是技术支持。公民、法人和其他组织可以发挥自身的专业优势和技术特长,如急救、电力、水利、机械、通信、电子、交通工具驾驶等专门技术,卫星遥感、无人机、地面传感器等先进技术,参与搜救被困群众、排除救援障碍、运送救援物资等救援工作,为突发事件应对工作提供技术咨询、开展技术服务活动等。

二、接受捐赠单位的义务

接受捐赠的单位应当及时公开接受捐赠的情况和受赠财产的使用、管理情况,接受社会监督,这是确保捐赠活动公开、透明、公正、有效的法律规定,是此次法律修订新增内容。有关要求在我国相关法律法规中也有明确规定。如慈善法第七十二条规定,为应对重大突发事件开展公开募捐的,应当及时分配或者使用募得款物,在应急处置与救援阶段至少每五日公开一次募得款物的接收情况,及时公开分配、使用情况。公益事业捐赠法第二十二条规定,受赠人应当公开接受捐赠的情况和受赠财产的使用、管理情况,接受社会监督。根据上述法律规定,受赠人有义务公开有关受捐赠情况和受赠财产的使用、管理情况,增强捐赠活动透明度,维护捐赠人权益的同时也增加受赠人的诚信,有助于增强社会公众对公益事业的信任和支持,保护社会公众参与突发事件应对工作的积极性。

接受捐赠单位应当公开的内容主要包括:接受捐赠资金信息,包括捐赠人、捐赠金额、捐赠日期、捐赠项目名称等。接受捐赠物资信息,包括捐赠人,捐赠物资品名、规格、单位、数量、价值(或折价)、捐赠日期等。其中,应当坚持保护捐赠人隐私原则,尊重当事人意愿,涉及国家机密、商业秘密、个人隐私的信息以及捐赠人和受益人不愿意公开的相关信息,不得公开。不予公开的信息,应当接受各级政府有关部门的监督检查。捐赠资金使用信息按捐赠项目或资助项目进行公开,主要包括项目名称、支出金额、最终受益地(单位)或受益人等。

信息公开可采取多种方式,如官方网站、新闻媒体、社交媒体等。关于公开的时间,根据慈善法第七十二条的规定,在应急处置与救援阶段募得款物的接收情况至少每五天公开一次,倡导在条件允许的情况下提高公开频次,增加透明度。关于分配、使用情况,慈善法未规定具体时限,仅要求及时公开,主要考虑是:在应急处置与救援阶段,接受捐赠的慈善组织和其他非营利组织的主要精力和任务应该是及时分配、使用募得款物,如果规定公开分配和使用情况的频次,可操作性较低,而且实践中大部分募得款物是在事后恢复重建阶段使用的,因此慈善法没有对分配、使用情况的公开频次作具体规定。与之相衔接,本法也统一规定为接受捐赠的单位应当及时公开接受捐赠的情况和受赠财产的使用、管理情况。

三、受捐赠的单位接受社会监督

社会监督是指公民、法人和其他组织等社会力量对接受捐赠的单位进行监督,是确保捐赠活动透明、公正、有效的关键环节。任何单位和个人发现接受捐赠的单位有违法行为的,可以向有关部门或者组织投诉、举报。社会公众、媒体等发现有违法违规行为的可以予以曝光,发挥舆论和社会监督作用。加强社会监督,有利于规范和约束受捐赠单位的行为,增强社会公信力,维护广大捐赠人的热情和积极性,促进突发事件应对中应急慈善事业健康发展。

对捐赠所得进行社会监督的前提和基础是受捐赠单位的信息公开。受捐赠单位应主动公开捐赠款物的来源、使用渠道、使用效果等关键信息,接受社会监督,这也是保障捐赠活动公正、透明的重要手段。社会监督不但可以监督受捐赠单位公开的信息是否真实、准确,还可以监督公开信息是否完整、及时。根据有关法律规定和实际情况,社会监督的主要方式有:

一是对违法行为进行投诉、举报。对国家机关和国家工作人员的违法失职行为向有关国家机关提出申诉、控告或者检举,是宪法规定的公民权利。

本法第九条明确规定国家建立突发事件应对工作投诉、举报制度,并对相关内容作了具体规定。此外,根据慈善法第一百零八条的规定,任何单位和个人发现慈善组织、慈善信托有违法行为的,可以向县级以上人民政府民政部门、其他有关部门或者慈善行业组织投诉、举报。民政部门、其他有关部门或者慈善行业组织接到投诉、举报后,应当及时调查处理。

二是舆论监督。舆论监督是通过曝光的方式,将捐赠活动中的违法违规行为暴露于公众面前,有利于提高对违法行为的震慑力,能够有效督促有关部门依法予以监督管理,增强社会监督的力度,维护捐赠活动的正常秩序,推动捐赠活动的透明化和规范化。舆论监督的渠道可以是广播、报刊、电视等传统媒体,也可以是互联网、微信公众号等新兴媒体。

三是第三方审计。实践中可以聘请独立第三方机构对捐赠款物的使用情况进行审计,以确保捐赠款物的合法、合规使用,有关审计结果应向社会公开,接受公众监督。

第五十三条 红十字会在突发事件中,应当对伤病人员和其他受害者提供紧急救援和人道救助,并协助人民政府开展与其职责相关的其他人道主义服务活动。有关人民政府应当给予红十字会支持和资助,保障其依法参与应对突发事件。

慈善组织在发生重大突发事件时开展募捐和救助活动,应当在有关人民政府的统筹协调、有序引导下依法进行。有关人民政府应当通过提供必要的需求信息、政府购买服务等方式,对慈善组织参与应对突发事件、开展应急慈善活动予以支持。

【释义】 本条是关于红十字会和慈善组织在突发事件应对中发挥作用、开展工作的规定。

本条是此次法律修订新增加的内容。

一、关于红十字会的规定

(一)红十字会在突发事件应对中的法定职责

红十字会法第二条明确规定,中国红十字会是中华人民共和国统一的红十字组织,是从事人道主义工作的社会救助团体。第十一条明确规定了红十字会的九项职责:(1)开展救援、救灾的相关工作,建立红十字应急救援体系。在战争、武装冲突和自然灾害、事故灾难、公共卫生事件等突发事件中,对伤病人员和其他受害者提供紧急救援和人道救助。(2)开展应急救护培训,普及应急救护、防灾避险和卫生健康知识,组织志愿者参与现场救护。(3)参与、推动无偿献血、遗体和人体器官捐献工作,参与开展造血干细胞捐献的相关工作。(4)组织开展红十字志愿服务、红十字青少年工作。(5)参加国际人道主义救援工作。(6)宣传国际红十字和红新月运动的基本原则和日内瓦公约及其附加议定书。(7)依照国际红十字和红新月运动的基本原则,完成人民政府委托事宜。(8)依照日内瓦公约及其附加议定书的有关规定开展工作。(9)协助人民政府开展与其职责相关的其他人道主义服务活动。

本条与上述规定相衔接,红十字会在防灾减灾、灾害紧急救助及灾后重建等方面应当承担以下职责:

一是开展救援、救灾与人道救助。红十字会作为人道主义组织,其法定职责的第一项就包括在自然灾害、事故灾难、公共卫生事件等突发事件中,对伤病人员和其他受害者提供紧急救援和人道救助。例如,动员、组织并指导红十字志愿者参与紧急救援和灾害救助工作;协助政府开展医疗救护和疾病预防控制工作;为伤病人员提供医疗救治、转运伤员、分发急救包和基本生活物资、设立临时避难所等,以减轻受灾群众的痛苦和损失。同时,红十字会还关注受灾者的其他基本生存需求,如提供食物、水、衣物等,提供必要的人道救助。

二是协助政府开展人道主义服务活动。除了直接的救援行动外,红十字会还协助政府开展与其职责相关的人道主义服务活动。包括协助政府进行灾区群众的转移安置工作;参与受灾严重地区的灾后恢复重建工作,必要时提供心理救援;开展社区备灾以及防灾避险、疫病防治等知识的宣传普及,加强人道主义精神的宣传工作等。

(二)政府保障红十字会参与应对突发事件

红十字会作为开展人道主义工作的社会救助团体,是政府应对处置突发事件的重要支持力量。红十字会参与处置突发事件,不仅提高了救援效率和质量,还有助于增强社会对突发事件的应对能力。红十字会法第五条规定,各级人民政府对红十字会给予支持和资助,保障红十字会依法履行职责,并对其活动进行监督。红十字会法第十二条规定,在自然灾害、事故灾难、公共卫生事件等突发事件中,执行救援、救助任务并标有红十字标志的人员、物资和交通工具有优先通行的权利。根据红十字会法第十七条的规定,红十字会财产的主要来源之一是人民政府的拨款。

政府对红十字会除了支持和保障之外,还有依法监督其活动的职责。红十字会法第二十四条规定,红十字会财产的收入和使用情况依法接受人民政府审计等部门的监督,红十字会接受社会捐赠及其使用情况依法接受人民政府民政部门的监督;第二十六条规定了红十字会及其工作人员有违法情形的,由同级人民政府审计、民政等部门责令改正,并依法追究有关人员的法律责任。

二、关于慈善组织的规定

根据慈善法的规定,慈善组织是指在依法登记、符合慈善法规定,以面向社会开展慈善活动为宗旨的非营利性组织,包括绝大多数基金会,部分以面向社会开展慈善活动为宗旨的社会团体和民办非企业单位。依法成立的基金会、社会团体和民办非企业单位多数具有法人主体资格。在突发事件应对处置工作中,政府发挥主导作用,慈善组织等开展募捐和救助活动,是重要的社会力量之一,发挥辅助和补充作用。有关人民政府应当统筹协调、有序引导包括慈善组织在内的各方力量有序参与到突发事件应对中,确保应对活动有序、高效开展,以取得最佳应对效果。本条第二款通过促进政府与慈善组织之间的协同合作和资源共享,充分发挥慈善组织的积极作用,提高处置效率。

(一)慈善组织的募捐和救助活动应当在有关人民政府的统筹协调、有序引导下进行

慈善组织分为不同类型,擅长或者具有专长的领域有所不同。从参与突发事件应对处置工作实际看,慈善组织的工作主要集中在开展募捐和救助活动。在突发事件发生初期,许多慈善组织往往是自发地、分散地、随机地参与应急工作,可能影响突发事件处置的正常秩序。因此,政府需要通过建立协调机制或者明确专门机构、人员进行联系协调等方式,对慈善组织的募捐和救助活动进行统筹协调、有序引导,确保慈善组织的活动在法律框架内进行,同时能够与政府的应急响应相衔接、与政府采取的应急处置措施相协调,发

挥慈善组织专业特长,各方面形成合力,保证突发事件应对处置的正常秩序,最大化发挥各方面应有作用。政府还可以通过提供必要的信息、资金、物资,促进慈善组织之间信息共享、引领和规范慈善组织的自律行为等,促进慈善组织更为健康的发展。

(二)慈善组织应当依法开展活动

慈善法对慈善组织的登记认定、组织章程、内部治理,公开募捐的资格、方式、方案,慈善捐赠的禁止性要求,慈善财产的使用、管理,慈善活动中的信息公开,各方面对慈善活动的监督管理等作了明确规定。慈善组织在开展募捐和救助活动时,必须严格遵守慈善法等相关法律法规的规定,确保活动的合法性。例如,慈善组织应当根据法律法规以及章程的规定,建立健全内部治理结构,明确决策、执行、监督等方面的职责权限,开展慈善活动。慈善组织应当执行国家统一的会计制度,依法进行会计核算,建立健全会计监督制度,并接受政府有关部门的监督管理。慈善组织需要取得公开募捐资格才能开展公开募捐活动,募捐活动结束后需要按照规定进行信息公开等。慈善组织的财产应当根据章程和捐赠协议全部用于慈善目的,不得在发起人、捐赠人以及慈善组织成员中分配。任何组织和个人不得私分、挪用、截留或者侵占慈善财产。

(三)有关人民政府应当对慈善组织参与应对突发事件、开展应急慈善活动予以支持

一是提供需求信息。受突发事件影响的地区和群众的需求往往非常迫切且复杂多样。政府作为承担应急管理职责的主体,拥有较为完善的信息收集和分析系统,能够及时了解并评估灾情和受灾群众的需求信息。政府有必要向慈善组织提供有关信息,帮助慈善组织更加精准地定位救助需求,提高慈善资源利用效率,避免调度不畅,减少资源浪费,确保救助活动能够及时、准确惠及真正急需帮助的地区和人群。

二是政府购买服务。政府可以根据实际情况和需要,向慈善组织等社会力量购买服务,如紧急救援、物资配送、心理疏导等,由慈善组织根据政府的要求和标准提供。这些服务通过发挥慈善组织的专业优势,配合政府处置突发事件的需要,满足受突发事件影响的地区和群众的实际需求。这样不仅可以为慈善组织提供必要的资金和资源支持,还可以整合并高效运用社会资源,促进政府与社会力量之间的良性互动、协同合作。

三是提供便利条件。相较于慈善组织,县级以上人民政府及其有关部门在突发事件应对中具有明显的信息、交通方面的优势,应当为慈善组织提供便利,包括为参与捐赠款物分配送达的主体摸清一线需求,组织协调运输经营单位,运送处置突发事件所需物资等。

此外,政府可以通过鼓励慈善组织和慈善行业组织建立应急机制、加强政策引导和宣传、提供必要的法律服务保障和制度支持等多种方式为慈善组织提供支持和帮助,确保其能够更好地发挥作用,促进慈善组织健康发展。

第五十四条　有关单位应当加强应急救援资金、物资的管理,提高使用效率。

任何单位和个人不得截留、挪用、私分或者变相私分应急救援资金、物资。

【释义】　本条是关于应急救援资金、物资使用管理的规定。

本条是此次法律修订新增加的内容。

应急救援资金、物资是突发事件应对工作的物质基础。对应急救援资金与物资的管理、使用以及有关禁止性行为作出规定,旨在确保突发事件发生时相关资金、物资能够得到合法、高效、合理的使用,最大限度地实现应急处置效果,减少突发事件造成的实际损害,保障人民群众生命财产安全。

一、加强应急救援资金、物资的管理,提高使用效率

为了实现应急救援目的,各级人民政府及其有关主管部门、救援队伍、医疗机构、慈善组织等,对于其通过拨付、募集、筹措、购买等方式持有、保管的资金、物资应当加强管理,提高使用效率,具体包括:

一是科学规划储备。2022 年 10 月 11 日,应急管理部、国家发展改革委、财政部、国家粮食和储备局联合印发《"十四五"应急物资保障规划》,对"十四五"期间应急物资保障工作作出全面部署。有关单位应当坚持规划引领,根据气象及地理条件、常发灾害特点和风险评估结果等实际情况,科学规划应急救援物资的储备种类和规模,采取科学的储备方式,合理配置资源,避免出现储备不足或者储备过度的情况,确保在需要时物资储备能够及时到位、迅速投入使用。

二是明确职责分工。在有关人民政府的领导下,各有关部门根据职责分工,明确对不同种类应急物资承担储备、调拨、使用等具体职责,避免部门间职责不清、相互推诿,影响突发事件应对处置工作效率。

三是建立健全管理制度,加强物资日常管理。管理制度应包括储备资金的筹措、分配、使用、监督,储备物资的采购、储存、维护、更新、调拨、分发等环节,保证储备资金和物资数量明确、台账清晰、流向可查、管理和使用有序进行。加强日常巡检力度,定期对储藏环境进行检查,对储备物资进行盘点和检验,确保物资的数量和质量符合要求。可以实行动态管理机制,对易受潮、易霉变、易损坏的物资进行特殊保管和处理,对失去使用价值、超过储存期限的物资进行轮换更新,物资使用完毕或报废处置后应及时归库或补充。

四是完善物资调拨机制。建立科学高效的物资调拨系统,合理选择应急物资调用地点和物资种类,明确物资申请、审批、调拨、运输等流程,保证在突发事件发生时能够将需要使用的物资准确、迅速地送达有关地区,实现物资使用效果的最大化。

五是加强信息化建设。利用现代信息技术手段(如物联网、大数据等),提高物资管理的智能化水平,通过建立应急救援物资管理信息平台,实现高效及时的物资数据存储、分析与共享,形成科学合理高效的物资储备供应机制,实现物资储备工作的高效联动,推动物资储备管理不断规范、持续向优发展。

六是加强日常培训和演练。定期对物资管理人员进行培训,促进管理方式改进和管理水平提升。适时对有关人员进行应急演练,提高其应对灾害和管理物资的能力,做到遇事不慌。各相关部门和机构可以加强合作与交流,提出工作意见建议,分享经验做法,共同提高应急救援物资管理的整体水平。

二、禁止性规定

应急救援资金、物资应当全部用于应急救援处置,任何单位和个人不得截留、挪用、私分或者变相私分,包括人民政府、有关部门、慈善组织、其他社会力量等。本条规定的截留,是指将本应用于突发事件应对的物资或资金,在分配或使用过程中故意扣留,不按照原定计划或用途进行分配或使用。挪用,是指将专项用于突发事件应对处置的物资或资金,擅自改变其原定用途,挪作他用。私分或变相私分,是指将应急救援物资或资金私自以不正当手段分配给不应分配的单位或者个人,或者通过虚构项目、虚报开支等方式,将公共财产据为己有或分配给特定单位或者个人。

截留、挪用、私分或变相私分应急救援资金、物资,置人民生命财产安全于不顾,严重损害公共利益和人民群众的切身利益,是对突发事件应对处置工作的严重破坏,是严重的违法行为,必须依法坚决予以打击和惩处。刑法第二百七十三条规定,挪用用于救灾、抢险、防汛、优抚、扶贫、移民、救济款物,情节严重,致使国家和人民群众利益遭受重大损害的,对直接责任人员,处三年以下有期徒刑或者拘役;情节特别严重的,处三年以上七年以下有期徒刑。如果从事上述违法活动的是公职人员,还应依据公职人员政务处分法给予处分;是中国共产党党员的,还应依据《中国共产党纪律处分条例》给予党纪处分。

各级人民政府及其有关主管部门,以及在突发事件应对工作中承担有关职责的单位,应当严格依法履行职责,规范管理应急救援资金、物资,建立健全监管机制,确保物资和资金的分配和使用符合法律规定和突发事件应对处置工作安排,及时公开物资和资金的分配和使用情况,接受社会监督,如果发现存在截留、挪用、私分或变相私分应急救援物资、资金的行为,必须依法依规严肃追究责任,以增强公信力,获得人民群众的信任和支持。

第五十五条　国家发展保险事业,建立政府支持、社会力量参与、市场化运作的巨灾风险保险体系,并鼓励单位和个人参加保险。

【释义】　本条是关于国家发展保险事业、建立巨灾风险保险体系并鼓励单位和个人参保的规定。

保险业是与突发事件关系密切的产业。我国每年因自然灾害和交通、生产等各类事故造成的人民生命财产损失巨大。国家发展保险事业,加快保险业改革发展,建立市场化的灾害、事故补偿机制,对完善灾害防范和救助体系,增强全社会抵御风险的能力,具有不可替代的重要作用。发达的商业保险和政策保险可以使应对突发事件的资金更加充足,因此加快发展保险业,有利于应对灾害事故风险,保障人民生命财产安全和经济稳定运行。在突发事件应对领域,建立政府支持、社会力量参与、市场化运作的巨灾风险保险体系,是发展保险事业的重点。

巨灾风险保险体系是指对因发生地震、台风、海啸、洪水等自然灾害,可能造成巨大财产损失和严重人员伤亡的风险,通过保险形式进行风险分散的制度安排。这一体系的建立对于提高我国应对巨灾风险的能力,保障人民群众的生命财产安全具有重要意义,是落实党中央关于"发挥保险业的经济减震器和社会稳定器功能"重要精神的具体举措。

巨灾风险保险具有以下特点:一是灾害损害性高。巨灾风险一旦发生,往往造成巨大的经济损失和人员伤亡,因此其风险性极高。二是风险需多方共担。巨灾造成的损失极大,对于家庭和个人而言,往往是灭顶之灾,即使是政府和企业也往往很难独立承担,因此,巨灾风险保险体系需要政府、保险公司以及社会各界的共同参与,实现风险的多方共担。三是需要政策支持。巨灾虽然发生概率不高,但一旦发生损害极大、保险公司的赔付压力也很大,如果仅从经营收益角度考虑,一般保险公司开展巨灾保险业务的意愿并不强,因此巨灾保险体系需要政府通过制定相关法规和政策,引导并推动其建设和发展。

借鉴国际经验是建立健全巨灾风险保险体系的重要方面。从国际上看,各国政府都在巨灾风险保险体系中扮演重要角色,通过立法、财政补贴、税收优惠等方式支持巨灾保险的发展,结合商业保险、社会救助等多种手段,构建多元化的巨灾风险保障体系。如美国政府针对主要自然灾害和人为巨灾推出各种保险计划,包括国家洪水保险计划、联邦农业保险计划等,并通过再保险和资本市场工具(如巨灾债券)分散巨灾风险。日本制定《地震保险法》,规定商业保险公司和政府共同建立地震保险体系,对企业因地震而发生的损失,在承保限额内由商业保险公司单独承担赔偿责任;对家庭因地震发生的损失,在规定限额内由商业保险公司和政府共同承担赔偿责任。英国等一些欧洲国家也通过法律形式明确巨灾保险的强制性,对巨灾保险责任进行严格界定,并通过扩展基本险保险责任的方式销售。这些做法为我国完善巨灾风险保险体系提供了有益的借鉴和参考。

我国有关突发事件的法律也对巨灾风险保险作出了规定。例如,防震减灾法规定:"国家发展有财政支持的地震灾害保险事业,鼓励单位和个人参加地震灾害保险。"防洪法规定:"国家鼓励、扶持开展洪水保险。"消防法规定:"国家鼓励、引导公众聚集场所和生产、储存、运输、销售易燃易爆危险品的企业投保火灾公众责任保险;鼓励保险公司承保火灾公众责任保险。"森林法规定:"国家支持发展森林保险。县级以上人民政府依法对森林保险提供保险费补贴。"《森林防火条例》规定:"国家鼓励通过保险形式转移森林火灾风险,提高林业防灾减灾能力和灾后自我救助能力。"

2016年5月,原保监会、财政部联合印发了《建立城乡居民住宅地震巨灾保险制度实施方案》,标志着地震巨灾保险制度初步建立。此后,地震巨灾保险制度在应对重大地震损失、保障人民群众生命财产安全方面发挥了重要作用。2024年2月,国家金融监管总局和财政部联合发布了《关于扩大城乡居民住宅巨灾保险保障范围进一步完善巨灾保险制度的通知》(金规〔2024〕2号),旨在推动巨灾保险制度的进一步完善,拓展巨灾保险的保障责任。其中,"地震巨灾保险的基本保险金额由城镇居民住宅每户5万元、农村居民住宅每户2万元,提升至城镇居民住宅每户10万元、农村居民住宅每户4万元……每户可参考房屋市场价值,根据需要与保险公司协商确定保险金额,每项保险的保险金额最高不超过每户100万元"。

本法规定,巨灾风险保险体系采用政府支持、社会力量参与、市场化运作的模式。政府通过政策引导、财政补贴等方式支持巨灾保险的发展。例如,采取对参与巨灾保险的保险公司、个人和相关业务给予财政补贴和税收优惠等激励措施,以降低参保门槛,提高参保率;对巨灾保险的保费收入给予免征所得税等税收优惠等。保险公司则负责产品的设计、销售、理赔等具体运营工作,如开发寿险中的重大自然灾害意外伤害保险、财产险中的巨灾保险产品等,并通过再保险、巨灾债券等金融工具,实现巨灾风险的有效分散和转移。同时,加强保险知识的宣传教育工作,不断提高公众的保险意识,鼓励单位和个人主动参加巨灾风险保险,形成全社会共同参与的良好氛围,共同构建多元化的巨灾风险分担机制。此外,政府还可以设立巨灾风险基金,将其作为巨灾风险保险体系的重要组成部分,通过国家财政、商业保险公司保费、投资收益以及财税杠杆政策等多个渠道筹集资金,用于在巨灾发生后为受灾群众提供及时的经济补偿。

第五十六条 国家加强应急管理基础科学、重点行业领域关键核心技术的研究,加强互联网、云计算、大数据、人工智能等现代技术手段在突发事件应对工作中的应用,鼓励、扶持有条件的教学科研机构、企业培养应急管理人才和科技人才,研发、推广新技术、新材料、新设备和新工具,提高突发事件应对能力。

【释义】 本条是关于突发事件应对领域科技创新和人才培养的规定。

科学技术是第一生产力,科技驱动下的突发事件应对管理创新是一项具有重要价值的工作,能够提升响应能力和效率,减少事故风险与人为错误,加强监管和管理责任追究。

一、加强应急管理基础科学、重点行业领域关键核心技术的研究,加强现代科技应用

2019 年 11 月 29 日,习近平总书记在主持十九届中央政治局第十九次集体学习时指出,要适应科技信息化发展大势,以信息化推进应急管理现代化,提高监测预警能力、监管执法能力、辅助指挥决策能力、救援实战能力和社会动员能力。突发事件事前、事中、事后管理都离不开科技手段的应用,2021 年国务院印发的《"十四五"国家应急体系规划》提出,到 2025 年,应急管理科技信息化水平大幅提升;到 2035 年,全面实现依法应急、科学应急、智慧应急,形成共建共治共享的应急管理新格局。

科技创新在加快推进应急管理体系和能力现代化中发挥的作用越发重要,科技现代化正在成为应急管理现代化的重要内涵。随着新一轮科技革命的兴起,尤其是云计算、大数据、物联网、人工智能、移动互联、互联网协议第六版(Internet Protocol Version 6,IPv6)、虚拟现实(Virtual Reality,VR)、增强现实(Augmented Reality,AR)等新一代信息技术的深度应用,科技创新正在对推进应急管理现代化产生直接且深远的影响。

要充分利用以信息技术、人工智能为代表的新兴科技快速发展的大势,以科技为支撑提高突发事件应对管理的科学化、专业化、智能化、精细化水平,使科技现代化成为有效应对突发事件的重要支撑。

二、注重人才培养和技术研发推广

2019 年 11 月 29 日,习近平总书记在主持十九届中央政治局第十九次集体学习时强调,要大力培养应急管理人才,加强应急管理学科建设。应急管理人才是从事应急管理相关工作,具备应急管理专业知识和技能的从业者群体。《"十四五"国家应急体系规划》要求,加强专业人才培养,建立应急管理专业人才目录清单,拓展急需紧缺人才培育供给渠道,完善人才评价体系,加强综合型、复合型、创新型、应用型、技能型应急管理人才培养。中共中央办

公厅、国务院办公厅印发的《关于全面加强危险化学品安全生产工作的意见》《关于进一步加强矿山安全生产工作的意见》,明确要求化工和矿山企业按标准配备专业人才。中共中央办公厅、国务院办公厅印发的《关于全面加强新形势下森林草原防灭火工作的意见》,明确要求加强专业人才队伍建设。应急管理部、人力资源和社会保障部等部门联合印发的《关于高危行业领域安全技能提升行动计划的实施意见》,提出在化工危险化学品、煤矿、非煤矿山、金属冶炼、烟花爆竹等高危行业企业实施安全技能提升行动计划。

当前,我国安全生产和防灾减灾形势总体平稳,但仍面临各类严峻复杂的风险挑战,加快打造高素质应急管理人才队伍,既是一项长期的战略任务,更是一项紧迫的现实任务。加强应急管理人才培养,能够增强我国应急管理事业理论引领和科技支撑能力,为防控重大安全风险、积极推进应急管理体系和能力现代化提供有力保障。各级政府和有关部门、单位应当鼓励、扶持有条件的教学科研机构、企业培养应急管理人才和科技人才,积极出台鼓励研发、推广新技术、新材料、新设备和新工具的相应政策措施,强化产学研深度融合,加速科技成果转化,提高突发事件应对能力。

第五十七条　县级以上人民政府及其有关部门应当建立健全突发事件专家咨询论证制度,发挥专业人员在突发事件应对工作中的作用。

【释义】　本条是关于突发事件专家咨询论证制度的规定。

专家咨询论证,是政府对重大事项作出行政决策前,由决策承办单位组织相关领域专家就决策方案的合法性、科学性、必要性、可行性和其他相关技术因素进行专业论证,提出咨询、论证意见的活动。建立健全专家咨询论证制度是促进政府科学决策、提高行政决策质量的有效手段,是实行科学决策、民主决策、依法决策的重要表现形式。

2015年1月,中共中央办公厅、国务院办公厅印发了《关于加强中国特色新型智库建设的意见》。突发事件涉及面广,很多行业、领域发生的突发事件,需要具备专门的知识、技能,才能妥善应对。为此,必须注重发挥相关领域专家的重要作用,为科学应对提供智力支持。此次法律修订新增县级以上人民政府及其有关部门应当建立健全突发事件专家咨询论证制度的要求,将突发事件应对工作中的专家咨询论证制度在法律层面确定下来,有利于提高政府及其有关部门突发事件应对管理工作的规范化、科学化水平。

参与突发事件应对的咨询论证专家一般要具备下列条件：一是坚持党的领导，遵守国家法律，具备良好的职业道德；二是学术造诣深，在相关专业领域具有相应的资质、职称，相当的影响力和知名度；三是具有较丰富的实践经验，熟悉有关方针、政策、法律、法规、技术规范和标准；四是责任心强，在时间和精力上能够保证参加咨询论证工作；五是具有较高的社会公信力，公正诚信，能客观公正科学地提出咨询论证意见等。各级政府和有关部门、单位应当积极鼓励支持专业人员建言献策，营造良好环境，更好助力突发事件的科学、有效应对。

第四章　监测与预警

突发事件的发生、演变都有一个过程,监测预警是突发事件从常态到应急状态转变的过渡阶段。早发现、早报告、早预警,及时做好应急准备,将有利于有效处置突发事件、减少人员伤亡和财产损失,有利于预防突发事件的发生或者防止一般突发事件演变为特别严重突发事件。本章共13条,明确国家建立健全突发事件监测制度、预警制度,对建立全国统一的突发事件信息系统,突发事件信息的报告报送、汇总分析,突发事件预警发布、预警期措施、预警终止等作了规定。

第五十八条　国家建立健全突发事件监测制度。

县级以上人民政府及其有关部门应当根据自然灾害、事故灾难和公共卫生事件的种类和特点,建立健全基础信息数据库,完善监测网络,划分监测区域,确定监测点,明确监测项目,提供必要的设备、设施,配备专职或者兼职人员,对可能发生的突发事件进行监测。

【释义】　本条是关于突发事件监测制度的规定。

应急管理基础在预防,功夫在平时。习近平总书记强调,坚持从源头防范化解重大安全风险,真正把问题解决在萌芽之时、成灾之前;要健全各方面风险防控机制,从根本上消除事故隐患,从根本上解决问题。党的二十大报告对推动公共安全治理模式向事前预防转型作出部署。在从常态到应急状态转变的过渡过程中,早发现、早报告、早预警的关键是"早发现",做到"早发现"的重要举措就是加强突发事件监测工作,通过多种途径收集突发事件信息,对突发事件隐患和监测信息及时汇总、分析、评估、报告。

防震减灾法、气象法、畜牧法、基本医疗卫生与健康促进法、食品安全法、生物安全法、国境卫生检疫法、动物防疫法等规定,国家加强地震、气象灾害、畜禽疫病、传染病监测等监测工作,建立食品安全风险、生物安全风险、跨境传播传染病、动物疫病等监测制度。"十二五"规划提出,加快建立灾害监测预警体系。"十三五"规划提出,健全防灾减灾救灾体制,完善灾害监测预警体系。"十三五"期间,完善全国统一报灾系统,加强监测预警保障能力建设。"十四五"规划提出,加快构建数字技术辅助政府决策机制,提高基于高频大数据精准动态监测预测预警水平;强化数字技术在公共卫生、自然灾害、事故灾难、社会安全等突发公共事件应对中的运用,全面提升预警和应急处置能力;完善突发公共卫生事件监测预警处置机制。《"十四五"国家应急体系规划》提出,强化灾害事故风险评估、隐患排查、监测预警,综合运用人防物防技防等手段,真正把问题解决在萌芽之时、成灾之前。

突发事件基础信息库,是指应对突发事件所必备的有关危险源、风险隐患、应急资源(物资储备、设备及应急队伍)、应急避难场所(分布、疏散路线和容纳能力等)、应急预案、应急专家、突发事件案例等基础信息的数据库。建立完备、可共享的基础信息库是应急管理、监控和辅助决策必不可少的重要支柱。近年来,县级以上人民政府及其有关部门着力加强自然灾害、事故灾难、公共卫生事件等方面的基础信息数据库建设,为妥善应对各类突发事件提供了可靠支撑。比如,2020年5月,国务院决定开展第一次全国自然灾害综合风险普查,全面获取全国灾害风险要素数据数十亿条,基本建成了国家自然灾害综合风险基础数据库。该数据库由一个国家级综合库、十个国家级行业库和三十一个省级数据库构成,包括二十三种致灾因子数据,二十七种承灾体数据,以及灾害风险评估、风险区划、防治区划成果数据等。其中,国家级综合库已经存储了超过十七亿条各类风险数据,一些地方和行业还结合工作实际,扩充了包括实况气象信息、水文信息、地震信息等在内的常态化业务数据。应急管理部把普查数据成果接入国家自然灾害综合监测预警系统和灾害事故电子地图,为提高灾害监测预警能力、精准预置应急资源和力量提供了支撑。

完善监测网络,划分监测区域,确定监测点,明确监测项目,提供必要的设备、设施,配备专职或者兼职人员,这是对县级以上人民政府及其有关部门开展监测网络系统建设、对可能发生的突发事件进行监测的具体要求。《"十四五"国家应急体系规划》在"风险监测预警网络建设"方面提出,实施自然灾害监测预警信息化工程,建设国家风险监测感知与预警平台,完善地震、地质、气象、森林草原火灾、海洋、农业等自然灾害监测站网,增加重点区域自然灾害监测核心基础站点和常规观测站点密度,完善灾害风险隐患信息报送系统。建设沙尘暴灾害应急处置信息管理平台,在主要沙尘源区试点布设沙尘暴自动监测站。升级覆盖危险化学品、矿山、烟花爆竹、尾矿库、工贸及油气管道等重点企业的监测预警网络。推进城市电力、燃气、供水、排水管网和桥梁等城市生命线及地质灾害隐患点、重大危险源的城乡安全监测预警网络建设。加快完善城乡安全风险监测预警公共信息平台,整合安全生产、自然灾害、公共卫生等行业领域监测系统,汇聚物联网感知数据、业务数据以及视频监控数据,实现城乡安全风险监测预警"一网统管"。同时,还提出充分利用物联网、工业互联网、遥感、视频识别、5G等技术提高灾害事故监测感知能力,优化自然灾害监测站网布局,完善应急卫星观测星座,加快构建空、天、地、海一体化全域覆盖的灾害事故监测预警网络,提高多灾种和灾害链综合监测、风险早期识别和预报警报能力。广泛部署智能化、网络化、集成化、微型化感知终端,高危行业安全监测监控实行全国联网或省(自治区、直辖市)范围内区域联网。

第五十九条　国务院建立全国统一的突发事件信息系统。

县级以上地方人民政府应当建立或者确定本地区统一的突发事件信息系统,汇集、储存、分析、传输有关突发事件的信息,并与上级人民政府及其有关部门、下级人民政府及其有关部门、专业机构、监测网点和重点企业的突发事件信息系统实现互联互通,加强跨部门、跨地区的信息共享与情报合作。

【**释义**】　本条是关于突发事件信息系统的规定。

及时、准确地汇集、储存、分析和传输突发事件应对相关信息,是风险防范体系的基础,有利于掌握突发事件的动态和发展趋势,有利于政府及有关部门采取积极有效的措施,最大限度地减少各类突发事件的发生以及造成的损失,保护人民群众的生命和财产安全,为积极有效应对突发事件创造条件。从实际情况看,公安、交通运输、水利、卫生健康、应急管理、气象等部门都已经建立了较为完善的信息系统,但突发事件信息资源较为分散,彼此之间互联互通存在堵点等问题仍然存在,影响了监测、预警、响应和应急处置工作的效率。因此,有必要建立统一的突发事件信息系统,整合现有信息汇集途径和传输渠道,破除突发事件应对面临的条条、块块以及条块之间的信息碎片化困局,将分散、孤立、静止的突发事件信息,由专业机构和专业人员运用专业知识进行加工提炼,进而对客观形势进行科学判断和预测。《"十四五"国家应急体系规划》提出,系统推进"智慧应急"建设,建立符合大数据发展规律的应急数据治理体系,完善监督管理、监测预警、指挥救援、灾情管理、统计分析、信息发布、灾后评估和社会动员等功能。为实现对突发事件的信息集成,提高应急管理能力,本条规定了以下三个方面的内容。

一、国务院建立全国统一的突发事件信息系统

国务院是最高国家权力机关的执行机关,是最高国家行政机关,本法赋予国务院建立全国统一的突发事件信息系统的职责。国务院有关部门按照职责分工建设各自领域的突发事件信息系统,实现突发事件信息报送上下一体,确保及时掌握突发事件紧急信息,实现跨地区跨部门信息共享,与地方及公安、卫生健康等部门相关系统对接和联通,及时共享、通报相关信息,支撑保障大安全大应急框架下的应急指挥机制。2019年4月,国务院安委会办公室、国家减灾委办公室、应急管理部印发《关于加强应急基础信息管理的通知》。该通知提出,应急管理部牵头规划建设一体化全覆盖的全国应急管理大数据应用平台;各地区、各有关部门、各行业企业将各自掌握的安全生产、自然灾害防治领域的风险和隐患信息以及灾害事故信息逐步接入,协同做好灾害事故的防范处置工作。全国统一的突发事件信息系统通过感知网络,将安全生产领域、自然灾害防治领域基础数据、共享数据、感知数据接入、汇聚,形成全国应急管理数据资源池。利用大数据、云计算、人工智能等信息技术,开展风险和隐患信息的动态监测管理,强化灾害事故信息的报送管理,深化应急基础信息的分析和应用,加强应急基础信息的统一发布管理,实现安全态势智能感知、风险隐患精准预警、突发事件分析研判、应急指挥辅助决策等,进而全面提升事前、事发、事中和事后全业务链应用支撑能力。

二、县级以上地方人民政府建立或者确定本地区突发事件信息系统

按照综合协调、分类管理、分级负责、属地管理为主的突发事件工作体系,县级以上地方人民政府是突发事件应对管理工作的行政领导机关,承担着领导、处置相应级别突发事件的职责。为了提升地方各级人民政府的突发事件应对管理能力，县级以上地方人民政府应当建立或者确定本地区统一的突发事件信息系统，作为本区域突发事件应对的信息中枢。该信息系统应当与有关部门、专业机构、监测网点等政府内部突发事件信息收集渠道互联互通，还要与政府外部重点行业领域以及企业的突发事件信息系统互联互通。主要原因在于，重点行业领域以及企业已经成为突发事件信息系统建设不可或缺的力量。同时，考虑到各地方和有关重点行业领域以及企业现有信息系统情况的差异，本着节约的原则，县级以上地方人民政府的突发事件信息系统可以与重点行业领域以及企业现有的信息系统实行互联互通。比如，《国务院办公厅关于进一步加强煤矿安全生产工作的意见》（国办发〔2013〕99号）要求，煤矿必须确保安全监控、人员定位、通信联络系统正常运转，并大力推进信息化、物联网技术应用，充分利用和整合现有的生产调度、监测监控、办公自动化等信息化系统，建设完善安全生产综合调度信息平台，做到视频监视、实时监测、远程控制。县级煤矿应急管理部门要与煤矿企业安全生产综合调度信息平台实现联网，随机抽查煤矿安全监控运行情况。

三、不同地区、部门之间加强信息共享与情报合作

突发事件的发生、发展往往影响其他地区，应对突发事件需要有关地方之间加强合作，特别是要加强突发事件信息共享和情报合作。同时，一类突发事件的发生往往涉及多个部门的职责，需要部门之间依托各自的专业信息系统，拓展功能，实现应急信息资源整合、传输与共享，并与国务院建立的全国统一突发事件信息系统实现互联互通。比如，水旱灾害方面，2022年国务院办公厅印发的《国家防汛抗旱应急预案》，要求国家防总办公室在充分利用各成员单位既有成果的基础上，组织加强信息化建设，促进互联互通，建立信息共享机制；自然资源部、住房城乡建设部、水利部、应急管理部、中国气象局等部门要建立定期会商和信息共享机制，共同分析研判汛情旱情和险情灾情，实时共享相关监测预报预警和重要调度信息。

第六十条 县级以上人民政府及其有关部门、专业机构应当通过多种途径收集突发事件信息。

县级人民政府应当在居民委员会、村民委员会和有关单位建立专职或者兼职信息报告员制度。

> 公民、法人或者其他组织发现发生突发事件,或者发现可能发生突发事件的异常情况,应当立即向所在地人民政府、有关主管部门或者指定的专业机构报告。接到报告的单位应当按照规定立即核实处理,对于不属于其职责的,应当立即移送相关单位核实处理。

【释义】 本条是关于突发事件信息收集、信息报告员制度和社会公众报告突发事件信息义务的规定。

突发事件应对涉及社会方方面面,产生原因和表现形式各不相同,必须建立多种收集信息的途径,才能有效监测各类突发事件,在应对工作中占据主动。这是加快完善共建共治共享的社会治理制度,构建全社会参与的应急管理社会共治格局,发展壮大群防群治力量,构建人人有责、人人尽责、人人享有的社会治理共同体的具体要求。为了完善突发事件的信息收集制度,提高信息收集效率,本条从政府和社会两个层面规定了信息收集和报告的相关责任和义务。

一、县级以上人民政府及其有关部门、专业机构多渠道收集突发事件信息

单一信源可能造成获取信息不及时、不准确等问题,这就要求政府层面应当建立一个多元化、全方位的信息收集网络,从而将与突发事件有关的信息及时、完整地收集起来,并对多个信源进行交叉印证、综合分析。多元化、全方位意味着既要通过专业的信息渠道收集信息,也要充分利用社会资源广泛收集信息。一是要充分利用专业机构、监测网点、专门机构在收集突发事件信息中的主渠道作用,进一步加强预测预报基础设施建设,增加监测网点,逐步形成全覆盖的监测网络。二是充分发挥媒体的优势和作用,及时收集和掌握突发事件信息和相关社会动态。三是从互联网上获取有关突发事件和社会热点问题的信息。四是地方各级人民政府、各有关部门网站可以建立开放的信息接报平台,接受社会公众的突发事件信息报告。

二、建立专职或者兼职信息报告员制度

应急管理是社会治理的重要内容,基层是自然灾害等突发事件的直接承受者,也是应急管理的首要防线和前沿阵地。习近平总书记指出,"要把基层一线作为公共安全的主战场","要完善基层群众自治机制,调动城乡群

众、企事业单位、社会组织自主自治的积极性,打造人人有责、人人尽责的社会治理共同体"。把群众组织起来、动员起来,大力发展灾害信息员队伍,有助于推进安全风险网格化管理,支持和引导居民开展风险隐患排查和治理,推动构建共建共治共享的基层治理体系。2006年《国务院关于全面加强应急管理工作的意见》要求,在加强地方各级人民政府和有关部门信息报告工作的同时,通过建立社会公众报告、举报奖励制度,设立基层信息员等多种方式,不断拓宽信息报告渠道。2009年《国务院办公厅关于加强基层应急队伍建设的意见》要求,深入推进街道、乡镇综合性应急救援队伍建设,发挥信息员作用,发现突发事件苗头及时报告,协助做好预警信息传递、灾情收集上报、灾情评估等工作,参与有关单位组织的隐患排查整改。《国家突发事件应急体系建设"十三五"规划》提出,完善信息报告机制,依托各类基层信息员队伍,建立基层信息报送网络;发展灾害信息员、气象信息员、群测群防员、食品药品安全联络员、网格员等应急信息员队伍,加强综合性业务培训,鼓励"一员多职",给予必要经费补助。《"十四五"国家应急体系规划》提出,培养发展基层应急管理信息员和安全生产社会监督员,建立完善"第一响应人"制度。2020年《应急管理部 民政部 财政部关于加强全国灾害信息员队伍建设的指导意见》提出,要健全各级灾害信息员队伍体系,乡镇(街道)灾情管理工作在当地党委、政府统筹安排下,落实具体责任人;行政村(社区)灾害信息员一般由村"两委"成员和社区工作人员担任,工作方式以兼职为主。2024年《中共中央办公厅 国务院办公厅关于进一步提升基层应急管理能力的意见》要求,加强洪涝、泥石流等自然灾害和安全生产、消防安全风险监测网络建设,建立专职或兼职信息报告员制度,推动系统应用向基层延伸,强化数据汇聚共享和风险综合研判。

县级人民政府应当根据实际情况,在居民委员会、村民委员会和企业、学校等基层单位安排专职或者兼职的信息报告员,以适应不同地区、不同单位和不同突发事件的需求。同时,建立信息报告员制度,还要明确信息报告员的职责,加强对信息报告员的专业能力培训和日常管理,并为其提供必要的通信工具等支持,确保其能有效履行职责。目前,全国各地已建立安全生产网格、灾害信息员、应急管理综合行政执法社会监督员和技术检查员等队伍,成为应急管理队伍在人民群众中的延伸和补充。基层信息员有着来自群众、贴近群众、服务群众的优势,能及时发现风险隐患,初步研处应对措施、防范遏制灾害事故发生发展，推动将各类隐患发现在基层、解决在基层，助力应急管理工作重心下移、力量下沉、关口前置，有效提升基层政府第一时间获取信息的能力，跑好信息报告"最先一公里"，是筑牢防灾减灾救灾的人民防线的重要力量。

三、公民、法人或者其他组织的突发事件信息报告义务

公民突发事件涉及面广，既需要政府履行好突发事件应对责任，也需要调动社会各方力量自觉参与、强化责任担当。习近平总书记指出，"要坚持群众观点和群众路线，拓展人民群众参与公共安全治理的有效途径"，"动员全社会的力量来维护公共安全"。一些法律法规已对公民、法人或者其他组织的突发事件信息报告义务作出了规定。比如，生物安全法第二十九条中规定，任何单位和个人发现传染病、动植物疫病的，应当及时向医疗机构、有关专业机构或者部门报告。防震减灾法第二十七条中规定，观测到可能与地震有关的异常现象的单位和个人，可以向所在地县级以上地方人民政府负责管理地震工作的部门或者机构报告，也可以直接向国务院地震工作主管部门报告。《森林防火条例》规定，任何单位和个人发现森林火灾，应当立即报告。本法规定，公民、法人或者其他组织发现发生突发事件，或者发现可能发生突发事件的异常情况，应当立即向所在地人民政府、有关主管部门或者指定的专业机构报告，这是社会动员和参与机制在突发事件信息报告制度中的具体表现，体现了信息报告义务主体的广泛性，有利于充分发挥人民群众的作用，拓宽收集突发事件信息的渠道。

同时，为了保证信息报送的及时性、准确性，本条增加规定了接到报告的单位的处理要求，压实主体责任。有关人民政府、主管部门、专业机构接到公民、法人或者其他组织对突发事件情况的报告后，如果属于本单位职责，应当立即核实处理；如果不属于本单位职责，无法依职权进行核实处理的，不能因此推诿对突发事件报告的核实处理，应当按程序立即移送其他单位核实处理，避免贻误开展应急响应和救援处置等工作的时机。

第六十一条 地方各级人民政府应当按照国家有关规定向上级人民政府报送突发事件信息。县级以上人民政府有关主管部门应当向本级人民政府相关部门通报突发事件信息，并报告上级人民政府主管部门。专业

机构、监测网点和信息报告员应当及时向所在地人民政府及其有关主管部门报告突发事件信息。

有关单位和人员报送、报告突发事件信息,应当做到及时、客观、真实,不得迟报、谎报、瞒报、漏报,不得授意他人迟报、谎报、瞒报,不得阻碍他人报告。

【释义】 本条是关于突发事件信息报告制度的规定。

信息报告是应急管理的重要环节,及时、准确、全面的信息报告,有助于快速有效地响应并采取积极有效的措施处置突发事件,最大限度地减少突发事件的发生及其造成的损失,还有助于有关政府和部门及时掌握并准确发布突发事件的发生、发展和处置进展,避免因信息不畅引发社会恐慌,维护社会稳定。为了规范突发事件信息报告工作,本条从明确信息报告主体和信息报告要求两个方面作了规定。

一、明确突发事件信息报告主体

本条精细划分突发事件信息报告主体,将负有信息报送责任的主体分为三类,构建起纵贯上下、延伸四面、触及基层的立体网络。一是地方各级人民政府,地方人民政府在接收到专业机构、监测网点、信息报告员等各方面报告的信息后,对这些信息进行汇总整理,并及时向上级人民政府报送。二是县级以上人民政府有关主管部门,基于双重领导关系,并便于相关部门掌握突发事件信息,在突发事件应对工作的各个环节中更好地协作配合,其向上级人民政府主管部门报告,同时向本级人民政府相关部门通报。三是专业机构、监测网点和信息报告员,其报送突发事件信息的对象是所在地人民政府及其有关主管部门。需要注意的是,专业机构、监测网点和信息报告员是最早接触、收集到相关信息的,其向所在地人民政府及其有关主管部门报送突发事件信息,并不免除向其他方面报告突发事件信息的义务,其还负有将信息传递给当地政府及其有关部门的义务,为政府分析、决策提供充分的原始资料和客观依据。

二、明确信息报告的要求

实践中,一些单位和个人存在报告主体不明确、职责不清晰,报告不及时、不主动，内容不完整、不规范，甚至迟报、谎报、瞒报、漏报的现象，严重影响突发事件应对的质量和效率。本条明确突发事件信息报告的要求和法律责任，有助于进一步规范突发事件信息报告工作，确保各信息报告主体严格落实信息报告责任。

本条明确，有关单位和人员报送、报告突发事件信息，应当及时、客观、真实，不得迟报、谎报、瞒报、漏报。同时，针对信息报送实践中出现的新情况、新问题，此次法律修订增加规定了不得授意他人迟报、谎报、瞒报，不得阻碍他人报告的禁止性规定，进一步确保信息报送渠道畅通无阻。"及时"，要求在发现突发事件的第一时间按照规定的时限报送突发事件信息，不得迟报。时效性是突发事件信息处理的关键，抢占时间就能降低风险，抢占资源就能获得主动权。党中央对突发事件紧急信息报送工作有关规定，相关法律法规、各类突发事件应急预案规定的时限要求，各级党和国家机关、任何单位和个人都应当严格执行。"客观"，要求如实反映突发事件的实时情况，不得主观臆断，不得谎报。"真实"，要求实事求是地报送，不得瞒报、漏报。真实、准确的信息，是政府作出决策的客观依据，直接影响突发事件处置工作的成效。因客观原因一时难以准确掌握的信息，应当先行报告基本情况，同时抓紧跟踪了解，尽快补报详情，对突发事件及处置的新进展、新情况及时续报，不能拖延不报。

第六十二条 县级以上地方人民政府应当及时汇总分析突发事件隐患和监测信息，必要时组织相关部门、专业技术人员、专家学者进行会商，对发生突发事件的可能性及其可能造成的影响进行评估；认为可能发生重大或者特别重大突发事件的，应当立即向上级人民政府报告，并向上级人民政府有关部门、当地驻军和可能受到危害的毗邻或者相关地区的人民政府通报，及时采取预防措施。

【释义】 本条是关于突发事件信息汇总分析评估制度的规定。

习近平总书记在主持十九届中央政治局第十九次集体学习时强调，要健全风险防范化解机制，坚持从源头上防范化解重大安全风险，真正把问题解决在萌芽之时、成灾之前。应对突发事件，最经济最有效的策略是预防。科学预防的基础，是及时汇总分析突发事件信息，准确研判突发事件发生、发展态势。县级以上地方人民政府对本行政区域内发生的突发事件负有首要的应对处置责任,包括信息的收集、险情的监测和预警、组织调动应急队伍、依法采取必要的应对措施等,是突发事件信息运转的重要枢纽。因此,本条规定了突发事件信息汇总分析评估制度,明确县级以上地方人民政府的职责。

一、汇总分析评估的主体

本条规定,县级以上地方人民政府应当及时汇总分析突发事件隐患和监测信息,必要时组织相关部门、专业技术人员、专家学者进行会商,对发生突发事件的可能性及其可能造成的影响进行评估。主要考虑是,县级以上地方人民政府是突发事件信息运转的重要枢纽,对突发事件隐患和监测信息掌握较为及时、全面,有能力对突发事件有关信息进行汇总分析,同时也可以根据汇总分析评估的结果,及时上报情况,并进一步组织有关部门和单位采取有针对性的预防措施。

二、汇总分析评估的对象

本条规定县级以上地方人民政府应当及时汇总分析的突发事件信息包括两类:一类是突发事件隐患;另一类是突发事件监测信息。突发事件隐患是导致突发事件发生的主要根源之一。目前,在安全生产领域,关于生产安全事故隐患的排查治理建立了相关制度规范。生产安全事故隐患是指生产经营单位违反安全生产法律、法规、规章、标准、规程和安全生产管理制度的规定,或者因其他因素在生产经营活动中存在可能导致事故发生的物的危险状态、人的不安全行为和管理上的缺陷,分为一般事故隐患和重大事故隐患。根据安全生产法的规定,生产经营单位应当建立健全并落实生产安全事故隐患排查治理制度,采取技术、管理措施,及时发现并消除事故隐患。事故隐患排查治理情况应当如实记录,并通过职工大会或者职工代表大会、信息公示栏等方式向从业人员通报。其中,重大事故隐患排查治理情况应当及时向负有安全生产监督管理职责的部门和职工大会或者职工代表大会报告。县级以上地方各级人民政府负有安全生产监督管理职责的部门应当将重大事故隐患纳入相关信息系统,建立健全重大事故隐患治理督办制度,督促生产经营单位消除重大事故隐患。国务院应急管理部门和其他负有安全生产监督管理职责的部门应当根据各自的职责分工,制定相关行业、领域重大事故隐患的判定标准。

监测信息,不仅指县级以上人民政府根据本法第五十八条规定自行对可能发生的突发事件进行监测而获得的信息,还应当包括公民、法人或者其他组织按照本法第六十条的规定向有关单位报告的其发现的可能发生突发事件的异常情况信息。

三、汇总分析评估的方法

分析、预测突发事件技术性、专业性强,为了提高政府决策的科学性、民主性,本条强调,政府应当重视发挥相关部门、专业技术人员、专家学者的作用,必要时组织他们对突发事件发生的可能性、影响范围、可能产生的危害进行会商。为了保证相关部门、专业技术人员、专家学者关键时刻发挥作用,县级以上地方人民政府应当加强专家队伍建设,健全专家咨询、会商工作机制。

四、汇总分析评估后的处理

根据本条规定,经过分析、评估突发事件的信息,认为可能发生重大或者特别重大突发事件的,县级以上地方人民政府应当做好以下三方面工作:一是立即向上级人民政府报告,便于上级人民政府及时了解情况并作出决策,从而进行有效的资源调配和协调。二是立即向上级人民政府应急管理、卫生健康、公安等突发事件应对管理部门、当地驻军和可能受到危害的毗邻或者相关地区的人民政府通报,便于有关地区、部门和当地驻军及时做好相应的应急准备工作。三是根据可能发生的突发事件的种类和级别,按照有关法律法规和应急预案的要求,及时采取相应的预防措施,最大限度降低突发事件发生的可能性及其危害。

第六十三条 国家建立健全突发事件预警制度。

可以预警的自然灾害、事故灾难和公共卫生事件的预警级别,按照突发事件发生的紧急程度、发展势态和可能造成的危害程度分为一级、二级、三级和四级,分别用红色、橙色、黄色和蓝色标示,一级为最高级别。

预警级别的划分标准由国务院或者国务院确定的部门制定。

【释义】 本条是关于突发事件预警制度的规定。

预警,是指根据收集、监测的突发事件相关信息,分析、评估、预测突发事件发生的紧急程度、发展势态和可能造成的危害程度,已经发现突发事件即将发生或者发生的可能性增大的某些征兆,在突发事件发生之前,有关机关向社会发布相关信息,警示可能受突发事件影响的单位和个人予以注意并采取预防措施。建立健全预警制度的目的在于及时向公众发布突发事件即将发生的信息,使公众为应对突发事件做好准备,对预防或者减少突发事件的危害具有重要意义。因此,本条对国家建立健全突发事件预警制度作出明确规定。

一、国家建立健全突发事件预警制度

建立完整的突发事件预警制度,主要包括以下几个方面的内容:

一是建立完善信息监测制度。根据本法第五十八条的规定,县级以上人民政府及其有关部门应当根据自然灾害、事故灾难和公共卫生事件的种类和特点,对可能发生的突发事件进行监测。包括建立健全基础信息数据库,完善监测网络,科学合理确定监测点,提供必要的设备、设施,配备专职或者兼职人员,不断完善监测地点、方式和程序,确保监测有效和准确。

二是建立健全信息报告制度。一方面县级以上地方人民政府要加强与上下级人民政府及其有关部门、当地驻军、相邻地区政府之间的信息报告、通报工作,加强跨部门、跨地区的信息共享与情报合作,使有关突发事件信息能够在机关单位内部及时传递;另一方面畅通信息报告渠道,鼓励社会公众向政府及其有关部门报告其发现的突发事件信息。

三是建立严格的信息发布制度。一方面要明确预警信息发布责任主体,完善信息发布标准,规范预警标识,及时对可能发生和可以预警的突发事件进行预警;另一方面在建立或者确定统一的突发事件信息系统基础上,拓宽预警信息发布渠道,确保广大人民群众能够第一时间掌握预警信息,并有针对性地采取防范措施。

二、预警的范围和级别

突发事件的预警不是绝对的。对于一部分自然灾害、事故灾难、公共卫生事件,危害后果一时无法判定,难以预警或者难以划分预警级别,以及社会安全事件的特殊性,按照实事求是的科学态度,不要求对所有的自然灾害、事故灾难和公共卫生事件划分预警级别,将划分预警级别的突发事件范围限定为可以预警的自然灾害、事故灾难和公共卫生事件。级别划分的依据是突发事件发生的紧急程度、发展势态和可能造成的危害程度。预警级别分为一级、二级、三级和四级,分别用红色、橙色、黄色和蓝色标示,其中一级为最高级别。

三、预警级别划分标准的制定

不同的突发事件的性质、机理、发展过程不同,法律难以对各类突发事件预警级别规定统一的划分标准,因此,本条授权由国务院或者国务院确定的部门制定预警级别的划分标准。实践中,有的部门已通过出台部门规章或者文件等方式,对预警级别的划分标准进行了明确。比如,中国气象局出台的《气象灾害预警信号发布与传播办法》,就对台风、暴雨、暴雪、寒潮等气象灾害的预警信号级别发布条件作了具体规定。

> **第六十四条** 可以预警的自然灾害、事故灾难或者公共卫生事件即将发生或者发生的可能性增大时,县级以上地方人民政府应当根据有关法律、行政法规和国务院规定的权限和程序,发布相应级别的警报,决定并宣布有关地区进入预警期,同时向上一级人民政府报告,必要时可以越级上报;具备条件的,应当进行网络直报或者自动速报;同时向当地驻军和可能受到危害的毗邻或者相关地区的人民政府通报。
>
> 发布警报应当明确预警类别、级别、起始时间、可能影响的范围、警示事项、应当采取的措施、发布单位和发布时间等。

【释义】 本条是关于突发事件预警信息发布、报告和通报的规定。

预警信息发布、报告和通报是预警制度的关键环节。本条对突发事件预警的警报发布、信息报告和通报、警报的具体内容作了规定,以规范突发事件预警信息运行管理,提高预警信息发布的时效性和针对性,完善预警协同响应机制。

一、预警发布的前提

与本法第六十三条相衔接,本条同样将发布突发事件预警信息的范围限定在可以预警的自然灾害、事故灾难和公共卫生事件。发布警报的前提是突发事件即将发生或者发生的可能性增大。主要考虑有：一是本着实事求是的原则，对现实中确实难以提前预警的突发事件，不应当过分苛责政府的预警责任。二是可以预警的突发事件，经汇总分析隐患和预警信息，被认定为即将发生或者发生的可能性增大时，县级以上地方人民政府应当根据权限和程序，及时发布相应级别的警报。三是预警的主要目的是提高社会公众对突发事件发展势态的关注程度，引导其做好自救、互救准备，尽可能减少突发事件带来的影响和损害。

二、预警的发布主体

突发事件的发展具有动态性，预警信息的发布应当具有权威性和连续性。因此，本条明确规定，发布相应级别警报的主体，应当是县级以上地方人民政府。根据本法第十七条第三款有关"法律、行政法规规定由国务院有关部门对突发事件应对管理工作负责的，从其规定"的要求，法律、行政法规对于国务院有关部门发布突发事件预警有相关规定的，应当遵照其规定执行。如，根据本法第二条第三款规定，"《中华人民共和国传染病防治法》等有关法律对突发公共卫生事件应对作出规定的，适用其规定"。传染病防治法规定，"国务院卫生行政部门和省、自治区、直辖市人民政府根据传染病发生、流行趋势的预测，及时发出传染病预警，根据情况予以公布"。

突发事件的发生可能危害较为严重或者影响范围较大，并非某一级地方人民政府能够单独应对，需要上级人民政府给予各方面的支持和指导。下级人民政府向上级人民政府及时报告与突发事件相关信息，上级人民政府及时了解有关情况，才能在其职责范围内统筹协调，必要时统一领导应对工作。为了完善预警协同响应机制，本条规定了逐级上报和越级上报两种机制。县级以上地方人民政府在宣布有关地区进入预警期时，应当同时报告上一级人民政府，必要时可以越级上报；具备条件的，应当进行网络直报或者自动速报。宣布有关地区进入预警期的县级以上地方人民政府还应当向当地驻军和可能受到危害的毗邻或者相关地区的人民政府通报。

三、发布预警的程序和内容

警报发布后，政府应当按照警报级别，结合即将发生的突发事件的特点和可能造成的危害,采取一系列预防措施。本条对政府发布警报的程序、内容作了规定:一是发布警报应当严格遵守有关法律、行政法规和国务院规定的权限和程序。二是发布警报应当明确预警类别、级别、起始时间、可能影响的范围、警示事项、应当采取的措施、发布单位和发布时间等,便于社会公众详细了解突发事件可能发生的情况和应当采取的准备和措施,根据警报安排和调整自身活动。

第六十五条 国家建立健全突发事件预警发布平台,按照有关规定及时、准确向社会发布突发事件预警信息。

广播、电视、报刊以及网络服务提供者、电信运营商应当按照国家有关规定,建立突发事件预警信息快速发布通道,及时、准确、无偿播发或者刊载突发事件预警信息。

公共场所和其他人员密集场所,应当指定专门人员负责突发事件预警信息接收和传播工作,做好相关设备、设施维护,确保突发事件预警信息及时、准确接收和传播。

【释义】 本条是关于突发事件预警信息发布平台建设及有关单位配合义务的规定。

《"十四五"国家应急体系规划》提出,建立突发事件预警信息发布标准体系,优化发布方式,拓展发布渠道和发布语种,提升发布覆盖率、精准度和时效性,强化针对特定区域、特定人群、特定时间的精准发布能力。这就需要建立健全突发事件预警发布平台。此次法律修订新增加对国家突发事件预警信息发布平台建设的规定,并重点对新闻媒体、网络电信等主要渠道、公共场所和其他人员密集场所等重点区域的配合义务提出明确要求。

一、国家建立健全突发事件预警发布平台

2015年印发的《国家突发事件预警信息发布系统运行管理办法(试行)》,明确由中国气象局会同有关部门和地方根据国家突发事件应急体系建设规划,建设国家、省、市、县四级相互衔接的突发事件预警信息发布平台,即国家预警信息发布中心。县级以上人民政府应急主管机构对国家预警发布系统运行管理工作加强指导和协调。目前,国家突发事件预警信息发布系统已与公安、交通、水利、农业、卫生健康、应急管理、地震、气象等多个部门和全国31个省(自治区、直辖市)完成对接入网,集中整合各方面信息资源,基本实现多灾种预警信息统一发布,在实现预警信息发布的集中性、准确性、时效性方面取得了重要进展。国家突发事件预警信息发布系统仅为预警发布责任单位发布预警信息提供平台,不改变预警信息发布责任权限,不替代相关部门已有的发布渠道。自2016年1月起,国家预警信息发布中心每月都会发布《国家突发事件预警信息发布情况月报》,统计并公开每月全国预警信息发布总体概况,包括预警突发事件的类别、数量等;同时统计并公开国家、省、市、县级通过预警发布系统发布预警的情况。

二、广播、电视、报刊以及网络服务提供者、电信运营商应当按照规定传播突发事件预警信息

广播、电视、报刊作为传统的大众传播方式有较强的公信力和品牌影响力,发布内容更为专业和权威。网络、短信等具有使用人群广、传播速度快、更新速度快等优势和特点,已经成为社会公众获取突发事件信息的主要渠道,也是配合政府做好信息传播和公益宣传的重要阵地。作为公共媒体,广播、电视、报刊、网络服务提供者、电信运营商等有责任和义务参与突发事件应对工作,按照国家有关规定及时、准确传播具有公益属性的突发事件预警信息,这是其履行社会责任的具体体现。《国家突发事件预警信息发布系统运行管理办法(试行)》要求,新闻出版广电、通信等主管部门对预警信息传播工作加强指导,推动各类信息传播渠道切实履行社会责任,建立预警信息快速发布"绿色通道",及时、准确、无偿播发或刊载突发事件预警信息,紧急情况下采用滚动字幕、加开视频窗口甚至中断正常播出等方式迅速播报预警信息及有关防范知识。通过广播、电视、报刊以及网络服务提供者、电信运营商建立突发事件预警信息快速发布通道,能够实现突发事件预警信息迅速、有效发布和传播。

三、公共场所和其他人员密集场所的突发事件预警信息接收和传播义务

宾馆、饭店、影剧院、商场、医院、学校等公共场所和人员密集场所,具有人员聚集密度大、流动性强和偶然性因素多等特点,历来是安全防范与管理的重点。在总结有关突发事件应对工作经验、汲取有关突发事件教训基础上，本条第三款规定这类场所应当指定专门人员负责预警信息接收和传播工作，目的就是明确预警信息接收和传播责任人，压实责任，确保预警信息切实发挥作用，以便第一时间采取引流、限流、疏散等避险措施，防止意外事件发生。《国家突发事件预警信息发布系统运行管理办法（试行）》也规定，县、乡人民政府及其有关部门要组织学校、社区、医院、车站、广场、公园、旅游景点、工矿企业、建筑工地等人员密集区和公共场所，指定专人负责预警信息接收和传播工作。同时，这类场所还应当做好相关消防等设备设施的维护和逃生路线的明确指示，确保在需要时能够正常运行，为及时、准确接收和传播突发事件预警信息提供必要条件。

第六十六条　发布三级、四级警报，宣布进入预警期后，县级以上地方人民政府应当根据即将发生的突发事件的特点和可能造成的危害，采取下列措施：

（一）启动应急预案；

（二）责令有关部门、专业机构、监测网点和负有特定职责的人员及时收集、报告有关信息，向社会公布反映突发事件信息的渠道，加强对突发事件发生、发展情况的监测、预报和预警工作；

（三）组织有关部门和机构、专业技术人员、有关专家学者，随时对突发事件信息进行分析评估，预测发生突发事件可能性的大小、影响范围和强度以及可能发生的突发事件的级别；

（四）定时向社会发布与公众有关的突发事件预测信息和分析评估结果，并对相关信息的报道工作进行管理；

（五）及时按照有关规定向社会发布可能受到突发事件危害的警告，宣传避免、减轻危害的常识，公布咨询或者求助电话等联络方式和渠道。

【释义】　本条是关于发布三级、四级警报后政府应当采取的应对措施的规定。

政府发布警报后，应当按照突发事件发生的紧急程度、发展势态和可能造成的危害程度，及时采取相应的预警措施。根据本法第六十三条的规定，三级、四级警报是预警当中级别相对低的。因此，发布三级、四级预警后政府采取的措施，主要是一些预防、警示、宣传性的措施，目的在于及时、全面地收集、分析评估有关突发事件的信息,定时向社会发布有关预测信息和分析评估结果,宣传避免、减轻危害的常识,引导社会公众提前做好充分准备。本条规定了发布三级、四级警报,宣布进入预警期后,县级以上地方人民政府应当采取的五种措施。

一是启动应急预案。应急预案是经过科学论证的,政府及其有关部门、单位对各自辖区或者领域内各类突发事件处置经验的总结。发布三级、四级预警后,县级以上地方人民政府应当结合可能发生的突发事件的特点,及时启动本级政府有关应急预案,进行应对突发事件的准备工作。

二是要求有关部门、专业机构、监测网点和负有特定职责的人员及时收集、报告有关信息,向社会公布反映突发事件信息的渠道,加强对突发事件发生、发展情况的监测、预报和预警工作。在突发事件警报发出后,进入预警期,对突发事件有关信息的收集和报告要求比平时更加严格。信息的收集、报告和预测工作有利于有关机构和人员根据突发事件发生、发展的情况,科学分析、研判突发事件可能发生的时间、危害程度等,为实施针对性预防措施提供决策依据。政府还应向社会公布反映突发事件信息的渠道,并保证渠道畅通。发布三级、四级预警后,政府应当加大监测力度,密切关注突发事件发展势态,为预报、预警和决策工作提供准确、翔实的基础材料。

三是组织有关部门和机构、专业技术人员、有关专家学者,随时对突发事件信息进行分析评估,预测发生突发事件可能性的大小、影响范围和强度以及可能发生的突发事件的级别。随着时间的推移,突发事件发生的可能性、影响范围和强度等都可能发生变化。县级以上地方人民政府在分析、评估、预测突发事件信息时,更应注重发挥有关部门、专业机构和技术人员、专家学者的作用,组织他们随时根据事态的发展对突发事件信息开展分析评估、研判会商,保证突发事件的分级和应急处理工作方案科学、及时、准确。

四是定时向社会发布与公众有关的突发事件预测信息和分析评估结果,并对相关信息的报道工作进行管理。基于突发事件的紧迫性和对人民群众生命财产安全的重大影响性,警报发出后要迅速启动信息发布工作,及时、准确的预警信息能有效引导社会公众的行为,减轻或者避免人民群众生命财产遭受损害,这也是满足公民知情权的需要。同时,政府应当统一管理突发事件信息的报道工作,对舆论进行引导,防止虚假、夸大信息的传播,做到有效引导社会公众积极采取预防措施的同时,避免造成不必要的恐慌,影响正常社会生活秩序。

五是及时按照有关规定向社会发布可能受到突发事件危害的警告,宣传避免、减轻危害的常识,公布咨询或者求助电话等联络方式和渠道。政府应当依照有关规定及时向社会发布存在突发事件发生可能的警告,以提高社会公众的防范意识。同时,政府也应当宣传突发事件发生前后避害止损的常识,尽量避免、减轻突发事件发生时带来的危险,减少损失。政府还应设立并公布咨询或者求助电话,畅通联络方式和渠道,负责解答群众提出的与应对突发事件有关的问题,帮助社会公众掌握基本的自救、互救方法,提高突发事件应对能力。

第六十七条 发布一级、二级警报,宣布进入预警期后,县级以上地方人民政府除采取本法第六十六条规定的措施外,还应当针对即将发生的突发事件的特点和可能造成的危害,采取下列一项或者多项措施:

(一)责令应急救援队伍、负有特定职责的人员进入待命状态,并动员后备人员做好参加应急救援和处置工作的准备;

(二)调集应急救援所需物资、设备、工具,准备应急设施和应急避难、封闭隔离、紧急医疗救治等场所,并确保其处于良好状态、随时可以投入正常使用;

(三)加强对重点单位、重要部位和重要基础设施的安全保卫,维护社会治安秩序;

(四)采取必要措施,确保交通、通信、供水、排水、供电、供气、供热、医疗卫生、广播电视、气象等公共设施的安全和正常运行;

(五)及时向社会发布有关采取特定措施避免或者减轻危害的建议、劝告;

(六)转移、疏散或者撤离易受突发事件危害的人员并予以妥善安置,转移重要财产;

(七)关闭或者限制使用易受突发事件危害的场所,控制或者限制容易导致危害扩大的公共场所的活动;

(八)法律、法规、规章规定的其他必要的防范性、保护性措施。

【释义】 本条是关于发布一级、二级警报后政府应当采取的应对措施的规定。

一级、二级警报是相对较高的预警级别。一般来说,此时突发事件的发生已十分紧迫,并且发生后可能严重危害人民群众的生命财产安全。因此,县级以上地方人民政府除了应当采取三级、四级预警期间的预防、警示、劝导性措施外,还应当针对即将发生的突发事件的特点和可能产生的危害,采取必要的措施,努力做好应急救援与处置的前期准备工作,尽量避免人员伤亡和财产损失,减少突发事件所造成的不利影响。发布一级、二级警报后,县级以上地方人民政府应当采取的措施主要包括:

一是要求应急救援队伍、负有特定职责的人员进入待命状态,并动员后备人员做好参加应急救援和处置的准备,随时参与应急救援与处置工作。在待命期间,检查落实应急预案执行情况,检查应急救援队伍装备落实情况,确保通信联络畅通,做好值班和备勤工作等。

二是调集应急救援所需物资、设备、工具,准备应急设施和应急避难、封闭隔离、紧急医疗救治等场所,并确保其处于良好状态、随时可以投入正常使用。其中,物资、设备和工具包括防护设施、抢险装备、特种救援设备、通信设备、检测设备、运输车辆、生活物资、医疗物资等等。对于其类型、数量、存储位置、性能等要摸排清楚,还要保证其随时处于备用状态。要按照有关规划和相关标准,加强应急设施和避难场所的建设和维护,指定或建设紧急疏散通道,拓展公共场所的应急避难功能,设置必要的基本生活设施等。

三是加强对重点单位、重要部位和重要基础设施的安全保卫。其中,重点单位一般包括国家机关、军事机关、新闻媒体单位、外国驻华使领馆等,以及爆炸性、易燃性、放射性、毒害性、腐蚀性物品的生产、经营、储存、运输和使用单位等。重要部位一般包括重要工程设施、重要物料仓库、抢险救灾通信设施、重要监测站点等要害部位。重要基础设施一般包括交通、通信、供水、供电、供气、供热、输油等公共设施。上述重点单位、重要部位和重要基础设施,关乎突发事件应对和社会正常生产生活秩序,对突发事件应急救援与处置乃至社会安全和稳定起着至关重要的作用。

四是采取必要措施,确保交通、通信、供水、排水、供电、供气、供热、医疗卫生、广播电视、气象等公共设施的安全和正常运行。此次修订新增了医疗卫生、广播电视和气象的内容。这些公共设施的安全和正常运行不仅是应急救援与处置的基本需要,也是被破坏后需要事后恢复与重建的重点工程。各相关单位要按照相关应急预案的要求，做好安全巡查和检查，排除隐患，做好抢险队伍和物资设备等的准备。

五是及时向社会发布有关采取特定措施避免或者减轻危害的建议、劝告。及时发布有关建议和劝告，对于提高突发事件可能影响区域内社会公众的安全意识和避灾风险意识，及时采取针对性、有效性的避险措施，做好自救和互救准备，减少突发事件带来的损害，具有非常重要的指导性作用。

六是转移、疏散或者撤离易受突发事件危害的人员并予以妥善安置，转移重要财产。进入一级、二级警报预警期后，有关人民政府应当根据实际情况，向易受突发事件影响的有关人员提出转移、疏散或者撤离的劝告。情况紧急或者确有必要时，可以组织转移、疏散或者撤离。对于重要财产要组织人力进行转移。要妥善安置被转移、疏散或者撤离的人员，保障其基本生活需要。

七是关闭或者限制使用易受突发事件危害的场所，控制或者限制容易导致危害扩大的公共场所的活动。影剧院、运动场馆、展览馆等活动场所，人员密集、流动性大，易受突发事件危害。进入一级、二级警报预警期后，上述场所面临风险加大，可以通过控制人员数量、加强安全警戒、保障通道畅通等措施对其进行限制使用或者予以关闭。

本条规定的措施，有关人民政府可以根据具体情况选择采取其中一项，也可以选择采取其中多项。采取措施应当符合本法第十条规定的比例原则，即有利于最大限度地保护公民、法人和其他组织权益，且对他人权益损害和生态环境影响较小，做到科学、精准、有效。

第六十八条 发布警报，宣布进入预警期后，县级以上人民政府应当对重要商品和服务市场情况加强监测，根据实际需要及时保障供应、稳定市场。必要时，国务院和省、自治区、直辖市人民政府可以按照《中华人民共和国价格法》等有关法律规定采取相应措施。

【释义】 本条是关于进入预警期后政府应当做好保障供应、稳定市场工作的规定。

本条是此次法律修订新增加规定。发布警报，宣布进入预警期后，特别是一级、二级预警期间，政府采取相应措施客观上可能造成社会公众生产生活的不便。同时,社会公众主观上可能存在对未来突发事件发展趋势不确定的担忧,可能会出现非理性抢购并囤积食品、生活用品等的情况。个别商户可能存在囤积重要生产生活物资的情况。市场上也会出现个别经营者借机操纵市场,哄抬价格等行为,影响正常市场秩序。为了保障特殊时期的商品供应,维护市场稳定,本条从两方面作出规定。

一是县级以上人民政府应当对重要商品和服务市场情况加强监测,调查和分析重要商品、服务价格以及相关成本与市场供求的变动情况,根据不同商品的供需特征和实际需要,有针对性地分类施策、做好应对,及时保障供应、稳定市场。

二是必要时,国务院和省、自治区、直辖市人民政府可以按照价格法等有关法律规定采取相应措施。价格法第三十条规定,当重要商品和服务价格显著上涨或者有可能显著上涨,国务院和省、自治区、直辖市人民政府可以对部分价格采取限定差价率或者利润率、规定限价、实行提价申报制度和调价备案制度等干预措施。省、自治区、直辖市人民政府采取前款规定的干预措施,应当报国务院备案。第三十一条规定,当市场价格总水平出现剧烈波动等异常状态时,国务院可以在全国范围内或者部分区域内采取临时集中定价权限、部分或者全面冻结价格的紧急措施。本条规定的"必要时",主要指出现上述规定的重要商品和服务价格显著上涨或者有可能显著上涨,以及市场价格总水平出现剧烈波动等异常状态时,为了及时保障特殊时期重要商品和服务的供应、稳定市场,国务院和省级人民政府可以根据有关法律规定采取干预措施。

第六十九条 对即将发生或者已经发生的社会安全事件,县级以上地方人民政府及其有关主管部门应当按照规定向上一级人民政府及其有关主管部门报告,必要时可以越级上报,具备条件的,应当进行网络直报或者自动速报。

【释义】 本条是关于社会安全事件信息报告制度的规定。

社会安全事件,是指由各种社会矛盾引发的,形成一定的规模,造成一定的社会影响,危害社会稳定,干扰正常的工作秩序、生产秩序、教学科研秩序和社会秩序的群体性事件。通常来说,这类事件一般具有突发性、多变性、对抗性等特点,往往给社会稳定、社会秩序、社会安全以及人民群众生命财产安全造成重大影响,有必要建立健全社会安全事件信息报告制度,建立快速反应、控制有力的处置机制,及时、妥善预防和处置社会安全事件。社会安全事件多由人为因素引发,发展态势往往比其他突发事件更难预测和掌握,随时可能需要上级政府在人力、财力和物力上给予支持。当社会安全事件即将发生或者已经发生时,负责组织处置的人民政府在及时采取应急处置措施的同时,应当按照规定向上一级人民政府及其有关主管部门报告,为了提高信息报告效率,必要时可以越级上报。根据实践情况、实际需要,此次法律修订增加规定,具备条件的,应当进行网络直报或者自动速报,有利于提高上报效率,避免错报、漏报、瞒报。

第七十条 发布突发事件警报的人民政府应当根据事态的发展,按照有关规定适时调整预警级别并重新发布。

有事实证明不可能发生突发事件或者危险已经解除的,发布警报的人民政府应当立即宣布解除警报,终止预警期,并解除已经采取的有关措施。

【释义】 本条是关于调整预警级别、解除预警的规定。

突发事件从孕育到发生有一个过程,具有不确定性,其发生的可能性及时间和危害程度等随时可能发生变化。县级以上地方人民政府在对有关突发事件监测和预警信息进行汇总分析和评估研判后,需要根据事件的发展态势及时作出预警级别调整并重新发布,根据调整后的级别及时采取相应的措施,从而精准有效应对,降低危机管理成本。按照"谁发布、谁调整"的原则,由发布突发事件警报的人民政府根据事态的发展重新发布调整后的预警级别。预警级别根据突发事件的实际变化情况,可能由低到高,也有可能由高到低。如果有事实证明不可能发生突发事件或者危险已经解除的,发布警报的人民政府应当立即宣布解除警报,终止预警期,并解除已经采取的有关措施,以尽快恢复正常的社会秩序,减少对社会公众的影响。

第五章　应急处置与救援

本章是关于突发事件应急处置与救援的规定,共15条。突发事件发生后,人民政府应当在第一时间启动应急响应,组织各方面力量,依法及时采取相应的应急处置措施控制事态发展,开展应急救援工作,避免其进一步发展,努力减轻和消除其对人民生命财产造成的损害。本章明确规定突发事件应急响应制度,对突发事件发生后履行统一领导职责或者组织处置工作的人民政府采取的各项应急处置措施作出规定。同时,对有关组织、单位、个人在突发事件应急处置中所应履行的义务作出规定,增加突发事件应对中个人信息收集与保护、开展心理援助等新规定。

> **第七十一条**　国家建立健全突发事件应急响应制度。
> 突发事件的应急响应级别,按照突发事件的性质、特点、可能造成的危害程度和影响范围等因素分为一级、二级、三级和四级,一级为最高级别。
> 突发事件应急响应级别划分标准由国务院或者国务院确定的部门制定。县级以上人民政府及其有关部门应当在突发事件应急预案中确定应急响应级别。

【释义】　本条是关于突发事件应急响应制度的规定。

国务院2021年印发的《"十四五"国家应急体系规划》中对完善应急响应制度作了明确规定,要求"完善突发事件分类与分级标准,规范预警等级和应急响应分级"。本条增加"国家建立健全突发事件应急响应制度"的规定,是此次法律修订的一个亮点,是在总结实践经验基础上对突发事件应对管理的健全完善,符合突发事件应对工作的内在规律和客观要求,为有效提高突发事件应对能力提供更为坚实的制度支撑。

一、应急响应级别的划分

突发事件应对法中的分级制度主要包括三类:(1)对突发事件进行分级,通常分为四级,即特别重大、重大、较大和一般。(2)对突发事件预警进行分级,通常分为四级,即一级、二级、三级和四级,分别用红色、橙色、黄色和蓝色标示,一级为最高级别。(3)对突发事件应急响应进行分级。本条第二款规定,按照突发事件的性质、特点、可能造成的危害程度和影响范围等因素,分为一级、二级、三级和四级,一级为最高级别。一般来说,突发事件的危害程度越高、影响范围越大,启动的应急响应级别就越高。

二、应急响应级别划分标准的制定

本条第三款规定,突发事件应急响应级别划分标准由国务院或者国务院确定的部门制定。这一规定,与突发事件的分级标准、预警级别的划分标准制定主体的规定是一致的。工作实践中,国务院或者国务院有关部门通常在应急预案中对应急响应级别划分标准予以明确。比如,国务院制定的《国家安全生产事故灾难应急预案》对有关事故灾难的应急响应级别划分标准作了规定;国务院办公厅印发的《国家森林草原火灾应急预案》对森林草原火灾应急响应级别划分标准作了规定,根据火灾严重程度、火场发展态势和当地扑救情况,国家层面应对工作设定Ⅳ级、Ⅲ级、Ⅱ级、Ⅰ级四个响应等级;国务院办公厅印发的《国家防汛抗旱应急预案》对水旱灾害应急响应级别划分标准作了规定,按洪涝、干旱、台风、堰塞湖等灾害严重程度和范围,将应急响应行动分为一、二、三、四级;国务院办公厅印发的《国家地震应急预案》对地震灾害应急响应级别划分标准作了规定,将地震灾害应急响应分为Ⅰ级、Ⅱ级、Ⅲ级和Ⅳ级;国务院办公厅制定的《国家突发地质灾害应急预案》对地质灾害应急响应级别划分标准作了规定,将地质灾害应急响应分为Ⅰ级、Ⅱ级、Ⅲ级和Ⅳ级。

三、应急响应级别的确定

突发事件情况往往比较复杂,对于同一突发事件,各级人民政府和相关部门受影响的程度不同,应对能力也不尽相同。比如,台风登陆,登陆地县级人民政府结合实际情况可能需要启动一级应急响应,受台风外围影响的县级人民政府启动二级应急响应,国家层面可能只需要启动四级应急响应,甚至不启动应急响应。审议过程中,有些常委委员、部门、专家和社会公众提出,不同地方人民政府在突发事件发生后,决定启动哪一级应急响应,还需要结合实际情况,建议在具体确定应急响应级别时给予地方一定自主权。因此,在规定突发事件应急响应级别划分标准由国务院或者国务院确定的部门制定的基础上,增加规定"县级以上人民政府及其有关部门应当在突发事件应急预案中确定应急响应级别",给予其一定的临机处置自主权。这是科学合理应对突发事件所需要的。

> **第七十二条** 突发事件发生后,履行统一领导职责或者组织处置突发事件的人民政府应当针对其性质、特点、危害程度和影响范围等,立即启动应急响应,组织有关部门,调动应急救援队伍和社会力量,依照法律、法规、规章和应急预案的规定,采取应急处置措施,并向上级人民政府报告;必要时,可以设立现场指挥部,负责现场应急处置与救援,统一指挥进入突发事件现场的单位和个人。
>
> 启动应急响应,应当明确响应事项、级别、预计期限、应急处置措施等。
>
> 履行统一领导职责或者组织处置突发事件的人民政府,应当建立协调机制,提供需求信息,引导志愿服务组织和志愿者等社会力量及时有序参与应急处置与救援工作。

【释义】 本条是关于突发事件发生后对履行统一领导职责或者组织处置工作的人民政府采取应急处置措施总体要求的规定。

突发事件发生后,人民群众生命财产安全往往遭受巨大损失,正常的社会功能遭到破坏,人们的心理也遭受创伤。在这种情况下,履行统一领导职责或者组织处置突发事件的人民政府有必要实行应急处置措施,使各种抢险救援工作得到有力组织、有序开展。本条规定了启动应急响应、采取应急处置措施的法定条件、主体、要求、依据和报告义务,并增加规定了启动应急响应应当明确的内容。

一、应急处置措施是一种暂时的强制性行政应急措施

采取应急处置措施属于一种紧急国家权力,这种紧急国家权力是与限制

公民相应的权利相联系的。为了保护公民的权利不因国家机关滥用权力而受到侵犯，必须对采取应急处置措施的法定条件、主体、要求和依据作出规定。这样规定，是对保护公民权利和满足应急处置需要之间进行平衡，既有利于保护公民权利，又能够保证国家机关在突发事件发生后，及时采取应急处置措施，有效应对突发事件。

应急处置的性质是国家机关采取的暂时性、强制性的行政手段，是一种行政行为，其根本目的是保护人民生命财产安全，维护国家安全、公共安全、生态环境安全和社会秩序。本法第十条规定了突发事件应对措施应当与突发事件可能造成的社会危害的性质、程度和范围相适应，也就是说，要符合比例原则的要求。应急处置措施限制的是公民或组织的部分权利，是为了更有效地保护全体公民和社会整体利益。当突发事件的威胁和危害得到控制或者被消除后，履行统一领导职责或者组织处置工作的人民政府应当停止相关的应急处置措施。

二、应急处置工作的实施主体

本条第一款规定了启动应急响应、采取应急处置措施的主体，即履行统一领导职责或者组织处置突发事件的人民政府。本法第十九条中规定，"县级以上人民政府是突发事件应对管理工作的行政领导机关。国务院在总理领导下研究、决定和部署特别重大突发事件的应对工作；根据实际需要，设立国家突发事件应急指挥机构，负责突发事件应对工作；必要时，国务院可以派出工作组指导有关工作"。

关于履行统一领导职责的人民政府，是指自然灾害、事故灾难、公共卫生事件发生后，统一领导应急处置工作的人民政府。根据本法第三条对突发事件分级的规定，以及第十六条关于应急管理体制和工作体系的规定，一般和较大自然灾害、事故灾难、公共卫生事件的应急处置工作通常分别由发生地县级和设区的市级人民政府统一领导；重大和特别重大自然灾害、事故灾难、公共卫生事件的应急处置工作通常由发生地省级人民政府统一领导，其中影响全国、跨省级行政区域或者超出省级人民政府处置能力的特别重大自然灾害、事故灾难、公共卫生事件的应急处置工作由国务院统一领导。

关于组织处置突发事件的人民政府，是指处置社会安全事件的人民政府。社会安全事件由发生地县级人民政府组织处置,必要时上级人民政府可以直接组织处置。

体系化地理解,本条中"履行统一领导职责或者组织处置突发事件的人民政府",是指包括国务院在内的县级以上各级人民政府。在本条文的适用上,由于国务院是最高国家行政机关,因此,国务院根据本条规定启动应急响应、采取应急处置措施时,无须执行"向上级人民政府报告"的规定。需要注意的是,根据本法第十七条第三款的规定,法律、行政法规规定由国务院有关部门对突发事件应对管理工作负责的,从其规定。因此,国务院有关部门也可以依法作为某类突发事件应急处置工作的责任主体。

三、启动应急响应,采取应急处置措施

本条中规定,突发事件发生后,履行统一领导职责或者组织处置突发事件的人民政府应当针对其性质、特点、危害程度和影响范围等,立即启动应急响应,组织有关部门,调动应急救援队伍和社会力量,依照法律、法规、规章和应急预案的规定,采取应急处置措施,并向上级人民政府报告;必要时,可以设立现场指挥部,负责现场应急处置与救援,统一指挥进入突发事件现场的单位和个人。

(一)启动应急响应

此次法律修订增加了应急响应制度。在第七十一条中增加规定了关于国家建立健全突发事件应急响应制度的内容,并对应急响应的级别及划分标准的制定等作出规定。本条中则对发生突发事件后人民政府应该采取的措施进行了规定,第一款中明确规定了要立即启动应急响应,第二款规定,启动应急响应,应当明确响应事项、级别、预计期限、应急处置措施等,对启动应急响应的有关内容作出明确和规范。

(二)需要考虑的因素

人民政府启动应急响应,采取应急处置措施,应当针对突发事件的性质、特点、危害程度和影响范围等因素进行。

(三)采取应急处置措施的依据

即依照法律、法规、规章和应急预案的规定。为了应对各类突发事件,我国制定了包括防震减灾法、防洪法、气象法、安全生产法、矿山安全法、消防法、传染病防治法等在内的多部法律以及大量行政法规、部门规章、应急预案,针对不同领域的突发事件都规定了相应的应急处置措施。突发事件应对法作为突发事件应对领域的基础性、综合性法律,从救助、保护人民群众生命财产安全的角度对各类突发事件规定了一些共性的应急处置措施。

(四)必要时可以设立现场指挥部

这是此次法律修订新增的规定。现场应急处置与救援是整个突发事件应对过程中的关键环节,涉及控制现场、消除危害和危险源、紧急决策、抢救伤亡人员、保护财产、善后处理等一系列的工作,具有极大的紧急性、复杂性,需要有一个统一的领导机构,实施现场指挥、统筹安排。因此本条第一款中规定,突发事件发生后,履行统一领导职责或者组织处置突发事件的人民政府必要时可以设立现场指挥部,负责现场应急处置与救援,统一指挥进入突发事件现场的单位和个人。这一规定为强化现场管理、规范现场秩序提供了法律依据。

四、建立应急处置协调机制

多年来,红十字会、慈善组织以及志愿服务组织、志愿者等社会力量积极参与突发事件应对活动,发挥了重要作用。但在实践中,也存在着救援分散无序、后勤保障不充分等问题。2021年12月,应急管理部办公厅印发《社会应急力量参与重特大灾害抢险救援行动现场协调机制建设试点方案》(应急厅函〔2021〕317号),旨在充分调动社会各方力量参与突发事件应对工作的积极性、主动性的基础上,规范引导社会应急力量有序参与各类灾害抢险救援行动。此次法律修订新增规定,要求有关人民政府建立协调机制,提供需求信息,引导志愿服务组织和志愿者等社会力量及时有序参与应急处置与救援工作。一方面,履行统一领导职责或者组织处置突发事件的人民政府,要提供需求信息,引导志愿服务组织和志愿者等社会力量及时有序参与应急处置与救援工作;另一方面,志愿服务组织和志愿者等社会力量也要提前了解情况,服从履行统一领导职责或者组织处置突发事件的人民政府的统一指挥。

第七十三条　自然灾害、事故灾难或者公共卫生事件发生后，履行统一领导职责的人民政府应当采取下列一项或者多项应急处置措施：

（一）组织营救和救治受害人员，转移、疏散、撤离并妥善安置受到威胁的人员以及采取其他救助措施；

（二）迅速控制危险源，标明危险区域，封锁危险场所，划定警戒区，实行交通管制、限制人员流动、封闭管理以及其他控制措施；

（三）立即抢修被损坏的交通、通信、供水、排水、供电、供气、供热、医疗卫生、广播电视、气象等公共设施，向受到危害的人员提供避难场所和生活必需品，实施医疗救护和卫生防疫以及其他保障措施；

（四）禁止或者限制使用有关设备、设施，关闭或者限制使用有关场所，中止人员密集的活动或者可能导致危害扩大的生产经营活动以及采取其他保护措施；

（五）启用本级人民政府设置的财政预备费和储备的应急救援物资，必要时调用其他急需物资、设备、设施、工具；

（六）组织公民、法人和其他组织参加应急救援和处置工作，要求具有特定专长的人员提供服务；

（七）保障食品、饮用水、药品、燃料等基本生活必需品的供应；

（八）依法从严惩处囤积居奇、哄抬价格、牟取暴利、制假售假等扰乱市场秩序的行为，维护市场秩序；

（九）依法从严惩处哄抢财物、干扰破坏应急处置工作等扰乱社会秩序的行为，维护社会治安；

（十）开展生态环境应急监测，保护集中式饮用水水源地等环境敏感目标，控制和处置污染物；

（十一）采取防止发生次生、衍生事件的必要措施。

【释义】　本条是关于应对自然灾害、事故灾难或者公共卫生事件所采取的应急处置措施的规定。

突发事件发生后，履行统一领导职责的人民政府必须第一时间组织有关部门，调动应急救援队伍和社会力量，依法及时采取应急处置措施，开展应急处置工作，以控制事态发展，最大限度减少人员伤亡和财产损失，防止灾害的扩大和次生灾害的发生。突发事件发生后采取哪些应急处置措施，应当根据应急处置工作的需要,视具体情况而定。本条规定,有关人民政府应当有针对性地采取一项或者多项应急处置措施。

本条中列举了十一项应急处置措施。这些应急处置措施可以分为三大类。一是应急救助和安置措施。二是应急保障和保护措施。三是应急控制、限制和禁止措施。这些措施大部分延续了2007年突发事件应对法规定的内容,也有一些规定是此次法律修订根据突发事件应对工作需要新增加的,进一步丰富了应急处置措施的"法律工具箱"。十一项措施主要包括:

第一项措施是救助性措施。主要是对公民人身的救助。在危机已经来临,可能危及公民生命、健康时,对处于洪区、疫区、火灾区、放射区、地震区等灾区的公民,行政机关组织营救和救治受害人员,转移、疏散、撤离并妥善安置受到威胁的人员以及采取其他救助措施。其中,"转移"受到威胁的人员的规定是根据暴雨、山洪、地质灾害等自然灾害应对工作实际,在此次法律修订中新增加的内容。这里的"疏散"是应急疏散,具有以下特征:一是应急疏散的时间是在危机已经来临时,这与危机爆发前的紧急疏散是有区别的。危机爆发前的紧急疏散属于在预警期内的危机预控,而危机爆发后的应急疏散属于危机应急管理。二是应急疏散的依据是被疏散的人员面临巨大的危险,如果不紧急疏散很可能造成人员重大伤亡,当然,没有危险的群众就不必疏散,不然就会造成不必要的损失。三是应急疏散的内容是指导安全受到威胁的民众紧急转移到安全地带。四是应急疏散是应对突发事件的一项行之有效的紧急措施,目的是最大限度地减少人员伤亡。

第二项措施是控制性措施。主要是针对场所的控制。其中,"危险源"是危险物品大量聚集的地方,如被传染病病原体污染的公共饮用水源,易燃易爆物品、危险化学品、放射性物品存放地。这些危险源具有较大的危险性,在自然灾害、事故灾难、公共卫生事件发生后,负责应急处置工作的人民政府应当及时予以控制。"标明危险区域",目的是起到警示作用。"封锁危险场所",如封闭可能造成传染病扩散的场所,对传染病疫区实行封锁。"划定警戒区",是指公安机关等在一些特定地方,划定一定的区域限定部分人员出入。"实行交通管制",在应急处置中经常具有特别的意义,这种社会性管制也是一种常用的应急处置措施。通过实行交通管制,对管制地区的交通实施严格控制,对交通工具以及人员、物品进出进行特别管理。必要时开辟救援专用路线,保证现场的交通快速畅通,使救援人员、物资能够及时到位。管制可以是为减灾、救灾而疏导交通,也可以是为避免危险的发生等。同时,此次法律修订,根据突发公共卫生事件应对工作的需要,在本条第二项中新增限制人员流动、封闭管理等控制措施的规定。

第三项措施是保障性措施。"立即抢修被损坏的交通、通信、供水、排水、供电、供气、供热、医疗卫生、广播电视、气象等公共设施"。此次法律修订新增了"医疗卫生、广播电视、气象"三项公共设施,这是深入总结近年来突发事件应对工作经验所作的进一步完善。"交通、通信、供水、排水、供电、供气、供热"等公共设施,均属于生命线工程。生命线工程系统一般可以分为:交通运输系统(铁路、公路、水路、航空等);通信传播系统(电话、电信、广播、电视等);供排水系统;能源供应系统(电力、煤气、热力等)。各系统相互联系、相互制约,以网络的形式发挥其社会功能,某一系统功能失效都有可能导致灾情迅速扩大,造成难以估量的损失。生命线工程联结千家万户,辐射城乡,对于尽快恢复生命线工程并控制次生灾害发生,各有关部门和单位都有义不容辞的责任。"立即抢修"是国家对恢复生命线工程的时效要求。抢修行动越快,得救的人就越多,对次生灾害的控制和社会功能的恢复也就越有成效。因此,抢修公共设施不仅对减少灾害损失很重要,而且对生活恢复、生产恢复以及整个社会恢复都是十分重要的。

"向受到危害的人员提供避难场所和生活必需品",这是给受灾人员的生活帮助和物质帮助。遭受灾害的人员,正常的生产、工作可能因灾害被迫停止,生活受到影响。为使受灾人员的基本生活不致失去保障,履行统一领导职责的人民政府组织民政和其他有关部门和单位,通过各种途径给他们提供必要的帮助。临时搭建帐篷、简易房等避难场所,解决受灾人员的安身问题;并提供救济物,解决吃饭、喝水、穿衣等问题,满足受灾人员最基本的生活需要。这些都是临时供给。随着社会功能的恢复,再逐步恢复受灾人员的基本生活秩序。

"实施医疗救护和卫生防疫",包括医疗救护和卫生防疫两个方面。医疗救护是抢救生命的一个关键;卫生防疫是公民健康安全的必要保障。履行统一领导职责的人民政府应当组织卫生、医疗、医药、防疫等部门和单位,向灾区调运药品,派出医疗队伍,对有生命健康危险的受灾人员予以救治;加强疫病监测,及时扑灭疫情,控制流行病、传染病的暴发和流行,确保大灾之后无大疫。

第四项措施是保护性措施。火灾发生后要截断电力、可燃气体和液体的输送,限制用火用电;疫情发生后,为防止其传播,限制或停止集市、集会、影剧院演出或者其他人群聚集的活动以及停工、停业、停课等。这些措施对保护人民的生命健康是必要的。

第五项措施是"启用本级人民政府设置的财政预备费和储备的应急救援物资,必要时调用其他急需物资、设备、设施、工具"。启用财政预备费是常规的应急手段。预算法规定,各级一般公共预算应当按照本级一般公共预算支出额的百分之一至百分之三设置预备费,用于当年预算执行中的自然灾害等突发事件处理增加的支出及其他难以预见的开支。防震减灾法、《核电厂核事故应急管理条例》等法律法规都规定了用于突发事件的预防与应急准备、监测与预警等方面的应急准备资金。发生突发事件,人民政府可以启用这些资金。

本法规定,国家建立健全应急物资储备保障制度,设区的市级以上人民政府和突发事件易发、多发地区的县级人民政府应当建立应急救援物资、生活必需品和应急处置装备的储备保障制度。突发事件发生后,负责应急处置的人民政府可以启用这些储备的物资和生活必需品。不足或缺乏时,负责应急处置工作的人民政府有权调动应急救援所需要的其他物资、设备、设施、工具。

第六项措施是"组织公民、法人和其他组织参加应急救援和处置工作,要求具有特定专长的人员提供服务"。公民有义务参与突发事件的应对工作,尤其是具有特定专长的人员,比如,在物理、化学、地理、测量、气象、能源或通信等某一方面有专业技术的人才,他们在应急处置和救援中可以发挥重要的作用。"法人和其他组织"是此次修改新增加的规定,主要考虑是充分发挥社会力量在应急救援和处置中的作用。

第七项措施是"保障食品、饮用水、药品、燃料等基本生活必需品的供应"。自然灾害、公共卫生事件或其他事件突然发生后,生活必需品市场可能会出现异常波动,导致价格异常波动或商品脱销。因此,需要采取措施,保障食品、饮用水、燃料等基本生活必需品的供应。此次法律修订新增加关于保障药品供应的规定,以保障人民群众生命健康免于或者减少受到突发事件的影响和损害。

第八项措施是"依法从严惩处囤积居奇、哄抬价格、牟取暴利、制假售假等扰乱市场秩序的行为,维护市场秩序"。这是一种经济性管制应急处置措施,其目的在于维护市场秩序。价格法规定:"当重要商品和服务价格显著上涨或者有可能显著上涨,国务院和省、自治区、直辖市人民政府可以对部分价格采取限定差价率或者利润率、规定限价、实行提价申报制度和调价备案制度等干预措施。省、自治区、直辖市人民政府采取前款规定的干预措施,应当报国务院备案。"同时,还规定:"当市场价格总水平出现剧烈波动等异常状态时,国务院可以在全国范围内或者部分区域内采取临时集中定价权限、部分或者全面冻结价格的紧急措施。"自然灾害、事故灾难、公共卫生事件发生后,除了给国家和人民群众的生命财产造成较大损失外,往往会由于商品供应不及时等打乱正常的市场秩序,甚至出现垄断资源、欺行霸市、囤积居奇、哄抬价格、牟取暴利、制假售假等扰乱市场秩序的行为,不仅不利于应急处置,而且会造成不必要的社会混乱。因此,有必要赋予人民政府这样一种职权来稳定市场。

第九项措施是"依法从严惩处哄抢财物、干扰破坏应急处置工作等扰乱社会秩序的行为,维护社会治安"。突发事件发生后,履行统一领导职责的人民政府应当组织公安机关和其他有关部门加强治安管理和安全保卫工作,采取坚决、有效的措施,防止有人利用现场混乱之机趁火打劫、哄抢财物,维护社会治安,稳定社会秩序。

第十项措施是"开展生态环境应急监测,保护集中式饮用水水源地等环境敏感目标,控制和处置污染物"。这是此次法律修订新增的一项措施。主要考虑是,增加规定生态环境应急监测,与环境保护法、大气污染防治法、水污染防治法、土壤污染防治法等生态环境保护有关法律做好衔接,细化生态环境部门在突发事件应对中的职责。

第十一项措施是"采取防止发生次生、衍生事件的必要措施"。次生事件,是指在突发事件的灾害链中由原生事件诱导的、第二次生成的、间接造成的事件;衍生事件,是指由原生事件派生出来的、第三次生成的、因繁衍变化而发生的一系列事件。两者的主要区别在于,与原生事件相比,衍生事件的发生机理有明显变化,而次生事件没有明显变化。例如,从后果及致灾过程上分析地震灾害,地震原生灾害是指地震时造成建筑物等的损坏、倒塌及由此引起的人员伤亡及财产损失。地震次生灾害是指因地震诱发导致的其他灾害,如地震时大坝溃裂,酿成水灾;炉火倾覆,火种撒出,引起火灾;引发滑坡、海啸、泥石流等。地震衍生灾害是指因地震灾害繁衍派生造成社会秩序混乱、治安恶化等。在处置突发事件过程中,人民政府必须采取措施防止次生、衍生事件的发生。

> **第七十四条** 社会安全事件发生后,组织处置工作的人民政府应当立即启动应急响应,组织有关部门针对事件的性质和特点,依照有关法律、行政法规和国家其他有关规定,采取下列一项或者多项应急处置措施:
> (一)强制隔离使用器械相互对抗或者以暴力行为参与冲突的当事人,妥善解决现场纠纷和争端,控制事态发展;
> (二)对特定区域内的建筑物、交通工具、设备、设施以及燃料、燃气、电力、水的供应进行控制;
> (三)封锁有关场所、道路,查验现场人员的身份证件,限制有关公共场所内的活动;
> (四)加强对易受冲击的核心机关和单位的警卫,在国家机关、军事机关、国家通讯社、广播电台、电视台、外国驻华使领馆等单位附近设置临时警戒线;
> (五)法律、行政法规和国务院规定的其他必要措施。

【释义】 本条是关于社会安全事件发生后应急处置措施的规定。

通常来说,社会安全事件具有群体性、利益性、突发性、多变性等方面的特点,人民政府有必要建立快速反应、控制有力的处置机制,坚持严格依法、果断坚决、迅速稳妥的处置原则,尽最大努力防止事态扩大、蔓延,把事件对社会稳定的危害和影响降到最低。社会安全事件发生后,组织处置工作的人民政府应当立即启动应急响应,组织有关部门针对事件的性质和特点,依照有关法律、行政法规和国家其他有关规定,采取相应的处置措施。

第一项措施是"强制隔离使用器械相互对抗或者以暴力行为参与冲突的当事人,妥善解决现场纠纷和争端,控制事态发展"。这是针对群体性事件等社会安全事件采取的措施。隔离,就是要使相互冲突和对抗的当事人置于不可能再发生冲突的地方。当突发群体性事件等社会安全事件时,对于冲突的当事人,公安机关要依照法律赋予的职权,采取相应的措施,进行强制干预,隔离冲突双方,控制局势,平息事态,恢复正常秩序。

第二项措施是"对特定区域内的建筑物、交通工具、设备、设施以及燃料、燃气、电力、水的供应进行控制"。这是对重点设备设施等的安全保护措施。在社会安全事件发生后,在特定区域内的一些建筑物、交通工具、设备、设施等可能会受到威胁;燃料、燃气、电力、水等能源供应系统也可能受到威胁。所以,组织处置工作的人民政府应当组织政府有关部门对这些特定建筑物、交通工具、设备、设施和能源供应系统进行必要的控制,予以安全保障,防止因社会安全事件的发生造成不必要的破坏。

第三项措施是"封锁有关场所、道路,查验现场人员的身份证件,限制有关公共场所内的活动"。在社会安全事件发生后,为了维护社会治安秩序,必要的时候需要实行现场管制,限制人员进出被封锁管制的场所、道路,对出入封锁区域人员的证件进行检查,禁止或者限制有关公共场所内的聚众等活动。

第四项措施是"加强对易受冲击的核心机关和单位的警卫,在国家机关、军事机关、国家通讯社、广播电台、电视台、外国驻华使领馆等单位附近设置临时警戒线"。这是对首脑要害部位加强保护的规定。在社会安全事件发生后,为了加强对首脑要害部位的保护,必要时应当在国家机关、军事机关、国家通讯社、广播电台、电视台、外国驻华使领馆等单位附近设置临时警戒线,防止上述单位受到冲击。

第五项措施是"法律、行政法规和国务院规定的其他必要措施"。处置社会安全事件的措施是多种的,无法全部列出;有的措施在有关法律、行政法规中也有规定,不必一一列出。国家法律、行政法规和国务院规定中对应急处置措施作出的规定,在处置社会安全事件时可根据情况采取相应措施。

第七十五条　发生突发事件,严重影响国民经济正常运行时,国务院或者国务院授权的有关主管部门可以采取保障、控制等必要的应急措施,保障人民群众的基本生活需要,最大限度地减轻突发事件的影响。

【释义】　本条是关于发生突发事件严重影响国民经济正常运行时采取应急处置措施的规定。

经济安全是国家安全的重要内容。总体国家安全观的要求就是以人民安全为宗旨,以政治安全为根本,以经济安全为基础,以军事、科技、文化、社会安全为保障,以促进国际安全为依托。在经济全球化趋势不断发展的今天,经济安全是世界各国都面临的重大课题。我国必须根据国情和世界格局的变化,采取相应措施,加强经济安全管理,做好经济安全的防范,避免或者化解可能发生的局部或者全局性危机,使经济运行健康稳步持续发展。

2010年,以宪法为核心的中国特色社会主义法律体系如期形成,国家经济建设、政治建设、文化建设、社会建设以及生态文明建设的各个方面实现有法可依。经济法作为中国特色社会主义法律体系的重要门类,包括银行、证券、保险、税收、外汇等方面的法律法规,建立了各种经济调控措施和监管制度,规定了各种宏观调控时采取的措施。本条规定,发生突发事件,严重影响国民经济正常运行时,国务院或者国务院授权的有关主管部门可以采取保障、控制等必要的应急措施,保障人民群众的基本生活需要,最大限度地减轻突发事件的影响。这一规定,明确了国务院或者国务院授权的有关主管部门是采取应急措施的主体。

同时,鉴于这类事件处置的复杂性,本条对关于严重影响国民经济事件的应急处置措施作了授权性规定,主要考虑突发事件的发生可能严重影响国民经济的正常运行,如引起股市崩盘、资金挤兑等经济风险。而这种风险有时来势异常的突然、紧急,危害性可能极大,需要采取的应急措施可能法律上还暂时没有规定。在没有法律、行政法规规定的情况下,为了维护国家经济安全、保障人民群众的基本生活需要,最大限度地减轻突发事件的影响,规定国务院或者国务院授权的有关主管部门可以采取保障、控制等必要的应急措施。这是根据我国的实际情况作出的规定,以完善经济领域的预防和应急机制,增强社会主义市场经济体系的抗外部冲击能力。

第七十六条 履行统一领导职责或者组织处置突发事件的人民政府及其有关部门,必要时可以向单位和个人征用应急救援所需设备、设施、场地、交通工具和其他物资,请求其他地方人民政府及其有关部门提供人力、物力、财力或者技术支援,要求生产、供应生活必需品和应急救援物资的企业组织生产、保证供给,要求提供医疗、交通等公共服务的组织提供相应的服务。

履行统一领导职责或者组织处置突发事件的人民政府和有关主管部门,应当组织协调运输经营单位,优先运送处置突发事件所需物资、设备、工具、应急救援人员和受到突发事件危害的人员。

履行统一领导职责或者组织处置突发事件的人民政府及其有关部门,应当为受突发事件影响无人照料的无民事行为能力人、限制民事行为能力人提供及时有效帮助;建立健全联系帮扶应急救援人员家庭制度,帮助解决实际困难。

【释义】 本条是关于人民政府应急征用、组织生产供给和应急协作机制、救援帮扶制度的规定。

突发事件应急处置涉及面广,既需要有关人民政府发挥统一领导的职责,也需要企业组织、公共服务组织、运输经营单位以及社会公众等方方面面的支持和参与。本条规定,应急协作机制的主体是履行统一领导职责或者组织处置突发事件的人民政府及其有关主管部门,在其组织协调下,其他地方人民政府及其有关部门、企业组织、公共服务组织、运输经营单位以及社会公众等社会各方面力量才能够有序参与应急处置工作。

一、应急征用制度

本法"总则"第十二条规定:"县级以上人民政府及其部门为应对突发事件的紧急需要,可以征用单位和个人的设备、设施、场地、交通工具等财产。被征用的财产在使用完毕或者突发事件应急处置工作结束后,应当及时返还。财产被征用或者征用后毁损、灭失的,应当给予公平、合理的补偿。"本法第九十五条中,对"不及时归还征用的单位和个人的财产,或者对被征用财产的单位和个人不按照规定给予补偿的"情形规定了法律责任。根据本条第一款的规定,"履行统一领导职责或者组织处置突发事件的人民政府及其有关部门,必要时可以向单位和个人征用应急救援所需设备、设施、场地、交通工具和其他物资"。这些条款共同构成了较为完善的应急征用制度,对于保障应急处置成效、保障被征用人合法权益具有重要的规范性意义。

征用是履行统一领导职责或者组织处置突发事件的人民政府及其有关部门在突发事件应急处置与救援过程中,通过行使行政权,强制使用单位、个人的财产。这种强制征用是通过给行政管理相对人设定法律义务的方式实现的,被征用的单位、个人必须服从。但是,为了保障行政管理相对人的合法权益不受行政机关的非法侵犯,人民政府在对行政管理相对人进行征用时又是受法律上的条件限制的。采取本条所规定的征用措施,其成立的法定前提条件是应对突发事件的需要,没有这样的法定事由,人民政府不得随意采取这一措施。征用的对象是单位和个人的设备、设施、场地、交通工具等财产。修订过程中有意见提出,应急征用涉及单位、个人财产权益,建议进一步细化应急征用的具体程序、补偿标准、返还时间等。全国人大宪法和法律委员会经研究,在修改意见的报告中提出,修订草案已就应急征用的条件、补偿、返还作了规定,地方可结合当地实际,对有关应急征用的操作性规定予以细化。

二、应急协作机制

突发事件发生时往往急需大量救援物资。本条第一款规定,履行统一领导职责或者组织处置突发事件的人民政府及其有关部门,可以请求其他地方人民政府及其有关部门提供人力、物力、财力或者技术支援。相邻的地方人民政府具有天然的地缘优势,互助协作、守望相助,一方有难、八方支援,做好突发事件的应急处置工作。

三、生产、供应生活必需品和应急救援物资的企业以及提供医疗、交通等公共服务的组织的配合义务

本条中规定,履行统一领导职责或者组织处置突发事件的人民政府及其有关部门,必要时可以要求生产、供应生活必需品和应急救援物资的企业组织生产、保证供给。关于应急救援物资、生活必需品和应急处置装备的储备保障制度,要结合本法第四十五条、第四十六条的规定来看。本法第四十五条中规定,"国家按照集中管理、统一调拨、平时服务、灾时应急、采储结合、节约高效的原则,建立健全应急物资储备保障制度"。第四十六条第二款规定,"县级以上地方人民政府应当根据本地区的实际情况和突发事件应对工作的需要,依法与有条件的企业签订协议,保障应急救援物资、生活必需品和应急处置装备的生产、供给。有关企业应当根据协议,按照县级以上地方人民政府要求,进行应急救援物资、生活必需品和应急处置装备的生产、供给,并确保符合国家有关产品质量的标准和要求"。关于人民政府与企业在应急物资储备保障方面,要遵循前述规定,可以通过人民政府与有条件的企业签订协议的方式进行保障;有关企业根据协议,按照人民政府要求,进行生产和供给。这样既有利于人民政府结合自身实际情况安排应急物资储备保障,满足应急处置需求,也有利于企业有序安排生产,在为突发事件应对提供服务的同时符合其作为市场主体的定位。

此外,本条第一款中还规定,履行统一领导职责或者组织处置突发事件的人民政府及其有关部门,必要时可以要求提供医疗、交通等公共服务的组织提供相应的服务。

四、对处置突发事件所需物资、设备、工具、应急救援人员和受到突发事件危害的人员优先运送

突发事件发生后,需要将救援物资及时运送到受灾地区,需要保证应急救援人员及时到达受灾地区,需要及时解救受到突发事件危害的人员。因此,履行统一领导职责或者组织处置突发事件的人民政府和有关主管部门,应当组织协调运输经营单位,优先运送处置突发事件所需物资、设备、工具、应急救援人员和受到突发事件危害的人员;而铁路、交通、民航等经营单位及时运送应急所需物资和人员是其应尽的责任,应当保证将应急处置所需的物资、人员以最快的速度送往目的地,保障应急处置的顺利开展。

五、对特殊群体的帮助

为了保障突发事件应对过程中人民群众的生命安全和身体健康,有必要对受突发事件影响无人照料的无民事行为能力人、限制民事行为能力人提供及时有效帮助。民法典第三十四条第四款规定,因发生突发事件等紧急情况,监护人暂时无法履行监护职责,被监护人的生活处于无人照料状态的,被监护人住所地的居民委员会、村民委员会或者民政部门应当为被监护人安排必要的临时生活照料措施。此次法律修订与民法典等法律规定相衔接,规定了对特殊群体的救援帮扶制度,彰显了人民至上、生命至上,尊重和保障人权的理念原则。

本条第三款还规定,履行统一领导职责或者组织处置突发事件的人民政府及其有关部门,应当建立健全联系帮扶应急救援人员家庭制度。应急救援人员赴汤蹈火、冲锋在前,这一规定旨在帮助他们解决实际困难,体现了"为众人抱薪者,不可使其冻毙于风雪"的精神内涵,解除应急救援人员参加突发事件应对工作的后顾之忧。

> **第七十七条** 突发事件发生地的居民委员会、村民委员会和其他组织应当按照当地人民政府的决定、命令,进行宣传动员,组织群众开展自救与互救,协助维护社会秩序;情况紧急的,应当立即组织群众开展自救与互救等先期处置工作。

【释义】 本条是关于基层群众性自治组织和其他组织组织群众开展自救与互救的规定。

居民委员会、村民委员会是宪法规定的城市居民、村民自我管理、自我教育、自我服务的基层群众性自治组织。充分发挥居民委员会、村民委员会和其他组织的作用,加强基层应急管理能力建设,是有效应对各类突发事件的重要环节。2021年4月发布的《中共中央 国务院关于加强基层治理体系和治理能力现代化建设的意见》明确,增强村(社区)组织动员能力。在应急状态下,由村(社区)委员会统筹调配本区域各类资源和力量,组织开展应急工作。本条明确了突发事件发生地的居民委员会、村民委员会和其他组织的职责。

这里存在两种情形。第一种情形是按照当地人民政府的决定、命令开展工作,包括宣传应急管理相关法律法规,救援与逃生知识,动员居民和村民执行当地人民政府的决定、命令,组织群众开展自救与互救,协助维护社会秩序,组织排查险情、运输救援物资以及有序组织人员撤离等。充分发挥居民委员会、村民委员会和其他组织根植群众、贴近群众的优势和作用,在面对危机的情况下可以更好地把广大群众组织起来,有效地进行自救和互救,最大限度地减少损失。

第二种情形是情况紧急的,应当立即组织群众开展自救与互救等先期处置工作。这是此次法律修订新增加的一项重要内容,为确保人民群众生命财产安全,赋予居民委员会、村民委员会和其他组织在情况紧急下的先期处置权。2024年9月印发的《中共中央办公厅 国务院办公厅关于进一步提升基层应急管理能力的意见》提出,常态化开展预案演练,乡镇(街道)和村(社区)每年至少组织一次以先期处置、转移避险、自救互救为重点内容的综合演练,高风险地区要加强防汛、防台风、避震自救、山洪和地质灾害避险、火灾逃生等专项演练。

第七十八条　受到自然灾害危害或者发生事故灾难、公共卫生事件的单位,应当立即组织本单位应急救援队伍和工作人员营救受害人员,疏散、撤离、安置受到威胁的人员,控制危险源,标明危险区域,封锁危险场所,并采取其他防止危害扩大的必要措施,同时向所在地县级人民政府报告;对因本单位的问题引发的或者主体是本单位人员的社会安全事件,有关单位应当按照规定上报情况,并迅速派出负责人赶赴现场开展劝解、疏导工作。

突发事件发生地的其他单位应当服从人民政府发布的决定、命令,配合人民政府采取的应急处置措施,做好本单位的应急救援工作,并积极组织人员参加所在地的应急救援和处置工作。

【释义】　本条是关于突发事件中有关单位应急处置职责的规定。

一、单位在自然灾害、事故灾难、公共卫生事件发生后的应急处置工作

在自然灾害、事故灾难、公共卫生事件发生初期,有关单位应当充分发挥基层应急救援力量的优势开展应急处置工作。一是充分利用本单位熟悉本地地形、人员分布情况等方面的优势,在第一时间营救受害人员,疏散、撤离、安置受到威胁的人员,尽量减少人员伤亡。二是立即组织本单位应急救援队伍以及相关专业技术人员,针对突发事件发生的原因和特点,采取适当措施进行应急处置,并及时控制危险源,标明危险区域,封锁危险场所,控制事态,防止因突发事件所造成的损失进一步扩大。三是充分利用熟悉事发现场情况等方面的优势,及时向所在地县级人民政府报告,为人民政府开展应急处置工作提供帮助。

二、单位在社会安全事件发生后的处置责任

对因本单位的问题引发的或者主体是本单位人员的社会安全事件,有关单位应当充分发挥基层组织的矛盾纠纷化解排查作用,定期对本单位内存在的各种矛盾纠纷,特别是对可能引发群体性聚集、上访事件的隐患及时排查调处,把不稳定因素消除在萌芽状态。对因本单位的问题引发的或者主体是本单位人员的社会安全事件,有关单位应当按照规定上报情况,并迅速派出

负责人赶赴现场开展劝解、疏导工作。对本单位能解决的问题,尽力解决;对本单位无法解决的问题,及时给予合理解释,消除当事人的误解和疑虑;同时对现场当事人出现过激行为、危害社会秩序的,还应当及时采取有效措施予以控制,并做好现场证据的保护工作,为有关机关的介入和处理提供依据,维护社会稳定。

突发事件发生地的其他单位,在突发事件发生之后,应当服从人民政府发布的决定、命令,配合人民政府采取的各项应急处置措施;按照人民政府的要求,积极组织人员参加所在地的应急救援和处置工作;本单位受到突发事件影响的,应做好本单位的应急救援工作。

第七十九条 突发事件发生地的个人应当依法服从人民政府、居民委员会、村民委员会或者所属单位的指挥和安排,配合人民政府采取的应急处置措施,积极参加应急救援工作,协助维护社会秩序。

【释义】 本条是关于个人在突发事件应急处置中所应履行义务的规定。

突发事件的应对工作离不开个人的支持、配合和参与。在应急处置期间,为了保障应急处置措施的有效实施,事件发生地的个人应当依法服从、配合和协助应急处置工作,个人不仅是被动的受保护者,同样应该是积极主动的"责任者"。一方面,在突发事件应急处置过程中,人民政府在危急情况下为保护国家利益和社会利益而采取的一些措施,往往直接涉及个人权利的行使和限制,会给一小部分人带来不利影响,但能保障更大一部分人的生命和财产安全,减少社会整体利益的损失,其出发点和落脚点都是更好保障社会主体的权益。另一方面,个人服从人民政府的决定、命令,配合人民政府采取的应急处置措施,有利于尽快恢复正常的社会秩序,减少突发事件给社会经济生活造成的冲击。

本条是对本法第二十三条"公民、法人和其他组织有义务参与突发事件应对工作"规定的具体化。一般来说,突发事件发生地的个人应当履行如下义务:一是依法服从人民政府、居民委员会、村民委员会或者所属单位的指挥和安排。二是配合人民政府采取的应急处置措施。比如,本法第七十三条规定的"转移、疏散、撤离并妥善安置受到威胁的人员""实行交通管制、限制人员流动、封闭管理以及其他控制措施"等,在一定程度上对公民权利进行限制,但其目的是避免突发事件所引起的对人民生命财产的危害,个人应服从人民政府这些决定、命令,服从人民政府关于转移、疏散、撤离、限制人员流动等的安排,配合人民政府采取的应急处置措施。三是力所能及的前提下,积极参加应急救援工作,协助维护社会秩序。本法第七十三条还规定人民政府"组织公民、法人和其他组织参加应急救援和处置工作,要求具有特定专长的人员提供服务",个人应积极参加,为突发事件应对贡献力量。

第八十条 国家支持城乡社区组织健全应急工作机制,强化城乡社区综合服务设施和信息平台应急功能,加强与突发事件信息系统数据共享,增强突发事件应急处置中保障群众基本生活和服务群众能力。

【释义】 本条是关于城乡社区组织应急工作机制的规定。

本条是此次法律修订新增加的条款。《中共中央 国务院关于加强和完善城乡社区治理的意见》提出,"城乡社区是社会治理的基本单元。城乡社区治理事关党和国家大政方针贯彻落实,事关居民群众切身利益,事关城乡基层和谐稳定"。《法治政府建设实施纲要(2021—2025年)》提出,完善乡镇(街道)、村(社区)应急处置组织体系,推动村(社区)依法参与预防、应对突发事件。党中央这些政策文件都对健全城乡社区组织应急工作机制提出了要求。

城乡社区组织在突发事件应急处置中发挥重要的基础性作用,按照本条规定,国家支持城乡社区组织健全应急工作机制包括以下内容:一是强化城乡社区综合服务设施和信息平台应急功能。综合服务设施和信息平台应当充分考虑应急需求,确保在应急处置时能够快速投入使用。二是加强与突发事件信息系统数据共享。根据本法第五十九条规定,"县级以上地方人民政府应当建立或者确定本地区统一的突发事件信息系统,汇集、储存、分析、传输有关突发事件的信息"。城乡社区组织的信息平台应当与上述突发事件信息系统加强数据共享,实现互联互通。三是增强突发事件应急处置中保障群众基本生活和服务群众能力。《中共中央 国务院关于加强和完善城乡社区治理的意见》要求,"强化社区风险防范预案管理,加强社区应急避难场所建设,开展社区防灾减灾科普宣传教育,有序组织开展社区应对突发事件应急演练,提高对自然灾害、事故灾难、公共卫生事件、社会安全事件的预防和处置能力。加强消防宣传和消防治理,提高火灾事故防范和处置能力,推进消防安全社区建设"。

> **第八十一条** 国家采取措施,加强心理健康服务体系和人才队伍建设,支持引导心理健康服务人员和社会工作者对受突发事件影响的各类人群开展心理健康教育、心理评估、心理疏导、心理危机干预、心理行为问题诊治等心理援助工作。

【释义】 本条是关于对受突发事件影响的各类人群开展心理援助工作的规定。

本条是此次法律修订新增加的条款。党的二十届三中全会提出,健全社会心理服务体系和危机干预机制。社会心理服务体系建设,包括突发事件中的心理援助,对于提升国民身心健康水平、引导形成积极向上的社会心态具有重要意义。心理健康是个体健康的重要组成部分。突发事件不仅会对人民群众的生命财产安全造成损害,也会对相关人群的心理健康产生影响。由于突发事件对个体心理健康的影响具有一定的隐蔽性、滞后性,长期以来,社会各方在应对突发事件时往往更重视物质救援,而忽视了心理援助的需求。突发事件处置完成后,除硬件、客观环境的恢复,还要关注心理和社会关系的重建。《健康中国行动(2019—2030年)》明确,将心理危机干预和心理援助纳入各类突发事件应急预案和技术方案,加强心理危机干预和心理援助队伍的专业化、系统化建设。中共中央、国务院印发的《"健康中国2030"规划纲要》提出,提高突发事件心理危机的干预能力和水平。

本条以法律规范的形式强化突发事件应对中的人文关怀,是一种双层制度规范。一方面规定了国家责任。明确国家应当采取措施加强心理健康服务体系和人才队伍建设,这为心理健康服务事业发展提供了最基础的国家保障条件;同时,国家要支持引导相关社会主体开展心理援助工作。另一方面规定了社会责任。心理健康服务人员和社会工作者等社会责任主体要对受突发事件影响的各类人群开展心理援助工作,包括心理健康教育、心理评估、心理疏导、心理危机干预、心理行为问题诊治等。

第八十二条 对于突发事件遇难人员的遗体,应当按照法律和国家有关规定,科学规范处置,加强卫生防疫,维护逝者尊严。对于逝者的遗物应当妥善保管。

【释义】 本条是关于遗体处置及遗物保管的规定。

本条是此次法律修订新增加的条款。妥善及时处置遇难人员的遗体是公共卫生问题,也是社会伦理问题。在妥善处置遇难人员遗体方面,各级人民政府及其有关部门做了大量细致的工作。比如,为妥善及时处理四川省汶川地震遇难人员遗体,预防地震灾区疫情的发生与流行,保障灾区群众身体健康和公共卫生,维护灾区社会稳定,民政部、公安部、原卫生部在2008年5月联合制定了《关于"5·12"地震遇难人员遗体处理意见》,对遗体处理方式、遗体辨认程序、境外人员遗体处理、卫生防疫、协调配合和经费保障等方面提出了明确要求,强调在遗体处理时,要严格遵守操作规程,尊重遇难者尊严,并做好遇难者家属安抚工作。

此次法律修订深入总结国内外突发事件应对经验,增加规定,对于突发事件遇难人员的遗体,应当按照法律和国家有关规定,科学规范处置,加强卫生防疫,维护逝者尊严。同时明确,对于逝者的遗物应当妥善保管。这里的"法律和国家有关规定"包括本法、传染病防治法、环境保护法、《殡葬管理条例》等法律法规以及国务院有关部门出台的文件和标准。例如,民政部、公安部、交通运输部、原卫生计生委2017年联合印发的《重大突发事件遇难人员遗体处置工作规程》,对特别重大、重大的自然灾害、事故灾难、公共卫生事件和社会安全事件的遇难人员遗体从遗体处置应急准备、遗体接运与保存、遗体身份确认与告别、遗体火化与安葬、遗物认领与处理等方面作出了规定。2019年民政部发布的行业标准《突发事件遇难人员遗体处置技术规范》,对突发事件遇难人员遗体处置原则、遗体搜寻与登记、遗体接运与保存、遗体辨认与告别、遗体火化与安葬、遗物认领与处理等从技术角度进行了规范。

第八十三条 县级以上人民政府及其有关部门根据突发事件应对工作需要,在履行法定职责所必需的范围和限度内,可以要求公民、法人和其他组织提供应急处置与救援需要的信息。公民、法人和其他组织应当予以提供,法律另有规定的除外。县级以上人民政府及其有关部门对获取的相关信息,应当严格保密,并依法保护公民的通信自由和通信秘密。

【释义】 本条是关于县级以上人民政府及其有关部门信息收集与个人信息保护的规定。

本条是此次法律修订新增加的内容。修订过程中,公民个人信息保护一直是一个备受各方关注的问题。民法典、个人信息保护法、数据安全法、网络安全法等现有法律中已有关于个人信息保护的相关规定,结合突发事件应对工作特点和实际需要,2024年突发事件应对法新增多个条文,专门对突发事件应对工作中的个人信息收集及其保护作了系统性规定。本条是其中一条,对县级以上人民政府及其有关部门在突发事件应对工作中的信息收集及个人信息保护作出规定。

本条规定应当注意以下几个方面的内容:一是有权要求公民、法人和其他组织提供有关信息的主体是"县级以上人民政府及其有关部门"。二是要求提供的信息应当是"应急处置与救援需要的信息",且限于"根据突发事件应对工作需要,在履行法定职责所必需的范围和限度内"。三是在本条规定的情形下,公民、法人和其他组织有提供相关信息的义务,应当予以提供。与此同时,也规定了例外情形,即"法律另有规定的除外",比如涉及国家秘密、商业秘密等。四是县级以上人民政府及其有关部门对获取的相关信息,应当严格保密,并依法保护公民的通信自由和通信秘密。一方面,有权主体对依法获取的信息应当采取必要措施进行严格保密,并不得随意进行传播、公开等。另一方面,我国宪法第二章"公民的基本权利和义务"第四十条规定:"中华人民共和国公民的通信自由和通信秘密受法律的保护。除因国家安全或者追查刑事犯罪的需要,由公安机关或者检察机关依照法律规定的程序对通信进行检查外,任何组织或者个人不得以任何理由侵犯公民的通信自由和通信秘密。"通信自由和通信秘密是宪法明确规定的公民基本权利,即使是在突发事件应对过程中,有权主体在依照法律规定要求公民、法人和其他组织提供相关信息的同时,也必须依法保护公民的通信自由和通信秘密。

第八十四条 在突发事件应急处置中,有关单位和个人因依照本法规定配合突发事件应对工作或者履行相关义务,需要获取他人个人信息的,应当依照法律规定的程序和方式取得并确保信息安全,不得非法收集、使用、加工、传输他人个人信息,不得非法买卖、提供或者公开他人个人信息。

【释义】 本条是关于有关单位和个人获取他人个人信息的要求及限制的规定。

本条是此次法律修订新增加的内容。突发事件应急处置是指突发事件发生后，在应急情况下依法采取各种有效措施以妥善应对，防止危害后果发生或者减轻其危害的各种活动。在这种情况下，有时仅靠政府部门是不够的，需要相关单位人员的协助配合。由于情况紧急，可能涉及获取他人个人信息，同时，因涉及公民个人信息安全，应严格设定条件。为此，本法专设一条，对有关单位和个人获取他人个人信息的情形予以严格规范。

本条规定应当注意以下几个方面的内容：一是有关单位和个人依法获取他人个人信息，应当限于"突发事件应急处置中"。二是"有关单位和个人"限于"依照本法规定配合突发事件应对工作或者履行相关义务"且因此有获取他人个人信息需要的单位和个人。个人信息保护法第十三条也作了类似规定，为应对突发公共卫生事件，或者紧急情况下为保护自然人的生命健康和财产安全所必需，个人信息处理者方可处理个人信息。三是他人个人信息应当依照法律规定的程序和方式取得。例如，个人信息保护法规定，个人信息处理者在处理个人信息前，应当以显著方式、清晰易懂的语言真实、准确、完整地向个人告知个人信息处理者的名称或者姓名和联系方式，个人信息的处理目的、处理方式，处理的个人信息种类、保存期限，个人行使个人信息保护法规定权利的方式和程序等事项，处理规则应当公开，并且便于查阅和保存。个人信息保护法第十八条规定：有法律、行政法规规定应当保密或者不需要告知的情形的，可以不向个人告知上述规定事项。紧急情况下为保护自然人的生命健康和财产安全无法及时向个人告知的，个人信息处理者应当在紧急情况消除后及时告知。四是有关单位和个人应当对获取的个人信息负责，采取必要措施确保信息安全。五是明示禁止情形，不得非法收集、使用、加工、传输他人个人信息，不得非法买卖、提供或者公开他人个人信息。另外，本法第九十九条还对单位或者个人违反本条关于个人信息保护规定的，作了法律责任方面的衔接性规定。

第八十五条　因依法履行突发事件应对工作职责或者义务获取的个人信息，只能用于突发事件应对，并在突发事件应对工作结束后予以销毁。

> 确因依法作为证据使用或者调查评估需要留存或者延期销毁的,应当按照规定进行合法性、必要性、安全性评估,并采取相应保护和处理措施,严格依法使用。

【释义】 本条是关于个人信息的专属用途和销毁要求的规定。

本条是此次法律修订新增加的内容,明确了突发事件应对工作中获取的个人信息的专属用途及其销毁要求,以最大限度保护个人信息安全。

本条规定应当注意以下几个方面的内容:一是因依法履行突发事件应对工作职责或者义务获取的个人信息,仅限用于突发事件应对。这一规定与个人信息保护法相关规定相衔接,个人信息保护法第六条第一款规定,处理个人信息应当具有明确、合理的目的,并应当与处理目的直接相关。二是相关信息在突发事件应对工作结束后应当予以销毁。个人信息保护法第十九条明确规定,除法律、行政法规另有规定外,个人信息的保存期限应当为实现处理目的所必要的最短时间。"因依法履行突发事件应对工作职责或者义务获取的个人信息"的处理目的就是应对突发事件,在突发事件应对工作结束后,相关信息理应予以销毁。三是规定了信息销毁的例外情形。在突发事件应对工作结束后,确因依法作为证据使用或者调查评估需要留存或者延期销毁的,应当按照规定进行合法性、必要性、安全性评估,并采取相应保护和处理措施,严格依法使用。另外,本法第九十九条还对单位或者个人违反本条关于个人信息保护规定的,作了法律责任方面的衔接性规定。

在法律修订过程中,多方意见提出,对加强突发事件应对工作中的个人信息保护作出规定是必要和妥当的,建议进一步明确,对实践中此前已经收集的个人信息也照此办理。对此,全国人大宪法和法律委员会经同司法部、应急管理部进行认真研究,认为相关规定是根据民法典、个人信息保护法等现有法律的规定,针对突发事件应对工作特点和实际需要作出的专门规定。对于此前在各类突发事件中收集到的个人信息,其使用、销毁等处理,也应当一以贯之,按照上述法律的相关规定进行。

第六章　事后恢复与重建

本章是关于突发事件发生后的恢复与重建的规定,共9条。主要内容包括:突发事件的威胁和危害得到控制或者消除后,履行统一领导职责或者组织处置突发事件的人民政府应当宣布解除应急响应,停止执行应急处置措施,同时采取必要措施防止发生次生、衍生事件或者重新引发社会安全事件;突发事件应急处置工作结束后,有关政府开展调查评估、组织协调尽快恢复秩序、修复公共设施等各项恢复重建相关工作,并查明突发事件的发生经过和原因,总结经验教训;上一级人民政府提供支持支援,国务院制定相关优惠政策;突发事件应对工作接受审计监督,建立健全档案相关工作机制等。

第八十六条　突发事件的威胁和危害得到控制或者消除后,履行统一领导职责或者组织处置突发事件的人民政府应当宣布解除应急响应,停止执行依照本法规定采取的应急处置措施,同时采取或者继续实施必要措施,防止发生自然灾害、事故灾难、公共卫生事件的次生、衍生事件或者重新引发社会安全事件,组织受影响地区尽快恢复社会秩序。

【释义】　本条是关于宣布解除应急响应、停止执行有关应急处置措施,同时采取或者继续实施必要措施的规定。

一、关于宣布解除应急响应,停止执行依照本法规定采取的应急处置措施

根据本法第五章"应急处置与救援"的规定,突发事件发生后,履行统一领导职责或者组织处置突发事件的人民政府应当立即启动应急响应,采取应急处置措施。这些措施的实施,往往会对人民群众正常的生产、生活秩序产生一定的影响。例如,本法第七十三条规定的实行交通管制、限制人员流动、封闭管理、禁止或者限制使用有关设备设施、中止可能导致危害扩大的生产

经营活动等应急处置措施。当突发事件的威胁和危害得到控制或者消除,继续采取相关应急措施已无必要时,相关措施应当停止执行,否则就会失去其正当性和合法性。为此,2007年突发事件应对法第五十八条规定,突发事件的威胁和危害得到控制或者消除后,履行统一领导职责或者组织处置突发事件的人民政府应当停止执行依照本法规定采取的应急处置措施。值得注意的是,此次法律修订的一项重要内容就是增加规定了突发事件应急响应制度,本法第七十二条对突发事件发生后启动应急响应和采取应急处置措施作了规定。应急处置措施随着应急响应的启动而实施,其停止执行也应当与应急响应的解除相呼应,形成闭环。为此,在本条中增加规定了应急响应的解除程序。

二、关于采取或者继续实施必要措施

宣布解除应急响应,停止执行应急处置措施,并不意味着突发事件应对工作的完结。自然灾害、事故灾难、公共卫生事件发生后,有可能会引发次生、衍生事件。比如,暴雨灾害有可能引发泥石流、山体滑坡等次生灾害,甚至还可能引发露天矿山边坡塌陷、井工矿山淹井等事故灾难。在这些事件中受到影响的社会公众,如未能得到及时安置和救助,还可能引发社会群体性事件。因此,在宣布解除应急响应,停止执行应急处置措施后,仍然应当采取或者继续实施一些必要的措施,防止发生自然灾害、事故灾难、公共卫生事件的次生、衍生事件或者重新引发社会安全事件,组织受影响地区尽快恢复社会秩序。

> **第八十七条** 突发事件应急处置工作结束后,履行统一领导职责的人民政府应当立即组织对突发事件造成的影响和损失进行调查评估,制定恢复重建计划,并向上一级人民政府报告。
> 受突发事件影响地区的人民政府应当及时组织和协调应急管理、卫生健康、公安、交通、铁路、民航、邮政、电信、建设、生态环境、水利、能源、广播电视等有关部门恢复社会秩序,尽快修复被损坏的交通、通信、供水、排水、供电、供气、供热、医疗卫生、水利、广播电视等公共设施。

【释义】 本条是关于政府在恢复与重建中职责的规定。

突发事件的发生,往往会对正常的社会秩序和人民群众生命财产安全造成破坏和损失。应急处置工作结束后,政府应当运用强大的动员力和组织能力恢复与重建正常的生产、生活和社会秩序。开展恢复重建,一般应当做好调查评估、制定计划、尽快修复等各项工作。根据这些工作的特点和有关政府的职责,本条作了相应的制度性安排。

一、履行统一领导职责的人民政府在恢复与重建中的职责

考虑到制定恢复重建计划,应当对突发事件所造成的影响和损失有较为全面的认识,而履行统一领导职责的人民政府全程领导了突发事件的应急救援与处置工作,对有关情况最为了解,因此,本条规定由履行统一领导职责的人民政府立即组织对突发事件造成的影响和损失进行调查评估,制定恢复重建计划,并向上一级人民政府报告。

1. 调查评估。这是恢复与重建的基础性工作,是后续开展补偿、救济以及突发事件调查总结等各项工作顺利开展的前提。调查评估内容可以包括对突发事件中伤亡人数、需救援安置人数、遇难者安葬、伤员救治等进行必要的分析和评估;统计突发事件中各种设施、设备的损失或受影响情况,并对各种设施的紧急抢修工作进行分析和评估;对公私财物的损失情况进行统计与分析等。

2. 制定恢复重建计划。恢复重建通常是指在突发事件发生后,开展各项相关工作,使受影响地区的生活环境、社会秩序等达到或者超过突发事件发生前的标准。恢复重建是一项复杂、庞大的系统性工程,有必要提前制定相关计划,并认真予以落实。

3. 向上一级人民政府报告。地方人民政府受上一级人民政府的直接领导,对其负责并报告工作。突发事件发生后的恢复重建事关社会经济民生,相关工作应当接受上一级人民政府的指导和监督。为此,本条在规定履行统一领导职责的人民政府立即组织调查评估、制定恢复重建计划的同时,还规定了"并向上一级人民政府报告"。

需要说明的是,本条所称的履行统一领导职责的人民政府,是指县级以上人民政府,包括国务院和县级以上地方人民政府,这与其他法律法规关于突发事件损失调查评估的有关规定也是相衔接的。比如,防震减灾法第五十八条规定,国务院或者地震灾区的省、自治区、直辖市人民政府应当及时组织对地震灾害损失进行调查评估,为地震应急救援、灾后过渡性安置和恢复重建提供依据。结合本法第十七条、第十八条、第十九条的规定,国务院作为履行统一领导职责的人民政府,组织对突发事件造成的影响和损失进行调查评估,主要有以下几种情形:一是发生突发事件,由国务院统一领导应急处置工作时,组织开展调查评估;二是突发事件发生地省级人民政府不能消除或者不能有效控制突发事件引起的严重社会危害,向国务院报告后,由国务院统一领导应急处置工作时,组织开展调查评估;三是突发事件涉及两个以上省级行政区域,由国务院统一领导应急处置工作时,组织开展调查评估。需要注意的是,国务院作为最高国家行政机关,其组织对突发事件造成的影响和损失进行调查评估,制定恢复重建计划,无须向上一级人民政府报告。

二、受突发事件影响地区的人民政府负责恢复社会秩序,修复公共设施

受突发事件影响地区是指突发事件发生地以及其他受突发事件影响的毗邻或者相关地区。不同类型、不同级别的突发事件,其影响的范围可能不同,有的可能影响全省,有的则可能仅影响一个乡镇。但无论突发事件影响范围如何,受突发事件影响地区的人民政府都应当及时恢复社会秩序,尽快修复被损坏的交通、通信、供水、排水、供电、供气、供热、医疗卫生、水利、广播电视等公共设施,以满足当地群众的生产生活需要。结合本法第八十八条、第八十九条的规定,本条所称的受突发事件影响地区的人民政府,是指地方各级人民政府,包括县级以上地方人民政府、乡镇人民政府。在实际开展恢复社会秩序、修复公共设施等工作时,政府可以组织和协调应急管理、卫生健康、公安、交通、铁路、民航、邮政、电信、建设、生态环境、水利、能源、广播电视等有关部门具体实施。

第八十八条 受突发事件影响地区的人民政府开展恢复重建工作需要上一级人民政府支持的,可以向上一级人民政府提出请求。上一级人民政府应当根据受影响地区遭受的损失和实际情况,提供资金、物资支持和技术指导,组织协调其他地区和有关方面提供资金、物资和人力支援。

【释义】 本条是关于上一级人民政府对下级人民政府组织开展恢复重建工作进行支持和指导的规定。

突发事件应对工作实行属地管理为主,这有利于当地政府迅速反应、及时处理,有效应对突发事件。但强调属地管理,并不排除上一级人民政府及其有关部门对受突发事件影响地区工作的支持和指导,也不免除其他地区和有关方面的协同支持义务。突发事件发生后,受突发事件影响地区的人民政府在恢复重建过程中应当首先着眼于自力更生,积极开展生产自救。但是,我国地域广阔,经济发展尚不均衡,部分地方的财政经济水平较为有限,尤其是一些突发事件造成的损失可能非常严重,单纯依靠受影响地区人民政府自身的资金、物资、技术能力等力量开展恢复重建工作比较困难。为此,本法规定了受突发事件影响地区的人民政府开展恢复重建工作需要上一级人民政府支持的,可以向上一级人民政府提出请求。

根据宪法规定,县级以上的地方各级人民政府领导所属各工作部门和下级人民政府的工作。地方各级人民政府对上一级国家行政机关负责并报告工作。全国地方各级人民政府都是国务院统一领导下的国家行政机关。在我国整个国家行政机关系统中,地方各级人民政府接受上级国家行政机关的领导,执行上级国家行政机关的决定和命令,并服从国务院的统一领导。受突发事件影响地区的人民政府请求上一级人民政府支持恢复重建工作时,上一级人民政府应当根据受突发事件影响地区遭受的损失和实际情况,采取有效措施,帮助受突发事件影响地区迅速、有效地开展事后恢复重建工作。上一级人民政府应当履行两方面的职责:一是根据受影响地区遭受的损失和实际情况,提供资金、物资支持和技术指导。二是组织协调其他地区和有关方面提供资金、物资和人力支援。"一方有难,八方支援",这既是我国的优良传统,也是社会主义制度的优势所在。实践中,在历次的突发事件应对过程中,其他地区和有关方面为受突发事件影响地区的恢复重建工作提供帮助,发挥了重要的作用。

第八十九条　国务院根据受突发事件影响地区遭受损失的情况,制定扶持该地区有关行业发展的优惠政策。

受突发事件影响地区的人民政府应当根据本地区遭受的损失和采取应急处置措施的情况,制定救助、补偿、抚慰、抚恤、安置等善后工作计划并组织实施,妥善解决因处置突发事件引发的矛盾纠纷。

【释义】 本条是关于国务院制定有关优惠政策,受突发事件影响地区人民政府开展善后工作的规定。

一、国务院制定有关优惠政策,扶持受突发事件影响地区有关行业发展

受突发事件影响地区的恢复与重建,既离不开政府和其他有关方面提供的"外力支援",也离不开本地区行业发展带来的"内生动力"。突发事件的发生,有时会给一些地区、一些行业带来严重打击。比如,暴雨带来的洪水可能淹没大片农田,给农业生产带来严重不利影响。为了使受到重大不利影响的地区和行业尽快摆脱困境,除了要鼓励和动员这些地区和行业的人们积极开展生产自救外,国家也要根据受突发事件影响地区遭受损失的情况,制定扶持该地区有关行业发展的优惠政策,包括税收减免、财政补贴等。通过扶持受突发事件影响地区有关行业发展,为当地人民群众开辟生活来源和就业渠道,体现经济、社会、生态效益的有机统一,使恢复与重建工作和地区发展真正结合起来,创造可持续发展的人居环境。同时考虑到制定扶持优惠政策,不能搞成各地方自行其是,扰乱全国大市场、"全国一盘棋",因此,本条明确由国务院制定扶持受突发事件影响地区有关行业发展的优惠政策。

二、受突发事件影响地区的人民政府制定善后工作计划并组织实施,妥善解决因处置突发事件引发的矛盾纠纷

本条第二款规定,受突发事件影响地区的人民政府应当根据本地区遭受的损失和采取应急处置措施的情况,制定救助、补偿、抚慰、抚恤、安置等善后工作计划并组织实施,妥善解决因处置突发事件引发的矛盾纠纷。

救助,主要是指对在突发事件中遭受不利影响的社会公众提供救护和帮助,对在突发事件中受伤或者致病的人员提供医疗救治,对遭受财产损失难以维持基本生活的人员给予基本生活保障等。

补偿,主要包括两种情况:一是为应对突发事件而对财产征用的补偿。根据本法第十二条的规定,为应对突发事件的紧急需要而征用的单位和个人的财产,在使用完毕或者突发事件应急处置工作结束后,应当及时返还。财产被征用或者征用后毁损、灭失的,应当给予公平、合理的补偿。二是为避免突发事件造成的损失进一步扩大而依法对特定财产进行处分的补偿。比如,

《重大动物疫情应急条例》规定,应当扑杀并销毁染疫动物和易感染的动物及其产品;对因采取扑杀、销毁等措施给当事人造成的已经证实的损失,给予合理补偿。

抚慰,是指对遭受突发事件不利影响的受害者进行灾后心理援助,帮助他们尽快摆脱恐惧心理及紧张状态等问题。突发事件造成的不仅是物质损害,还有心理影响。实践表明,做好恢复重建工作,需要高度重视受突发事件影响人群的心理康复。

抚恤,是指对突发事件中因公受伤或者致残的人员,或者因公牺牲以及病故人员的家属依照有关法律法规和国家规定进行精神安慰并给予物质帮助。

安置,是指为突发事件受灾人群提供居住条件。突发事件发生后,受突发事件影响地区的人民政府应当迅速反应,为失去住房的受灾群众提供临时居住场所,并积极开展住房重建工作。

受突发事件影响地区的人民政府按照这些有针对性的善后工作计划组织实施,有利于尽快恢复与重建,也有利于妥善解决因处置突发事件引发的矛盾和纠纷。

第九十条 公民参加应急救援工作或者协助维护社会秩序期间,其所在单位应当保证其工资待遇和福利不变,并可以按照规定给予相应补助。

【释义】 本条是关于公民参与突发事件应急救援期间的工资待遇和福利保障的规定。

本法第二十三条规定:公民、法人和其他组织有义务参与突发事件应对工作。突发事件应对过程中,公民参加应急救援工作或者协助维护社会秩序,是一种责任,也是一种光荣的行为,法律应当为其提供有效的帮助和保护。只有这样,才能更好地鼓励和动员公民参与突发事件应对工作。因此,为了鼓励公民参加突发事件应对工作,本条规定,公民参加应急救援工作或者协助维护社会秩序期间,其所在单位应当保证其工资待遇和福利不变,并可以按照规定给予相应补助。这些待遇政策和福利保障对于激励和动员广大群众在突发事件发生时积极配合政府采取的应急处置措施,积极参加应急救援工作,有着积极的作用。

第九十一条 县级以上人民政府对在应急救援工作中伤亡的人员依法落实工伤待遇、抚恤或者其他保障政策,并组织做好应急救援工作中致病人员的医疗救治工作。

【释义】 本条是关于在突发事件应急救援工作中伤亡人员的待遇保障和致病人员救治的规定。

突发事件应急救援工作具有较大的危险性,在应急救援工作中,参加应急救援工作的公民自身的健康和生命可能受到威胁。对在应急救援工作中伤亡的人员,县级以上人民政府应当依据《工伤保险条例》《军人抚恤优待条例》《烈士褒扬条例》等法律法规的规定落实工伤待遇、抚恤或者其他保障政策。抚恤是指国家或者组织对因公伤残人员,或者因公牺牲、病故人员的家属进行安慰并给予物质帮助。这些待遇政策和安排既是对他们身体所受伤害的补偿,又是对他们工作的肯定。

第九十二条 履行统一领导职责的人民政府在突发事件应对工作结束后,应当及时查明突发事件的发生经过和原因,总结突发事件应急处置工作的经验教训,制定改进措施,并向上一级人民政府提出报告。

【释义】 本条是关于突发事件发生和应急处置工作调查的规定。

开展突发事件调查,查明突发事件的发生经过和原因,总结突发事件应急处置工作的经验教训,有利于揭示突发事件的原因和应对过程中的短板、不足,是提高应急管理工作规范化、科学化的重要手段。2019年11月29日,习近平总书记在十九届中央政治局第十九次集体学习时强调,要建立健全重大自然灾害和安全事故调查评估制度,对玩忽职守造成损失或重大社会影响的,依纪依法追究当事方的责任。因此,本条规定,突发事件应对工作结束后,履行统一领导职责的人民政府应当及时查明突发事件的发生经过和原因,总结突发事件应急处置工作的经验教训,制定改进措施,并向上一级人民政府提出报告。其中也包括对应急处置工作及有关情况的评估,但侧重于对事件的调查。本条所规定的调查,与本法第八十七条规定的调查评估存在以下几方面的区别:一是开展的阶段不同。本条规定的调查是在整个突发事件应对工作结束后开展,而第八十七条规定的调查评估是突发事件应急处置工作结束后,在事后重建阶段开展。二是调查的内容不同。本条规定的调查主要是查明突发事件的发生经过和原因,而第八十七条规定的调查评估主要是查明突发事件造成的影响和损失。三是目的意义不同。本条规定的调查,是为了总结突发事件应急处置工作的经验教训,制定改进措施,防范类似突发事件再次发生或者减少类似突发事件造成的损失,而第八十七条规定的调查评估,是制定恢复重建计划的必要基础性工作,用以确保恢复重建计划具有针对性和可操作性。

一、突发事件调查的主体

根据本条规定,查明突发事件的发生经过和原因、总结突发事件应急处置工作经验教训的主体,应当是履行统一领导职责的人民政府。这里的履行统一领导职责的人民政府,是指自然灾害、事故灾难、公共卫生事件发生后,统一领导应急处置工作的县级以上人民政府,包括国务院和县级以上地方人民政府。作出如此安排的主要考虑,与本法第八十七条的规定相同,还是因为履行统一领导职责的人民政府全程领导了突发事件的应急救援与处置工作,对有关情况最为了解,由其开展调查评估、复盘总结最为合适。同时,安全生产法、矿山安全法、消防法等其他专门的法律和行政法规还对事故调查评估作了具体规定。比如,《生产安全事故报告和调查处理条例》就明确规定:特别重大事故由国务院或者国务院授权有关部门组织事故调查组进行调查。重大事故、较大事故、一般事故分别由事故发生地省级人民政府、设区的市级人民政府、县级人民政府负责调查。省级人民政府、设区的市级人民政府、县级人民政府可以直接组织事故调查组进行调查,也可以授权或者委托有关部门组织事故调查组进行调查。未造成人员伤亡的一般事故,县级人民政府也可以委托事故发生单位组织事故调查组进行调查。上级人民政府认为必要时,可以调查由下级人民政府负责调查的事故。又如,《煤矿安全生产条例》规定,煤矿生产安全事故按照事故等级实行分级调查处理。特别重大事故由国务院或者国务院授权有关部门依照《生产安全事故报告和调查处理条例》的规定组织调查处理。重大事故、较大事故、一般事故由国家矿山安全监察机构及其设在地方的矿山安全监察机构依照《生产安全事故报告和调查处理条例》的规定组织调查处理。实践中,自然灾害、事故灾难、公共卫生事件三类突发事件具体调查评估工作差异较大,且生产安全事故调查已形成专门条例。为健全突发事件调查评估制度,其他类突发事件的分级标准和调查评估办法也应出台相应条例或者规定,具体可以由负责此类事件的国务院有关部门牵头起草。

二、突发事件调查结束后的报告

本条规定,履行统一领导职责的人民政府在查明经过和原因、总结经验教训、制定改进措施后,还应当向上一级人民政府提出报告,目的是让上一级人民政府及时掌握相关情况,也为上一级人民政府的有关工作提供参考。因此,报告的内容一般应当包括突发事件的基本情况、应急救援处置情况,造成的人员伤亡和直接经济损失,突发事件的发生原因和事故性质,主要教训,改进措施等;相关部门及人员对突发事件负有责任的,还应当包括责任认定相关内容。

调查工作必须及时进行,要在规定的时间内完成调查工作。为避免调查久拖不决,部分法律、法规规定了突发事件调查及报告批复的时间。《生产安全事故报告和调查处理条例》第二十九条规定,原则上事故调查组应当自事故发生之日起 60 日内提交事故调查报告;特殊情况下经批准延长的,延长的期限最长不超过 60 日。法律、行政法规未对调查时限作明确规定的,相关政府也应在合理期限内完成调查。需要注意的是,国务院作为最高国家行政机关,其开展对突发事件调查、总结等工作,无须执行向上一级人民政府报告的规定。

第九十三条 突发事件应对工作中有关资金、物资的筹集、管理、分配、拨付和使用等情况,应当依法接受审计机关的审计监督。

【释义】 本条是关于突发事件应对工作依法接受审计监督的规定。

国家实行审计监督制度。审计机关依照法律规定的职权和程序,进行审计监督。突发事件应对工作中的资金、物资,事关困难群众基本生活,关系民生、连着民心。对这些资金、物资的筹集、管理、分配、拨付和使用等情况进行审计监督,既能督促有关政府及其部门提高资源配置效率,促进防控资金和物资高效使用,又能对权力进行有效监督,督促有关单位严格依法办事,确保突发事件应对工作在阳光下运行,提高政府公信力。审计法规定,"国务院各部门和地方各级人民政府及其各部门的财政收支,国有的金融机构和企业事业组织的财务收支,以及其他依照本法规定应当接受审计的财政收支、财务收支,依照本法规定接受审计监督";"除本法规定的审计事项外,审计机关对其他法律、行政法规规定应当由审计机关进行审计的事项,依照本法和有关法律、行政法规的规定进行审计监督"。与2021年新修正的审计法相衔接,2024年突发事件应对法增加规定,突发事件应对工作中有关资金、物资的筹集、管理、分配、拨付和使用等情况,应当依法接受审计机关的审计监督。需要注意的是,应当依法接受审计监督的,不仅是政府及其有关部门管理救援款物的情况,还包括其他单位如慈善组织接受的救援款物的管理情况。

第九十四条　国家档案主管部门应当建立健全突发事件应对工作相关档案收集、整理、保护、利用工作机制。突发事件应对工作中形成的材料,应当按照国家规定归档,并向相关档案馆移交。

【释义】　本条是关于突发事件应对工作档案管理的规定。

同类突发事件的应对活动往往具有相似性,有其自身的规律可循,之前的突发事件应对活动可以为以后类似突发事件的应对提供很好的借鉴和参考。档案法第十四条第一款规定:"应当归档的材料,按照国家有关规定定期向本单位档案机构或者档案工作人员移交,集中管理,任何个人不得拒绝归档或者据为己有。"第十五条第一款规定:"机关、团体、企业事业单位和其他组织应当按照国家有关规定,定期向档案馆移交档案,档案馆不得拒绝接收。"第二十二条规定:"非国有企业、社会服务机构等单位和个人形成的档案,对国家和社会具有重要保存价值或者应当保密的,档案所有者应当妥善保管。对保管条件不符合要求或者存在其他原因可能导致档案严重损毁和不安全的,省级以上档案主管部门可以给予帮助,或者经协商采取指定档案馆代为保管等确保档案完整和安全的措施;必要时,可以依法收购或者征购。前款所列档案,档案所有者可以向国家档案馆寄存或者转让。严禁出卖、赠送给外国人或者外国组织。向国家捐献重要、珍贵档案的,国家档案馆应当按照国家有关规定给予奖励。"第二十六条规定:"国家档案主管部门应当建立健全突发事件应对活动相关档案收集、整理、保护、利用工作机制。档案馆应当加强对突发事件应对活动相关档案的研究整理和开发利用,为突发事件应对活动提供文献参考和决策支持。"与 2020 年修订的档案法相衔接,修订突发事件应对法增加规定,国家档案主管部门应当建立健全突发事件应对工作相关档案收集、整理、保护、利用工作机制。突发事件应对工作中形成的材料,应当按照国家规定归档,并向相关档案馆移交。2023 年 5 月,应急管理部与国家档案局联合印发《应急管理档案管理规定》,对应急管理系统各单位在应对自然灾害、事故灾难过程中的文件材料收集、整理与归档,档案管理、利用和移交,档案信息化建设,监督检查等工作进行了系统规定。

第七章　法律责任

本章共 8 条,规定了地方各级人民政府和县级以上人民政府有关部门及其工作人员违反本法规定,不履行或者不正确履行法定职责应当承担的法律责任;单位和个人违反本法规定应当承担的法律责任;编造、故意传播虚假信息应当承担的法律责任等。其中,此次法律修订新增加关于尽职免责的规定、关于紧急避险措施的衔接性规定,明确违反个人信息保护相关规定的法律责任。

第九十五条　地方各级人民政府和县级以上人民政府有关部门违反本法规定,不履行或者不正确履行法定职责的,由其上级行政机关责令改正;有下列情形之一,由有关机关综合考虑突发事件发生的原因、后果、应对处置情况、行为人过错等因素,对负有责任的领导人员和直接责任人员依法给予处分:

(一)未按照规定采取预防措施,导致发生突发事件,或者未采取必要的防范措施,导致发生次生、衍生事件的;

(二)迟报、谎报、瞒报、漏报或者授意他人迟报、谎报、瞒报以及阻碍他人报告有关突发事件的信息,或者通报、报送、公布虚假信息,造成后果的;

(三)未按照规定及时发布突发事件警报、采取预警期的措施,导致损害发生的;

(四)未按照规定及时采取措施处置突发事件或者处置不当,造成后果的;

(五)违反法律规定采取应对措施,侵犯公民生命健康权益的;

(六)不服从上级人民政府对突发事件应急处置工作的统一领导、指挥和协调的;

(七)未及时组织开展生产自救、恢复重建等善后工作的;

(八)截留、挪用、私分或者变相私分应急救援资金、物资的;

(九)不及时归还征用的单位和个人的财产,或者对被征用财产的单位和个人不按照规定给予补偿的。

【释义】 本条是关于政府、政府有关部门及相关责任人员不履行或者不正确履行法定职责应当承担法律责任的规定。

各级人民政府和政府有关部门是国家的行政机关,应当依照法律规定的职责和权限管理国家各项行政事务。如果行政机关和行政机关工作人员不履行或者不正确履行法定职责,就要承担相应的法律责任。此次法律修订,本条主要有以下两方面修改:一是考虑到突发事件应对往往情势紧迫,增加了体现尽职免责的规定;二是在总结吸收突发事件应对实践经验的基础上,对违法情形作了补充和完善。

一、地方各级人民政府和县级以上人民政府有关部门的法律责任

(一)关于责任主体

根据宪法法律规定,国务院即中央人民政府,是最高国家权力机关的执行机关,是最高国家行政机关;省、自治区、直辖市、自治州、县、自治县、市、市辖区、乡、民族乡、镇设立人民政府。本条中规定的"地方各级人民政府"是指从乡镇一级到省一级的地方各级人民政府。"县级以上人民政府有关部门"是指国务院有关部门,县级、市级、省级人民政府有关部门。

(二)关于承担法律责任的情形

此次修法,在 2007 年突发事件应对法规定的"违反本法规定,不履行法定职责"基础上增加了"不正确履行"的情形。本法对各级人民政府和政府有关部门的相关职责作了较为完备的规定。比如,第一章"总则"中明确规定了有关人民政府和部门在突发事件信息发布、新闻采访报道、处理投诉举报等方面的职责,在"管理与指挥体制""预防与应急准备""监测与预警""应急处置与救援""事后恢复与重建"各章中,也都规定了有关人民政府和部门的各项具体职责。如果地方各级人民政府和县级以上人民政府有关部门不履行或者不正确履行这些规定职责,就要承担相应的法律责任。

(三)关于追责主体及责任方式

2007 年突发事件应对法规定的追究这一法律责任的机关有两个:一是

上级行政机关,二是原行政监察法规定的人民政府监察机关。上级行政机关对下级行政机关的日常工作负有领导和监督责任,一旦发现有不履职行为,上级行政机关即有权予以处理。结合国家监察体制改革,与监察法等法律做好衔接,吸收有关方面意见,此次法律修订将追责主体修改为"上级行政机关"。

本条规定的处理方式是责令改正。责令改正是一种补救性的行政责任形式,要求违法者消除违法状态,恢复合法状态。这里的责令改正就是要求不履行或者不正确履行法定职责的地方各级人民政府和县级以上人民政府有关部门改正其违法行为,依法正确履行法定职责。

二、对负有责任的领导人员和直接责任人员依法给予处分

(一)关于责任主体

如果行政机关违反本法规定,不履行或者不正确履行法定职责,应当对相关人员依法给予处分。此次法律修订根据有关方面意见,结合现行法律中的规范表述,将"直接负责的主管人员和其他直接责任人员"修改为"负有责任的领导人员和直接责任人员"。其中,"负有责任的领导人员",主要是指担任一定领导职务,直接作出或者参与作出违法行为决策,或者因疏于管理对造成的损失或者危害等负有责任的人员。"直接责任人员",主要是指违法行为的具体实施者,即直接实施违法行为而造成损失、不良影响等后果的人员。

(二)新增加体现尽职免责的规定

2016年1月,习近平总书记首次提出"三个区分开来",即"要把干部在推进改革中因缺乏经验、先行先试出现的失误和错误,同明知故犯的违纪违法行为区分开来;把上级尚无明确限制的探索性试验中的失误和错误,同上级明令禁止后依然我行我素的违纪违法行为区分开来;把为推动发展的无意过失,同为谋取私利的违纪违法行为区分开来"[1]。2016年10月,党的十八届六中全会审议通过的《关于新形势下党内政治生活的若干准则》提出,"建立容错纠错机制,宽容干部在工作中特别是改革创新中的失误"。2018年5月,中共中央办公厅印发《关于进一步激励广大干部新时代新担当新作为的

---

[1] 《习近平在省部级主要领导干部学习贯彻党的十八届五中全会精神专题研讨班上的讲话》(2016年1月18日),载新华网,http://www.xinhuanet.com/politics/2016-05/10/c_128972667.htm。

意见》，对建立健全容错纠错机制作出部署。2019年修订的《中国共产党问责条例》明确提出"严管和厚爱结合、激励和约束并重"的原则，对尽职免责作出体系化规定。2021年3月发布的《中国共产党组织处理规定（试行）》专门规定了不予或免予组织处理的情形。其中，第九条规定："领导干部在推进改革中因缺乏经验、先行先试出现失误，尚无明确限制的探索性试验中出现失误，为推动发展出现无意过失，后果影响不是特别严重的，以及已经履职尽责，但因不可抗力、难以预见等因素造成损失的，可以不予或者免予组织处理。"一些党内法规、部门规章和规范性文件在容错纠错、尽职免责方面进行了制度探索，如中共中央办公厅、国务院办公厅联合印发的《地方党政领导干部安全生产责任制规定》以及应急管理部公布的《应急管理行政执法人员依法履职管理规定》等。

此次法律修订过程中，多方面意见提出，法律责任的追究需要考虑与突发事件有关的各种主客观条件，做到过罚相当，这样更符合突发事件往往情势紧迫的实际情况，有利于鼓励干部在临机处置时勇于担当作为。为落实党中央关于建立容错纠错机制的有关精神要求，在本条中增加规定，即法律责任追究要"综合考虑突发事件发生的原因、后果、应对处置情况、行为人过错等因素"。

（三）依法给予处分的情形

依本条规定，出现下列九项情形之一的，应当对负有责任的领导人员和直接责任人员依法给予处分。

1. 未按照规定采取预防措施，导致发生突发事件，或者未采取必要的防范措施，导致发生次生、衍生事件。

（1）未按照规定采取预防措施，导致发生突发事件。突发事件应对工作实行预防为主、预防与应急相结合的原则，本法和其他相关法律法规都对预防措施作了明确规定。本法第三章专章规定了突发事件的"预防与应急准备"，其中多条对采取预防措施作出规定。例如，第三十三条规定县级以上人民政府对本行政区域内的危险源、危险区域进行管理的各项措施。如果没有按照规定采取预防措施，导致发生突发事件，就要承担相应的法律责任。需要注意的是，未按照规定采取预防措施，必须与发生突发事件存在因果关系，也就是说突发事件是未采取预防措施所导致的，如果按照规定采取了预防措施，是可以避免的。

（2）未采取必要的防范措施,导致发生次生、衍生事件。自然灾害、事故灾难或者公共卫生事件发生后,履行统一领导职责的人民政府应当及时采取应急处置措施,其中包括采取防止发生次生、衍生事件的必要措施。突发事件的威胁和危害得到控制或者消除后,履行统一领导职责的人民政府应当采取或者继续实施必要措施,防止发生次生、衍生事件。本法第七十三条、第八十六条对此专门作了规定。

2. 迟报、谎报、瞒报、漏报或者授意他人迟报、谎报、瞒报以及阻碍他人报告有关突发事件的信息,或者通报、报送、公布虚假信息,造成后果。

突发事件的早发现、早报告、早公布,是及时做好应急准备、有效处置突发事件、减少人员伤亡和财产损失的前提。本法第七条、第十七条、第六十一条、第六十二条、第六十四条、第六十九条等对突发事件应对工作各个环节信息的通报、报送和公布作了规定。有关主体应当按照法律规定的内容、程序、方式、时限等做好突发事件有关信息的通报、报送和公布。此次法律修订,在规定迟报、谎报、瞒报、漏报有关突发事件的信息,或者通报、报送、公布虚假信息,造成后果的需要承担责任的基础上,总结实践经验,增加规定"或者授意他人迟报、谎报、瞒报以及阻碍他人报告有关突发事件的信息",对涉及信息报告的违法情形进一步完善。

3. 未按照规定及时发布突发事件警报、采取预警期的措施,导致损害发生。

任何突发事件都有其自身发生、演变过程,突发事件监测预警非常关键。按照规定及时发布相应级别警报,并根据即将发生的突发事件特点和可能造成的危害,有效采取相应措施,有利于对突发事件进行有效先期处置,预防突发事件发生或者防止一般突发事件演变为特别严重事件。为此,本法第六十三条规定国家建立健全突发事件预警制度;第六十四条规定了发布警报的权限和程序,进一步对警报应当明确的内容提出具体要求;第六十六条、第六十七条规定了预警期可以采取的措施。如果未按照规定及时发布突发事件警报、采取预警期的措施,导致损害发生,就要承担相应的法律责任。

4. 未按照规定及时采取措施处置突发事件或者处置不当,造成后果。

突发事件发生后,应当及时采取措施处置突发事件,控制事态发展,努力减轻和消除对人民生命、财产造成的损害。例如,本法第十七条规定,突发事件发生后,发生地县级人民政府应当"立即"采取措施控制事态发展,组织开展应急救援和处置工作。第七十三条规定,自然灾害、事故灾难或者公共卫生事件发生后,履行统一领导职责的人民政府应当采取包括"迅速"控制危险源,"立即"抢修公共设施等在内的一项或者多项应急处置措施。未按照规定及时采取措施处置突发事件,造成后果的,需承担法律责任。

为应对突发事件所采取的处置措施必须合法、适当。2007年突发事件应对法中就有体现比例原则的规定,此次修法对相关规定作了完善,在第十条中进一步明确有关人民政府及其部门有多种措施可供选择的,应当选择有利于最大程度地保护公民、法人和其他组织权益,"且对他人权益损害和生态环境影响较小的措施",既保留了2007年突发事件应对法中的"最大程度保护",还增加了"最小程度损害",更加清楚地传递出应对措施应当合法、适当这一明确要求。此外,该条还增加规定应对处置措施应当"根据情况变化及时调整,做到科学、精准、有效",有利于因时制宜,动态确保应对处置措施合法、适当。第七十二条规定,突发事件发生后,履行统一领导职责或者组织处置突发事件的人民政府应当针对其性质、特点、危害程度和影响范围等采取应急处置措施。第八十六条规定,突发事件的威胁和危害得到控制或者消除后,履行统一领导职责或者组织处置突发事件的人民政府应当停止执行依照本法规定采取的应急处置措施。如果有关人民政府和部门违反规定,处置不当造成后果,要承担法律责任。

5.违反法律规定采取应对措施,侵犯公民生命健康权益。

我国宪法规定,国家尊重和保障人权,其中生命健康权是人权的重要内容。民法典对"生命权、身体权和健康权"作出专章规定。坚持人民至上、生命至上,是本法规定的突发事件应对工作的基本原则之一。为做好突发事件应对工作,尤其是应急处置与救援工作,本法规定了有关机关在特定情形下可以采取的应对措施,并规定了公民的配合义务。在突发事件应对过程中,有关主体要严格依照法律规定采取应对措施,不能违法蛮干,造成侵犯公民生命健康权益的后果。此次法律修订,在本条规定的违法情形中专门增加一项,明确"违反法律规定采取应对措施,侵犯公民生命健康权益的",需要承担法律责任。

6.不服从上级人民政府对突发事件应急处置工作的统一领导、指挥和协调。

宪法以及地方各级人民代表大会和地方各级人民政府组织法等法律规

定,县级以上地方各级人民政府领导下级人民政府的工作;全国地方各级人民政府都是国务院统一领导下的国家行政机关,都服从国务院。根据宪法、法律相关规定,结合突发事件应对工作特点,此次法律修订增加一章专门对"管理与指挥体制"作了规定,明确国家建立统一指挥、专常兼备、反应灵敏、上下联动的应急管理体制和综合协调、分类管理、分级负责、属地管理为主的工作体系,其他各章对上下级人民政府在应对突发事件中的关系也作了具体规定。为确保突发事件应对工作顺利进行,下级人民政府和有关部门应当服从上级人民政府对突发事件应急处置工作的统一领导、指挥和协调,否则就要承担相应的法律责任。

7. 未及时组织开展生产自救、恢复重建等善后工作。

为了减轻突发事件造成的损失和影响,突发事件的威胁和危害基本得到控制或者消除后,政府应当及时组织开展生产自救、恢复重建等善后工作。本法第六章"事后恢复与重建"对受突发事件影响地区的人民政府组织协调尽快恢复秩序、开展恢复重建的各类措施等作了具体规定。比如,第八十七条规定,突发事件应急处置工作结束后,履行统一领导职责的人民政府应当"立即"组织对突发事件造成的影响和损失进行调查评估,制定恢复重建计划,并向上一级人民政府报告;受突发事件影响地区的人民政府应当"及时"组织和协调应急管理等有关部门恢复社会秩序,尽快修复被损坏的交通等公共设施。如果违反上述规定,要承担相应的法律责任。

8. 截留、挪用、私分或者变相私分应急救援资金、物资。

依法使用应急救援资金、物资,确保及时高效、实实在在用于突发事件应对相关工作,是有效控制、减轻和消除突发事件引起的危害和影响,保护人民群众生命财产安全的有利条件。为此,2007年突发事件应对法多个条文对应急救援资金、物资作了规定,此次法律修订进一步作了补充和完善。比如,第四十四条规定,各级人民政府应当将突发事件应对工作所需经费纳入本级预算,并加强资金管理,提高资金使用绩效。第五十二条规定,国家鼓励公民、法人和其他组织为人民政府应对突发事件工作提供物资、资金、技术支持和捐赠。第五十四条规定,有关单位应当加强应急救援资金、物资的管理,提高使用效率;任何单位和个人不得截留、挪用、私分或者变相私分应急救援资金、物资。第七十三条第五项规定,突发事件发生后,政府要启用财政预备费和储备的应急救援物资。第八十八条中规定,上一级人民政府要根据受影响地区的情况提供资金、物资支持,组织协调其他地区和有关方面提供资金、物资和人力支援。第九十三条还对突发事件应对工作中有关资金、物资的审计监督作了规定。人民政府及有关部门在应急救援资金、物资的管理、分配、拨付和使用等工作中,应当严格依照法律规定,不得截留、挪用、私分或者变相私分,如果违反上述规定,就要承担相应的法律责任。

9. 不及时归还征用的单位和个人的财产,或者对被征用财产的单位和个人不按照规定给予补偿。

我国宪法规定,公民的合法的私有财产不受侵犯。国家为了公共利益的需要,可以依照法律规定对公民的私有财产实行征收或者征用并给予补偿。在突发事件应对过程中,出于有效应对突发事件的考虑,有时需要征用单位和个人的财产,这是宪法规定的征用制度在突发事件应对领域的落实和体现。民法典第二百四十五条也对因抢险救灾、疫情防控等紧急需要征用组织、个人的动产或者不动产及其返还、补偿作了规定。本法第十二条规定,县级以上人民政府及其部门为应对突发事件的紧急需要,可以征用单位和个人的设备、设施、场地、交通工具等财产。被征用的财产在使用完毕或者突发事件应急处置工作结束后,应当及时返还。财产被征用或者征用后毁损、灭失的,应当给予公平、合理的补偿。如果不及时归还或者不按照规定给予补偿,就要承担相应的法律责任。

第九十六条 有关单位有下列情形之一,由所在地履行统一领导职责的人民政府有关部门责令停产停业,暂扣或者吊销许可证件,并处五万元以上二十万元以下的罚款;情节特别严重的,并处二十万元以上一百万元以下的罚款:

(一)未按照规定采取预防措施,导致发生较大以上突发事件的;

(二)未及时消除已发现的可能引发突发事件的隐患,导致发生较大以上突发事件的;

(三)未做好应急物资储备和应急设备、设施日常维护、检测工作,导致发生较大以上突发事件或者突发事件危害扩大的;

(四)突发事件发生后,不及时组织开展应急救援工作,造成严重后果的。

其他法律对前款行为规定了处罚的,依照较重的规定处罚。

【释义】 本条是关于有关单位违反本法规定,应当承担法律责任的规定。

一、本条规定的责任主体是有关单位

"有关单位"是一个广义的概念,包括突发事件可能涉及的一切法人或者其他组织,主要是容易引发突发事件和容易受突发事件影响的生产经营单位和管理单位,包括第三十六条规定的"矿山、金属冶炼、建筑施工单位和易燃易爆物品、危险化学品、放射性物品等危险物品的生产、经营、运输、储存、使用单位",第三十七条规定的"公共交通工具、公共场所和其他人员密集场所的经营单位或者管理单位",第七十八条规定的"受到自然灾害危害或者发生事故灾难、公共卫生事件的单位"等。

突发事件应对工作涉及社会的方方面面,可能涉及每一个单位,本法对单位的职责与义务不可能作详细列举,只对具有共性的责任作了规定。单位的具体责任由有关的专门法律如传染病防治法、安全生产法等规定。本法在对有关单位的职责作原则规定的同时,对存在危险因素、危险源的生产经营单位或者从事公共服务单位的责任作了规定。如果有关单位违反本法的规定,并有本条所规定违法情形,就要承担相应的法律责任。

二、单位承担法律责任的四种违法情形

此次法律修订对单位承担法律责任的四种违法情形作了补充和完善。其中,根据本法第三条关于突发事件分级的规定,将违法情形中"严重突发事件"的表述统一修改为"较大以上突发事件",做到与突发事件分级相衔接。

1. 未按照规定采取预防措施,导致发生较大以上突发事件。

本法对有关单位采取预防措施作了规定,例如,第三十五条规定,所有单位应当建立健全安全管理制度,定期开展危险源辨识评估,制定安全防范措施,并及时向所在地人民政府或者有关部门报告。第三十六条、第三十七条对矿山、金属冶炼、建筑施工单位和危险物品的生产、经营、运输、储存、使用单位,公共交通工具、公共场所和其他人员密集场所的经营单位或者管理单位应当采取的预防措施也作了规定。如果有关单位未能按照本法和相关法

律、法规等的规定采取预防措施,导致发生较大以上突发事件,就要承担相应的法律责任。

2. 未及时消除已发现的可能引发突发事件的隐患,导致发生较大以上突发事件。

有关单位应当及时消除突发事件隐患,例如,本法第三十五条中规定,所有单位应当定期检查本单位各项安全防范措施的落实情况,及时消除事故隐患。第三十六条规定,矿山、金属冶炼、建筑施工单位和危险物品的生产、经营、运输、储存、使用单位,应当对生产经营场所、有危险物品的建筑物、构筑物及周边环境开展隐患排查,及时采取措施管控风险和消除隐患,防止发生突发事件。如果有关单位未能及时消除已发现的可能引发突发事件的隐患,导致发生较大以上突发事件,就要承担相应的法律责任。

3. 未做好应急物资储备和应急设备、设施日常维护、检测工作,导致发生较大以上突发事件或者突发事件危害扩大。

有关单位应当做好应急物资储备及应急设备设施日常维护检测等工作,例如,本法第三十六条规定,矿山、金属冶炼、建筑施工单位和危险物品的生产、经营、运输、储存、使用单位应当配备必要的应急救援器材、设备和物资。第三十七条规定:公共交通工具、公共场所和其他人员密集场所的经营单位或者管理单位,应当为交通工具和有关场所配备报警装置和必要的应急救援设备、设施,注明其使用方法,并显著标明安全撤离的通道、路线,保证安全通道、出口的畅通;有关单位应当定期检测、维护其报警装置和应急救援设备、设施,使其处于良好状态,确保正常使用。如果有关单位未能做好应急物资储备和应急设施、设备日常维护和检测工作,导致发生较大以上突发事件或者使突发事件造成的危害扩大,就要承担法律责任。

4. 突发事件发生后,不及时组织开展应急救援工作,造成严重后果。

本法第七十八条规定,受到自然灾害危害或者发生事故灾难、公共卫生事件的单位,应当立即组织开展应急救援工作;突发事件发生地的其他单位应当配合人民政府采取的应急处置措施,做好本单位的应急救援工作,并积极组织人员参加所在地的应急救援和处置工作。如果有关单位在突发事件发生后,不及时组织开展应急救援工作,造成严重后果,就要承担法律责任。

三、处罚机关与处罚种类

（一）关于处罚机关

有关单位有上述四种情形之一的，由所在地履行统一领导职责的人民政府有关部门进行处罚。具体由哪一个部门进行行政处罚，需要结合传染病防治法、安全生产法、防洪法、消防法等突发事件应对领域专门法律的相关规定，结合突发事件具体情况和政府相关部门的法定职权来确定。

（二）关于处罚种类

依本条规定，对有关单位的违法行为给予下述处罚：

1. 责令停产停业，是指行政机关依法对违反行政管理秩序的当事人，限制其在一定期限内停止全部或者部分生产经营活动的一种行政处罚。实践中，责令停产停业包括责令停业整顿、责令停止生产、责令停止经营、责令停止活动、责令限制生产、责令暂停相关业务、禁止参加政府采购、禁止参加招标活动等。

2. 暂扣许可证件，是指行政机关依法对违反行政管理秩序的当事人实行暂时扣留许可证件，以暂时剥夺当事人从事某项生产经营活动、执业权利的一种行政处罚。

3. 吊销许可证件，是指行政机关依法对违反行政管理秩序的当事人取消其所取得的行政许可证件，剥夺当事人从事某项生产经营活动、执业权利的一种行政处罚。

4. 罚款，是指行政机关对实施违法行为的当事人进行的一种经济性制裁，通过使当事人财产受到损失的方法达到惩戒的目的，它是最为常用和普遍的行政处罚种类。本条规定的是并处罚款，即在责令停产停业、暂扣或者吊销许可证件的同时，一并处以罚款。值得注意的是，此次法律修订过程中，根据多方面意见，对罚款数额进行了分级规定，即在2007年突发事件应对法规定的并处五万元以上二十万元以下罚款的基础上，规定"情节特别严重的，并处二十万元以上一百万元以下的罚款"。

（三）关于与其他法律的衔接

在此次法律修订过程中，多方面意见提出，2007年突发事件应对法规定的处罚幅度过低，与安全生产法等突发事件应对领域其他相关立法规定的处罚幅度相比偏轻，且与违法行为造成的危害程度有不相适应之虞，建议加大处罚力度。经研究,在增加规定罚款处罚幅度的基础上,将2007年突发事件应对法规定的"其他法律、行政法规规定由人民政府有关部门依法决定处罚的,从其规定",修改为"其他法律对前款行为规定了处罚的,依照较重的规定处罚",做好法律衔接,并彰显对违法行为的惩处力度。

2007年突发事件应对法还规定,"构成违反治安管理行为的,由公安机关依法给予处罚"。此次法律修订过程中,根据有关方面意见,遵循立法技术规范要求,将有关内容移至第一百零二条中作衔接性规定,即"违反本法规定,构成违反治安管理行为的,依法给予治安管理处罚"。

第九十七条 违反本法规定,编造并传播有关突发事件的虚假信息,或者明知是有关突发事件的虚假信息而进行传播的,责令改正,给予警告;造成严重后果的,依法暂停其业务活动或者吊销其许可证件;负有直接责任的人员是公职人员的,还应当依法给予处分。

【释义】 本条是关于编造、故意传播虚假信息应当承担法律责任的规定。

突发事件造成或者可能造成严重的社会危害,给人民群众的生命财产安全带来威胁。有关突发事件的虚假信息的传播会对公众心理与社会秩序的稳定产生极大影响,影响突发事件应对工作的正常开展。及时准确向社会公布突发事件相关信息,有利于有关方面和社会公众知悉情况,做好心理、物质等各方面准备,这对控制、减轻和消除突发事件引起的严重社会危害,保护人民群众生命财产安全等具有重要意义。本法规定国家建立健全突发事件信息发布制度,明确由有关人民政府和部门及时向社会公布突发事件相关信息和有关突发事件应对的决定、命令、措施等信息,并规定任何单位和个人不得编造、故意传播有关突发事件的虚假信息。与此相对应,本条对编造、故意传播有关突发事件虚假信息的单位和个人的法律责任作了规定。

在此次法律修订过程中,有意见提出,实践中单位和个人转发突发事件有关信息时可能难以确保信息真实性,为有效调动社会公众参与突发事件应对的积极性,确保突发事件有关信息快速有效传播,应当对单位和个人传播有关突发事件信息的行为区分主观恶意进行处理,而不应苛责。为此,2024年突发事件应对法第七条第二款在2007年突发事件应对法第五十四条关于

"任何单位和个人不得编造、传播"有关突发事件虚假信息的基础上,在"传播"前增加"故意"的主观因素限制。本条规定的"编造并传播"以及"明知是有关突发事件的虚假信息而进行传播"的违法行为,与前述规定相适应、相衔接,在法律适用过程中要注重准确适用。编造并传播有关突发事件的虚假信息,行为人必须有既编造又传播虚假信息的行为;明知是有关突发事件的虚假信息而进行传播,也暗含了故意传播虚假信息的主观恶意。

本条规定的法律责任包括:

1. 责令改正,给予警告。通常认为,"责令改正"不属于行政处罚。纠正违法行为是实施行政处罚的重要目的,行政处罚法规定,行政机关实施行政处罚时,应当责令当事人改正或者限期改正违法行为。"警告"是行政处罚法明确规定的行政处罚种类,指行政机关对有违法行为的公民、法人或者其他组织提出告诫,使其认识到自己的违法所在和知道如何改正。

2. 依法暂停其业务活动或者吊销其许可证件。编造、故意传播虚假信息造成严重后果的,由相关主管部门依法暂停有违法行为的单位或个人的业务活动,或者给予吊销许可证件的行政处罚。

3. 负有直接责任的人员是公职人员的,依法给予处分。2007年突发事件应对法规定,负有直接责任的人员是国家工作人员的,还应当对其依法给予处分。这里的"国家工作人员"是指国家机关中从事公务的人员。国有公司、企业、事业单位、人民团体中从事公务的人员和国家机关、国有公司、企业、事业单位委派到非国有公司、企业、事业单位、社会团体从事公务的人员,以及其他依照法律从事公务的人员,以国家工作人员论。落实监察体制改革成果,与监察法等法律做好衔接,此次修法将"国家工作人员"修改为"公职人员"。根据监察法、公职人员政务处分法的规定,公职人员包括中国共产党机关、人民代表大会及其常务委员会机关、人民政府、监察委员会、人民法院、人民检察院、中国人民政治协商会议各级委员会机关、民主党派机关和工商业联合会机关的公务员,以及参照公务员法管理的人员;法律、法规授权或者受国家机关依法委托管理公共事务的组织中从事公务的人员;国有企业管理人员;公办的教育、科研、文化、医疗卫生、体育等单位中从事管理的人员;基层群众性自治组织中从事管理的人员;其他依法履行公职的人员。本条规定的"处分"包括监察机关依法给予的政务处分和公职人员任免机关、单位依法给予的处分。

> **第九十八条** 单位或者个人违反本法规定,不服从所在地人民政府及其有关部门依法发布的决定、命令或者不配合其依法采取的措施的,责令改正;造成严重后果的,依法给予行政处罚;负有直接责任的人员是公职人员的,还应当依法给予处分。

【释义】 本条是关于发生突发事件时,单位或者个人不服从、不配合政府及其有关部门发布的决定、命令和措施的法律责任的规定。

突发事件应对过程中,人民政府及其有关部门针对突发事件的性质、特点和危害程度,及时发布决定、命令,采取适当的应对措施,以控制、减轻和消除突发事件引起的社会危害,稳定和尽快恢复社会秩序。为确保有关决定、命令、措施作用的充分、有效发挥,本法规定了突发事件发生地的单位、个人服从和配合的义务。例如,第七十八条第二款规定,突发事件发生地受到自然灾害危害或者发生事故灾难、公共卫生事件的单位之外的其他单位,应当服从人民政府发布的决定、命令,配合人民政府采取的应急处置措施,做好本单位的应急救援工作,并积极组织人员参加所在地的应急救援和处置工作;第七十九条规定,突发事件发生地的个人应当依法服从人民政府、居民委员会、村民委员会或者所属单位的指挥和安排,配合人民政府采取的应急处置措施,积极参加应急救援工作,协助维护社会秩序。如果突发事件发生后,单位或者个人不服从政府的有关决定、命令和措施,就会严重扰乱这种非常情况下的社会管理秩序,影响突发事件应对工作的正常有序开展,为此,本条对其法律责任作了规定。

单位或者个人不服从或者不配合政府及其有关部门发布的决定、命令和措施的,责令改正。改正违法行为的具体形式包括停止违法行为、恢复原状等。造成严重后果的,依法给予行政处罚。根据行政处罚法的规定,行政处罚包括警告、通报批评;罚款、没收违法所得、没收非法财物;暂扣许可证件、降低资质等级、吊销许可证件;限制开展生产经营活动、责令停产停业、责令关闭、限制从业;行政拘留;法律、行政法规规定的其他行政处罚。行政处罚法还对行政处罚的实施机关、处罚程序等作了规定,安全生产法、传染病防治法等法律中也有相关处罚规定。此外,本条还规定,负有直接责任的人员是公职人员的,应当依法给予处分。关于"公职人员"范围及"处分"的种类前文中已有论述。

第九十九条 单位或者个人违反本法第八十四条、第八十五条关于个人信息保护规定的,由主管部门依照有关法律规定给予处罚。

【释义】 本条是关于有关单位、个人违反本法关于个人信息保护要求的法律责任的规定。

一、本条规定的违法行为

关于个人信息保护涉及的相关违法行为,民法典、个人信息保护法、数据安全法、网络安全法等法律均作了规定,此次法律修订,与相关法律作了衔接性规定,主要明确了在突发事件应急处置中两类违法行为的法律责任:

一是在突发事件应急处置中,非法收集、使用、加工、传输他人个人信息,非法买卖、提供或者公开他人个人信息。本法第八十四条规定,在突发事件应急处置中,有关单位和个人因依照本法规定配合突发事件应对工作或者履行相关义务,需要获取他人个人信息的,应当依照法律规定的程序和方式取得并确保信息安全,不得非法收集、使用、加工、传输他人个人信息,不得非法买卖、提供或者公开他人个人信息。其他相关法律对违反个人信息保护的有关行为也作了规定。比如,民法典第一百一十一条规定:"自然人的个人信息受法律保护。任何组织或者个人需要获取他人个人信息的,应当依法取得并确保信息安全,不得非法收集、使用、加工、传输他人个人信息,不得非法买卖、提供或者公开他人个人信息。"个人信息保护法第十条中规定,任何组织、个人不得非法收集、使用、加工、传输他人个人信息,不得非法买卖、提供或者公开他人个人信息。

二是对于因依法履行突发事件应对工作职责或者义务获取的个人信息,未按信息用途和销毁要求使用和销毁,以及对需要留存和延期销毁的信息未依法评估、保护和使用。本法第八十五条规定,因依法履行突发事件应对工作职责或者义务获取的个人信息,只能用于突发事件应对工作,并在突发事件应对工作结束后予以销毁。确因依法作为证据使用或者调查评估需要留存或者延期销毁的,应当按照规定进行合法性、必要性、安全性评估,并采取相应保护和处理措施,严格依法使用。个人信息保护法、网络安全法、数据安全法等法律对相关单位和个人获取的个人信息、数据的保护和安全使用等均作了规定。比如,数据安全法第二十七条第一款规定:"开展数据处理活动应当依照法律、法规的规定，建立健全全流程数据安全管理制度，组织开展数据安全教育培训，采取相应的技术措施和其他必要措施，保障数据安全。利用互联网等信息网络开展数据处理活动，应当在网络安全等级保护制度的基础上，履行上述数据安全保护义务。"第三十条规定："重要数据的处理者应当按照规定对其数据处理活动定期开展风险评估，并向有关主管部门报送风险评估报告。风险评估报告应当包括处理的重要数据的种类、数量，开展数据处理活动的情况，面临的数据安全风险及其应对措施等。"

二、违反信息保护规定应当承担的法律责任

本条规定的"由主管部门依照有关法律规定给予处罚"，主要是指由有关部门依照个人信息保护法、数据安全法、网络安全法等法律规定的法律责任予以处罚。比如，个人信息保护法第六十六条规定，违反本法规定处理个人信息，或者处理个人信息未履行本法规定的个人信息保护义务的，由履行个人信息保护职责的部门责令改正，给予警告，没收违法所得，对违法处理个人信息的应用程序，责令暂停或者终止提供服务；拒不改正的，并处一百万元以下罚款；对直接负责的主管人员和其他直接责任人员处一万元以上十万元以下罚款。个人信息保护法还规定，违法行为情节严重的，由省级以上履行个人信息保护职责的部门责令改正，没收违法所得，并处五千万元以下或者上一年度营业额百分之五以下罚款，并可以责令暂停相关业务或者停业整顿、通报有关主管部门吊销相关业务许可或者吊销营业执照；对直接负责的主管人员和其他直接责任人员处十万元以上一百万元以下罚款，并可以决定禁止其在一定期限内担任相关企业的董事、监事、高级管理人员和个人信息保护负责人。网络安全法、数据安全法等也规定了网络运营者、开展数据处理活动者等主体不履行法律规定的网络安全、数据安全保护义务的相关法律责任。

此外，我国刑法还规定了侵犯公民个人信息罪，第二百五十三条之一规定："违反国家有关规定，向他人出售或者提供公民个人信息，情节严重的，处三年以下有期徒刑或者拘役，并处或者单处罚金；情节特别严重的，处三年以上七年以下有期徒刑，并处罚金。违反国家有关规定，将在履行职责或者提供服务过程中获得的公民个人信息，出售或者提供给他人的，依照前款的规定从重处罚。窃取或者以其他方法非法获取公民个人信息的，依照第一款的规定处罚。单位犯前三款罪的,对单位判处罚金,并对其直接负责的主管人员和其他直接责任人员,依照各该款的规定处罚。"因此,如果有关单位或者个人在突发事件应急处置工作中严重侵犯公民个人信息,符合刑法规定构成要件,依据本法第一百零二条和刑法等法律的规定承担刑事责任。

需要说明的是,修订草案审议过程中,有些常委委员、地方和社会公众提出,为了加强突发事件应对中公民个人信息保护,修订草案第八十四条、第八十五条对公民个人信息的收集、使用和销毁等作了规定,其内容是必要和妥当的,建议进一步明确,对实践中此前已经收集的公民个人信息也照此办理。全国人大宪法和法律委员会经同司法部、应急管理部研究认为,这一规定是根据民法典、个人信息保护法、数据安全法、网络安全法等现有法律的相关规定,针对突发事件应对工作的特点和实际需要作出的专门规定,对于此前收集的个人信息,其使用、销毁等处理,也应该按照上述法律的相关规定执行。

第一百条　单位或者个人违反本法规定,导致突发事件发生或者危害扩大,造成人身、财产或者其他损害的,应当依法承担民事责任。

【释义】　本条是关于单位或者个人违反本法规定,导致突发事件发生或危害扩大,应当依法承担民事责任的规定。

按照本法规定,突发事件包括自然灾害、事故灾难、公共卫生事件和社会安全事件四类,但单位或者个人违反本法规定,导致发生或危害扩大的突发事件主要指事故灾难、公共卫生事件和社会安全事件。

为了预防突发事件的发生,本法规定矿山、金属冶炼、建筑施工单位和易燃易爆物品、危险化学品、放射性物品等危险物品的生产、经营、运输、储存、使用单位,公共交通工具、公共场所和其他人员密集场所的经营、管理单位,以及其他单位负有突发事件预防和应急准备的责任。比如,本法第三十五条规定,所有单位应当建立健全安全管理制度,定期开展危险源辨识评估,制定安全防范措施;定期检查本单位各项安全防范措施的落实情况,及时消除事故隐患;掌握并及时处理本单位存在的可能引发社会安全事件的问题,防止矛盾激化和事态扩大;对本单位可能发生的突发事件和采取安全防范措施的情况,应当按照规定及时向所在地人民政府或者有关部门报告。第三十六条规定,矿山、金属冶炼、建筑施工单位和易燃易爆物品、危险化学品、放射性物品等危险物品的生产、经营、运输、储存、使用单位,应当制定具体应急预案,配备必要的应急救援器材、设备和物资,并对生产经营场所、有危险物品的建筑物、构筑物及周边环境开展隐患排查,及时采取措施管控风险和消除隐患,防止发生突发事件。第三十七条规定,公共交通工具、公共场所和其他人员密集场所的经营单位或者管理单位应当制定具体应急预案,为交通工具和有关场所配备报警装置和必要的应急救援设备、设施,注明其使用方法,并显著标明安全撤离的通道、路线,保证安全通道、出口的畅通。有关单位应当定期检测、维护其报警装置和应急救援设备、设施,使其处于良好状态,确保正常使用。

民事责任是指由于违反民事义务所应承担的责任。违反民事义务包括违反法律规定的民事义务和违反当事人约定的民事义务;民事责任可分为侵权责任、违约责任和其他责任。本条规定的民事责任主要是侵权责任。不论单位还是个人,凡属于违反本法规定,导致发生突发事件或者突发事件危害扩大,造成人身、财产或者其他损害的,都应当依法承担民事责任。

1. 承担民事责任的条件。本条中的民事责任承担需要具备两个条件:一是导致发生突发事件或者突发事件危害扩大;二是造成人身、财产或者其他损害的后果。

2. 承担民事责任的方式。民法典规定的承担民事责任的方式包括停止侵害,排除妨碍,消除危险,返还财产,恢复原状,赔偿损失,消除影响、恢复名誉,赔礼道歉等。结合突发事件应对实际情况,单位或者个人造成人身、财产或者其他损害的,应当承担民事责任的形式主要是赔偿损失。

3. 承担民事责任的范围。根据本法规定,单位和个人违法,造成人身、财产或者其他损害的,应当承担民事责任。其中,自然人人身权主要包括人格权和身份权。根据民法典的规定,人格权主要包括民事主体享有的生命权、身体权、健康权、姓名权、名称权、肖像权、名誉权、荣誉权、隐私权等权利。对人身的损害赔偿区分为致人伤害(包括残疾)赔偿和致人死亡赔偿。根据民法典第一千一百七十九条的规定,侵害他人造成人身损害的,应当赔偿医疗费、护理费、交通费、营养费、住院伙食补助费等为治疗和康复支出的合理费用,以及因误工减少的收入。造成残疾的,还应当赔偿辅助器具费和残疾赔偿金;造成死亡的,还应当赔偿丧葬费和死亡赔偿金。

造成财产损害,是指造成他人物的毁损或者灭失。毁损是指使物遭受破损、污损、烧损、锈损等,原物虽然存在,但失去了原有的使用功能,降低了物的价值。灭失是指原物现在不存在。对财产的损失赔偿包括直接损失赔偿和间接损失赔偿。直接损失,是受害人现有财产的减少,也就是加害人不法侵害受害人的财产权利,致使受害人的现有财产直接受到的损失。如财物被毁损、被侵占而使受害人财富直接减少。间接损失,是受害人可得利益的丧失。一般说来,对间接损失的认定需要注意如下事项:间接损失是未来的可得利益,而不是既得利益;丧失的这种未来利益是具有实际意义的,是必得的利益而不是假设的利益;这种可得利益,必须是在一定范围内的,不可在逻辑关系上无限制扩展。民法典第一千一百八十四条规定,侵害他人财产的,财产损失按照损失发生时的市场价格或者其他合理方式计算。需要说明的是,造成财产损害除了造成他人物的毁损或者灭失之外,还包括侵害他人人身权益而造成的财产损失。民法典第一千一百八十二条规定,侵害他人人身权益造成财产损失的,按照被侵权人因此受到的损失或者侵权人因此获得的利益赔偿;被侵权人因此受到的损失以及侵权人因此获得的利益难以确定,被侵权人和侵权人就赔偿数额协商不一致,向人民法院提起诉讼的,由人民法院根据实际情况确定赔偿数额。此外,根据民法典第一千一百八十三条规定,侵害自然人人身权益造成严重精神损害的,被侵权人有权请求精神损害赔偿。因故意或者重大过失侵害自然人具有人身意义的特定物造成严重精神损害的,被侵权人有权请求精神损害赔偿。

第一百零一条 为了使本人或者他人的人身、财产免受正在发生的危险而采取避险措施的,依照《中华人民共和国民法典》、《中华人民共和国刑法》等法律关于紧急避险的规定处理。

【释义】 本条是关于突发事件中紧急避险的规定。

紧急避险,是指为了使本人或者他人的人身、财产权利免受正在发生的危险,不得已采取的紧急避险行为,造成损害的,不承担责任或者减轻责任的情形。突发事件,是指突然发生,造成或者可能造成严重社会危害,需要采取应急处置措施予以应对的自然灾害、事故灾难、公共卫生事件和社会安全事件。在突发事件中对人造成的危险,有时来自人的行为,有时来自自然原因。

特别是突发事件由于突然发生的特性，更容易直接给人带来危险，因而在突发事件中需要采取紧急避险的行为。不管危险来自哪里，突发事件中的紧急避险人避让风险、排除危险的行为都有其正当性、合法性。

我国的民法典和刑法对紧急避险制度作了规定。民法典第一百八十二条规定："因紧急避险造成损害的，由引起险情发生的人承担民事责任。危险由自然原因引起的，紧急避险人不承担民事责任，可以给予适当补偿。紧急避险采取措施不当或者超过必要的限度，造成不应有的损害的，紧急避险人应当承担适当的民事责任。"刑法第二十一条规定："为了使国家、公共利益、本人或者他人的人身、财产和其他权利免受正在发生的危险，不得已采取的紧急避险行为，造成损害的，不负刑事责任。紧急避险超过必要限度造成不应有的损害的，应当负刑事责任，但是应当减轻或者免除处罚。"刑法同时明确，刑法中关于避免本人危险的规定，不适用于职务上、业务上负有特定责任的人。

突发事件往往造成人民群众重大生命财产损失，因此，各级人民政府及其有关部门应当本着为人民服务、对人民负责的宗旨，恪尽职守做好突发事件预防和应对处置相关工作，切实维护人民群众生命财产安全和合法权益。同时，突发事件发生时，直接面对突发事件威胁的群众也应当积极开展自救互救，防止自身人身财产损失，或者将损失尽可能降低到最小程度。实践证明，突发事件发生时，能够在第一时间采取正确的避险应对措施，往往能够有效降低突发事件对自身的危害。为此，本法总则中明确规定了生命至上的原则；规定了增强全民的公共安全和防范风险意识，提高全社会避险救助能力；规定了新闻媒体开展突发事件应对自救互救知识公益宣传责任；在相关章节中规定了各级政府及其部门、村委会居委会等基层群众自治组织、企事业单位、学校做好应急知识普及宣传活动和必要应急演练等，这些都是为了提高人民群众面对突发事件时的应急自救互救能力。但是，群众紧急情况下开展自救互救避险活动，有时难免会造成他人合法权益的损害，如为了躲避火灾，需要破窗逃生等；有时可能需要"违反"一些规定，如为了尽快逃离灾害现场，需要逆行、通过禁行路段等。

如上所述，这些活动本身属于法律上的紧急避险行为，民法典、刑法中也都有相应规定，但有些群众不一定了解。针对 2007 年突发事件应对法未对突发事件应对过程中的紧急避险行为作专门规定的情况，修订草案审议过程中,有意见提出,在突发事件应对过程中,往往会有公民为了避免人身、财产损害而采取紧急避险行为的情况,在本法中对公民采取紧急避险措施的相关法律责任承担作出规定,为公民在突发事件应急处置中开展自救互救、减少损失提供法律依据,符合本法的立法目的。经研究,为了鼓励在面临突发事件生命财产遭受威胁时依法大胆实施避险行为,有必要在本法中对紧急避险事项作出规定。同时,考虑到民法典、刑法中已规定有紧急避险制度,因此在本法中增加了有关衔接性规定。

第一百零二条　违反本法规定,构成违反治安管理行为的,依法给予治安管理处罚;构成犯罪的,依法追究刑事责任。

【释义】　本条是关于违反本法规定给予治安管理处罚与构成犯罪承担刑事责任的规定。

本条为衔接性条款。对违反本法规定构成违反治安管理行为的,应按照治安管理处罚法等法律的规定承担相应的法律责任;构成犯罪的,要依法追究刑事责任。按照我国的立法惯例和立法技术规范,有多个条文内容涉及追究治安管理、刑事责任的,可以在"法律责任"部分统一表述,这种处理模式也是当前立法中的通常做法。其优点是:一是条文比较简洁;二是内容完整;三是既与相关法做好衔接,又可以避免因相关法的修改而导致本法修改。

在2007年突发事件应对法中,对违反治安管理行为依法给予治安管理处罚的内容是作分散规定的。比如,2007年突发事件应对法第六十四条、第六十五条、第六十六条中均规定,相关行为"构成违反治安管理行为的,由公安机关依法给予处罚"。2007年突发事件应对法第六十八条仅规定:"违反本法规定,构成犯罪的,依法追究刑事责任。"基于立法惯例和立法技术的考量,在此次法律修订时将违反治安管理与构成犯罪相关法律责任的内容在本条作了统一规定。

一、治安管理处罚

治安管理处罚是指对违反治安管理但尚不构成刑事处罚的行为实施的处罚。治安管理处罚是国家实施行政管理的一种重要手段。根据治安管理处罚法的规定,治安管理处罚的种类分为四种:警告、罚款、行政拘留、吊销公安机关发放的许可证。另外,对违反治安管理的外国人,可以附加适用限期出境或者驱逐出境。治安管理处罚法对涉及突发事件应对有关违法行为的法律责任作出规定,比如,散布谣言,谎报险情、疫情、警情或者以其他方法故意扰乱公共秩序;阻碍国家机关工作人员依法执行职务;等等。

需要说明的是,2007年突发事件应对法规定的是,构成违反治安管理行为的,由公安机关依法给予处罚。2018年全国人大常委会作出的《关于中国海警局行使海上维权执法职权的决定》明确,中国海警局执行打击海上违法犯罪活动、维护海上治安和安全保卫等任务,行使法律规定的公安机关相应执法职权。2021年制定的海警法进一步规定,海警机构依法履行实施海上治安管理、查处海上违反治安管理行为、处置海上突发事件等职责。因此,在我国海域因涉及突发事件开展执法、依法给予治安管理处罚的主体是海警机构。

二、刑事责任

刑事责任是指具有刑事责任能力的人实施了刑事法律禁止的行为(犯罪行为)所必须承担的法律责任。也就是说,任何单位和公民个人实施了违反刑事法律的行为,都要承担由于其犯罪行为所造成的法律后果。根据刑事责任主体的不同性质划分,违反本法构成犯罪,依法追究刑事责任,主要有以下几种情况:

(一)责任主体为国家机关工作人员

在突发事件的预防与应对中,人民政府及有关部门工作人员如违反法定职责,玩忽职守、滥用职权,将会给突发事件应对工作带来严重后果,使国家和人民遭受严重损失。

在突发事件预防和应对过程中,地方人民政府及有关部门违反规定不履行或者不正确履行法定职责的,要追究负有责任的领导人员和直接责任人员的责任。比如,未按照规定采取预防措施,导致发生突发事件;未采取必要的防范措施,导致发生次生、衍生事件;未按规定及时发布突发事件警报、采取预警期的措施,导致损害发生;未按规定及时采取措施处置突发事件或者处置不当,造成后果;截留、挪用、私分或者变相私分应急救援资金、物资;等等。对前述行为情节和后果严重,构成犯罪的,要对负有责任的领导人员和直接责任人员依法追究刑事责任。我国刑法规定了渎职罪,第三百九十七条第一款规定:国家机关工作人员滥用职权或者玩忽职守,致使公共财产、国家和人民利益遭受重大损失的,处三年以下有期徒刑或者拘役;情节特别严重的,处三年以上七年以下有期徒刑。

(二)责任主体为有关单位

突发事件的预防与应对,除发挥政府的主导作用外,还要把相关责任落实到单位和个人,发挥全社会的力量。所有单位负有在本单位建立健全安全管理制度、及时消除事故隐患等责任,本法第三十五条、第三十六条、第三十七条规定了矿山、金属冶炼、建筑施工单位和易燃易爆物品、危险化学品、放射性物品等危险物品的生产、经营、运输、储存、使用单位,公共交通工具、公共场所和其他人员密集场所的经营、管理单位,以及其他单位在突发事件预防和应急准备中的责任。上述单位未按规定采取预防措施,导致发生严重突发事件的;未及时消除已发现的可能引发突发事件的隐患,导致发生严重突发事件的;未做好应急设备、设施日常维护、检测工作,导致发生严重突发事件或者突发事件危害扩大的;构成犯罪的,依法追究刑事责任。此外,本法第八十四条、第八十五条还对有关单位负有对相关个人信息依法保护和使用的义务等作出规定。

我国刑法规定的危害公共安全罪、侵犯公民人身权利罪、危害公共卫生罪、破坏环境资源保护罪等中涉及有关单位的刑事责任。例如,刑法第三百三十条第一款、第二款规定:"违反传染病防治法的规定,有下列情形之一,引起甲类传染病以及依法确定采取甲类传染病预防、控制措施的传染病传播或者有传播严重危险的,处三年以下有期徒刑或者拘役;后果特别严重的,处三年以上七年以下有期徒刑:(一)供水单位供应的饮用水不符合国家规定的卫生标准的;(二)拒绝按照疾病预防控制机构提出的卫生要求,对传染病病原体污染的污水、污物、场所和物品进行消毒处理的;(三)准许或者纵容传染病病人、病原携带者和疑似传染病病人从事国务院卫生行政部门规定禁止从事的易使该传染病扩散的工作的;(四)出售、运输疫区中被传染病病原体污染或者可能被传染病病原体污染的物品,未进行消毒处理的;(五)拒绝执行县级以上人民政府、疾病预防控制机构依照传染病防治法提出的预防、控制措施的。单位犯前款罪的,对单位判处罚金,并对其直接负责的主管人员和其他直接责任人员,依照前款的规定处罚。"

(三)责任主体为个人

突发事件发生后,个人应当服从和配合所在地人民政府及其有关部门依法发布的决定、命令及依法采取的各种应急措施。拒不服从、不予配合,构成犯罪的,依法追究刑事责任。比如,我国刑法规定了妨害公务罪。刑法第二百七十七条第一款规定:以暴力、威胁方法阻碍国家机关工作人员依法执行职务的,处三年以下有期徒刑、拘役、管制或者罚金。

本法还对有关个人依法保护和使用他人个人信息、个人不得编造和故意传播有关突发事件的虚假信息等作出规定。比如,如果违反本法第七条、第九十七条的规定,编造并传播有关突发事件的虚假信息,或者明知是有关突发事件的虚假信息而进行传播,情节严重构成犯罪的,将按照刑法第二百九十一条之一规定的编造、故意传播虚假信息罪予以刑事处罚。

第八章 附 则

附则一般规定法律有关用语的含义、有关配套规定的制定、施行日期等。本章共4条,对特别重大突发事件引起的紧急状态,在中华人民共和国领域外发生突发事件对我国人员、财产产生影响,中华人民共和国境内的外国人和无国籍人应当遵守本法,以及本法施行时间作了规定。

第一百零三条 发生特别重大突发事件,对人民生命财产安全、国家安全、公共安全、生态环境安全或者社会秩序构成重大威胁,采取本法和其他有关法律、法规、规章规定的应急处置措施不能消除或者有效控制、减轻其严重社会危害,需要进入紧急状态的,由全国人民代表大会常务委员会或者国务院依照宪法和其他有关法律规定的权限和程序决定。

紧急状态期间采取的非常措施,依照有关法律规定执行或者由全国人民代表大会常务委员会另行规定。

【释义】 本条是对突发事件引起的紧急状态的条件,决定进入紧急状态的程序以及紧急状态期间采取的非常措施的规定。

一、我国宪法、法律关于紧急状态的规定

(一)1954年宪法关于戒严等的规定

我国1954年宪法对战争、动员和戒严等作出了明确规定。1954年宪法第二十七条规定全国人民代表大会决定战争和和平的问题;第三十一条规定,全国人民代表大会常务委员会在全国人民代表大会闭会期间,如果遇到国家遭受武装侵犯或者必须履行国际间共同防止侵略的条约的情况,决定战争状态的宣布;决定全国总动员或者局部动员;决定全国或者部分地区的戒严。第四十条规定,中华人民共和国主席根据全国人民代表大会的决定和全国人民代表大会常务委员会的决定,发布戒严令,宣布战争状态,发布动员令。1975年宪法和1978年宪法均未对戒严等作出规定。

(二)1982年宪法关于戒严等的规定

1982年宪法在1954年宪法的基础上对戒严等国家非常状态作出了规范完善,不仅恢复了战争、动员和戒严的规定,还在全国人大及其常委会决定和国家主席发布的基本架构基础上,进一步赋予国务院在非常状态下的一定职权。一是1982年宪法第六十二条、第六十七条分别规定了全国人民代表大会决定战争和和平的问题,以及全国人民代表大会常务委员会在全国人民代表大会闭会期间,如果遇到国家遭受武装侵犯或者必须履行国际间共同防止侵略的条约的情况,决定战争状态的宣布,决定全国总动员或者局部动员,决定全国或者个别省、自治区、直辖市的戒严等职权。二是1982年宪法第八十条规定中华人民共和国主席根据全国人民代表大会的决定和全国人民代表大会常务委员会的决定,发布戒严令,宣布战争状态,发布动员令。三是1982年宪法第八十九条首次赋予国务院决定省、自治区、直辖市范围内部分地区的戒严的职权。

(三)2004年"紧急状态"写入宪法

2004年3月,十届全国人大二次会议通过了宪法修正案,其中第二十六条、第二十七条、第二十九条宪法修正案用"紧急状态"取代了"戒严",将"紧急状态"写入宪法。时任全国人大常委会副委员长王兆国同志在《关于〈中华人民共和国宪法修正案(草案)〉的说明》中指出:总结2003年抗击非典的经验教训,并借鉴国际上的普遍做法,需要完善应对严重自然灾害、突发公共卫生事件、人为重大事故等紧急状态的法律制度。在紧急状态下采取的非常措施,通常要对公民的权利和自由不同程度地加以限制。多数国家宪法中都有关于"紧急状态"的规定。因此,宪法修正案(草案)将宪法第六十七条规定的全国人大常委会职权第二十项"决定全国或者个别省、自治区、直辖市的戒严"修改为"决定全国或者个别省、自治区、直辖市进入紧急状态",并相应地将宪法第八十条规定的中华人民共和国主席根据全国人大常委会的决定"发布戒严令"修改为"宣布进入紧急状态";将宪法第八十九条规定的国务院职权第十六项"决定省、自治区、直辖市的范围内部分地区的戒严"修改为"依照法律规定决定省、自治区、直辖市的范围内部分地区进入紧急状态"。这样修改,"紧急状态"包括"戒严"又不限于"戒严",适用范围更宽,既便于应对各种紧急状态,也同国际上通行的做法相一致。至此,经过实践探索与发展,在我国宪法中正式引入了"紧急状态"概念,紧急状态成为宪法制度。

(四)突发事件应对法关于紧急状态的规定

第十届全国人大常委会立法规划和2004年全国人大常委会立法计划,均将"紧急状态法"列入其中。原国务院法制办于2003年5月成立起草领导小组,着手"紧急状态法"的研究起草工作。在调研、委托起草的基础上,先后形成了征求意见稿和草案,多次征求各方意见。2005年3月,国务院第83次常务会议审议了《中华人民共和国紧急状态法(草案)》。根据常务会议精神,对草案作了修改、完善,就修改的有关内容,向原全国人大法律委员会、全国人大常委会法制工作委员会作了汇报,并将法律名称改为"突发事件应对法",形成了《中华人民共和国突发事件应对法(草案)》。当时主要考虑:一是实施紧急状态属于应对突发事件的一个特殊阶段,将法律名称改为"突发事件应对法",符合宪法确立紧急状态制度的本意。二是对突发事件的预防、应急准备、应急处置、事后恢复与重建的制度、机制和体制进行规范,更符合立法的主要目的和解决现实问题的需要。三是宣布和实施紧急状态是在极端特殊情况下才用的制度,而突发事件的预防和处置的法律需要经常适用。如果政府在日常应急管理工作中经常援引、适用"紧急状态法",就可能带来一些不必要的消极影响。将法律名称改为"突发事件应对法",就能避免这种情况的发生。同时,在法律草案中规定了一章"紧急状态的宣布与实施"的内容。2006年5月31日,国务院第138次常务会议讨论通过了《中华人民共和国突发事件应对法(草案)》,并提请十届全国人大常委会第二十二次会议初次审议。此时法律草案更侧重于规范突发事件的应对活动;对紧急状态仅保留了一款规定。

2006年6月24日,在十届全国人大常委会第二十二次会议上,原国务院法制办负责人作了《关于〈中华人民共和国突发事件应对法(草案)〉的说明》。其中,对草案关于处理突发事件应对和进入紧急状态的关系作了如下说明:一是解决我国在突发事件应对活动中存在的突出问题,是当前法制建设的一项紧迫任务。通过对各类突发事件的应对行为加以规范,明确应对工作的体制、机制、制度,以提高全社会应对各类突发事件的能力。二是突发事件的发生、演变一般都有一个过程。对突发事件的预防与应急准备、监测与预警、应急处置与救援等作出规定,有利于从制度上预防突发事件的发生,或者防止一般突发事件演变为需要实行紧急状态予以处置的特别严重事件,减少突发事件造成的损害。这与宪法确立的紧急状态制度的精神是一致的。三是宪法规定的紧急状态和戒严法规定的戒严都是应对最高限度的社会危险和威胁时采取的特别手段,实践中很少适用。即使出现需要实行紧急状态的情况,也完全可以根据宪法、戒严法等法律作出决定。

2007年制定突发事件应对法时,对于如何根据宪法确立的紧急状态制度,在本法中处理好一般突发事件与紧急状态的关系,在常委会审议和调研征求意见过程中,有几种不同意见。第一种意见认为,紧急状态的宣布有特定的条件和程序,不属于突发事件应对法的调整范围,宪法已经确立了紧急状态制度,为落实宪法的规定,应另行制定紧急状态法,本法可不涉及。第二种意见认为,本法应对草案规定的自然灾害、事故灾难、公共卫生事件和社会安全事件引发的紧急状态作出规定,以防止在"紧急状态法"未制定时存在法律空白。第三种意见认为,宪法规定的紧急状态是应对最高限度的社会危险和威胁时采取的特别手段,需要对行政机关赋予特殊权力,对公民的权利和自由需要加以特别限制,因而要考虑国内国外的影响,在现实生活中应当慎用,不到迫不得已时尽量不用。目前,我国已制定戒严法,处置危害国家安全的动乱、暴乱、严重骚乱三种政治事件引发的紧急状态,可以继续适用戒严法。由于突发事件法规定的四类突发事件的情况很不一样,比较复杂,如制定宣布进入紧急状态的具体标准、条件及特别的权力和措施,需要根据不同情况有针对性地作出规定,在尚无实践经验的条件下,目前难以作出具体规定。因此,可以考虑依照宪法规定由全国人大常委会或国务院在这四类突发事件出现特别严重的情况时决定进入紧急状态;同时,在紧急状态期间所采取的限制公民权利和自由的非常措施,可由全国人大常委会根据特定情况作出专门规定。这样能够为处理各种突发事件引发的紧急状态提供相应的法律依据。经过常委会审议,本法采纳了第三种意见。

2007年6月11日、19日,全国人大法律委员会根据常委会组成人员的审议意见和各方面的意见,对草案进行了两次审议。全国人大法律委员会研究认为,一是草案规定的四类突发事件与危及国家安全的事件,性质完全不同,处理的机制、办法也不相同,要严格加以区分。宣布紧急状态是大事,要慎之又慎。从现实情况看,本法就应对四类突发事件作出规定,是迫切需要的。二是这四类突发事件引发的紧急状态情况复杂,需要采取的特别措施也不一样,现在尚无实践经验,难以作出统一规定。三是至于处置严重危害国家安全的动乱、暴乱、严重骚乱等三种政治事件引发的紧急状态,戒严法已经作了明确规定。因此,建议将草案第二条第二款移入"附则"作为一条,并增加一款规定:"紧急状态期间采取的非常措施,依照有关法律规定执行或者由全国人民代表大会常务委员会另行规定。"这样规定,能够为处置各类突发事件引发的紧急状态提供相应的法律依据。6月24日,全国人大法律委员会负责同志向十届全国人大常委会第二十八次会议作了《关于〈中华人民共和国突发事件应对法(草案)〉修改情况的汇报》。8月30日,十届全国人大常委会第二十九次会议通过突发事件应对法,同日以国家主席令公布,自2007年11月1日起施行。从"紧急状态法"到突发事件应对法的起草过程来看,起初将突发事件和紧急状态都纳入广义上的"紧急状态法"的调整范围,而后来改为突发事件应对法时,则不再考虑紧急状态,仅着眼于应对突发事件的调整。同时在该法"附则"中对采取紧急状态的权限和程序以及非常措施等作了规定。

　　突发事件应对法修改过程中,有意见提出要进一步明确规定"紧急状态"的内涵、适用条件和标准、适用程序等制度。突发事件的产生、发展与演变是一个动态的过程,如果发生"特别重大突发事件""构成重大威胁""需要进入紧急状态"的情况,由全国人大常委会或者国务院直接根据宪法相关规定,以及有关法律如戒严法、反恐怖主义法等规定,决定进入紧急状态、实施紧急状态制度,在宪法、法律上是没有问题的。至于对是否需要进入紧急状态的情势判断,需要综合评估和研判后作出相关决策。2004年宪法修改以来,我国经历了汶川地震、雨雪冰冻、新冠肺炎疫情等多次重大突发事件的考验,在党中央坚强领导下,各级党委政府在现行法律制度框架内,有效应对重大的突发事件。近年来尚未发生直接适用宪法有关紧急状态规定的先例实践。因此,2024年突发事件应对法延续了2007年突发事件应对法关于紧急状态的规定,即对"紧急状态"在法律"附则"中作出原则性、衔接性规定,并根据有关方面意见将"环境安全"修改为"生态环境安全",规定:"发生特别重大突发事件,对人民生命财产安全、国家安全、公共安全、生态环境安全或者社会秩序构成重大威胁,采取本法和其他有关法律、法规、规章规定的应急处置措施不能消除或者有效控制、减轻其严重社会危害,需要进入紧急状态的,由全国人民代表大会常务委员会或者国务院依照宪法和其他有关法律规定的权限和程序决定。紧急状态期间采取的非常措施,依照有关法律规定执行或者由全国人民代表大会常务委员会另行规定。"作出这一规定,是符合实际的,也是比较稳妥的。

二、域外国家关于紧急状态的立法模式

由于政治制度、历史背景、法治理念不同,不同国家的"紧急状态"的概念内涵、对象范围存在差异。在有的国家,紧急状态概念的范围宽泛,涵盖我国法律中的紧急状态、戒严和突发事件,有的甚至涵盖战争状态和动员状态;有的国家紧急状态则取狭义概念,并不包含突发事件。在紧急状态的使用上,各国也有国家紧急状态(National Emergency)、公共卫生紧急状态(Public Health Emergency)、重大灾难状态(Major Disaster Emergency)等不同的概念表达。此外,宪法的规定,对立法模式也有影响。世界上多数国家的宪法规定了紧急状态,其中有的国家的规定较为详细,如德国、印度;但也有国家的宪法未规定紧急状态,如日本。由于概念内涵和历史原因,不同国家在立法模式上存在差异,难以一概而论,大体上可以分为分别立法与合并立法两种模式。

(一)分别立法模式

所谓分别立法,是指既制定紧急状态法,又制定应对突发事件的法律。采取这种模式的国家包括美国、俄罗斯、法国等。

1. 美国1976年制定《国家紧急状态法》,1977年制定《国际紧急状态经济权力法》,同时还有1988年制定的《灾难救助和紧急援助法》(斯坦福法案)和公共卫生领域相关法律。

2. 俄罗斯关于突发事件应对立法包括1994年制定的《关于保护居民和领土免遭自然和人为灾害法》,1998年制定的《民防法》,1999年制定的《俄罗斯联邦公共卫生流行病防疫法》和2001年制定的《紧急状态法》。

3. 法国1955年制定了《紧急状态法》,而应对各类突发事件的一般法律为《国内安全法典》。

(二)合并立法模式

所谓合并立法模式,是指未制定专门的紧急状态法,而在有关单行法律中,对紧急状态作出规定。英国、德国、日本采取这种模式。英国为不成文宪法国家,曾于1920年制定《紧急状态法》,但此后被《民事应急法》取代,后者既对突发事件应对作出了规定,也包括紧急状态的内容,是一部较为典型的采取合并立法模式的立法例。联邦德国于1968年修改基本法(即德国宪法)时,专设"防御状态"一章,对包括紧急状态在内的制度作了规定。德国突发事件应对法律,包括《民事保护和灾难救助法》《技术救援志愿者法》《交通保障法》《铁路保障法》《食品保障法》等。日本现行宪法未对紧急状态作出规定,但在《警察法》《自卫队法》中规定了紧急处置制度。根据《警察法》,在发生大规模灾害或者骚乱以及其他紧急事态时,为了维护治安,内阁总理大臣可以发布紧急事态的公告。2020年3月,为应对新冠肺炎疫情,日本国会两院修改应对新型流感等特别措施法,将新冠肺炎疫情临时纳入该法的适用范围,其中包括宣布紧急状态的规定。

三、进入紧急状态的决定主体、条件和措施

(一)决定和宣布进入紧急状态的主体

决定和宣布进入紧急状态,是国家在紧急情况发生后是否进入非常法律状态的重大决策。我国宪法在三个条款中对紧急状态作了规定。具体而言包括两个层面:第一,紧急状态的决定。根据宪法第六十七条第二十一项的规定,全国人民代表大会常务委员会"决定全国或者个别省、自治区、直辖市进入紧急状态"。宪法第八十九条规定,国务院依照法律规定决定省、自治区、直辖市的范围内部分地区进入紧急状态。另外,戒严法还规定,全国或者个别省、自治区、直辖市的戒严,由国务院提请全国人民代表大会常务委员会决定;省、自治区、直辖市的范围内部分地区的戒严,由国务院决定。这一重大事项决定权不仅包括进入紧急状态,还应当适用于紧急状态的中止、延长和终止。

第二,紧急状态的宣布。全国人大常委会作出进入紧急状态的决定后,由于涉及对外关系、涉及国家进入一种非常状态、涉及公民和组织的权益保障或克减,因此必须以一定形式向社会公布,才能对社会或相关利益攸关方产生拘束力。宪法第八十条规定,国家主席根据全国人大常委会的决定,宣布全国或者个别省、自治区、直辖市进入紧急状态。戒严法第三条规定:"全国或者个别省、自治区、直辖市的戒严,由国务院提请全国人民代表大会常务委员会决定;中华人民共和国主席根据全国人民代表大会常务委员会的决定,发布戒严令。省、自治区、直辖市的范围内部分地区的戒严,由国务院决定,国务院总理发布戒严令。"根据宪法和戒严法的上述规定,宣布进入紧急状态涉及三个主体,即全国人大常委会、国务院和国家主席。对于全国或者个别省、自治区、直辖市的紧急状态,由全国人大常委会决定,国家主席根据全国人大常委会的决定宣布进入紧急状态。对于省、自治区、直辖市范围内部分地区的紧急状态,由国务院决定并宣布。宣布是以文告形式通知公众。宣布进入紧急状态,一般应当包括实施紧急状态的原因、地域范围、开始时间和结束时间、实施机关、国家采取的措施、对公民权利的限制等。宣布的意义在于使公众了解其在紧急状态期间的权利和义务,既有效维护自己的合法权益,又切实履行自己应尽的义务,并将政府在此期间的活动置于公众的监督之下,防止权力的滥用。因此,必须严格遵守进入紧急状态的宣布程序,只有经过正式宣布的紧急状态才能发生相应的法律效力。

(二)宣布进入紧急状态的条件

紧急状态是一种非正常状态。在正常情况下,预防各种平时的危急状态,主要应靠完善公共安全方面的法律,加强危机管理,建立灾害预防和处置制度,提高公众的安全意识和政府的应急能力。紧急状态措施是国家迫不得已而采取的最后措施,这些非常措施会对公民及组织的权利、自由进行限制,会对经济活动、社会活动的正常开展带来一些负面影响。但如果不采取紧急状态措施,控制和消除危害,将会给国家和社会带来更大的灾难。宣布进入紧急状态,采取一些非常措施,是"两害相权取其轻"的选择。建立紧急状态制度,不仅要发挥其积极意义,而且必须充分认识到它的消极影响。因此,明确宣布进入紧急状态的条件,具有重要的意义。

我国宪法没有对在何种情况下可以宣布进入紧急状态作出规定。戒严法和突发事件应对法对宣布进入紧急状态的条件作了原则规定。戒严法第二条规定:"在发生严重危及国家的统一、安全或者社会公共安全的动乱、暴乱或者严重骚乱,不采取非常措施不足以维护社会秩序、保护人民的生命和财产安全的紧急状态时,国家可以决定实行戒严。"突发事件应对法的规定与戒严法的精神是一致的,就是只有当事态极其严重,威胁到国家安全、社会安全、生态环境安全以及人民群众的生命、健康、财产安全,并且采取其他法律规定的正常措施不能够维护秩序、保障安全的情况下,有权机关才能够决定并宣布进入紧急状态。也就是说,不到不得已的情况下,不得宣布进入紧急状态。

(三)紧急状态期间的非常措施

本条第二款规定:"紧急状态期间采取的非常措施,依照有关法律规定执行或者由全国人民代表大会常务委员会另行规定。"紧急状态期间采取的非常措施,包括戒严法、突发事件应对法和传染病防治法、防洪法、防震减灾法等法律中规定的措施以及由全国人大常委会另行规定的措施。

1. 戒严期间可以采取的措施。根据戒严法的规定,戒严期间,戒严实施机关可以决定在戒严地区采取的措施包括:(1)禁止或者限制集会、游行、示威、街头讲演以及其他聚众活动;(2)禁止罢工、罢市、罢课;(3)实行新闻管制;(4)实行通信、邮政、电信管制;(5)实行出境入境管制;(6)禁止任何反对戒严的活动;(7)在戒严地区采取交通管制措施,限制人员进出交通管制区域,并对进出交通管制区域人员的证件、车辆、物品进行检查;(8)实行宵禁,宵禁期间,在实行宵禁地区的街道或者其他公共场所通行,必须持有本人身份证件和戒严实施机关制发的特别通行证;(9)对武器、弹药、管制刀具、易燃易爆物品、化学危险物品、放射性物品、剧毒物品等采取特别管理措施;(10)根据执行戒严任务的需要,戒严地区的县级以上人民政府可以临时征用国家机关、企业事业组织、社会团体以及公民个人的房屋、场所、设施、运输工具、工程机械等,在非常紧急的情况下,执行戒严任务的人民警察、人民武装警察、人民解放军的现场指挥员可以直接决定临时征用;(11)对戒严地区首脑机关,军事机关和重要军事设施,外国驻华使领馆、国际组织驻华代表机构和国宾下榻处,广播电台、电视台、国家通讯社等重要新闻单位及其重要设施,与国计民生有重大关系的公用企业和公共设施,机场、火车站和港口,监狱、看守所等单位和场所,采取措施,加强警卫;(12)为保障戒严地区内的人民基本生活必需品的供应,对基本生活必需品的生产、运输、供应、价格,采取特别管理措施。

2. 突发事件应对法等法律规定的措施。突发事件应对法在制定过程中充分听取各方面意见,对我国在自然灾害、安全事故和公共卫生突发事件领域的措施需求作了充分考虑,也考察借鉴了国外相关紧急状态和突发事件应对法律制度中的应急措施。总体上看,我国突发事件应对法与传染病防治法、防洪法、防震减灾法等法律法规中规定的措施,在场所管控、人员和交通管控、行业管制、物资管制等方面同社会安全领域紧急状态下的戒严法所规定的措施在一定程度上具有相当性,在有关紧急状态应对中可以依法采取。

主要包括：

(1)医疗救助类相关措施。根据突发事件应对法、传染病防治法等规定,可采取的应急措施包括：一是封闭或者封存被传染病病原体污染的公共饮用水源、食品以及相关物品；二是控制或者扑杀染疫野生动物、家畜家禽；三是组织营救和救治受害人员,转移、疏散、撤离并妥善安置受到威胁的人员以及采取其他救助措施；四是对易受感染的人群和其他易受损害的人群采取应急接种、预防性投药、群体防护等措施；五是对出入疫区的人员、物资和交通工具实施卫生检疫；六是向受到危害的人员提供避难场所和生活必需品,实施医疗救护和卫生防疫以及其他保障措施；七是组织公民参加应急救援和处置工作,要求具有特定专长的人员提供服务等。

(2)人员管控类相关措施。根据突发事件应对法、传染病防治法、国境卫生检疫法等规定,可采取的应急措施包括：一是对病人、病原携带者,予以隔离治疗；二是对疑似病人,确诊前在指定场所单独隔离治疗；三是对密切接触者,在指定场所进行医学观察和采取其他必要的预防措施；四是对已经发生甲类传染病病例的场所或者该场所内的特定区域的人员,实施隔离措施。

(3)交通管制类相关措施。根据突发事件应对法、防洪法、传染病防治法、国境卫生检疫法等规定,可采取的应急措施包括：一是封锁国境；二是疫区封锁,依法对传染病疫区实施封锁；三是实行交通管制,中断干线交通等；四是突发事件期间交通保障,有关部门保证铁路、交通、民用航空及时运送有关物资,组织协调运输经营单位,优先运送处置突发事件所需物资、设备、工具、应急救援人员和受到突发事件危害的人员等。

(4)场所管制类相关措施。根据突发事件应对法、防洪法、传染病防治法等规定,可采取的应急措施包括：一是场所封闭或限制使用,封闭可能造成传染病扩散的场所,划定警戒区,关闭或限制使用有关场所。二是限制或者停止集市、影剧院演出或者其他人群聚集的活动。三是决定启用蓄滞洪区等。

(5)行业管制类相关措施。根据突发事件应对法、传染病防治法等规定,可采取的应急措施包括：一是,停工、停业、停课,中止可能导致危害扩大的生产经营活动；二是,依法从严惩处囤积居奇、哄抬物价、制假售假等扰乱市场秩序的行为,稳定市场价格,维护市场秩序；三是,要求生产、供应生活必需品和应急救援物资的企业组织生产、保证供给,要求提供医疗、交通等公共服务的组织提供相应的服务；四是，保证突发事件应急处理所需的医疗救护设备、救治药品、医疗器械等物资的生产、供应；五是，对于严重影响国民经济正常运行的突发事件，国务院或者国务院授权的有关主管部门可以采取保障、控制等必要的应急措施，保障人民群众的基本生活需要，最大限度地减轻突发事件的影响；六是，按照价格法等有关法律规定对重要商品和服务市场情况采取相应措施等。

（6）物资和资金保障类相关措施。根据突发事件应对法、防洪法、防震减灾法、传染病防治法等规定，可采取的应急措施包括：一是，紧急调集人员、储备的物资、交通工具以及相关设施、设备；二是，征用应急救援所需的房屋场地、交通工具、设施、设备和其他物资；三是，保障食品、饮用水、药品、燃料等基本生活必需品的供应；四是，启用本级人民政府设置的财政预备费和储备的应急救援物资，必要时调用其他急需物资、设备、设施、工具；五是，决定采取取土占地、砍伐林木、清除阻水障碍物和其他必要的紧急措施；六是，县级以上各级人民政府应当提供必要资金，保障因突发事件致病、致残的人员得到及时、有效的救治等。

此外，根据本款规定，紧急状态期间采取的非常措施，除依照有关法律规定执行外，还可由全国人大常委会另行规定。据此，无论是由全国人大常委会决定的全国或者个别省、自治区、直辖市的紧急状态，还是由国务院决定的省、自治区、直辖市范围内部分地区的紧急状态，需要采取非常措施的，均由全国人大常委会根据实际情况作出规定。

第一百零四条 中华人民共和国领域外发生突发事件，造成或者可能造成中华人民共和国公民、法人和其他组织人身伤亡、财产损失的，由国务院外交部门会同国务院其他有关部门、有关地方人民政府，按照国家有关规定做好应对工作。

【释义】 本条是关于在中华人民共和国领域外发生突发事件造成我国人员、财产损失的规定。

随着我国国际交往日益频繁，中国公民或者中资企业在国外遭遇突发事件的情况逐渐增多。近年来，我国已在相关事件处置中积累了大量涉外突发事件的处置经验，有必要将这些做法总结提炼上升为法律，为构建人类命运共同体、推动"一带一路"倡议顺利实施提供法治保障。为此,在突发事件应对法修改过程中,根据有关方面的意见,增加了本条规定,明确中华人民共和国领域外发生突发事件,造成或者可能造成中华人民共和国公民、法人和其他组织人身伤亡、财产损失的,由国务院外交部门会同国务院其他有关部门、有关地方人民政府,按照国家有关规定做好应对工作。

第一百零五条 在中华人民共和国境内的外国人、无国籍人应当遵守本法,服从所在地人民政府及其有关部门依法发布的决定、命令,并配合其依法采取的措施。

【释义】 本条是关于在中华人民共和国境内外国人、无国籍人应当遵守本法的规定。

我国宪法第三十二条第一款规定:"中华人民共和国保护在中国境内的外国人的合法权利和利益,在中国境内的外国人必须遵守中华人民共和国的法律。"根据宪法规定,对于外国人在中国必须遵守中国的法律,一些法律已经作出专门规定。比如,刑法就规定:"凡在中华人民共和国领域内犯罪的,除法律有特别规定的以外,都适用本法。"在中华人民共和国内犯罪的,只有"享有外交特权和豁免权的外国人的刑事责任,通过外交途径解决",其他的外国人都必须适用中国的刑事法律。行政诉讼法规定:"外国人、无国籍人、外国组织在中华人民共和国进行行政诉讼,适用本法。法律另有规定的除外。""外国人、无国籍人、外国组织在中华人民共和国进行行政诉讼,同中华人民共和国公民、组织有同等的诉讼权利和义务。"行政复议法也规定:"外国人、无国籍人、外国组织在中华人民共和国境内申请行政复议,适用本法。"

立法规定外国人在本国的权利和义务,是各国通行的做法。在中国境内的外国人,根据中华人民共和国的法律享有各项权利和利益,同时也必须遵守中华人民共和国的法律,一旦违反了中国的法律,也要依据中国法律承担相应的法律责任。突发事件应对处置涉及领域较为广泛,突发事件应对法修改过程中,根据有关方面的意见,增加了本条规定,明确在中国境内长期居住的或者临时来中国的具有外国国籍或者无国籍的自然人,应当遵守本法,服从所在地人民政府及其有关部门依法发布的决定、命令,并配合其依法采取的措施。突发事件应对法也对保护公民合法权利作出许多具体的规定,相关外国人、无国籍人在突发事件应对中的合法权利和利益也受到我国法律的保护。

第一百零六条　本法自 2024 年 11 月 1 日起施行。

【释义】　本条是对本法施行时间的规定。

法律的施行日期，即法律的生效时间，是一部法律的重要组成部分。我国立法法第六十一条规定，法律应当明确规定施行日期。只有明确了施行日期，才能做好准备，使法律进入实施状态，使其得到执行、适用和遵守。根据法律的具体性质和实际需要，法律的施行时间有以下几种表示方法：一是法律明确规定具体的生效日期，法律公布后并不立即生效施行，而是经过一段准备时间后才生效施行，我国近年来通过的大多数法律的生效日期采用的都是这种形式。二是法律自公布之日起施行，比如，2024 年国务院组织法第二十条规定"本法自公布之日起施行"。三是法律公布后到达一定期限开始生效。这种表示方法较少，如 1986 年企业破产法（试行）（已失效）第四十三条规定："本法自全民所有制工业企业法实施满三个月之日起试行。"

修改后法律的生效时间，则由修改法律的形式决定。目前，我国立法实践中修改法律的形式主要有以下两种：一是以修订的方式对法律条文进行全面修改，重新公布法律文本以替代原法律文本；二是以修正的方式对法律的部分条文予以修改，并以修改决定的形式公布。采用修订形式修改的法律，由于修改的内容较多，涉及法律原则、制度的修改，一般是重新规定法律施行日期；以修正形式修改的法律，由于只涉及部分条文的修改，一般不改变法律的施行日期，只规定修改决定的施行日期，该施行日期仅对修改的部分适用，未修改的部分仍然适用原法规定的生效日期。

突发事件应对法由 2007 年 8 月 30 日十届全国人大常委会第二十九次会议审议通过，自 2007 年 11 月 1 日起施行。2024 年 6 月 28 日，十四届全国人大常委会第十次会议通过修订后的突发事件应对法，国家主席习近平签署第二十五号主席令予以公布。考虑到该法颁布后，各级政府及其有关部门、社会组织和有关单位要根据本条的规定进行相关的准备工作，因此，修改后的突发事件应对法的实施时间确定为 2024 年 11 月 1 日，即在本法公布 4 个多月后施行。

第二部分 附 录

附录一

《中华人民共和国突发事件应对法》
修改前后对照表

(加阴影部分表示删除,加框部分表示移动,黑体部分表示增加)

突发事件应对法(2007年)	突发事件应对法(2024年)
目　录 第一章　总　则 第二章　预防与应急准备 第三章　监测与预警 第四章　应急处置与救援 第五章　事后恢复与重建 第六章　法律责任 第七章　附　则	**目　录** 第一章　总　则 第二章　**管理与指挥体制** 第三章　预防与应急准备 第四章　监测与预警 第五章　应急处置与救援 第六章　事后恢复与重建 第七章　法律责任 **第八章**　附　则
第一章　总　则	第一章　总　则
第一条　为了预防和减少突发事件的发生,控制、减轻和消除突发事件引起的严重社会危害,规范突发事件应对活动,保护人民生命财产安全,维护国家安全、公共安全、环境安全和社会秩序,制定本法。	**第一条**　为了预防和减少突发事件的发生,控制、减轻和消除突发事件引起的严重社会危害,**提高突发事件预防和应对能力**,规范突发事件应对活动,保护人民生命财产安全,维护国家安全、公共安全、**生态**环境安全和社会秩序,**根据宪法**,制定本法。

续表

突发事件应对法(2007年)	突发事件应对法(2024年)
第二条 突发事件的预防与应急准备、监测与预警、应急处置与救援、事后恢复与重建等应对活动,适用本法。	**第二条** 本法所称突发事件,是指突然发生,造成或者可能造成严重社会危害,需要采取应急处置措施予以应对的自然灾害、事故灾难、公共卫生事件和社会安全事件。 突发事件的预防与应急准备、监测与预警、应急处置与救援、事后恢复与重建等应对活动,适用本法。 《中华人民共和国传染病防治法》等有关法律对突发公共卫生事件应对作出规定的,适用其规定。有关法律没有规定的,适用本法。
第三条 本法所称突发事件,是指突然发生,造成或者可能造成严重社会危害,需要采取应急处置措施予以应对的自然灾害、事故灾难、公共卫生事件和社会安全事件。 按照社会危害程度、影响范围等因素,自然灾害、事故灾难、公共卫生事件分为特别重大、重大、较大和一般四级。法律、行政法规或者国务院另有规定的,从其规定。 突发事件的分级标准由国务院或者国务院确定的部门制定。	**第三条** 按照社会危害程度、影响范围等因素,**突发**自然灾害、事故灾难、公共卫生事件分为特别重大、重大、较大和一般四级。法律、行政法规或者国务院另有规定的,从其规定。 突发事件的分级标准由国务院或者国务院确定的部门制定。
	第四条 突发事件应对工作坚持中国共产党的领导,坚持以马克思列宁主义、毛泽东思想、邓小平理论、"三个代表"重要思想、科学发展观、习近平新时代中国特色社会主义思想为指导,建立健全集中统一、高效权威的中国特色突发事件应对工作领导体制,完善党委领导、政府负责、部门联动、军地联合、社会协同、公众参与、科技支撑、法治保障的治理体系。

续表

突发事件应对法(2007年)	突发事件应对法(2024年)
第五条 突发事件应对工作实行预防为主、预防与应急相结合的原则。国家建立重大突发事件风险评估体系,对可能发生的突发事件进行综合性评估,减少重大突发事件的发生,最大限度地减轻重大突发事件的影响。	第五条 突发事件应对工作应当坚持总体国家安全观,统筹发展与安全;坚持人民至上、生命至上;坚持依法科学应对,尊重和保障人权;坚持预防为主、预防与应急相结合。
第六条 国家建立有效的社会动员机制,增强全民的公共安全和防范风险的意识,提高全社会的避险救助能力。	第六条 国家建立有效的社会动员机制,组织动员企业事业单位、社会组织、志愿者等各方力量依法有序参与突发事件应对工作,增强全民的公共安全和防范风险的意识,提高全社会的避险救助能力。
第十条 有关人民政府及其部门作出的应对突发事件的决定、命令,应当及时公布。 第五十三条 履行统一领导职责或者组织处置突发事件的人民政府,应当按照有关规定统一、准确、及时发布有关突发事件事态发展和应急处置工作的信息。 第五十四条 任何单位和个人不得编造、传播有关突发事件事态发展或者应急处置工作的虚假信息。	第七条 国家建立健全突发事件信息发布制度。有关人民政府和部门应当及时向社会公布突发事件相关信息和有关突发事件应对的决定、命令、措施等信息。 任何单位和个人不得编造、故意传播有关突发事件的虚假信息。有关人民政府和部门发现影响或者可能影响社会稳定、扰乱社会和经济管理秩序的虚假或者不完整信息的,应当及时发布准确的信息予以澄清。
第二十九条第三款 新闻媒体应当无偿开展突发事件预防与应急、自救与互救知识的公益宣传。	第八条 国家建立健全突发事件新闻采访报道制度。有关人民政府和部门应当做好新闻媒体服务引导工作,支持新闻媒体开展采访报道和舆论监督。 新闻媒体采访报道突发事件应当及时、准确、客观、公正。 新闻媒体应当开展突发事件应对法律法规、预防与应急、自救与互救知识等的公益宣传。

续表

突发事件应对法(2007年)	突发事件应对法(2024年)
	第九条　国家建立突发事件应对工作投诉、举报制度,公布统一的投诉、举报方式。 　　对于不履行或者不正确履行突发事件应对工作职责的行为,任何单位和个人有权向有关人民政府和部门投诉、举报。 　　接到投诉、举报的人民政府和部门应当依照规定立即组织调查处理,并将调查处理结果以适当方式告知投诉人、举报人;投诉、举报事项不属于其职责的,应当及时移送有关机关处理。 　　有关人民政府和部门对投诉人、举报人的相关信息应当予以保密,保护投诉人、举报人的合法权益。
第十一条　有关人民政府及其部门采取的应对突发事件的措施,应当与突发事件可能造成的社会危害的性质、程度和范围相适应;有多种措施可供选择的,应当选择有利于最大程度地保护公民、法人和其他组织权益的措施。 　　公民、法人和其他组织有义务参与突发事件应对工作。	第十条　突发事件应对措施应当与突发事件可能造成的社会危害的性质、程度和范围相适应;有多种措施可供选择的,应当选择有利于最大程度地保护公民、法人和其他组织权益,且对他人权益损害和生态环境影响较小的措施,并根据情况变化及时调整,做到科学、精准、有效。
	第十一条　国家在突发事件应对工作中,应当对未成年人、老年人、残疾人、孕产期和哺乳期的妇女、需要及时就医的伤病人员等群体给予特殊、优先保护。
第十二条　有关人民政府及其部门为应对突发事件,可以征用单位和个人的财产。被征用的财产在使用完毕或者突发事件应急处置工作结束后,应当及时返还。财产被征用或者征用后毁损、灭失的,应当给予补偿。	第十二条　县级以上人民政府及其部门为应对突发事件的紧急需要,可以征用单位和个人的设备、设施、场地、交通工具等财产。被征用的财产在使用完毕或者突发事件应急处置工作结束后,应当及时返还。财产被征用或者征用后毁损、灭失的,应当给予公平、合理的补偿。

续表

突发事件应对法(2007年)	突发事件应对法(2024年)
第十三条　因采取突发事件应对措施,诉讼、行政复议、仲裁活动不能正常进行的,适用有关时效中止和程序中止的规定,但法律另有规定的除外。	第十三条　因**依法**采取突发事件应对措施,**致使诉讼、监察调查**、行政复议、仲裁、**国家赔偿等**活动不能正常进行的,适用有关时效中止和程序中止的规定,法律另有规定的除外。
第十五条　中华人民共和国政府在突发事件的预防、监测与预警、应急处置与救援、事后恢复与重建等方面,同外国政府和有关国际组织开展合作与交流。	第十四条　中华人民共和国政府在突发事件的预防**与应急准备**、监测与预警、应急处置与救援、事后恢复与重建等方面,同外国政府和有关国际组织开展合作与交流。
	第十五条　对在突发事件应对工作中做出突出贡献的单位和个人,按照国家有关规定给予表彰、奖励。
	第二章　管理与指挥体制
第四条　国家建立统一领导、综合协调、分类管理、分级负责、属地管理为主的应急管理体制。	第十六条　国家建立统一**指挥、专常兼备、反应灵敏、上下联动**的应急管理体制和综合协调、分类管理、分级负责、属地管理为主的**工作体系**。
第七条　县级人民政府对本行政区域内突发事件的应对工作负责;涉及两个以上行政区域的,由有关行政区域共同的上一级人民政府负责,或者由各有关行政区域的上一级人民政府共同负责。 突发事件发生后,发生地县级人民政府应当立即采取措施控制事态发展,组织开展应急救援和处置工作,并立即向上一级人民政府报告,必要时可以越级上报。 突发事件发生地县级人民政府不能消除或者不能有效控制突发事件引起的严重社会危害的,应当及时向上级人民政府报告。上级人民政府应当及时采取措施,统一领导应急处置工作。	第十七条　县级人民政府对本行政区域内突发事件的应对**管理**工作负责。突发事件发生后,发生地县级人民政府应当立即采取措施控制事态发展,组织开展应急救援和处置工作,并立即向上一级人民政府报告,必要时可以越级上报,**具备条件的,应当进行网络直报或者自动速报**。 突发事件发生地县级人民政府不能消除或者不能有效控制突发事件引起的严重社会危害的,应当及时向上级人民政府报告。上级人民政府应当及时采取措施,统一领导应急处置工作。 法律、行政法规规定由国务院有关部门对突发事件应对**管理**工作负责的,从其

续表

突发事件应对法(2007年)	突发事件应对法(2024年)
法律、行政法规规定由国务院有关部门对突发事件的应对工作负责的,从其规定;地方人民政府应当积极配合并提供必要的支持。	规定;地方人民政府应当积极配合并提供必要的支持。 **第十八条** 突发事件涉及两个以上行政区域的,其应对**管理**工作由有关行政区域共同的上一级人民政府负责,或者由各有关行政区域的上一级人民政府共同负责。共同负责的人民政府应当按照国家有关规定,建立信息共享和协调配合机制。根据共同应对突发事件的需要,地方人民政府之间可以建立协同应对机制。
第八条 国务院在总理领导下研究、决定和部署特别重大突发事件的应对工作;根据实际需要,设立国家突发事件应急指挥机构,负责突发事件应对工作;必要时,国务院可以派出工作组指导有关工作。 县级以上地方各级人民政府设立由本级人民政府主要负责人、相关部门负责人、驻当地中国人民解放军和中国人民武装警察部队有关负责人组成的突发事件应急指挥机构,统一领导、协调本级人民政府各有关部门和下级人民政府开展突发事件应对工作;根据实际需要,设立相关类别突发事件应急指挥机构,组织、协调、指挥突发事件应对工作。 **第九条** 国务院和县级以上地方各级人民政府是突发事件应对工作的行政领导机关,其办事机构及具体职责由国务院规定。	**第十九条** 县级以上人民政府是突发事件应对**管理**工作的行政领导机关。 国务院在总理领导下研究、决定和部署特别重大突发事件的应对工作;根据实际需要,设立国家突发事件应急指挥机构,负责突发事件应对工作;必要时,国务院可以派出工作组指导有关工作。 县级以上地方人民政府设立由本级人民政府主要负责人、相关部门负责人、**国家综合性消防救援队伍**和驻当地中国人民解放军、中国人民武装警察部队有关负责人**等**组成的突发事件应急指挥机构,统一领导、协调本级人民政府各有关部门和下级人民政府开展突发事件应对工作;根据实际需要,设立相关类别突发事件应急指挥机构,组织、协调、指挥突发事件应对工作。
	第二十条 突发事件应急指挥机构在突发事件应对过程中可以依法发布有关突发事件应对的决定、命令、措施。突发事件应急指挥机构发布的决定、命令、措施与设立它的人民政府发布的决定、命令、措施具有同等效力,法律责任由设立它的人民政府承担。

续表

突发事件应对法(2007年)	突发事件应对法(2024年)
第八条第三款 上级人民政府主管部门应当在各自职责范围内,指导、协助下级人民政府及其相应部门做好有关突发事件的应对工作。	第二十一条 县级以上人民政府应急管理部门和卫生健康、公安等有关部门应当在各自职责范围内做好有关突发事件应对管理工作,并指导、协助下级人民政府及其相应部门做好有关突发事件的应对管理工作。
	第二十二条 乡级人民政府、街道办事处应当明确专门工作力量,负责突发事件应对有关工作。 居民委员会、村民委员会依法协助人民政府和有关部门做好突发事件应对工作。
第十一条第二款 公民、法人和其他组织有义务参与突发事件应对工作。	第二十三条 公民、法人和其他组织有义务参与突发事件应对工作。
第十四条 中国人民解放军、中国人民武装警察部队和民兵组织依照本法和其他有关法律、行政法规、军事法规的规定以及国务院、中央军事委员会的命令,参加突发事件的应急救援和处置工作。	第二十四条 中国人民解放军、中国人民武装警察部队和民兵组织依照本法和其他有关法律、行政法规、军事法规的规定以及国务院、中央军事委员会的命令,参加突发事件的应急救援和处置工作。
第十六条 县级以上人民政府作出应对突发事件的决定、命令,应当报本级人民代表大会常务委员会备案;突发事件应急处置工作结束后,应当向本级人民代表大会常务委员会作出专项工作报告。	第二十五条 县级以上人民政府及其设立的突发事件应急指挥机构发布的有关突发事件应对的决定、命令、措施,应当及时报本级人民代表大会常务委员会备案;突发事件应急处置工作结束后,应当向本级人民代表大会常务委员会作出专项工作报告。
第二章 预防与应急准备	第三章 预防与应急准备
第十七条第一、二、三款 国家建立健全突发事件应急预案体系。 国务院制定国家突发事件总体应急预案,组织制定国家突发事件专项应急预	第二十六条 国家建立健全突发事件应急预案体系。 国务院制定国家突发事件总体应急预案,组织制定国家突发事件专项应急预

续表

突发事件应对法(2007年)	突发事件应对法(2024年)
案;国务院有关部门根据各自的职责和国务院相关应急预案,制定国家突发事件部门应急预案。 　　地方各级人民政府和县级以上地方**各级**人民政府有关部门根据有关法律、法规、规章、上级人民政府及其有关部门的应急预案以及本地区的实际情况,制定相应的突发事件应急预案。	案;国务院有关部门根据各自的职责和国务院相关应急预案,制定国家突发事件部门应急预案**并报国务院备案**。 　　地方各级人民政府和县级以上地方人民政府有关部门根据有关法律、法规、规章、上级人民政府及其有关部门的应急预案以及本地区、**本部门**的实际情况,制定相应的突发事件应急预案**并按国务院有关规定备案**。
	第二十七条　县级以上人民政府应急管理部门指导突发事件应急预案体系建设,综合协调应急预案衔接工作,增强有关应急预案的衔接性和实效性。
第十八条　应急预案应当根据本法和其他有关法律、法规的规定,针对突发事件的性质、特点和可能造成的社会危害,具体规定突发事件应急管理工作的组织指挥体系与职责和突发事件的预防与预警机制、处置程序、应急保障措施以及事后恢复与重建措施等内容。 　　第十七条第四款　应急预案制定机关应当根据实际需要**和情势变化,适时**修订应急预案。应急预案的制定、修订程序由国务院规定。	第二十八条　应急预案应当根据本法和其他有关法律、法规的规定,针对突发事件的性质、特点和可能造成的社会危害,具体规定突发事件应**对**管理工作的组织指挥体系与职责和突发事件的预防与预警机制、处置程序、应急保障措施以及事后恢复与重建措施等内容。 　　应急预案制定机关应当广泛听取**有关部门、单位、专家和社会各方面意见,增强应急预案的针对性和可操作性,**并根据实际需要、情势变化、**应急演练中发现的问题等**及时对应急预案作出修订。 　　应急预案的制定、修订、**备案等**工作程序和**管理办法**由国务院规定。
	第二十九条　县级以上人民政府应当将突发事件应对工作纳入国民经济和社会发展规划。县级以上人民政府有关部门应当制定突发事件应急体系建设规划。

续表

突发事件应对法(2007年)	突发事件应对法(2024年)
第十九条　城乡规划应当符合预防、处置突发事件的需要，统筹安排应对突发事件所必需的设备和基础设施建设，合理确定应急避难场所。	第三十条　**国土空间规划等**规划应当符合预防、处置突发事件的需要，统筹安排突发事件应对**工作**所必需的设备和基础设施建设，合理确定应急避难、**封闭隔离、紧急医疗救治等**场所，**实现日常使用和应急使用的相互转换**。
	第三十一条　国务院应急管理部门会同卫生健康、自然资源、住房城乡建设等部门统筹、指导全国应急避难场所的建设和管理工作，建立健全应急避难场所标准体系。县级以上地方人民政府负责本行政区域内应急避难场所的规划、建设和管理工作。
第五条　突发事件应对**工作实行预防为主、预防与应急相结合的原则**。国家建立**重大**突发事件风险评估体系，对可能发生的突发事件进行综合性评估，减少**重大**突发事件的发生，最大限度地减轻**重大**突发事件的影响。	第三十二条　国家建立**健全**突发事件风险评估体系，对可能发生的突发事件进行综合性评估，**有针对性地采取有效防范措施**，减少突发事件的发生，最大限度减轻突发事件的影响。
第二十条　县级人民政府应当对本行政区域内容易引发自然灾害、事故灾难和公共卫生事件的危险源、危险区域进行调查、登记、风险评估，定期进行检查、监控，并责令有关单位采取安全防范措施。 省级和设区的市级人民政府应当对本行政区域内容易引发特别重大、重大突发事件的危险源、危险区域进行调查、登记、风险评估，组织进行检查、监控，并责令有关单位采取安全防范措施。 县级以上地方**各级**人民政府**按照本法规定**登记的危险源、危险区域，应当按照国家规定及时向社会公布。	第三十三条　县级人民政府应当对本行政区域内容易引发自然灾害、事故灾难和公共卫生事件的危险源、危险区域进行调查、登记、风险评估，定期进行检查、监控，并责令有关单位采取安全防范措施。 省级和设区的市级人民政府应当对本行政区域内容易引发特别重大、重大突发事件的危险源、危险区域进行调查、登记、风险评估，组织进行检查、监控，并责令有关单位采取安全防范措施。 县级以上地方人民政府**应当根据情况变化，及时调整危险源、危险区域的登记**。登记的危险源、危险区域**及其基础信息**，应当按照国家**有关**规定**接入突发事件信息系统，并**及时向社会公布。

续表

突发事件应对法（2007年）	突发事件应对法（2024年）
第二十一条　县级人民政府及其有关部门、乡级人民政府、街道办事处、居民委员会、村民委员会应当及时调解处理可能引发社会安全事件的矛盾纠纷。	第三十四条　县级人民政府及其有关部门、乡级人民政府、街道办事处、居民委员会、村民委员会应当及时调解处理可能引发社会安全事件的矛盾纠纷。
第二十二条　所有单位应当建立健全安全管理制度，定期检查本单位各项安全防范措施的落实情况，及时消除事故隐患；掌握并及时处理本单位存在的可能引发社会安全事件的问题，防止矛盾激化和事态扩大；对本单位可能发生的突发事件和采取安全防范措施的情况，应当按照规定及时向所在地人民政府或者人民政府有关部门报告。	第三十五条　所有单位应当建立健全安全管理制度，**定期开展危险源辨识评估，制定安全防范措施**；定期检查本单位各项安全防范措施的落实情况，及时消除事故隐患；掌握并及时处理本单位存在的可能引发社会安全事件的问题，防止矛盾激化和事态扩大；对本单位可能发生的突发事件和采取安全防范措施的情况，应当按照规定及时向所在地人民政府或者有关部门报告。
第二十三条　矿山、建筑施工单位和易燃易爆物品、危险化学品、放射性物品等危险物品的生产、经营、储运、使用单位，应当制定具体应急预案，并对生产经营场所、有危险物品的建筑物、构筑物及周边环境开展隐患排查，及时采取措施消除隐患，防止发生突发事件。	第三十六条　矿山、**金属冶炼**、建筑施工单位和易燃易爆物品、危险化学品、放射性物品等危险物品的生产、经营、运**输、储存**、使用单位，应当制定具体应急预案，**配备必要的应急救援器材、设备和物资**，并对生产经营场所、有危险物品的建筑物、构筑物及周边环境开展隐患排查，及时采取措施**管控风险和**消除隐患，防止发生突发事件。
第二十四条　公共交通工具、公共场所和其他人员密集场所的经营单位或者管理单位应当制定具体应急预案，为交通工具和有关场所配备报警装置和必要的应急救援设备、设施，注明其使用方法，并显著标明安全撤离的通道、路线，保证安全通道、出口的畅通。 　　有关单位应当定期检测、维护其报警装置和应急救援设备、设施，使其处于良好状态，确保正常使用。	第三十七条　公共交通工具、公共场所和其他人员密集场所的经营单位或者管理单位应当制定具体应急预案，为交通工具和有关场所配备报警装置和必要的应急救援设备、设施，注明其使用方法，并显著标明安全撤离的通道、路线，保证安全通道、出口的畅通。 　　有关单位应当定期检测、维护其报警装置和应急救援设备、设施，使其处于良好状态，确保正常使用。

续表

突发事件应对法(2007年)	突发事件应对法(2024年)
第二十五条　县级以上人民政府应当建立健全突发事件应急管理培训制度,对人民政府及其有关部门负有处置突发事件职责的工作人员定期进行培训。	第三十八条　县级以上人民政府应当建立健全突发事件应**对**管理培训制度,对人民政府及其有关部门负有突发事件**应对**管理职责的工作人员**以及居民委员会、村民委员会有关人员**定期进行培训。
第二十六条　县级以上人民政府应当整合应急资源,建立或者确定综合性应急救援队伍。人民政府有关部门可以根据实际需要设立专业应急救援队伍。 县级以上人民政府及其有关部门可以建立由成年志愿者组成的应急救援队伍。单位应当建立由本单位职工组成的专职或者兼职应急救援队伍。 县级以上人民政府应当加强专业应急救援队伍与非专业应急救援队伍的合作,联合培训、联合演练,提高合成应急、协同应急的能力。	第三十九条　**国家综合性消防救援队伍是应急救援的综合性常备骨干力量,按照国家有关规定执行综合应急救援任务。**县级以上人民政府有关部门可以根据实际需要设立专业应急救援队伍。 县级以上人民政府及其有关部门可以建立由成年志愿者组成的应急救援队伍。**乡级人民政府、街道办事处和有条件的居民委员会、村民委员会可以建立基层应急救援队伍,及时、就近开展应急救援。**单位应当建立由本单位职工组成的专职或者兼职应急救援队伍。 **国家鼓励和支持社会力量建立提供社会化应急救援服务的应急救援队伍。社会力量建立的应急救援队伍参与突发事件应对工作应当服从履行统一领导职责或者组织处置突发事件的人民政府、突发事件应急指挥机构的统一指挥。** 县级以上人民政府应当**推动**专业应急救援队伍与非专业应急救援队伍联合培训、联合演练,提高合成应急、协同应急的能力。
第二十七条　国务院有关部门、县级以上**地方各级**人民政府及其有关部门、有关单位应当为**专业**应急救援人员购买人身意外伤害保险,配备必要的防护装备和器材,减少应急救援人员的人身风险。	第四十条　**地方各级**人民政府、县级以上人民政府有关部门、有关单位应当为**其组建的**应急救援队伍购买人身意外伤害保险,配备必要的防护装备和器材,**防范和**减少应急救援人员的人身**伤害**风险。 **专业应急救援人员应当具备相应的身体条件、专业技能和心理素质,取得国**

续表

突发事件应对法（2007年）	突发事件应对法（2024年）
	家规定的应急救援职业资格，具体办法由国务院应急管理部门会同国务院有关部门制定。
第二十八条　中国人民解放军、中国人民武装警察部队和民兵组织应当有计划地组织开展应急救援的专门训练。	第四十一条　中国人民解放军、中国人民武装警察部队和民兵组织应当有计划地组织开展应急救援的专门训练。
第二十九条　县级人民政府及其有关部门、乡级人民政府、街道办事处应当组织开展应急知识的宣传普及活动和必要的应急演练。 居民委员会、村民委员会、企业事业单位应当根据所在地人民政府的要求，结合各自的实际情况，开展有关突发事件应急知识的宣传普及活动和必要的应急演练。 新闻媒体应当无偿开展突发事件预防与应急、自救与互救知识的公益宣传。	第四十二条　县级人民政府及其有关部门、乡级人民政府、街道办事处应当组织开展**面向社会公众**的应急知识宣传普及活动和必要的应急演练。 居民委员会、村民委员会、企业事业单位、**社会组织**应当根据所在地人民政府的要求，结合各自的实际情况，开展面向**居民、村民、职工等**的应急知识宣传普及活动和必要的应急演练。
第三十条　各级各类学校应当把应急知识教育纳入教学内容，对学生进行应急知识教育，培养学生的安全意识和自救与互救能力。 教育主管部门应当对学校开展应急知识教育进行指导和监督。	第四十三条　各级各类学校应当把应急教育纳入**教育教学计划**，对学生**及教职工**开展应急知识教育**和应急演练**，培养安全意识，**提高**自救与互救能力。 教育主管部门应当对学校开展应急教育进行指导和监督，**应急管理等部门应当给予支持**。
第三十一条　国务院和县级以上地方各级人民政府应当采取财政措施，保障突发事件应对工作所需经费。	第四十四条　各级人民政府应当**将**突发事件应对工作所需经费纳入本级预算，并加强资金管理，提高资金使用绩效。
第三十二条第一款　国家建立健全应急物资储备保障制度，完善重要应急物资的监管、生产、储备、调拨和紧急配送体系。	第四十五条　国家按照集中管理、统一调拨、平时服务、灾时应急、采储结合、节约高效的原则，建立健全应急物资储备保障制度，**动态更新应急物资储备品种目录**，完善重要应急物资的监管、生产、**采购**、储备、调拨和紧急配送体系，**促进安全应急产业发展，优化产业布局**。

续表

突发事件应对法(2007年)	突发事件应对法(2024年)
	国家储备物资品种目录、总体发展规划,由国务院发展改革部门会同国务院有关部门拟订。国务院应急管理等部门依据职责制定应急物资储备规划、品种目录,并组织实施。应急物资储备规划应当纳入国家储备总体发展规划。
第三十二条第二款　设区的市级以上人民政府和突发事件易发、多发地区的县级人民政府应当建立应急救援物资、生活必需品和应急处置装备的储备制度。 第三十二条第三款　县级以上地方各级人民政府应当根据本地区的实际情况,与有关企业签订协议,保障应急救援物资、生活必需品和应急处置装备的生产、供给。	第四十六条　设区的市级以上人民政府和突发事件易发、多发地区的县级人民政府应当建立应急救援物资、生活必需品和应急处置装备的储备**保障**制度。 县级以上地方人民政府应当根据本地区的实际情况**和突发事件应对工作的需要,依法**与**有条件的**企业签订协议,保障应急救援物资、生活必需品和应急处置装备的生产、供给。有关企业应当根据协议,按照县级以上地方人民政府要求,进行应急救援物资、生活必需品和应急处置装备的生产、供给,并确保符合国家有关产品质量的标准和要求。 国家鼓励公民、法人和其他组织储备基本的应急自救物资和生活必需品。有关部门可以向社会公布相关物资、物品的储备指南和建议清单。
	第四十七条　国家建立健全应急运输保障体系,统筹铁路、公路、水运、民航、邮政、快递等运输和服务方式,制定应急运输保障方案,保障应急物资、装备和人员及时运输。 县级以上地方人民政府和有关主管部门应当根据国家应急运输保障方案,结合本地区实际做好应急调度和运力保障,确保运输通道和客货枢纽畅通。 国家发挥社会力量在应急运输保障中的积极作用。社会力量参与突发事件应急运输保障,应当服从突发事件应急指挥机构的统一指挥。

续表

突发事件应对法（2007 年）	突发事件应对法（2024 年）
	第四十八条　国家建立健全能源应急保障体系，提高能源安全保障能力，确保受突发事件影响地区的能源供应。
第三十三条　国家建立健全应急通信保障体系，完善公用通信网，建立有线与无线相结合、基础电信网络与机动通信系统相配套的应急通信系统，确保突发事件应对工作的通信畅通。	第四十九条　国家建立健全应急通信、应急广播保障体系，加强应急通信系统、应急广播系统建设，确保突发事件应对工作的通信、广播安全畅通。
	第五十条　国家建立健全突发事件卫生应急体系，组织开展突发事件中的医疗救治、卫生学调查处置和心理援助等卫生应急工作，有效控制和消除危害。
	第五十一条　县级以上人民政府应当加强急救医疗服务网络的建设，配备相应的医疗救治物资、设施设备和人员，提高医疗卫生机构应对各类突发事件的救治能力。
第三十四条　国家鼓励公民、法人和其他组织为人民政府应对突发事件工作提供物资、资金、技术支持和捐赠。	第五十二条　国家鼓励公民、法人和其他组织为突发事件应对工作提供物资、资金、技术支持和捐赠。 接受捐赠的单位应当及时公开接受捐赠的情况和受赠财产的使用、管理情况，接受社会监督。
	第五十三条　红十字会在突发事件中，应当对伤病人员和其他受害者提供紧急救援和人道救助，并协助人民政府开展与其职责相关的其他人道主义服务活动。有关人民政府应当给予红十字会支持和资助，保障其依法参与应对突发事件。 慈善组织在发生重大突发事件时开展募捐和救助活动，应当在有关人民政府的统筹协调、有序引导下依法进行。有关人民政府应当通过提供必要的需求信息、

续表

突发事件应对法(2007年)	突发事件应对法(2024年)
	政府购买服务等方式,对慈善组织参与应对突发事件、开展应急慈善活动予以支持。
	第五十四条　有关单位应当加强应急救援资金、物资的管理,提高使用效率。 任何单位和个人不得截留、挪用、私分或者变相私分应急救援资金、物资。
第三十五条　国家发展保险事业,建立国家财政支持的巨灾风险保险体系,并鼓励单位和公民参加保险。	第五十五条　国家发展保险事业,建立政府支持、社会力量参与、市场化运作的巨灾风险保险体系,并鼓励单位和个人参加保险。
第三十六条　国家鼓励、扶持具备相应条件的教学科研机构培养应急管理专门人才,鼓励、扶持教学科研机构和有关企业研究开发用于突发事件预防、监测、预警、应急处置与救援的新技术、新设备和新工具。	第五十六条　国家加强应急管理基础科学、重点行业领域关键核心技术的研究,加强互联网、云计算、大数据、人工智能等现代技术手段在突发事件应对工作中的应用,鼓励、扶持有条件的教学科研机构、企业培养应急管理人才和科技人才,研发、推广新技术、新材料、新设备和新工具,提高突发事件应对能力。
	第五十七条　县级以上人民政府及其有关部门应当建立健全突发事件专家咨询论证制度,发挥专业人员在突发事件应对工作中的作用。
第三章　监测与预警	第四章　监测与预警
第四十一条　国家建立健全突发事件监测制度。 县级以上人民政府及其有关部门应当根据自然灾害、事故灾难和公共卫生事件的种类和特点,建立健全基础信息数据库,完善监测网络,划分监测区域,确定监测点,明确监测项目,提供必要的设备、设施,配备专职或者兼职人员,对可能发生的突发事件进行监测。	第五十八条　国家建立健全突发事件监测制度。 县级以上人民政府及其有关部门应当根据自然灾害、事故灾难和公共卫生事件的种类和特点,建立健全基础信息数据库,完善监测网络,划分监测区域,确定监测点,明确监测项目,提供必要的设备、设施,配备专职或者兼职人员,对可能发生的突发事件进行监测。

续表

突发事件应对法（2007年）	突发事件应对法（2024年）
第三十七条　国务院建立全国统一的突发事件信息系统。 　　县级以上地方**各级**人民政府应当建立或者确定本地区统一的突发事件信息系统，汇集、储存、分析、传输有关突发事件的信息，并与上级人民政府及其有关部门、下级人民政府及其有关部门、专业机构和监测网点的突发事件信息系统实现互联互通，加强跨部门、跨地区的信息**交流**与情报合作。	第五十九条　国务院建立全国统一的突发事件信息系统。 　　县级以上地方人民政府应当建立或者确定本地区统一的突发事件信息系统，汇集、储存、分析、传输有关突发事件的信息，并与上级人民政府及其有关部门、下级人民政府及其有关部门、专业机构、监测网点和**重点企业**的突发事件信息系统实现互联互通，加强跨部门、跨地区的信息**共享**与情报合作。
第三十八条　县级以上人民政府及其有关部门、专业机构应当通过多种途径收集突发事件信息。 　　县级人民政府应当在居民委员会、村民委员会和有关单位建立专职或者兼职信息报告员制度。 　　**获悉突发事件信息的**公民、法人或者其他组织，应当立即向所在地人民政府、有关主管部门或者指定的专业机构报告。	第六十条　县级以上人民政府及其有关部门、专业机构应当通过多种途径收集突发事件信息。 　　县级人民政府应当在居民委员会、村民委员会和有关单位建立专职或者兼职信息报告员制度。 　　公民、法人或者其他组织**发现发生突发事件，或者发现可能发生突发事件的异常情况**，应当立即向所在地人民政府、有关主管部门或者指定的专业机构报告。**接到报告的单位应当按照规定立即核实处理，对于不属于其职责的，应当立即移送相关单位核实处理。**
第三十九条　地方各级人民政府应当按照国家有关规定向上级人民政府报送突发事件信息。县级以上人民政府有关主管部门应当向本级人民政府相关部门通报突发事件信息。专业机构、监测网点和信息报告员应当及时向所在地人民政府及其有关主管部门报告突发事件信息。 　　有关单位和人员报送、报告突发事件信息，应当做到及时、客观、真实，不得迟报、谎报、瞒报、漏报。	第六十一条　地方各级人民政府应当按照国家有关规定向上级人民政府报送突发事件信息。县级以上人民政府有关主管部门应当向本级人民政府相关部门通报突发事件信息，**并报告上级人民政府主管部门**。专业机构、监测网点和信息报告员应当及时向所在地人民政府及其有关主管部门报告突发事件信息。 　　有关单位和人员报送、报告突发事件信息，应当做到及时、客观、真实，不得迟报、谎报、瞒报、漏报，**不得授意他人迟报、谎报、瞒报，不得阻碍他人报告**。

续表

突发事件应对法（2007年）	突发事件应对法（2024年）
第四十条　县级以上地方各级人民政府应当及时汇总分析突发事件隐患和预警信息，必要时组织相关部门、专业技术人员、专家学者进行会商，对发生突发事件的可能性及其可能造成的影响进行评估；认为可能发生重大或者特别重大突发事件的，应当立即向上级人民政府报告，并向上级人民政府有关部门、当地驻军和可能受到危害的毗邻或者相关地区的人民政府通报。	第六十二条　县级以上地方人民政府应当及时汇总分析突发事件隐患和**监测**信息，必要时组织相关部门、专业技术人员、专家学者进行会商，对发生突发事件的可能性及其可能造成的影响进行评估；认为可能发生重大或者特别重大突发事件的，应当立即向上级人民政府报告，并向上级人民政府有关部门、当地驻军和可能受到危害的毗邻或者相关地区的人民政府通报，**及时采取预防措施**。
第四十二条　国家建立健全突发事件预警制度。 　　可以预警的自然灾害、事故灾难和公共卫生事件的预警级别，按照突发事件发生的紧急程度、发展势态和可能造成的危害程度分为一级、二级、三级和四级，分别用红色、橙色、黄色和蓝色标示，一级为最高级别。 　　预警级别的划分标准由国务院或者国务院确定的部门制定。	第六十三条　国家建立健全突发事件预警制度。 　　可以预警的自然灾害、事故灾难和公共卫生事件的预警级别，按照突发事件发生的紧急程度、发展势态和可能造成的危害程度分为一级、二级、三级和四级，分别用红色、橙色、黄色和蓝色标示，一级为最高级别。 　　预警级别的划分标准由国务院或者国务院确定的部门制定。
第四十三条　可以预警的自然灾害、事故灾难或者公共卫生事件即将发生或者发生的可能性增大时，县级以上地方各级人民政府应当根据有关法律、行政法规和国务院规定的权限和程序，发布相应级别的警报，决定并宣布有关地区进入预警期，同时向上一级人民政府报告，必要时可以越级上报，并向当地驻军和可能受到危害的毗邻或者相关地区的人民政府通报。	第六十四条　可以预警的自然灾害、事故灾难或者公共卫生事件即将发生或者发生的可能性增大时，县级以上地方人民政府应当根据有关法律、行政法规和国务院规定的权限和程序，发布相应级别的警报，决定并宣布有关地区进入预警期，同时向上一级人民政府报告，必要时可以越级上报；**具备条件的，应当进行网络直报或者自动速报**；同时向当地驻军和可能受到危害的毗邻或者相关地区的人民政府通报。 　　**发布警报应当明确预警类别、级别、起始时间、可能影响的范围、警示事项、应当采取的措施、发布单位和发布时间等。**

续表

突发事件应对法(2007年)	突发事件应对法(2024年)
	第六十五条 国家建立健全突发事件预警发布平台,按照有关规定及时、准确向社会发布突发事件预警信息。 广播、电视、报刊以及网络服务提供者、电信运营商应当按照国家有关规定,建立突发事件预警信息快速发布通道,及时、准确、无偿播发或者刊载突发事件预警信息。 公共场所和其他人员密集场所,应当指定专门人员负责突发事件预警信息接收和传播工作,做好相关设备、设施维护,确保突发事件预警信息及时、准确接收和传播。
第四十四条 发布三级、四级警报,宣布进入预警期后,县级以上地方**各级**人民政府应当根据即将发生的突发事件的特点和可能造成的危害,采取下列措施: (一)启动应急预案; (二)责令有关部门、专业机构、监测网点和负有特定职责的人员及时收集、报告有关信息,向社会公布反映突发事件信息的渠道,加强对突发事件发生、发展情况的监测、预报和预警工作; (三)组织有关部门和机构、专业技术人员、有关专家学者,随时对突发事件信息进行分析评估,预测发生突发事件可能性的大小、影响范围和强度以及可能发生的突发事件的级别; (四)定时向社会发布与公众有关的突发事件预测信息和分析评估结果,并对相关信息的报道工作进行管理; (五)及时按照有关规定向社会发布可能受到突发事件危害的警告,宣传避免、减轻危害的常识,公布咨询电话。	**第六十六条** 发布三级、四级警报,宣布进入预警期后,县级以上地方人民政府应当根据即将发生的突发事件的特点和可能造成的危害,采取下列措施: (一)启动应急预案; (二)责令有关部门、专业机构、监测网点和负有特定职责的人员及时收集、报告有关信息,向社会公布反映突发事件信息的渠道,加强对突发事件发生、发展情况的监测、预报和预警工作; (三)组织有关部门和机构、专业技术人员、有关专家学者,随时对突发事件信息进行分析评估,预测发生突发事件可能性的大小、影响范围和强度以及可能发生的突发事件的级别; (四)定时向社会发布与公众有关的突发事件预测信息和分析评估结果,并对相关信息的报道工作进行管理; (五)及时按照有关规定向社会发布可能受到突发事件危害的警告,宣传避免、减轻危害的常识,公布咨询**或者求助**电话**等联络方式和渠道**。

续表

突发事件应对法(2007年)	突发事件应对法(2024年)
第四十五条　发布一级、二级警报,宣布进入预警期后,县级以上地方**各级**人民政府除采取本法第四十四条规定的措施外,还应当针对即将发生的突发事件的特点和可能造成的危害,采取下列一项或者多项措施: (一)责令应急救援队伍、负有特定职责的人员进入待命状态,并动员后备人员做好参加应急救援和处置工作的准备; (二)调集应急救援所需物资、设备、工具,准备应急设施和避难场所,并确保其处于良好状态、随时可以投入正常使用; (三)加强对重点单位、重要部位和重要基础设施的安全保卫,维护社会治安秩序; (四)采取必要措施,确保交通、通信、供水、排水、供电、供气、供热等公共设施的安全和正常运行; (五)及时向社会发布有关采取特定措施避免或者减轻危害的建议、劝告; (六)转移、疏散或者撤离易受突发事件危害的人员并予以妥善安置,转移重要财产; (七)关闭或者限制使用易受突发事件危害的场所,控制或者限制容易导致危害扩大的公共场所的活动; (八)法律、法规、规章规定的其他必要的防范性、保护性措施。	第六十七条　发布一级、二级警报,宣布进入预警期后,县级以上地方人民政府除采取本法第六十六条规定的措施外,还应当针对即将发生的突发事件的特点和可能造成的危害,采取下列一项或者多项措施: (一)责令应急救援队伍、负有特定职责的人员进入待命状态,并动员后备人员做好参加应急救援和处置工作的准备; (二)调集应急救援所需物资、设备、工具,准备应急设施和**应急避难、封闭隔离、紧急医疗救治等**场所,并确保其处于良好状态、随时可以投入正常使用; (三)加强对重点单位、重要部位和重要基础设施的安全保卫,维护社会治安秩序; (四)采取必要措施,确保交通、通信、供水、排水、供电、供气、供热、**医疗卫生、广播电视、气象**等公共设施的安全和正常运行; (五)及时向社会发布有关采取特定措施避免或者减轻危害的建议、劝告; (六)转移、疏散或者撤离易受突发事件危害的人员并予以妥善安置,转移重要财产; (七)关闭或者限制使用易受突发事件危害的场所,控制或者限制容易导致危害扩大的公共场所的活动; (八)法律、法规、规章规定的其他必要的防范性、保护性措施。
	第六十八条　发布警报,宣布进入预警期后,县级以上人民政府应当对重要商品和服务市场情况加强监测,根据实际需要及时保障供应、稳定市场。必要时,国务院和省、自治区、直辖市人民政府可以

续表

突发事件应对法(2007年)	突发事件应对法(2024年)
	按照《中华人民共和国价格法》等有关法律规定采取相应措施。
第四十六条 对即将发生或者已经发生的社会安全事件,县级以上地方各级人民政府及其有关主管部门应当按照规定向上一级人民政府及其有关主管部门报告,必要时可以越级上报。	**第六十九条** 对即将发生或者已经发生的社会安全事件,县级以上地方人民政府及其有关主管部门应当按照规定向上一级人民政府及其有关主管部门报告,必要时可以越级上报,**具备条件的,应当进行网络直报或者自动速报**。
第四十七条 发布突发事件警报的人民政府应当根据事态的发展,按照有关规定适时调整预警级别并重新发布。 有事实证明不可能发生突发事件或者危险已经解除的,发布警报的人民政府应当立即宣布解除警报,终止预警期,并解除已经采取的有关措施。	**第七十条** 发布突发事件警报的人民政府应当根据事态的发展,按照有关规定适时调整预警级别并重新发布。 有事实证明不可能发生突发事件或者危险已经解除的,发布警报的人民政府应当立即宣布解除警报,终止预警期,并解除已经采取的有关措施。
第四章 应急处置与救援	**第五章 应急处置与救援**
	第七十一条 国家建立健全突发事件应急响应制度。 突发事件的应急响应级别,按照突发事件的性质、特点、可能造成的危害程度和影响范围等因素分为一级、二级、三级和四级,一级为最高级别。 突发事件应急响应级别划分标准由国务院或者国务院确定的部门制定。县级以上人民政府及其有关部门应当在突发事件应急预案中确定应急响应级别。
第四十八条 突发事件发生后,履行统一领导职责或者组织处置突发事件的人民政府应当针对其性质、特点和危害程度,立即组织有关部门,调动应急救援队伍和社会力量,依照**本章的规定**和有关法律、法规、规章的规定采取应急处置措施。	**第七十二条** 突发事件发生后,履行统一领导职责或者组织处置突发事件的人民政府应当针对其性质、特点、危害程度**和影响范围等**,立即**启动应急响应**,组织有关部门,调动应急救援队伍和社会力量,依照法律、法规、规章**和应急预案**的规

续表

突发事件应对法(2007年)	突发事件应对法(2024年)
	定,采取应急处置措施,并向上级人民政府报告;必要时,可以设立现场指挥部,负责现场应急处置与救援,统一指挥进入突发事件现场的单位和个人。 启动应急响应,应当明确响应事项、级别、预计期限、应急处置措施等。 履行统一领导职责或者组织处置突发事件的人民政府,应当建立协调机制,提供需求信息,引导志愿服务组织和志愿者等社会力量及时有序参与应急处置与救援工作。
第四十九条 自然灾害、事故灾难或者公共卫生事件发生后,履行统一领导职责的人民政府**可以**采取下列一项或者多项应急处置措施: (一)组织营救和救治受害人员,疏散、撤离并妥善安置受到威胁的人员以及采取其他救助措施; (二)迅速控制危险源,标明危险区域,封锁危险场所,划定警戒区,实行交通管制以及其他控制措施; (三)立即抢修被损坏的交通、通信、供水、排水、供电、供气、供热等公共设施,向受到危害的人员提供避难场所和生活必需品,实施医疗救护和卫生防疫以及其他保障措施; (四)禁止或者限制使用有关设备、设施,关闭或者限制使用有关场所,中止人员密集的活动或者可能导致危害扩大的生产经营活动以及采取其他保护措施; (五)启用本级人民政府设置的财政预备费和储备的应急救援物资,必要时调用其他急需物资、设备、设施、工具; (六)组织公民参加应急救援和处置	**第七十三条** 自然灾害、事故灾难或者公共卫生事件发生后,履行统一领导职责的人民政府**应当**采取下列一项或者多项应急处置措施: (一)组织营救和救治受害人员,**转移**、疏散、撤离并妥善安置受到威胁的人员以及采取其他救助措施; (二)迅速控制危险源,标明危险区域,封锁危险场所,划定警戒区,实行交通管制、**限制人员流动**、**封闭管理**以及其他控制措施; (三)立即抢修被损坏的交通、通信、供水、排水、供电、供气、供热、**医疗卫生**、**广播电视**、**气象**等公共设施,向受到危害的人员提供避难场所和生活必需品,实施医疗救护和卫生防疫以及其他保障措施; (四)禁止或者限制使用有关设备、设施,关闭或者限制使用有关场所,中止人员密集的活动或者可能导致危害扩大的生产经营活动以及采取其他保护措施; (五)启用本级人民政府设置的财政预备费和储备的应急救援物资,必要时调用其他急需物资、设备、设施、工具;

续表

突发事件应对法(2007年)	突发事件应对法(2024年)
工作,要求具有特定专长的人员提供服务; (七)保障食品、饮用水、燃料等基本生活必需品的供应; (八)依法从严惩处囤积居奇、哄抬物价、制假售假等扰乱市场秩序的行为,稳定市场价格,维护市场秩序; (九)依法从严惩处哄抢财物、干扰破坏应急处置工作等扰乱社会秩序的行为,维护社会治安; (十)采取防止发生次生、衍生事件的必要措施。	(六)组织公民、**法人和其他组织**参加应急救援和处置工作,要求具有特定专长的人员提供服务; (七)保障食品、饮用水、**药品**、燃料等基本生活必需品的供应; (八)依法从严惩处囤积居奇、哄抬**价格**、**牟取暴利**、制假售假等扰乱市场秩序的行为,维护市场秩序; (九)依法从严惩处哄抢财物、干扰破坏应急处置工作等扰乱社会秩序的行为,维护社会治安; (十)**开展生态环境应急监测,保护集中式饮用水水源地等环境敏感目标**,控制和处置污染物; (十一)采取防止发生次生、衍生事件的必要措施。
第五十条 社会安全事件发生后,组织处置工作的人民政府应当立即组织有关部门**并由公安机关**针对事件的性质和特点,依照有关法律、行政法规和国家其他有关规定,采取下列一项或者多项应急处置措施: (一)强制隔离使用器械相互对抗或者以暴力行为参与冲突的当事人,妥善解决现场纠纷和争端,控制事态发展; (二)对特定区域内的建筑物、交通工具、设备、设施以及燃料、燃气、电力、水的供应进行控制; (三)封锁有关场所、道路,查验现场人员的身份证件,限制有关公共场所内的活动; (四)加强对易受冲击的核心机关和单位的警卫,在国家机关、军事机关、国家通讯社、广播电台、电视台、外国驻华使领馆等单位附近设置临时警戒线;	**第七十四条** 社会安全事件发生后,组织处置工作的人民政府应当立即**启动应急响应**,组织有关部门针对事件的性质和特点,依照有关法律、行政法规和国家其他有关规定,采取下列一项或者多项应急处置措施: (一)强制隔离使用器械相互对抗或者以暴力行为参与冲突的当事人,妥善解决现场纠纷和争端,控制事态发展; (二)对特定区域内的建筑物、交通工具、设备、设施以及燃料、燃气、电力、水的供应进行控制; (三)封锁有关场所、道路,查验现场人员的身份证件,限制有关公共场所内的活动; (四)加强对易受冲击的核心机关和单位的警卫,在国家机关、军事机关、国家通讯社、广播电台、电视台、外国驻华使领馆等单位附近设置临时警戒线;

续表

突发事件应对法(2007年)	突发事件应对法(2024年)
(五)法律、行政法规和国务院规定的其他必要措施。 严重危害社会治安秩序的事件发生时,公安机关应当立即依法出动警力,根据现场情况依法采取相应的强制性措施,尽快使社会秩序恢复正常。	(五)法律、行政法规和国务院规定的其他必要措施。
第五十一条 发生突发事件,严重影响国民经济正常运行时,国务院或者国务院授权的有关主管部门可以采取保障、控制等必要的应急措施,保障人民群众的基本生活需要,最大限度地减轻突发事件的影响。	第七十五条 发生突发事件,严重影响国民经济正常运行时,国务院或者国务院授权的有关主管部门可以采取保障、控制等必要的应急措施,保障人民群众的基本生活需要,最大限度地减轻突发事件的影响。
第五十二条 履行统一领导职责或者组织处置突发事件的人民政府,必要时可以向单位和个人征用应急救援所需设备、设施、场地、交通工具和其他物资,请求其他地方人民政府提供人力、物力、财力或者技术支援,要求生产、供应生活必需品和应急救援物资的企业组织生产、保证供给,要求提供医疗、交通等公共服务的组织提供相应的服务。 履行统一领导职责或者组织处置突发事件的人民政府,应当组织协调运输经营单位,优先运送处置突发事件所需物资、设备、工具、应急救援人员和受到突发事件危害的人员。	第七十六条 履行统一领导职责或者组织处置突发事件的人民政府**及其有关部门**,必要时可以向单位和个人征用应急救援所需设备、设施、场地、交通工具和其他物资,请求其他地方人民政府**及其有关部门**提供人力、物力、财力或者技术支援,要求生产、供应生活必需品和应急救援物资的企业组织生产、保证供给,要求提供医疗、交通等公共服务的组织提供相应的服务。 履行统一领导职责或者组织处置突发事件的人民政府**和有关主管部门**,应当组织协调运输经营单位,优先运送处置突发事件所需物资、设备、工具、应急救援人员和受到突发事件危害的人员。 **履行统一领导职责或者组织处置突发事件的人民政府及其有关部门,应当为受突发事件影响无人照料的无民事行为能力人、限制民事行为能力人提供及时有效帮助;建立健全联系帮扶应急救援人员家庭制度,帮助解决实际困难。**

续表

突发事件应对法(2007年)	突发事件应对法(2024年)
第五十五条　突发事件发生地的居民委员会、村民委员会和其他组织应当按照当地人民政府的决定、命令,进行宣传动员,组织群众开展自救和互救,协助维护社会秩序。	第七十七条　突发事件发生地的居民委员会、村民委员会和其他组织应当按照当地人民政府的决定、命令,进行宣传动员,组织群众开展自救与互救,协助维护社会秩序;情况紧急的,应当立即组织群众开展自救与互救等先期处置工作。
第五十六条　受到自然灾害危害或者发生事故灾难、公共卫生事件的单位,应当立即组织本单位应急救援队伍和工作人员营救受害人员,疏散、撤离、安置受到威胁的人员,控制危险源,标明危险区域,封锁危险场所,并采取其他防止危害扩大的必要措施,同时向所在地县级人民政府报告;对因本单位的问题引发的或者主体是本单位人员的社会安全事件,有关单位应当按照规定上报情况,并迅速派出负责人赶赴现场开展劝解、疏导工作。 突发事件发生地的其他单位应当服从人民政府发布的决定、命令,配合人民政府采取的应急处置措施,做好本单位的应急救援工作,并积极组织人员参加所在地的应急救援和处置工作。	第七十八条　受到自然灾害危害或者发生事故灾难、公共卫生事件的单位,应当立即组织本单位应急救援队伍和工作人员营救受害人员,疏散、撤离、安置受到威胁的人员,控制危险源,标明危险区域,封锁危险场所,并采取其他防止危害扩大的必要措施,同时向所在地县级人民政府报告;对因本单位的问题引发的或者主体是本单位人员的社会安全事件,有关单位应当按照规定上报情况,并迅速派出负责人赶赴现场开展劝解、疏导工作。 突发事件发生地的其他单位应当服从人民政府发布的决定、命令,配合人民政府采取的应急处置措施,做好本单位的应急救援工作,并积极组织人员参加所在地的应急救援和处置工作。
第五十七条　突发事件发生地的公民应当服从人民政府、居民委员会、村民委员会或者所属单位的指挥和安排,配合人民政府采取的应急处置措施,积极参加应急救援工作,协助维护社会秩序。	第七十九条　突发事件发生地的个人应当依法服从人民政府、居民委员会、村民委员会或者所属单位的指挥和安排,配合人民政府采取的应急处置措施,积极参加应急救援工作,协助维护社会秩序。
	第八十条　国家支持城乡社区组织健全应急工作机制,强化城乡社区综合服务设施和信息平台应急功能,加强与突发事件信息系统数据共享,增强突发事件应急处置中保障群众基本生活和服务群众能力。

续表

突发事件应对法(2007年)	突发事件应对法(2024年)
	第八十一条　国家采取措施,加强心理健康服务体系和人才队伍建设,支持引导心理健康服务人员和社会工作者对受突发事件影响的各类人群开展心理健康教育、心理评估、心理疏导、心理危机干预、心理行为问题诊治等心理援助工作。
	第八十二条　对于突发事件遇难人员的遗体,应当按照法律和国家有关规定,科学规范处置,加强卫生防疫,维护逝者尊严。对于逝者的遗物应当妥善保管。
	第八十三条　县级以上人民政府及其有关部门根据突发事件应对工作需要,在履行法定职责所必需的范围和限度内,可以要求公民、法人和其他组织提供应急处置与救援需要的信息。公民、法人和其他组织应当予以提供,法律另有规定的除外。县级以上人民政府及其有关部门对获取的相关信息,应当严格保密,并依法保护公民的通信自由和通信秘密。
	第八十四条　在突发事件应急处置中,有关单位和个人因依照本法规定配合突发事件应对工作或者履行相关义务,需要获取他人个人信息的,应当依照法律规定的程序和方式取得并确保信息安全,不得非法收集、使用、加工、传输他人个人信息,不得非法买卖、提供或者公开他人个人信息。
	第八十五条　因依法履行突发事件应对工作职责或者义务获取的个人信息,只能用于突发事件应对,并在突发事件应对工作结束后予以销毁。确因依法作为证据使用或者调查评估需要留存或者延期销毁的,应当按照规定进行合法性、必要性、安全性评估,并采取相应保护和处理措施,严格依法使用。

续表

突发事件应对法(2007年)	突发事件应对法(2024年)
第五章　事后恢复与重建	第六章　事后恢复与重建
第五十八条　突发事件的威胁和危害得到控制或者消除后,履行统一领导职责或者组织处置突发事件的人民政府应当停止执行依照本法规定采取的应急处置措施,同时采取或者继续实施必要措施,防止发生自然灾害、事故灾难、公共卫生事件的次生、衍生事件或者重新引发社会安全事件。	第八十六条　突发事件的威胁和危害得到控制或者消除后,履行统一领导职责或者组织处置突发事件的人民政府应当**宣布解除应急响应**,停止执行依照本法规定采取的应急处置措施,同时采取或者继续实施必要措施,防止发生自然灾害、事故灾难、公共卫生事件的次生、衍生事件或者重新引发社会安全事件,组织受影响地区尽快恢复社会秩序。
第五十九条　突发事件应急处置工作结束后,履行统一领导职责的人民政府应当立即组织对突发事件造成的损失进行评估,组织受影响地区尽快恢复生产、生活、工作和社会秩序,制定恢复重建计划,并向上一级人民政府报告。 　　受突发事件影响地区的人民政府应当及时组织和协调公安、交通、铁路、民航、邮电、建设等有关部门恢复社会治安秩序,尽快修复被损坏的交通、通信、供水、排水、供电、供气、供热等公共设施。	第八十七条　突发事件应急处置工作结束后,履行统一领导职责的人民政府应当立即组织对突发事件造成的**影响和**损失进行**调查**评估,制定恢复重建计划,并向上一级人民政府报告。 　　受突发事件影响地区的人民政府应当及时组织和协调**应急管理、卫生健康**、公安、交通、铁路、民航、邮**政**、电信、建设、**生态环境、水利、能源、广播电视**等有关部门恢复社会秩序,尽快修复被损坏的交通、通信、供水、排水、供电、供气、供热、**医疗卫生、水利、广播电视**等公共设施。
第六十条　受突发事件影响地区的人民政府开展恢复重建工作需要上一级人民政府支持的,可以向上一级人民政府提出请求。上一级人民政府应当根据受影响地区遭受的损失和实际情况,提供资金、物资支持和技术指导,组织其他地区提供资金、物资和人力支援。	第八十八条　受突发事件影响地区的人民政府开展恢复重建工作需要上一级人民政府支持的,可以向上一级人民政府提出请求。上一级人民政府应当根据受影响地区遭受的损失和实际情况,提供资金、物资支持和技术指导,组织**协调**其他地区**和有关方面**提供资金、物资和人力支援。
第六十一条第一、二款　国务院根据受突发事件影响地区遭受损失的情况,制定扶持该地区有关行业发展的优惠政策。	第八十九条　国务院根据受突发事件影响地区遭受损失的情况,制定扶持该地区有关行业发展的优惠政策。

续表

突发事件应对法(2007年)	突发事件应对法(2024年)
受突发事件影响地区的人民政府应当根据本地区遭受损失的情况,制定救助、补偿、抚慰、抚恤、安置等善后工作计划并组织实施,妥善解决因处置突发事件引发的矛盾和纠纷。	受突发事件影响地区的人民政府应当根据本地区遭受的损失和采取应急处置措施的情况,制定救助、补偿、抚慰、抚恤、安置等善后工作计划并组织实施,妥善解决因处置突发事件引发的矛盾纠纷。
第六十一条第三款　公民参加应急救援工作或者协助维护社会秩序期间,其在本单位的工资待遇和福利不变;表现突出、成绩显著的,由县级以上人民政府给予表彰或者奖励。	第九十条　公民参加应急救援工作或者协助维护社会秩序期间,其所在单位应当保证其工资待遇和福利不变,并可以按照规定给予相应补助。
第六十一条第四款　县级以上人民政府对在应急救援工作中伤亡的人员依法给予抚恤。	第九十一条　县级以上人民政府对在应急救援工作中伤亡的人员依法落实工伤待遇、抚恤或者其他保障政策,并组织做好应急救援工作中致病人员的医疗救治工作。
第六十二条　履行统一领导职责的人民政府应当及时查明突发事件的发生经过和原因,总结突发事件应急处置工作的经验教训,制定改进措施,并向上一级人民政府提出报告。	第九十二条　履行统一领导职责的人民政府在突发事件应对工作结束后,应当及时查明突发事件的发生经过和原因,总结突发事件应急处置工作的经验教训,制定改进措施,并向上一级人民政府提出报告。
	第九十三条　突发事件应对工作中有关资金、物资的筹集、管理、分配、拨付和使用等情况,应当依法接受审计机关的审计监督。
	第九十四条　国家档案主管部门应当建立健全突发事件应对工作相关档案收集、整理、保护、利用工作机制。突发事件应对工作中形成的材料,应当按照国家规定归档,并向相关档案馆移交。

续表

突发事件应对法（2007年）	突发事件应对法（2024年）
第六章　法律责任	第七章　法律责任
第六十三条　地方各级人民政府和县级以上**各级**人民政府有关部门违反本法规定，不履行法定职责的，由其上级行政机关**或者监察机关**责令改正；有下列情形之一的，根据情节对直接负责的主管人员和**其他**直接责任人员依法给予处分： 　　（一）未按规定采取预防措施，导致发生突发事件，或者未采取必要的防范措施，导致发生次生、衍生事件的； 　　（二）迟报、谎报、瞒报、漏报有关突发事件的信息，或者通报、报送、公布虚假信息，造成后果的； 　　（三）未按规定及时发布突发事件警报、采取预警期的措施，导致损害发生的； 　　（四）未按规定及时采取措施处置突发事件或者处置不当，造成后果的； 　　（五）不服从上级人民政府对突发事件应急处置工作的统一领导、指挥和协调的； 　　（六）未及时组织开展生产自救、恢复重建等善后工作的； 　　（七）截留、挪用、私分或者变相私分应急救援资金、物资的； 　　（八）不及时归还征用的单位和个人的财产，或者对被征用财产的单位和个人不按规定给予补偿的。	第九十五条　地方各级人民政府和县级以上人民政府有关部门违反本法规定，不履行**或者不正确履行**法定职责的，由其上级行政机关责令改正；有下列情形之一，**由有关机关综合考虑突发事件发生的原因、后果、应对处置情况、行为人过错等因素**，对**负有责任的领导人员**和直接责任人员依法给予处分： 　　（一）未按照规定采取预防措施，导致发生突发事件，或者未采取必要的防范措施，导致发生次生、衍生事件的； 　　（二）迟报、谎报、瞒报、漏报**或者授意他人迟报、谎报、瞒报以及阻碍他人报告**有关突发事件的信息，或者通报、报送、公布虚假信息，造成后果的； 　　（三）未按照规定及时发布突发事件警报、采取预警期的措施，导致损害发生的； 　　（四）未按照规定及时采取措施处置突发事件或者处置不当，造成后果的； 　　（五）**违反法律规定采取应对措施，侵犯公民生命健康权益的；** 　　（六）不服从上级人民政府对突发事件应急处置工作的统一领导、指挥和协调的； 　　（七）未及时组织开展生产自救、恢复重建等善后工作的； 　　（八）截留、挪用、私分或者变相私分应急救援资金、物资的； 　　（九）不及时归还征用的单位和个人的财产，或者对被征用财产的单位和个人不按照规定给予补偿的。

续表

突发事件应对法(2007年)	突发事件应对法(2024年)
第六十四条　有关单位有下列情形之一，由所在地履行统一领导职责的人民政府责令停产停业，暂扣或者吊销许可证或者营业执照，并处五万元以上二十万元以下的罚款；构成违反治安管理行为的，由公安机关依法给予处罚： （一）未按规定采取预防措施，导致发生严重突发事件的； （二）未及时消除已发现的可能引发突发事件的隐患，导致发生严重突发事件的； （三）未做好应急设备、设施日常维护、检测工作，导致发生严重突发事件或者突发事件危害扩大的； （四）突发事件发生后，不及时组织开展应急救援工作，造成严重后果的。 前款规定的行为，其他法律、行政法规规定由人民政府有关部门依法决定处罚的，从其规定。	第九十六条　有关单位有下列情形之一，由所在地履行统一领导职责的人民政府**有关部门**责令停产停业，暂扣或者吊销许可**证件**，并处五万元以上二十万元以下的罚款；**情节特别严重的，并处二十万元以上一百万元以下的罚款**： （一）未按照规定采取预防措施，导致发生**较大以上**突发事件的； （二）未及时消除已发现的可能引发突发事件的隐患，导致发生**较大以上**突发事件的； （三）未做好**应急物资储备和**应急设备、设施日常维护、检测工作，导致发生**较大以上**突发事件或者突发事件危害扩大的； （四）突发事件发生后，不及时组织开展应急救援工作，造成严重后果的。 其他法律**对**前款行为规定了处罚的，**依照较重的规定处罚**。
第六十五条　违反本法规定，编造并传播有关突发事件事态发展或者应急处置工作的虚假信息，或者明知是有关突发事件事态发展或者应急处置工作的虚假信息而进行传播的，责令改正，给予警告；造成严重后果的，依法暂停其业务活动或者吊销其执业许可证；负有直接责任的人员是国家工作人员的，还应当对其依法给予处分；构成违反治安管理行为的，由公安机关依法给予处罚。	第九十七条　违反本法规定，编造并传播有关突发事件的虚假信息，或者明知是有关突发事件的虚假信息而进行传播的，责令改正，给予警告；造成严重后果的，依法暂停其业务活动或者吊销其许可**证件**；负有直接责任的人员是**公职**人员的，还应当依法给予处分。
第六十六条　单位或者个人违反本法规定，不服从所在地人民政府及其有关部门发布的决定、命令或者不配合其依法采取的措施，构成违反治安管理行为的，由公安机关依法给予处罚。	第九十八条　单位或者个人违反本法规定，不服从所在地人民政府及其有关部门**依法**发布的决定、命令或者不配合其依法采取的措施的，**责令改正；造成严重后果的，依法给予行政处罚**；负有直接责任的人员是公职人员的，还应当依法给予处分。

续表

突发事件应对法(2007年)	突发事件应对法(2024年)
	第九十九条　单位或者个人违反本法第八十四条、第八十五条关于个人信息保护规定的,由主管部门依照有关法律规定给予处罚。
第六十七条　单位或者个人违反本法规定,导致突发事件发生或者危害扩大,给他人人身、财产造成损害的,应当依法承担民事责任。	第一百条　单位或者个人违反本法规定,导致突发事件发生或者危害扩大,造成人身、财产或者其他损害的,应当依法承担民事责任。
	第一百零一条　为了使本人或者他人的人身、财产免受正在发生的危险而采取避险措施的,依照《中华人民共和国民法典》、《中华人民共和国刑法》等法律关于紧急避险的规定处理。
第六十八条　违反本法规定,构成犯罪的,依法追究刑事责任。	第一百零二条　违反本法规定,构成违反治安管理行为的,依法给予治安管理处罚;构成犯罪的,依法追究刑事责任。
第七章　附　　则	第八章　附　　则
第六十九条　发生特别重大突发事件,对人民生命财产安全、国家安全、公共安全、环境安全或者社会秩序构成重大威胁,采取本法和其他有关法律、法规、规章规定的应急处置措施不能消除或者有效控制、减轻其严重社会危害,需要进入紧急状态的,由全国人民代表大会常务委员会或者国务院依照宪法和其他有关法律规定的权限和程序决定。 　　紧急状态期间采取的非常措施,依照有关法律规定执行或者由全国人民代表大会常务委员会另行规定。	第一百零三条　发生特别重大突发事件,对人民生命财产安全、国家安全、公共安全、生态环境安全或者社会秩序构成重大威胁,采取本法和其他有关法律、法规、规章规定的应急处置措施不能消除或者有效控制、减轻其严重社会危害,需要进入紧急状态的,由全国人民代表大会常务委员会或者国务院依照宪法和其他有关法律规定的权限和程序决定。 　　紧急状态期间采取的非常措施,依照有关法律规定执行或者由全国人民代表大会常务委员会另行规定。

续表

突发事件应对法（2007年）	突发事件应对法（2024年）
	第一百零四条　中华人民共和国领域外发生突发事件，造成或者可能造成中华人民共和国公民、法人和其他组织人身伤亡、财产损失的，由国务院外交部门会同国务院其他有关部门、有关地方人民政府，按照国家有关规定做好应对工作。
	第一百零五条　在中华人民共和国境内的外国人、无国籍人应当遵守本法，服从所在地人民政府及其有关部门依法发布的决定、命令，并配合其依法采取的措施。
第七十条　本法自2007年11月1日起施行。	第一百零六条　本法自2024年11月1日起施行。

附录二 2007年立法文件

关于《中华人民共和国突发事件应对法（草案）》的说明

——2006年6月24日在第十届全国人民代表大会
常务委员会第二十二次会议上

国务院法制办公室主任　曹康泰

全国人民代表大会常务委员会：

我受国务院的委托，现对《中华人民共和国突发事件应对法（草案）》作说明。

突发事件应对法曾以紧急状态法的名称列入十届全国人大常委会立法规划。自2003年5月起，国务院法制办成立起草领导小组，着手本法的研究起草工作，先后委托两所高等院校和一个省级人民政府法制办进行研究并起草建议稿，重点研究了美、俄、德、意、日等十多个国家应对突发事件的法律制度，举办了两次国际研讨会，并多次赴地方调研。在此基础上，先后起草了本法的征求意见稿和草案，两次征求全国人大、全国政协有关单位和有关社会团体、各省级和较大的市级政府、国务院各部门、最高人民法院、中央军委法制局和专家学者的意见，三次送请国务院有关部门和中央军委法制局核稿，多次召开国内座谈会、论证会，听取国务院有关部门、一些地方人民政府和专家学者的意见，并会同国务院办公厅应急预案工作小组就草案与应急预案协调、衔接的问题反复进行研究。2005年3月，国务院第83次常务会议讨论了草案。根据常务会议精神对草案作了进一步修改、完善，就修改的有关内容向全国人大法律委、全国人大常委会法工委作了汇报，并将法名改为突发事件应对法，再次赴有关地方调研，征求有关地方、国务院有关部门和专家学者的意见。经过两年多的反复研究、论证，广泛征求意见，数易其稿，形成了《中华人民共和国突发事件应对法(草案)》(以下简称草案)。草案已经 2006 年 5 月 31 日国务院第 138 次常务会议讨论通过。草案共 7 章 62 条。现就草案的几个主要问题说明如下：

一、关于制定本法的必要性

我国是一个自然灾害、事故灾难等突发事件较多的国家。各种突发事件的频繁发生，给人民群众的生命财产造成了巨大损失。党和国家历来高度重视突发事件应对工作，采取了一系列措施，建立了许多应急管理制度，这些措施和制度对保护人民生命财产安全发挥了重要作用。目前，在突发事件应对工作中也还存在一些突出问题：一是应对突发事件的责任不够明确，统一、协调、灵敏的应对体制尚未形成。二是一些行政机关应对突发事件的能力不够强，危机意识不够高，依法可以采取的应急处置措施不够充分、有力。三是突发事件的预防与应急准备、监测与预警、应急处置与救援等制度、机制不够完善，导致一些突发事件未能得到有效预防，有的突发事件引起的社会危害未能及时得到控制。四是社会广泛参与应对工作的机制还不够健全，公众的自救与互救能力不够强、危机意识有待提高。近几年来，国务院和地方人民政府制定了有关自然灾害、事故灾难、公共卫生事件和社会安全事件的应急预案，初步建立了突发事件应急管理体制和机制。为了提高社会各方面依法应对突发事件的能力，及时有效控制、减轻和消除突发事件引起的严重社会危害，保护人民生命财产安全，维护国家安全、公共安全、环境安全和社会秩序，构建社会主义和谐社会，在认真总结我国应对突发事件经验教训、借鉴其他国家成功做法的基础上，根据宪法制定一部规范应对各类突发事件共同行为的法律是十分必要的。

二、关于本法的调整范围

针对当前我国应对突发事件的实际，草案规定：本法适用于突发事件的预防与应急准备、监测与预警、应急处置与救援、事后恢复与重建等应对活动；发生或者即将发生特别重大突发事件，对人民生命财产安全、国家安全、公共安全、环境安全或者社会秩序构成重大威胁，采取本法和其他有关法律、法规、规章规定的应急处置措施不能消除或者有效控制、减轻其严重社会危害，需要进入紧急状态的，由全国人民代表大会常务委员会或者国务院依照宪法和其他有关法律规定的权限和程序决定。这样规定的主要考虑：

一是解决我国在突发事件应对活动中存在的突出问题，是当前法制建设的一项紧迫任务。通过对各类突发事件的应对行为加以规范,明确应对工作的体制、机制、制度,以提高全社会应对各类突发事件的能力。

二是突发事件的发生、演变一般都有一个过程。对突发事件的预防与应急准备、监测与预警、应急处置与救援等作出规定,有利于从制度上预防突发事件的发生,或者防止一般突发事件演变为需要实行紧急状态予以处置的特别严重事件,减少突发事件造成的损害。这与宪法确立的紧急状态制度的精神是一致的。

三是宪法规定的紧急状态和戒严法规定的戒严都是应对最高程度的社会危险和威胁时采取的特别手段,实践中很少适用。即使出现需要实行紧急状态的情况,也完全可以根据宪法、戒严法等法律作出决定。

三、关于起草本法的总体思路

突发事件的发生往往具有社会危害性。为了及时有效处置突发事件,控制、减轻和消除突发事件引起的严重社会危害,需要充分发挥政府的主导作用,由政府组织、动员各种资源加以应对。这就需要赋予政府必要的处置权力。但是,由于这项权力由政府集中行使,存在着某些行政机关及其工作人员滥用权力、侵犯公民、法人和其他组织权利的可能性,必须对政府行使处置权力作出必要的限制和规范。同时,在发生或者可能发生危及公民人身和生命财产安全的突发事件时,有关的社会公众也负有义不容辞的责任,这就要求对公民、法人和其他组织应当履行的义务作出规定。按照上述思路,草案规定了政府为处置突发事件可以采取的各种必要措施,并规定:政府采取的处置突发事件的措施应当与突发事件可能造成的社会危害的性质、程度和范围相适应,有多种措施可供选择的,应当选择有利于最大程度地保护公民、法人或者其他组织权益的措施;公民、法人和其他组织有义务参与突发事件应对工作;为应对突发事件征收或者征用公民、法人或者其他组织的财产应当给予合理补偿。

四、关于突发事件的管理体制

建立统一领导、分级负责、综合协调的突发事件管理体制,是提高快速反应能力、划分各级政府的应急职责、有效整合各种资源、及时高效开展应急救援工作的关键。为了建立统一领导、分级负责的管理体制,明确各级政府应对突发事件的责任,草案规定:自然灾害、事故灾难、公共卫生事件分为特别重大、重大、较大和一般四级,法律、行政法规或者国务院另有规定的从其规定;县级人民政府对本行政区域内突发事件的应对工作负责,突发事件发生后,发生地县级人民政府应当立即进行先期处置;一般和较大自然灾害、事故灾难、公共卫生事件的应急处置工作分别由县级和设区的市级政府统一领导;重大和特别重大的自然灾害、事故灾难、公共卫生事件的应急处置工作由发生地省级人民政府统一领导,其中影响全国、跨省级行政区域或者超出省级政府处置能力的特别重大的自然灾害、事故灾难、公共卫生事件的应急处置工作由国务院统一领导;社会安全事件由发生地县级人民政府组织处置,必要时上级人民政府可以直接组织处置。

为了建立综合协调的突发事件应对机制,有效整合各种资源,结合当前实际,草案规定:国务院在总理领导下研究、决定和部署特别重大突发事件的应对工作,根据实际需要设立国家突发事件应急指挥机构负责突发事件的应对工作,必要时派出国务院工作组指导有关工作;县级以上地方人民政府设立由有关负责人组成的突发事件应急指挥机构,统一领导、协调本级政府各有关部门和下级人民政府开展突发事件的应对工作,并根据实际需要设立相关类别突发事件应急指挥机构,组织、协调、指挥突发事件的应对工作;上级人民政府主管部门应当在各自职责范围内,指导、协助下级人民政府及其相应部门做好有关突发事件的应对工作;国务院和县级以上地方人民政府是突发事件应对工作的行政领导机关。

五、关于突发事件的预防和应急准备

建立健全有效的突发事件预防和应急准备制度,是做好突发事件应急处置工作的基础。据此,草案从四个方面作了明确规定:

一是各级政府和政府有关部门应当制定、适时修订应急预案,并严格予以执行;城乡规划应当符合预防、处置突发事件和维护国家安全、公共安全、环境安全、社会秩序的需要;县级政府应当加强对本行政区域内危险源、危险区域的监控,责令有关单位采取有效的安全防范措施并进行监督检查;所有单位应当建立健全安全管理制度,配备报警装置和必要的应急救援设备、设施,及时消除隐患,掌握并及时处理本单位可能引发突发事件的问题;基层组织和单位应当经常排查调处矛盾纠纷,防止矛盾激化。

二是县级以上人民政府应当建立健全政府及其部门有关工作人员应急管理知识和法律法规的培训制度,整合应急资源,建立健全综合、专业、专职与兼职、志愿者等应急救援队伍体系并加强培训和演练;中国人民解放军、中国人民武装警察部队和民兵组织应当有计划地组织开展应急救援知识和技能的专门训练。

三是县级人民政府及其有关部门、乡级人民政府、街道办事处和基层群众自治组织、有关单位应当组织开展应急知识的宣传普及活动和必要的应急演练,新闻媒体应当无偿开展应急知识的公益宣传;各级各类学校和其他教育机构应当将应急知识教育作为学生素质教育的重要内容。

四是县级以上人民政府应当保障突发事件应对工作所需经费;国家建立健全重要应急物资的监管、生产、储备、调拨和紧急配送体系,完善应急物资储备保障制度和应急通信保障体系;国家鼓励公民、法人和其他组织为人民政府应对突发事件工作提供物资、资金、技术支持和捐赠;县级以上人民政府及其有关部门应当做好应对突发事件的经费和物资准备,组织做好应急救援物资生产能力的储备,保障突发事件应对工作的通信畅通,扶持相关科学研究和危机管理专门人才的培养。

六、关于突发事件的监测和预警

突发事件的早发现、早报告、早预警,是及时做好应急准备、有效处置突发事件、减少人员伤亡和财产损失的前提。据此,草案规定:国务院建立全国统一的突发事件信息系统,县级以上地方人民政府应当建立或者确定本地区统一的突发事件信息系统,各级人民政府及其有关部门的信息系统应当实现互联互通;县级以上人民政府及其有关部门应当建立健全有关突发事件的监测制度和监测网络,对可能发生的突发事件进行监测;采取多种方式收集、及时分析处理并报告有关信息;获悉突发事件信息的公民和单位有义务向政府及其有关部门或者指定的专业机构报告。

预警机制不够健全,是导致突发事件发生后处置不及时、人员财产损失比较严重的一个重要原因。为了从制度上解决这个问题,草案规定:国家建立健全突发事件预警制度;县级以上地方政府应当及时决定并发布警报、宣布预警期,并及时上报;发布三级、四级警报后,县级以上地方政府应当采取措施,启动应急预案,加强监测、预报工作,加强对相关信息的分析评估和管理,及时向社会发布警告,宣传避免、减轻危害的常识,公布咨询电话;发布一级、二级警报后,县级以上地方政府还应当责令应急救援队伍和有关人员进入待命状态,调集应急救援所需物资、设备、设施、工具,加强对重点单位、重要部位和重要基础设施的安全保卫,及时向社会发布有关避免或者减轻损害的建议、劝告,转移、撤离或者疏散易受危害的人员,转移重要财产,关闭或者限制使用易受危害的场所,控制或者限制容易导致危害扩大的公共场所的活动;发布警报的人民政府应当根据事态发展适时调整预警级别并重新发布,有事实证明不可能发生突发事件或者危险已经解除的,应当立即宣布解除警报、终止预警期并解除已采取的有关措施。

七、关于突发事件的应急处置与救援

突发事件发生后,政府必须在第一时间组织各方面力量,依法及时采取有力措施控制事态发展,开展应急救援工作,避免其发展为特别严重的事件,努力减轻和消除其对人民生命财产造成的损害。据此,草案与现行有关突发事件应急的法律、行政法规作了衔接,同时根据应急处置工作的实际需要并参考借鉴国外一些应急法律的规定,规定了一些必要措施:

一是突发事件发生后,有关人民政府应当针对其性质、特点和危害程度,依照有关法律、法规、规章的规定采取应急处置措施;采取有关法律、法规、规章规定的措施不足以有效处置的,依照本章的规定采取应急处置措施。

二是自然灾害、事故灾难或者公共卫生事件发生后,除预警期内已采取的措施外,有关人民政府可以有针对性地采取人员救助、事态控制、公共设施和公众基本生活保障等方面的措施。

三是社会安全事件发生后,有关人民政府应当立即组织有关部门依法采取强制隔离发生冲突的双方当事人、封锁有关场所和道路、控制有关区域和设施、加强对核心机关和单位的警卫等措施;发生严重危害社会治安秩序的情况时,公安机关还可以根据现场情况依法采取相应的强制性措施;发生大规模恐怖袭击事件的,县级以上政府和政府有关主管部门应当依据有关反恐怖的法律、行政法规和国家有关规定采取相应的处置措施。

四是发生严重影响国民经济正常运行的事件后,国务院或者国务院确定的有关主管部门可以采取调整税目税率、实行税收开征、停征等调控措施,对金融机构和证券、期货登记结算机构提供流动性资金支持、启动支付系统的灾难备份系统等保障措施,限额提取现金、暂停部分或者全部银行业务、保险业务、证券交易和兑付、期货交易等限制措施,采取限制货币汇兑、资金跨境收付和转移等外汇管制措施。

八、关于事后恢复与重建

突发事件的威胁和危害基本得到控制或者消除后,应当及时组织开展事后恢复与重建工作,减轻突发事件造成的损失和影响,尽快恢复生产、生活、工作和社会秩序,妥善解决处置突发事件过程中引发的矛盾和纠纷。据此,草案规定:履行统一领导职责的人民政府应当及时停止执行本法规定的相关应急处置措施,同时采取或者继续实施防止发生次生、衍生事件的必要措施;立即组织对突发事件造成的损失进行评估,组织受影响的地区尽快恢复生产、生活、工作和社会秩序,制定恢复重建计划,修复被损坏的公共设施;上级人民政府应当根据受影响地区遭受的损失和实际情况,提供资金、物资支持和技术指导,组织其他地区提供资金、物资和人力支援;国务院制定扶持有关行业发展的优惠政策;受影响地区的人民政府应当组织制定并实施善后工作计划;及时总结应急处置工作的经验教训,评估突发事件应对工作,并向上一级政府和本级人大常委会报告应急处置工作情况。

此外,草案还对法律责任作了具体规定。

《中华人民共和国突发事件应对法(草案)》和以上说明是否妥当,请审议。

全国人大法律委员会关于《中华人民共和国突发事件应对法（草案）》修改情况的汇报

——2007年6月24日在第十届全国人民代表大会常务委员会第二十八次会议上

全国人大法律委员会副主任委员　王茂林

全国人民代表大会常务委员会：

十届全国人大常委会第二十二次会议对突发事件应对法（草案）进行了初次审议。会后，法制工作委员会将草案印发各省（区、市）、中央有关部门和部分法学研究机构征求意见。法律委员会、法制工作委员会召开中央有关部门座谈会，听取意见；赴福建、浙江、上海、山西、江西五省、市进行调研；并就突发事件与紧急状态的关系以及立法形式，召开专家座谈会，进行专题讨论。6月11日，法律委员会召开会议，根据常委会组成人员的审议意见和各方面的意见，对草案逐条进行了审议。国务院法制办的负责同志列席了会议。6月19日，法律委员会召开会议，再次进行了审议。现将草案主要问题的修改情况汇报如下：

一、草案第二条第二款规定："发生或者即将发生特别重大突发事件，对人民生命财产安全、国家安全、公共安全、环境安全或者社会秩序构成重大威胁，采取本法和其他有关法律、法规、规章规定的应急处置措施不能消除或者有效控制、减轻其严重社会危害，需要进入紧急状态的，由全国人民代表大会常务委员会或者国务院依照宪法和其他有关法律规定的权限和程序决定。"这一规定涉及突发事件与宪法规定的紧急状态的关系问题。在常委会审议和征求意见过程中，有两种不同的意见：有的认为，宣布进入紧急状态有特定的条件和程序,并需要采取特别措施,不属于突发事件应对法的调整范围,应另行制定紧急状态法,本法可不涉及;有的认为,本法应对草案规定的自然灾害、事故灾难、公共卫生事件和社会安全事件这四类突发事件引发的紧急状态作出规定,以防止在紧急状态法未制定前存在法律空白。法律委员会研究认为,草案规定的四类突发事件与危及国家安全的事件,性质完全不同,处理的机制、办法也不相同,要严格加以区分。宣布紧急状态是大事,要慎之又慎。从现实情况看,本法就应对草案所列四类突发事件作出规定,是迫切需要的。这四类突发事件引发的紧急状态则情况复杂,需要采取的特别措施也不一样,现在尚无实践经验,难以作出统一规定。至于处置严重危害国家安全的动乱、暴乱、严重骚乱等三种政治事件引发的紧急状态,戒严法已经作了明确规定。因此,建议将草案第二条第二款移入"附则"作为一条,并增加一款规定:"紧急状态期间采取的非常措施,依照有关法律规定执行或者由全国人民代表大会常务委员会另行规定。"这样规定,能够为处置各类突发事件引发的紧急状态提供相应的法律依据。

二、根据常委会组成人员和各方面的意见,法律委员会建议在"总则"中增加几条原则性的规定:一是规定,"突发事件应对工作实行预防为主、预防与应急相结合的原则。国家建立重大突发事件风险评估体系,对可能发生的突发事件进行综合性评估,减少重大突发事件的发生,最大限度地减轻重大突发事件的影响。"二是规定,"国家建立有效的社会动员机制,增强全民的公共安全和防范风险的意识,提高全社会的避险救助能力。"三是规定,"县级以上各级人民政府作出应对突发事件的决定、命令,应当报本级人民代表大会常务委员会备案;突发事件应急处置工作结束后,应当向本级人民代表大会常务委员会作出专项工作报告。"

三、有些常委会组成人员、地方和部门提出,现行的若干单行法律对处置特定领域突发事件作了规定,但未对各级政府统一应对各类突发事件的综合应急机制作出规定,本法应在总结这些单行法律实施经验的基础上,着重就建立健全各级政府处置各类突发事件的统一高效机制作出规定。法律委员会经研究,建议对草案有关规定作如下修改补充:一是,为了明确应急管理的统一行政指挥,增加规定:"国家建立统一领导、综合协调、分类管理、分级负责、属地管理为主的应急管理体制。"同时,按照属地管理的原则对草案第四条、第五条规定的各级政府应对突发事件的职责作了相应修改。二是,为了建立健全应急管理的统一信息平台,将草案第三十一条修改为:"国务院建立全国统一的突发事件信息系统。""县级以上地方人民政府应当建立或者确定本地区统一的突发事件信息系统,储存、汇集、分析、传输有关突发事件的信息,并与上级人民政府及其有关部门、下级人民政府及其有关部门、专业机构和监测网点的突发事件信息系统实现互联互通,加强跨部门、跨地区的信息交流与情报合作。"三是,为了完善应急的统一物资储备,将草案第二十六条第一款修改为:"国家建立健全应急物资储备保障制度,完善重要应急物资的监管、生产、储备、调拨和紧急配送体系。"四是,为了建立统一的应急救援队伍,增加规定:"县级以上人民政府应当加强专业应急救援队伍与非专业应急救援队伍的合作,联合培训、联合演练,提高合成应急、协同应急的能力。"并将草案第二十一条第三款修改为:"国务院有关部门、县级以上地方人民政府及其有关部门、有关单位应当为专业应急救援人员购买人身意外伤害保险,配备必要的防护装备和器材,减少应急救援人员的人身风险。"五是,为了建立健全统一的风险补偿机制,建议将草案第二十八条中有关保险的内容单作一条规定:"国家发展保险事业,建立国家财政支持的巨灾风险保险体系,并鼓励单位和公民参加保险。"

四、草案第四十三条规定:"发生严重影响国民经济正常运行的事件后,国务院或者国务院确定的有关主管部门可以采取下列一项或者多项措施:(一)及时调整税目税率,实行税收开征、停征以及减税、免税等调控措施;(二)对银行、保险、证券等金融机构和证券、期货登记结算机构提供流动性资金支持,启动支付系统的灾难备份系统,保障支付、清算系统的正常运行等保障措施;(三)暂停部分或者全部银行业务、保险业务、证券交易和兑付、期货交易,暂停开放式证券投资基金赎回,限制给付保险金,限额提取现金等限制措施;(四)采取限制货币汇兑、资金跨境收付和转移等维护国际收支平衡的外汇管制措施。"有些常委委员提出,对影响国民经济正常运行的事件,可以采取有关法律、行政法规规定的管理手段和市场调控措施加以解决,不必另行采取特别措施。法律委员会经同国务院法制办研究,建议将这一条修改为:"发生严重突发事件,影响国民经济正常运行时,国务院和国务院有关主管部门可以依法采取必要的控制措施。"

五、草案第五十七条第五项规定:"新闻媒体违反规定擅自发布有关突发事件处置工作的情况和事态发展的信息或者报道虚假情况",情节严重或者造成严重后果的,处五万元以上十万元以下的罚款。在常委会审议和征求意见过程中,有的认为,突发事件发生后,政府应按有关规定统一、准确、及时发布信息,新闻媒体也应报道真实情况。任何单位和个人都不能编造、传播虚假信息。有的认为,对编造、传播虚假信息的违法行为,要不要采用罚款的手段,尤其是规定只给予罚款的处罚是否妥当,值得研究。法律委员会经同国务院法制办等有关部门研究,建议增加规定:"任何单位和个人不得编造并且传播有关突发事件事态发展或者应急处置工作的虚假信息,或者明知是有关突发事件事态发展或者应急处置工作的虚假信息而进行传播。"并将草案第五十七条修改为:违反本法规定,编造并且传播有关突发事件事态发展或者应急处置工作的虚假信息,或者明知是有关突发事件事态发展或者应急处置工作的虚假信息而进行传播的,责令改正,对行为人或者负有直接责任的人员给予警告;造成严重后果的,依法暂停其业务活动、吊销其执业许可证;行为人或者负有直接责任的人员是国家工作人员的,还应当对其依法给予行政处分。实施上述违法行为,构成违反治安管理行为的,由公安机关依法给予处罚;构成犯罪的,依法追究刑事责任。

此外,还对草案作了一些文字修改。

草案二次审议稿已按上述意见作了修改,法律委员会建议本次常委会会议继续审议。

草案二次审议稿和以上汇报是否妥当,请审议。

全国人大法律委员会关于
《中华人民共和国突发事件应对法
(草案二次审议稿)》审议结果的报告

——2007年8月24日在第十届全国人民代表大会
常务委员会第二十九次会议上

全国人大法律委员会副主任委员　王茂林

全国人民代表大会常务委员会：

　　十届全国人大常委会第二十八次会议对突发事件应对法(草案二次审议稿)进行了审议。会后,法制工作委员会就草案几个主要问题同国务院法制办交换意见,进行研究。8月14日,法律委员会召开会议,根据常委会组成人员的审议意见和各方面的意见,对草案进行了审议。国务院法制办负责同志列席了会议。8月21日,法律委员会召开会议,再次进行了审议。法律委员会认为,为了预防和减少突发事件的发生,控制、减轻和消除突发事件引起的严重社会危害,保护人民生命财产安全,维护国家安全、公共安全、环境安全和社会秩序,制定本法是必要的,草案基本可行;同时,提出以下主要修改意见：

　　一、草案二次审议稿第七条规定了县级以上地方人民政府领导和指挥突发事件应对工作的责任。有的常委委员提出,本法在强调属地管理的同时,还应根据民航、铁路、海事、核利用等行业或领域发生突发事件的特殊性,规定有关主管部门在应急管理中的职责,并与有关法律、行政法规的规定相协调。据此,法律委员会经同国务院法制办研究,建议在这一条中增加一款,规定："法律、行政法规规定由国务院有关部门对突发事件的应对工作负责的,从其规定；地方人民政府应当积极配合并提供必要的支持。"

二、有的常委委员提出，草案除应强调各级政府应对突发事件的职责外，还要强调有危险源的生产经营单位在预防和处置突发事件中的责任，做好基础性的防范工作。法律委员会经同国务院法制办研究，建议增加一条，规定："矿山、建筑施工单位和易燃易爆物品、危险化学品、放射性物品等危险物品的生产、经营、储运、使用单位，应当制定具体应急预案，并对生产经营场所、有危险物品的建筑物、构筑物及周边环境开展隐患排查，及时采取措施消除隐患，防止发生突发事件。"

三、草案二次审议稿第四十八条对自然灾害、事故灾难或者公共卫生事件发生后，履行统一领导职责的人民政府可以采取的应急处置措施，作了规定。有的常委委员提出，在发生自然灾害、事故灾难或者公共卫生事件后，除了采取救助、控制、保障、保护措施外，还应采取措施，防止发生哄抢财物等扰乱社会秩序的行为。法律委员会经同国务院法制办研究，建议在这一条中增加一项，规定"依法从严惩处哄抢财物、干扰破坏应急处置工作等扰乱社会秩序的行为，维护社会治安"。

此外，还对草案二次审议稿作了一些文字修改。

草案三次审议稿已按上述意见作了修改，法律委员会建议本次常委会会议审议通过。

草案三次审议稿和以上报告是否妥当，请审议。

全国人大法律委员会关于
《中华人民共和国突发事件应对法
（草案三次审议稿）》修改意见的报告

——2007年8月29日在第十届全国人民代表大会
常务委员会第二十九次会议上

全国人大法律委员会主任委员　杨景宇

全国人民代表大会常务委员会：

本次常委会会议于8月24日下午对突发事件应对法（草案三次审议稿）进行了分组审议。普遍认为，这个法律草案已经比较成熟，建议进一步修改后，提请本次会议表决通过；同时，有些常委会组成人员又提出了一些修改意见。法律委员会于8月27日召开会议，经对常委会组成人员的审议意见逐条进行研究，对草案进行了审议。国务院法制办负责同志列席了会议。法律委员会认为，这个法律草案是可行的；同时，提出以下主要修改意见：

一、草案三次审议稿第五十八条第一款规定："突发事件的威胁和危害得到控制或者消除后，履行统一领导职责的人民政府应当停止执行本法规定的相关应急处置措施，同时采取或者继续实施防止发生次生、衍生事件的必要措施。"第二款规定："组织处置社会安全事件的人民政府及其有关部门、单位应当采取有效措施，防止重新引发社会安全事件。"有的常委委员提出，这一条第一款规定了自然灾害、事故灾难和公共卫生事件的威胁和危害得到控制或者消除后，应当停止执行相关应急处置措施；第二款规定的社会安全事件也有一个适时停止执行相关应急处置措施的问题。法律委员会经同国务院法制办研究，建议将这两款合并，修改为："突发事件的威胁和危害得到控制或者消除后，履行统一领导职责或者组织处置突发事件的人民政府应停止执行依照本法规定采取的应急处置措施,同时采取或者继续实施必要措施,防止发生自然灾害、事故灾难、公共卫生事件的次生、衍生事件或者重新引发社会安全事件。"

二、草案三次审议稿第六十三条规定了地方人民政府和县级以上各级人民政府有关部门违反本法的法律责任。有些常委委员提出,这一条所列八种违法情形,有的情节严重,已涉及刑事责任,只给予处分是不够的,建议在这一条中规定"构成犯罪的,依法追究刑事责任"。法律委员会研究认为,按照已经形成的实际做法,在一部法律中如果只有个别条款所列行为涉及刑事责任,就在该条款中作出规定;如果多个条款所列行为都涉及刑事责任,则对刑事责任集中写一条。考虑到这个法律草案第六十三条至第六十六条都涉及刑事责任,草案在第六十八条中集中规定:"违反本法规定,构成犯罪的,依法追究刑事责任。"同时,根据有些常委委员的上述意见,对草案第六十三条第一项、第二项、第四项的文字表述作了修改。

这里,还有一个问题需要汇报。有的常委委员提出,草案三次审议稿规定的自然灾害、事故灾难、公共卫生事件、社会安全事件等四类突发事件,包括不了像松花江污染、太湖蓝藻等这类事件,建议增加"生态灾害"这类突发事件。法律委员会经同国务院法制办研究认为,生态灾害的形成有两种情况:一种是不可抗力的自然原因形成的,可以包括在"自然灾害"一类中;再一种是人为原因造成的,可以包括在"事故灾难"一类中。如果把"生态灾害"单作一类,就会和上述两类突发事件竞合,据此,法律委员会建议不再增加"生态灾害"一类。

此外,还对草案三次审议稿作了一些文字修改。

草案建议表决稿已按上述意见作了修改,法律委员会建议本次常委会会议通过。

草案建议表决稿和以上报告是否妥当,请审议。

附录三　2024 年立法文件

关于修订《中华人民共和国突发事件应对法》的说明*

——2021 年 12 月 20 日在第十三届全国人民代表大会
常务委员会第三十二次会议上

全国人民代表大会常务委员会：

我受国务院委托，现就修订《中华人民共和国突发事件应对法》作说明。

一、修订的必要性和工作过程

党中央、国务院高度重视突发事件应对管理工作。习近平总书记多次强调依法防控、依法治理的极端重要性，对完善疫情防控法律体系、健全国家公共卫生应急管理体系、构建生物安全法律法规体系提出明确要求。李克强总理明确指出，面对各种突发事件，要有序有力，坚持以人为本、依法依规、科学应对，既进行有效处置，又探索建立新机制，以提高社会治理水平。

现行《中华人民共和国突发事件应对法》自 2007 年公布施行以来，对于预防和减少突发事件的发生，控制、减轻和消除突发事件引起的严重社会危害，规范突发事件应对管理活动，保护人民生命财产安全，维护国家安全、公共安全、生态环境安全和社会秩序发挥了重要作用，为取得抗击新冠肺炎疫情斗争重大战略成果提供了制度保障。近年来，突发事件应对管理工作遇到了一些新情况新问题，各有关方面也提出一系列意见建议，亟待通过修改该法予以解决：一是突发事件应对管理工作领导和管理体制已不适应机构改革最新要求和工作实际需要；二是信息报送和发布制度不够完善，影响了信息上传下达的及时性、准确性；三是应急保障制度不够健全，影响了突发事件应对管理工作所必需的物质支持；四是突发事件应对管理能力有待加强，制约

---

* 这是时任司法部部长唐一军作的说明。

了突发事件应对管理工作水平的提高;五是充分发挥社会力量的制度还不够完善,不利于调动各方力量凝聚工作合力;六是突发事件应对管理工作中保障单位和个人权益的制度不够明确,实践中容易出现损害单位和个人合法权益的情况。

为了有效解决上述问题,完善突发事件应对管理相关制度措施,2021年中央政治局常委会工作要点以及2020年、2021年全国人大常委会、国务院立法工作计划提出修改《中华人民共和国突发事件应对法》。全国人大常委会组织成立了由张春贤副委员长为组长的《中华人民共和国突发事件应对法》修改工作专班。工作专班安排司法部牵头成立条文起草组,组织开展修法条文起草有关具体工作。接到该任务后,司法部高度重视,牵头成立了应急管理部、卫生健康委、公安部等16家单位参加的条文起草组,积极开展条文起草工作。在起草过程中,司法部两次大范围征求中央有关单位、部分地方人民政府、有关企事业单位、专家学者的意见,三次当面或者书面征求条文起草组各成员单位意见,赴地方实地调研,并与全国人大社会委、应急管理部等单位反复研究修改思路和法的名称、法律定位等有关重点难点问题。在此基础上,司法部组织起草了《中华人民共和国突发事件应对管理法(草案)》(以下简称草案)。草案已经国务院常务会议讨论通过。

二、修订的总体思路

草案在总体思路上主要把握了以下几点:一是坚持以习近平新时代中国特色社会主义思想为指导,贯彻落实党中央关于突发事件应对管理工作的决策部署,把坚持中国共产党对突发事件应对管理工作的领导以及深化党和国家机构改革的最新成果等,通过法律条文予以明确。二是坚持问题导向,针对现行法施行以来反映出的问题,进一步补充完善相关制度措施,同时将疫情应对中的成功经验体现在法律条文中。三是坚持该法突发事件应对管理领域基础性、综合性法律定位不变,着力处理好与本领域其他专门立法的关系,确保不同法律之间的衔接配合。

三、修订的主要内容

草案对现行法的名称、体例结构及条文顺序进行了调整,新增"管理体制"一章,修订的主要内容包括:

(一)理顺突发事件应对管理工作领导和管理体制。

为了体现党对突发事件应对管理工作的领导,完善有关管理体制,明确各方责任,草案规定:一是坚持中国共产党对突发事件应对管理工作的领导,建立健全集中统一、高效权威的中国特色突发事件应对管理工作领导体制。二是国家建立统一指挥、专常兼备、反应灵敏、上下联动的应急管理体制。三是落实深化党和国家机构改革成果,明确县级以上人民政府及应急管理、卫生健康、公安等有关部门在突发事件应对管理工作中的职责。四是明确应急指挥机构可以发布有关突发事件应对管理工作的决定、命令、措施等,解散后有关法律后果由本级人民政府承担。五是明确乡级人民政府、街道办事处和居民委员会、村民委员会在突发事件应对管理工作中的职责义务。

(二)畅通信息报送和发布渠道。

为了保障突发事件及其应对管理相关信息及时上传下达,畅通渠道、完善有关制度,草案规定:一是建立健全突发事件信息发布和新闻采访报道制度,及时回应社会关切。二是建立网络直报和自动速报制度,提高报告效率,打通信息报告上行渠道。三是加强应急通信系统、应急广播系统建设,确保突发事件应对管理工作的通信、广播安全畅通。四是明确规定不得授意他人迟报、谎报、瞒报,不得阻碍他人报告突发事件信息。

(三)完善应急保障制度。

为了加强应急物资、运力、能源保障,推动有关产业发展、场所建设、物资生产储备采购等工作有序开展,为突发事件应对管理工作提供坚实物质基础,草案规定:一是建立健全应急物资储备保障制度,完善重要应急物资的监管、生产、采购、储备、调拨和紧急配送体系,促进应急产业发展。二是建立健全应急运输保障体系,确保应急物资和人员及时运输。三是建立健全能源应急保障体系,保障受突发事件影响地区的能源供应。四是加强应急避难场所的规划、建设和管理工作。五是建立应急救援物资、生活必需品和应急处置装备的储备制度。六是鼓励公民、法人和其他组织储备基本的应急自救物资和生活必需品。

(四)加强突发事件应对管理能力建设。

为了有效提高突发事件应对管理能力,为突发事件应对管理工作提供更坚实的制度支撑、人才保障、技术支持,草案规定:一是明确国家综合性消防救援队伍是应急救援的综合性常备骨干力量,规定乡村可以建立基层应急救援队伍。二是增设应急救援职业资格,明确相应资格条件。三是鼓励和支持在突发事件应对管理中依法应用现代技术手段,提高突发事件应对管理能力。四是建立健全突发事件应急响应制度,科学划分应急响应级别,及时启动应急响应。五是加强重要商品和服务市场情况监测,必要时可以依法采取干预措施。六是进一步完善应急处置措施的规定,增加限制人员流动、封闭管理等措施。

(五)充分发挥社会力量作用。

为了充分调动社会各方力量参与突发事件应对工作的积极性,进一步形成合力,草案规定:一是建立突发事件应对管理工作投诉、举报制度,鼓励人民群众监督政府及部门等不履职行为。二是完善表彰、奖励制度,对在突发事件应对管理工作中作出突出贡献的单位和个人,按照国家有关规定给予表彰、奖励。三是鼓励和支持社会力量建立提供社会化应急救援服务的应急救援队伍。四是建立健全突发事件专家咨询论证制度,发挥专业人员在突发事件应对管理工作中的作用。五是支持、引导红十字会、慈善组织以及志愿服务组织、志愿者等参与应对突发事件。

(六)保障社会各主体合法权益。

为了保障突发事件应对管理工作中社会各主体合法权益,确保人民群众生命安全和身体健康,草案规定:一是突发事件应对管理工作应当坚持总体国家安全观,坚持人民至上、生命至上。二是关怀特殊群体,优先保护未成年人、老年人、残疾人、孕期和哺乳期的妇女等群体。三是完善突发事件应对管理过程中的征收征用制度,维护被征收征用人的合法权益。四是关爱受突发事件影响无人照料的无民事行为能力人和限制民事行为能力人,提供及时有效帮助。五是加强心理健康服务体系和人才队伍建设,做好受突发事件影响各类人群的心理援助工作。六是加强个人信息保护,确保突发事件应急处置中获取、使用他人个人信息合法、安全。

草案和以上说明是否妥当,请审议。

全国人民代表大会宪法和法律委员会关于《中华人民共和国突发事件应对管理法(草案)》修改情况的汇报

——2023年12月25日在第十四届全国人民代表大会常务委员会第七次会议上

全国人大宪法和法律委员会副主任委员　黄明

全国人民代表大会常务委员会：

突发事件应对管理法草案由国务院提请2021年12月召开的十三届全国人大常委会第三十二次会议进行初次审议。这个草案是对现行的突发事件应对法进行修改完善而形成的，属于修法性质。草案修改的主要内容是进一步理顺突发事件应对管理工作体制机制、畅通信息报送和发布渠道、完善应急保障制度、加强能力建设、保障社会各主体合法权益等。草案初次审议后，法制工作委员会将草案印发部分省(自治区、直辖市)人大、中央有关部门、基层立法联系点、部分高等院校和研究机构征求意见；在中国人大网公布草案全文，征求社会公众意见。宪法和法律委员会、社会建设委员会、法制工作委员会召开座谈会，听取中央有关部门、专家学者、全国人大代表的意见。宪法和法律委员会、法制工作委员会到河南、广东、湖北、黑龙江、内蒙古等地及有关部门和单位进行调研。宪法和法律委员会于12月6日召开会议，根据常委会组成人员的审议意见和各方面意见，对草案进行了逐条审议。社会建设委员会、司法部、应急管理部有关负责同志列席了会议。12月18日，宪法和法律委员会召开会议，再次进行了审议。现将突发事件应对管理法草案主要问题修改情况汇报如下：

一、有些常委委员、部门、地方、基层立法联系点、专家和社会公众提出，除本法外，还有一些法律对突发事件应对管理作了规定，建议处理好本法与有关法律的适用和衔接问题，防止出现法律适用不明确的情况。宪法和法律委员会经同社会建设委员会、司法部、应急管理部研究认为，本法是突发事件应对基础性、综合性法律，按照"特别法优于一般法"的原则，应当优先适用有关专门法律，做到相互衔接、并行不悖。从实践中看，适用和衔接问题主要涉及突发公共卫生事件的应对，目前，传染病防治法修订草案已提请常委会审议，突发公共卫生事件应对法正在起草中。建议在总则中明确，传染病防治法等有关法律对突发公共卫生事件应对管理作出规定的，适用其规定；有关法律没有规定的，适用本法。同时，在各章相关条款中明确，其他法律对相关事项另有规定的，从其规定。

二、有些常委会组成人员、部门、地方、基层立法联系点、专家和社会公众提出，应当进一步完善突发事件应对管理工作的原则和理念，完善有关管理与指挥体制的规定。宪法和法律委员会经同司法部、应急管理部研究，建议：一是，在总则中增加突发事件应对管理工作应当坚持依法应对，尊重和保障人权等规定。二是，增加有关建立区域协同应对机制的规定。三是，明确应急指挥机构的决定、命令、措施等与本级人民政府发布的决定、命令、措施等具有同等效力，法律责任由本级人民政府承担，并报本级人大常委会备案。四是，完善有关应急资金、物资的管理规定。

三、有些常委会组成人员、部门、地方、基层立法联系点、专家和社会公众提出，应当进一步完善突发事件报告、预警、信息发布和新闻报道等方面的规定。宪法和法律委员会经同司法部、应急管理部研究，建议：一是，明确有关人民政府和部门支持新闻媒体开展采访报道和舆论监督。二是，完善突发事件信息收集、上报、处理机制。三是，明确预警警报应当包含的事项和信息，规定建立健全预警发布平台和预警信息快速传播渠道。

四、有些常委会组成人员、部门、地方、基层立法联系点、专家和社会公众提出，完善有关应急能力建设方面的规定，明确对应急预案制定修改和演练的要求，增加有关发挥社会力量积极作用的内容。宪法和法律委员会经同司法部、应急管理部研究，建议：一是，规定制定应急预案应当广泛听取各方面意见，并根据实际需要、情势变化、应急演练中发现的问题等及时作出修订；完善应急响应启动机制和相关事项。二是，增加鼓励和支持社会力量依法有序参与应急运输保障、参与巨灾风险保险等相关工作的规定。三是，规定有关部门可以向社会公布应急自救物资、物品储备指南和建议清单,居委会、村委会等基层组织在紧急情况下立即组织群众开展自救、互救等先期处置工作。

五、有些常委会组成人员、部门、地方、基层立法联系点、专家和社会公众提出,应当加强公民权利保障、特殊群体的优先保护等。宪法和法律委员会经同司法部、应急管理部研究,建议:一是,完善总则中有关特殊群体保护、财产征用、投诉举报等规定。二是,加强对个人信息的保护,严格规范个人信息处理活动。三是,完善保障公民基本生活的规定。

六、完善相关法律责任规定。

此外,还对草案作了一些文字修改。

草案二次审议稿已按上述意见作了修改,宪法和法律委员会建议提请本次常委会会议继续审议。

草案二次审议稿和以上汇报是否妥当,请审议。

全国人民代表大会宪法和法律委员会关于《中华人民共和国突发事件应对管理法(草案)》审议结果的报告

——2024年6月25日在第十四届全国人民代表大会常务委员会第十次会议上

全国人大宪法和法律委员会副主任委员　黄明

全国人民代表大会常务委员会：

常委会第七次会议对突发事件应对管理法草案进行了二次审议。会后,法制工作委员会将草案二次审议稿全文在中国人大网公布,征求社会公众意见;到山东、江苏、上海等地及有关单位进行调研。宪法和法律委员会于5月31日召开会议,根据常委会组成人员的审议意见和各方面的意见,对草案进行了逐条审议。社会建设委员会、司法部、应急管理部有关负责同志列席了会议。6月18日,宪法和法律委员会召开会议,再次进行了审议。宪法和法律委员会认为,为了适应突发事件应对工作面临的新形势新任务,进一步完善突发事件应对管理体制机制和相关制度,及时对突发事件应对法进行修订是必要的,突发事件应对管理法草案经过两次审议修改,已经比较成熟。同时,提出以下主要修改意见:

一、修改法律名称。突发事件应对管理法草案的名称,是在现行的突发事件应对法的名称中增加了"管理"二字。有些常委委员、部门、地方、专家和社会公众提出,"应对"可以包括"管理"的含义,法律名称宜简明,且"突发事件应对"已为各方面熟知,从保持法律制度和相关工作稳定性、连续性考虑,建议继续使用现行法律的名称。宪法和法律委员会经同司法部、应急管理部研究,建议采纳上述意见,继续保留"突发事件应对法"的法律名称,并对草案条文中"应对管理"的表述,区别情况作出相应技术处理。鉴于对草案二次审议稿作出这样改动后,这个法律草案实际上属于修订现行法律的性质,提请审议的草案名称也相应变更为"突发事件应对法修订草案"。

二、有些常委会组成人员、地方和社会公众提出,应当加强应急宣传和演练的针对性,提高公众参与度,增强社会各界防灾减灾意识和自救能力。宪法和法律委员会经研究,建议进一步明确,人民政府、基层组织、企业事业单位等开展应急知识宣传普及活动应当分别面向社会公众、居民、村民、职工等,学校开展应急知识教育的对象应当包括教职工,应急管理等部门应当给予支持。

三、有些常委委员、部门、地方和专家提出,为了进一步发挥科学技术在突发事件应对工作中的作用,可将草案中有关加强现代技术手段应用、应急科学和核心技术研究、应急管理人才和科技人才培养等内容集中加以规定,便于有关方面贯彻落实。宪法和法律委员会经研究,建议采纳这一意见,在第五十六条中作统一规定。

四、草案二次审议稿第七十一条规定了突发事件应急响应制度。有些常委委员、部门、专家和社会公众提出,不同地方人民政府在突发事件发生后,决定启动哪一级应急响应,还需要结合实际情况,建议在具体确定应急响应级别时给予地方一定自主权。宪法和法律委员会经同司法部、应急管理部研究,建议在草案规定突发事件应急响应级别划分标准由国务院或者国务院确定的部门制定的基础上,增加规定:"县级以上人民政府及其有关部门应当在突发事件应急预案中确定应急响应级别"。

五、有些常委委员、部门和地方提出,法律责任的追究,需要考虑与突发事件有关的各种主客观条件,做到过罚相当,这样更符合突发事件往往情势紧迫的实际情况,有利于鼓励干部在临机处置时勇于担当作为。宪法和法律委员会经同司法部、应急管理部研究,建议完善突发事件应对中关于责任追究的规定,增加依法给予处分时"综合考虑突发事件发生的原因、后果、应对处置情况、行为人过错等因素"。

六、有些常委委员、社会公众提出,在突发事件应对过程中,往往会有公民为了避免人身、财产损害而采取紧急避险行为的情况,在本法中对公民采取紧急避险措施的相关法律责任承担作出规定,为公民在突发事件应急处置中开展自救互救、减少损失提供法律依据,符合本法的立法目的。宪法和法律委员会经同司法部、应急管理部研究认为，在本法中对紧急避险作出规定是必要的，同时考虑到民法典、刑法中已规定有紧急避险制度，建议在本法中增加有关衔接性规定。

此外，还对草案二次审议稿作了一些文字修改。

6月17日，法制工作委员会召开会议，邀请有关部门、协会、企业、基层立法联系点和专家学者等就草案中主要制度规范的可行性、法律的出台时机、实施效果和可能出现的问题等进行评估。与会人员普遍认为，草案贯彻落实习近平总书记关于防范风险挑战、应对突发事件重要论述精神，贯彻总体国家安全观，适应新情况新要求，总结近年来突发事件应对工作中正反两方面经验，进一步加强党对突发事件应对工作的统一领导，落实宪法关于尊重和保障人权的原则，坚持问题导向，作出了一系列规定，很有针对性，切实可行。草案经过多次修改完善，充分吸收了各方面意见，已经比较成熟，建议及时审议通过。与会人员还对草案提出了一些具体修改意见，宪法和法律委员会进行了认真研究，对有的意见予以采纳。

修订草案已按上述意见作了修改，宪法和法律委员会建议提请本次常委会会议审议通过。

修订草案和以上报告是否妥当，请审议。

全国人民代表大会宪法和法律委员会关于《中华人民共和国突发事件应对法（修订草案）》修改意见的报告

——2024年6月27日在第十四届全国人民代表大会常务委员会第十次会议上

全国人民代表大会常务委员会：

本次常委会会议于6月25日下午对突发事件应对法修订草案进行了分组审议。普遍认为，修订草案已经比较成熟，建议进一步修改后，提请本次常委会会议表决通过。同时，有些常委会组成人员和列席人员还提出了一些修改意见和建议。宪法和法律委员会于6月25日晚召开会议，逐条研究了常委会组成人员和列席人员的审议意见，对修订草案进行统一审议。社会建设委员会、司法部、应急管理部有关负责同志列席了会议。宪法和法律委员会认为，修订草案是可行的，同时，提出以下修改意见：

修订草案规定，突发事件的威胁和危害得到控制或者消除后，应当停止执行相关应急处置措施，尽快恢复社会秩序。有的常委委员提出，在此情况下，还应当履行向社会宣布解除应急响应的程序。宪法和法律委员会经研究，建议采纳这一意见。

还有两个问题需要说明。

一是，有些常委委员、地方和社会公众提出，为了加强突发事件应对中公民个人信息保护，修订草案第八十四条、第八十五条对公民个人信息的收集、使用和销毁等作了规定，其内容是必要和妥当的，建议进一步明确，对实践中此前已经收集的公民个人信息也照此办理。宪法和法律委员会经同司法部、应急管理部研究认为，这一规定是根据《中华人民共和国民法典》、《中华人民共和国个人信息保护法》、《中华人民共和国数据安全法》、《中华人民共和国网络安全法》等现有法律的相关规定,针对突发事件应对工作的特点和实际需要作出的专门规定。对于此前收集的个人信息,其使用、销毁等处理,也应该按照上述法律的相关规定执行。

二是,有些常委会组成人员、部门、地方和社会公众提出,应急征用涉及单位、个人财产权益,建议进一步细化应急征用的具体程序、补偿标准、返还时间等。宪法和法律委员会经同司法部、应急管理部研究认为,修订草案已就应急征用的条件、补偿、返还作了规定,有关应急征用的操作性规定可由地方结合当地实际予以细化。

经与有关部门研究,建议将修订后的突发事件应对法的施行时间确定为2024年11月1日。

此外,根据常委会组成人员的审议意见,还对修订草案作了一些文字修改。

修订草案修改稿已按上述意见作了修改,宪法和法律委员会建议提请本次常委会会议审议通过。

修订草案修改稿和以上报告是否妥当,请审议。

附录四 有关法律

中华人民共和国安全生产法(2021.6.10)
中华人民共和国防震减灾法(2008.12.27)
中华人民共和国矿山安全法(2009.8.27)
中华人民共和国防洪法(2016.7.2)
中华人民共和国气象法(2016.11.7)
中华人民共和国消防法(2021.4.29)
中华人民共和国集会游行示威法(2009.8.27)
中华人民共和国戒严法(1996.3.1)
中华人民共和国传染病防治法(2013.6.29)
中华人民共和国慈善法(2023.12.29)
中华人民共和国粮食安全保障法(2023.12.29)
中华人民共和国能源法(2024.11.8)

(请扫描二维码查看附录四文件)